ARGO-FOOD MARKETING

농식품유통론

김성훈

박영사

머리말

우리가 사는 세상은 항상 변화하는데, '흐름(流)'을 다루는 것이 본래의 일인 유통(流通) 또한 계속해서 변화하고 있다. 농식품유통은 농식품의 생산자와 소비자 사이를 연결하는 산업인데, 생산자와 소비자는 물론 유통 여건과 기술이 매일 변화하고 있다. 특히, ICT 4차 산업화는 농식품유통의 변화 속도를 보다 빠르게 만들어 잠시라도 한눈을 팔면 경쟁에서 바로 밀려난다는 말이 나올 정도이다. 이처럼 농식품유통의 변화가 계속되다 보니, 이를 살피고 공부하는 농식품유통론 교재 또한 자주 변화해야 하는 상황이다.

2016년 농식품유통론이 세상에 처음 나온 이후, 농식품유통에 대한 이론과 현실이 많이 변하였다. 이에 따라 2020년에 개정판을 내었지만, 4년이 다시 지난 지금 아예 신간을 내기 위해 다양한 자료를 수집하고 내용을 다듬었다. 이번에 새로 독자들에게 선을 보이는 농식품유통론은 2020년 개정판에 비해 많은 변화를 주었다.

먼저 내용상으로 보면, 우리나라 농식품유통의 중요한 부분인 공영도매시장에 대한 설명을 상세화하였고, 2023년 11월에 개장한 농수산물 온라인도매시장에 대한 설명을 추가하였다. 또한 해외시장을 대상으로 진행되는 수출 농산물에 대한 유통과 품목별 조직으로 육성되고 있는 자조금에 대한 논의를 추가하여 변화된 유통 현장을 담으려고 노력하였다. 주요 품목에 대한 유통 논의 또한 보완하였는데, 기존 양곡, 청과물, 화훼류 유통 외에 친환경 농산물과 축산물에 대한 유통 설명을 추가하였고, 해외 주요국의 유통 현황도 내용을 새로 보강하여 현실성을 높이기 위해 노력하였다.

아울러 관련 통계를 최신연도로 보완하였고, 이론적 내용을 요약한 그림과 현장 사진은 물론 각주를 통한 개념 설명도 최대한 많이 추가하여 이전보다 독자의 이해와 흥미를 높이기 위해 노력하였다. 또한, 심층적인 내용을 별도의 '심화학습'으로 정리하여 전문적인 농식품유통 이론에 관심을 가지는 독자를 배려하였다.

2016년 농식품유통론을 저술하였을 때와 동일하게, 본 책은 농식품유통을 처음 공부하는 대학교 학부생과 업계 종사자, 관련 자격시험 준비생이 쉽게 농식품유통의 이론과 현장 실태를 이해할 수 있도록 저술하였다. 또한, 책의 일부 내용과 심화학습은 대학교 석사과정에 필요한 내용을 담아서 보다 높은 수준의 농식품유통 역량을 원하는 독자를 염두에 두었다.

본 책의 구성은 다음과 같다. 먼저, 제1편(농식품 유통의 이론적 이해)은 농식품 유통에 대한 기본 개념부터 마케팅·시장분석 이론까지 차례로 설명하여 필요한 부분을 찾아서 공부할 수 있도록 하였고, 제2편(현장에서의 농식품 유통)은 농식품유통 현장에서 발생하는 다양한 모습과 관련 정책 및 제도, 식품산업과 해외의 유통 현장을 두루 살펴볼 수 있도록 하였다.

우리 세상이 정말 빠르게 변화하고 있는데, 농식품유통의 세계도 마찬가지이다. 이러한 상황에서 아무쪼록 독자들께서 이번에 새로 출간한 본 책을 읽으면서 농식품유통에 대한 역량을 원하시는 만큼 키울 수 있기를 바란다.

2024년 8월

김성훈(金成勳)

목차

• Part 01 •

농식품 유통의 이론적 이해

Chapter 01

농산물 유통의 기본 이론

• Part 02 •

현장에서의 농식품 유통

Chapter 07

유통정책 및 제도

Chapter 08

식품산업과 유통

Chapter 09

주요국의 농산물 유통

농식품 유통의 이론적 이해

01

농산물 유통의 기본 이론

 개요

이 장에서는 농산물 유통의 기본적인 이론에 대해 살펴보기로 한다. 먼저 농산물의 특성과 농산물 유통의 개념을 설명하고, 최근 부각되는 푸드 시스템과 가치사슬에 대해 알아보기로 한다. 다음으로 농산물 유통에서 중심 역할을 하고 있는 가격, 농산물 유통의 근간을 이루는 유통경로와 유통마진에 대해 공부한다. 이어서 농산물의 유통기능, 농산물 유통의 기구 및 조직에 대해서도 살펴보기로 한다. 이 장에서 다루고 있는 내용들은 농산물 유통을 이해하기 위해 필수적으로 알아두어야 하는 주요 개념들로, 앞으로 공부할 농산물 유통의 기초가 된다.

 주요 학습사항

- 농산물은 어떠한 특성을 가지고, 농산물 유통이 왜 필요한가?
- 농산물 유통의 주요 개념으로는 무엇이 있는가?
- 푸드 시스템과 가치사슬은 무엇인가?
- 농산물의 가격 결정과 가격발견은 어떻게 차이가 나는가?
- 유통경로와 유통마진은 무엇인가?
- 농산물의 유통기능은 무엇이고, 유통기구 및 조직에는 어떤 것들이 있는가?

◀ 읽을거리 ▶

농민과 시장

예전 TV 드라마에서도 나왔던 조선시대 거상으로 임상옥(林商沃)이 있다. 평안북도 의주 출생으로 가난한 상인의 아들로 태어났지만 뛰어난 능력으로 조선 최고의 상인이 되었던 인물인데, 드라마에서도 소개되었듯이 "돈을 남기는 것이 아니라 사람을 남기는 것"을 그의 상도(常道)로 삼았었다.

또한 그에 대한 유명한 일화 중 돈을 빌려달라고 찾아온 세 상인들에 대한 것이 있다. 자신에게 돈을 빌려달라고 찾아온 세 명에게 임상옥은 각각 한 냥씩을 꿔주고 장사를 하여 이문을 만들어 닷새 후에 오라고 했다. 닷새 후 세 명이 돌아왔는데, 첫째 사람은 재료를 사서 짚신을 만들어 팔아 다섯 푼의 이문을 남겼고, 둘째 사람은 대나무와 창호지를 사서 종이 연을 만들어 팔았는데 마침 섣달이라 대목을 맞아 한 냥을 남겼고, 셋째 사람은 종이를 사서 '절간에 들어가 글을 읽어야 하니 비용을 대어 달라'는 글을 써서 의주 부윤(府尹)에 보낸 후 열 냥을 빌려왔다. 이를 본 임상옥은 첫째 사람에게는 백 냥, 둘째 사람에게는 이백 냥, 셋째 사람에게는 천 냥을 빌려주고는 일 년 후에 갚도록 하였다. 일 년이 지난 후, 첫째 사람과 둘째 사람은 돈을 갚기 위해 나타났는데 셋째 사람은 소식이 없었다. 6년이 지난 후 셋째 사람이 드디어 임상옥에게 왔는데, 그는 천 냥으로 인삼 씨를 사다가 태백산에 들어가 인삼 씨를 뿌린 후 기다려 인삼을 거둬서 십만 냥의 돈을 가지고 나타났던 것이다. 이에 대해 임상옥은 첫째 사람은 하루 벌어 하루 먹고 살 장사꾼에 불과하고, 둘째 사람은 때를 볼 줄 아는 상인이나, 셋째 사람은 인내심과 상업의 근본을 아는 거상이 될 자이기에 그렇게 각각 투자를 했었다고 하였다.

〈자료: 농민신문 2010. 10. 15. 기고문 일부〉

1. 농산물과 농산물 유통

1) 농산물의 특성과 농산물 유통의 필요성

살아있는 식물을 수확하여 유통하는 농산물은 공장에서 생산되는 공산품과 다른 특성을 가지기에 공산품과 차별화된 유통 관리가 필요하다. 공산품과 비교되는 농산물의 특성으로는 크게 5가지를 꼽을 수 있는데, 농산물의 계절성(seasonality), 가치에 비해 큰 부피, 높은 부패성, 표준화·등급화 한계, 수요와 공급의 비탄력성이다.

첫 번째, 농산물은 특정 시기(계절)에 재배하여 수확된 다음 시장에 공급되는 특성을 가진다. 물론 비닐하우스, 온실, 식물공장 등의 시설을 이용하는 경우 재배 및 수확 시기를 일부 또는 전부 조정할 수 있으나, 대부분 농산물이 자연환경에 노출된 노지에서 재배되기에 농산물의 수확 및 시장 공급이 특정 시기에 집중되게 된다.[1] 이와 같은 농산물의 계절성은 농산물이 수확기에 한꺼번에 출하되는 이른바 "홍수 출하" 현상을 야기하여 시장 공급량을 특정 시기에 집중시킨다. 이 경우 소비자의 수요량을 초과하는 물량이 시장에 공급되어 가격이 하락하여 농가 소득을 떨어뜨리게 된다. 반면에 주된 출하기가 끝나면 시장에 공급되는 농산물이 줄어들어 농산물 공급이 수요보다 감소하여 가격 상승을 일으킨다.[2] 이처럼 농산물 공급이 특정 시기에만 가능하여 농산물의 가격이 내렸다가 올랐다가 하는 문제가 발생한다. 이러한 계절성 문제를 완화시키기 위한 농산물 유통이 필요한데, 농산물 저장을 통해 농산물이 시장에 공급되는 시기를 늦추는 등의 사례가 해당된다.

---

1) 식물인 농산물을 생산하기 위해서는 빛, 온도, 습도 등의 식물의 생육 조건이 적절하게 유지되어야 한다. 일반적인 노지 재배의 경우 이러한 식물의 생육 조건이 자연에 달려 있는데, 비닐하우스와 온실의 경우 온도와 습도 등을 인공적으로 조절할 수 있고, 식물공장의 경우 모든 생육 조건을 인공적으로 조절할 수 있다. 이에 따라, 비닐하우스와 온실의 경우 노지에서 재배되는 농산물보다 재배 및 수확시기를 몇 개월 앞당기거나 늦출 수 있고, 식물공장은 연중 재배가 가능하여 일년 내내 수확을 할 수 있다.

2) 농산물의 계절성으로 인한 가격의 하락 및 상승에 대해서는 제1장 제2절에 있는 "1. 농산물 가격의 개념 및 특성"에서 보다 자세히 알아보도록 한다.

두 번째, 농산물은 가치에 비해 부피가 큰 특성을 가지는데, 대표적인 농산물인 배추와 휴대폰의 부피와 가격을 비교해 보면 이해가 쉬울 것이다. 농산물의 가치에 비해 큰 부피 특성은 농산물의 물류(운송, 저장 등)과정에서 발생하는 비용을 높이기에 농산물의 산지 생산지 가격과 도시 소비지 가격의 차이를 더 크게 만드는 요인이 된다. 여기서 농산물의 물류비용을 줄이기 위한 유통의 필요성이 제기되는데, 일례로 산지에서 배추의 겉잎처럼 필요 없는 부분을 미리 제거하고 포장하여 부피를 줄이는 등의 노력이 진행되고 있다.

세 번째, 농산물은 부패성을 가지는데, 살아있는 식물에서 수확한 농산물의 신선도가 떨어지기 시작하여 상품성이 낮아지는 특성을 말한다. 이에 따라, 농산물은 일정 시간 동안 다 팔지 못하면 그냥 버려야 하는 문제가 발생하여, 농산물 유통비용을 상승시키게 된다. 농산물의 부패성을 최대한 늦추기 위한 유통의 필요성이 발생하는데, 예냉, 저온저장, 포장, 저온수송 등 이른바 수확 후 관리 기술(post-harvest technology)이 적용된다.[3]

네 번째, 농산물은 크기, 모양, 맛 등이 제각각으로 표준화 또는 등급화의 한계를 가지는 특성이 있다.[4] 예를 들어, 공장에서 생산되는 볼펜의 경우 크기, 모양, 성능 등의 상품 속성이 모두 동일하지만, 사과의 경우 농가가 자기 과수원에서 수확하더라도 사과의 속성이 모두 다르다. 표준화와 등급화가 안되는 농산물은 유통 거래를 할 때 판매자와 구매자가 일일이 해당 농산물을 확인한 다음 가격을 협상하게 되는데, 이 과정에서 많은 시간과 비용이 소요된다. 특히, 농산물을 직접 보지 않고 거래하는 온라인 거래에서는 표준화·등급화가 어려운 농산물의 특성이 큰 문제점으로 부각된다. 이에 따라 농산물의 표준화와 등급화를 위한 유통 필요성이 제기되는데, 산지에서 수확된 농산물을 일정 기준에 맞춰서 선별하여 표준화와 등급화를 진행하고 있다.[5]

---

[3] 수확 후 관리 기술이란 농산물을 수확한 다음에 적용되는 기술로 농산물의 상품성을 유지하거나 높이기 위해 적용되는 기술이다. 수확 후 관리기술에는 농산물의 신선도 등의 상품성을 최대한 유지하는 기술(큐어링, 예냉, 저온저장, CA관리, 포장 등)과 상품성을 높이는 기술(선별, 신선편이가공(전처리 가공) 등)이 있는데, 이에 대해서는 제3장 제1절에 있는 "4. 도매시장 외 거래 (3) 산지조직의 거래"에서 보다 자세히 알아보도록 한다.

[4] 표준화는 농산물이 기준에 맞게 일정한 특성(크기, 모양, 색상, 당도 등의 품질)을 유지하도록 하는 것이고, 등급화는 사전에 설정된 기준에 따라 농산물의 등급(특, 상, 보통 등)을 나누어 분류하는 것이다.

[5] 과거에는 사람이 직접 크기와 무게 등을 수작업으로 선별하였으나, 기술의 발달로 센서와 기계를

마지막으로 농산물의 수요와 공급은 공산품에 비해 비탄력적인 특성을 가진다. 여기서 탄력성(elasticity)은 경제학 용어로 가격이 1% 변화할 때 수요량이나 공급량이 얼마나 변하는 지를 측정하는 기준이다.[6] 농산물은 가격이 변화할 때 그 수요량 또는 공급량이 더 적게 변화하는데, 이를 비탄력적이다고 평가한다. 농산물의 수요가 비탄력적인 이유는 인간인 소비자가 가격이 오르든 내리든 일정량의 농산물을 항상 구매하여 먹어야 하기 때문인데, 예를 들어 쌀 가격이 두 배로 오르거나 절반 가격으로 내려간다고 해서 밥의 양을 절반으로 줄이거나 두 배로 많이 먹지 못하는 것을 떠올리면 이해가 빠를 것이다. 농산물의 공급 또한 비탄력적인데, 예를 들어 농가가 벼를 심은 이후에는 시장가격이 오르거나 내린다고 해서 벼의 수확량을 갑자기 늘리거나 줄이지 못하는 상황을 생각하면 쉽게 이해가 될 것이다. 비탄력적인 수요와 공급은 시장 외적인 변화가 발생했을 때 가격이 급등하거나 급락하는 문제를 일으킨다. 즉, 농산물의 생산자나 소비자가 시장의 변화에 적극적으로 대응하지 못하기에 변화의 충격이 더 크게 발생하는 것이다. 예를 들어, 풍년으로 쌀의 공급량이 수요량을 초과하여 쌀 가격이 하락하는 경우 소비자가 쌀 소비를 그만큼 늘리지 못하기에 쌀 가격은 폭락하게 되고, 가뭄으로 쌀 공급량이 수요량에 못 미쳐서 쌀 가격이 상승하는 경우 소비자가 쌀 소비를 그만큼 줄이지 못하기에 쌀 가격이 폭등하게 되는 것이다. 반대로 사과의 수요가 증가하여 수요량이 공급량을 초과하여도 사과 농가가 사과 재배를 당장 늘리지 못하여 사과 가격은 폭등하게 되고, 사과 수요가 감소하여 수요량보다 공급량이 많아지더라도 수확하는 사과를 그대로 버리지 않는 이상 공급량을 줄이지 못하기에 사과 가격이 폭락하게 된다.

　　농산물 수요와 공급의 비탄력성 문제를 완화하기 위한 유통 필요성이 제기되는데, 농산물 유통 현장에서 다양한 대응이 진행되고 있다. 기본적으로 농산물의 비탄력적인 수요·공급 구조는 바꾸기 어렵기에, 농산물 유통에서는 농산물의 수요와 공급 규모를 주기적으로 조사하고 예측하여 생산자가 적정한 규모로 농산물을 재배하도록 유도한다.[7] 또한 수확되는 농산물 일부를 비축하여 공급 물량을 조절하고, 소비

　　이용한 자동 선별이 이루어지고 있다. 특히, 요즘에는 농산물의 크기와 무게뿐만 아니라 당도 등을 측정하여 보다 맛있는 과일을 별도로 선별하여 높은 가격에 판매하고 있다.

6) 탄력성에 대해서는 제1장 제2절에 있는 "3. 농산물의 가격 결정 및 가격 발견"에서 보다 자세히 알아보도록 한다.

7) 대표적인 사례로 국책연구기관인 한국농촌경제연구원에서 농산물 수급에 대한 관측사업을 수행하여 수급물량과 가격에 대한 예측 정보를 제공하고 있다.

자 홍보 등을 통해 소비량을 늘리는 등의 역할도 농산물 유통에서 진행하고 있다.[8]

그림 1-1	농산물의 특성

- 계절성
- 가치에 비해 큰 부피
- 높은 부패성
- 표준화 · 등급화 한계
- 수요화 공급의 비탄력성

공산품과 다른
농산물 유통
필요

2) 농산물 유통의 정의

농산물 또는 농식품의 유통[9]은 우리가 일상에서 항상 접하고 있어 매우 익숙하지만, 정확한 개념을 잘 알고 있지는 못하다. 마치 우리가 숨 쉬는 공기는 매우 친숙하지만, 공기가 구체적으로 어떤 성분(산소, 질소 등)으로 구성되어 있고 어떤 물리적인 규칙에 따라 움직이는 지 등을 모르는 것과 같다. 따라서, 농산물 유통이 무엇이고 왜 필요하며, 어떻게 작동하는 지 등을 찬찬히 살펴볼 필요가 있다.

일반적으로 농산물 유통은 "농산물이 생산자에 의해 수확된 다음, 최종소비자가 구매할 때까지 관여되는 모든 영업활동(business activities)"으로 정의할 수 있다. 어떻게 보면 막연한 개념인데, 흔히 "산지에서 농산물이 수확된 다음 최종 소비지에 도달할 때까지 적용되는 모든 것"으로 이해할 수 있다. 농산물 유통은 각 단계별로 다양한 주체들이 영업활동을 하여 자신의 유통역할을 수행하고 그 대가로 이윤을 가져간다. <그림 1-2>는 농산물 유통의 다양한 주체 및 활동을 전체적으로 보여주는데, 산지에서 수확된 농산물이 산지-도매-소매 등의 단계를 거쳐서 최종소비자에게로 유통되는 과정에 다양한 주체들이 각각의 기능을 하고 있음을 보여준다. 또한, 농산물

---

8) 농산물 비축과 소비 촉진 등의 역할은 농산물 유통에 관여하는 정부가 주로 담당하고 있다.
9) 현장에서 농산물(agricultural product), 농식품(agro-food), 식품(food)을 혼용하여 사용하고 있는데, 일반적으로 농산물은 산지에서 수확되어 유통되는 신선 농산물을 지칭하고, 농식품은 신선 농산물과 신선 농산물의 가공식품까지 포함하며, 식품은 신선 농산물·축산물·수산물과 이들의 가공식품을 모두 포괄하는 용어로 이해할 수 있다.

의 수출과 수입 등을 통해 다른 국가와 연계되는 부분과 식품가공·외식을 통해 가공식품 또는 외식 상품(음식)으로 유통되는 부분도 확인할 수 있다.

<그림 1-2>에서 제시되었듯이 농산물 유통은 다양한 주체들이 참여하여 복잡하게 움직이는데, 이를 전체적으로 하나의 시스템 관점에서 살펴보기 위해 푸드 시스템(food system)이라는 개념을 도입하고 있다. 또한 농산물이 신선 농산물 외에 가공식품과 외식상품으로 변형되어 유통되기도 하는데, 최근 이들의 유통 비중이 갈수록 높아지고 있다. 이는 소비자들이 신선 농산물을 시장 등에서 구매하여 집에서 직접 조리해 먹는 대신 가공식품이나 외식상품을 소비하는 경우가 늘어나고 있기 때문이다. 신선 농산물을 가공하거나 식당에서 조리하여 판매하는 경우 그 상품의 가치가 증가하게 되는데, 이를 부가가치(value added)라고 한다. 말 그대로 "부가되는" 가치 또는 "더해지는" 가치인데, 쌀 1kg의 가격이 4천 원이라고 할 때 이를 떡으로 만들어 1만 원으로 파는 경우 그 차액인 6천 원이 바로 떡 가공으로 생겨나는 부가가치이다. 이러한 부가가치 등을 중점적으로 보기 위해 가치사슬(value chain)이라는 개념도 도입되었다.[10]

그림 1-2   농장에서 식탁까지 농산물의 흐름도

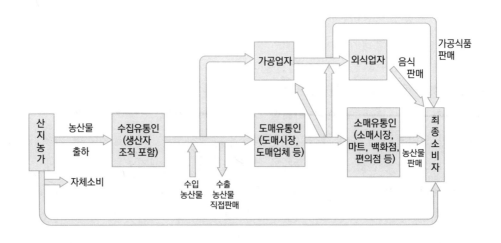

---

10) 푸드 시스템과 가치사슬에 대해서는 제1장 제1절에 있는 "3. 푸드 시스템과 가치사슬"에서 보다 자세히 알아보도록 한다.

<그림 1-3>은 농산물 유통이 상류와 물류로 움직이고 있음을 보여주기도 한다.[11] 여기서 상류 또는 상적 유통(商的 流通, Economic role)은 "돈"의 흐름을 말하는 것으로 농산물을 사고 파는 과정에서 돈을 주고 해당 농산물의 소유권을 가져오는 것이다. 물류 또는 물적 유통(物的 流通, Physical distribution)은 "물건"인 농산물의 흐름을 말하는 것으로 농산물의 운송, 저장 등이 포함된다. 농산물 유통에서 상류와 물류의 흐름은 반대 방향으로 움직이는데, 물류의 경우 산지에서 생산된 농산물이 도매–소매 등을 거쳐 소비자에게 흘러가는 반면, 상류는 소비자의 지갑에서 나온 돈이 소매와 도매 등을 거쳐 산지 생산자에 도달하기 때문이다.[12]

과거 농산물 유통산업이 발전하지 못했던 시기에는 직접 농산물을 보고 돈을 지불하여 바로 가져오는 거래가 일반적이었기에, 상류와 물류가 동시에 이루어지는 이른바 상물일체(商物一體)형 유통이 주를 이루었다. 그러나 최근에는 유통단계가 복잡해지고 거래량 규모가 커짐에 따라 상류와 물류가 분리되는 유통의 비중이 증가하고 있다. 일례로 우리가 자주 접하는 온라인거래의 경우 농산물을 직접 확인하지 못한 채 돈을 먼저 지불하고 구매한 농산물은 나중에 받게 되는데, 상류와 물류가 분리된 전형적인 사례이다.

그림 1-3   유통의 상류와 물류

---

11) 상류와 물류에 대해서는 제1장 제4절에 있는 "1. 유통기능"에서 보다 자세히 알아보도록 한다.
12) 유통단계마다 돈을 주고 농산물을 가져오는 상황을 떠올리면, 상류와 물류의 흐름이 반대임을 쉽게 이해할 수 있을 것이다.

3) 농산물 유통의 역할(효용)

농산물 유통은 농산물의 추가적인 효용(utility)을 창출하여 농산물의 부가가치를 높이는 역할을 하고 있는데, 크게 형태(form) 효용, 장소(place) 효용, 시간(time) 효용, 소유(possession) 효용 등으로 구분된다.[13] 유통을 통해 효용이 높아진 농산물은 증가한 부가가치만큼 높은 가격에 거래되기에 유통주체들은 자신이 유통하는 농산물의 효용을 최대한 높이기 위해 노력하고 있다.

먼저, 형태 효용은 농산물의 형태를 바꿈으로 발생하는 효용으로 정미소나 미곡종합처리장(RPC: Rice Processing Complex)에서 쌀(벼)을 도정하여 현미 또는 백미로 바꾸는 것, 도축장에서 소와 돼지 등을 쇠고기와 돼지고기로 바꾸는 것, 유가공업체에서는 우유를 치즈와 버터 등으로 바꾸는 것 등이 해당된다.

장소 효용은 농산물의 장소를 이동시켜 발생하는 효용으로 산지의 사과를 소비지로 운송하여 소비자에게 판매하거나, 우리나라 딸기를 중국에 수출하여 판매하는 것 등이 해당된다. 즉, 산지에 많이 있어 높은 가격을 받지 못하는 사과를 구매자가 많은 소비지로 이동시키면 보다 높은 가격을 받게 되는 것이다. 특히, 장소 효용은 농산물 물류의 중요성을 높이는데, 효율적인 물류를 통해 작은 비용으로 보다 높은 효용을 창출할 수 있기 때문이다.

시간 효용은 농산물의 판매 시점을 변화시켜서 발생하는 효용으로 농산물이 대량으로 공급되는 출하기에 판매하지 않고 저장을 하고 기다렸다가 농산물의 공급량이 줄어드는 시기에 판매하여 가격을 높게 받는 것이다. 과거에는 농산물 저장기술이 떨어져 시간 효용 창출에 한계를 가졌었으나, 요즘은 예냉과 저온저장 등을 통해 수개월 이상을 저장하여 상당히 높은 수준의 시간 효용을 창출하고 있다.

마지막으로, 소유 효용은 농산물의 소유권이 변화하는 과정에서 발생하는 효용으로 유통주체들이 농산물을 사고파는 과정에서 효용이 증가하는 것을 의미한다. 보다 구체적으로 보면, 소비자가 농산물을 구하기 위해 들이는 시간과 노력 등을 유통주체가 대신하고 추가적인 부가가치와 서비스가 더해져서 생기는 효용으로, 소비자가 산지에 직접 가서 흙이 묻은 날것의 농산물을 구매하는 대신 도매와 소매 등의 유통단계를 거쳐서 포장 및 상품화가 된 농산물을 쉽게 구매하는 대가로 보다 높은 가격을

---

13) 효용이란 상품 또는 서비스를 사용하는 과정에서 소비자가 얻을 수 있는 주관적인 만족을 측정하는 단위로 정의할 수 있다.

지불하는 경우이다.

그림 1-4 유통의 효용

2. 농산물 유통의 주요 개념

1) 농산물 유통의 구성요소

　농산물 유통이 효율적으로 작동되기 위해서는 각 구성요소들이 적절하게 역할을 하여야 하는데, 물류관련 시설과 설비, 도로와 통신 등의 사회간접자본 등을 포괄하는 하드웨어(hardware)와 유통조직과 관련 제도 등의 소프트웨어(software)가 해당된다.

　먼저, 하드웨어 요소는 농산물의 물류와 농산물 거래를 위한 시설·설비와 국가단위의 사회간접자본 등이다. 산지단계에서는 수확된 농산물의 수집, 선별·가공·저장·포장 등을 위한 시설이 있는데, 쌀과 양곡 유통을 위한 미곡종합처리장(RPC: Rice Processing Complex), 사과나 배추 등의 청과물을 위한 농산물산지유통센터(APC: Agricultural Procssing Complex), 소나 돼지 등의 축산물을 위한 축산물종합처리장(LPC: Livestock Processing Complex) 등이 대표적이다. 도매단계에서는 도매시장과 도매센터의 저장 및 진열 시설 등이 있고, 소매단계에서는 소매시장과 마트의 저장 및 진열시설 등이 있다. 아울러, 산지·도매·소매 유통조직을 연결하는 물류 및 통신 시설 등도 포함된다.

　소프트웨어 요소는 농산물 유통이 원활하고 효율적으로 작동되도록 하는 요소로 유통조직이 있는데, 산지단계에는 농협 등의 생산자 조직과 산지유통인 조직이 있고,

도매단계에는 도매시장법인과 중도매인, 시장도매인 등의 조직이 있으며, 소매단계에서는 소매 유통인 조직 등이 각각의 유통 역할을 하고 있다. 또한 농산물 유통 관리를 위한 법으로 농림축산식품부가 관장하는 농수산물 유통 및 가격안정에 관한 법률과 산업통상자원부가 관장하는 유통산업발전법, 지방자치단체의 농산물 유통관련 조례 및 규정 등이 유통의 효율성을 높이기 위해 각각의 기능을 하고 있다.

그림 1-5　유통의 구성요소

2) 농산물 유통의 효율성

경제학 용어인 효율성(efficiency)이란 "투입한 자원을 얼마만큼의 산출물을 생산하는지를 측정하는 것"으로 효율성이 높을수록 보다 작은 자원으로 보다 많은 산출물을 얻어내게 된다. 농산물 유통의 효율성이란 유통 활동에 투입되는 시간, 비용, 인력 대비 산출되는 결과물이 얼마인지를 측정하는 것으로 일반적으로 유통비용을 최소화하고 유통 활동의 결과물로 얻게 되는 수익 등을 최대화하면 유통 효율성이 높은 것으로 평가한다.

유통 효율성은 경영효율성(Operational Efficiency)과 가격효율성(Pricing Efficiency)으로 구분되는데, 경영효율성은 유통주체가 유통 활동의 산출물에 대한 부정적인 영향 없이 유통비용을 절감할 경우에 높아지는 것이다. 예를 들어 에너지 절약형 수송 또는 저장시설을 도입하거나 물류 기계화를 통해 동일한 유통물량의 수송이나 저장을 보다 낮은 비용으로 해결하게 되는 사례를 들 수 있다. 다만, 한 가지 주의할 부분은 무조건적인 비용 절감이 경영효율성을 높이는 것이 아닌 점이다. 예를 들어, 마트의 계산대 인력을 줄여서 인건비를 절약하였지만 마트 이용 고객의 불만이 더 높아져서 매출이 줄어드는 경우에는 경영효율성이 악화된 것으로 평가한다.

다음으로 가격효율성은 유통시장에서의 효율성을 뜻하는데, 시장 가격이 투명하고 합리적으로 결정될 때 가격효율성이 높은 것으로 평가한다. 시장가격이 제 역할을 할 경우 해당 시장의 자원 배분의 효율성이 높아지게 되는데, 결정된 가격이 소비자와 생산자의 의향을 충분히 반영하고, 자원의 부가가치를 증대시키며, 생산자·유통인·소비자 간의 거래행위를 적절히 조정할 수 있게 된다. 일반적으로 경제이론에서는 완전경쟁구조의 시장에서 가격이 가장 효율적인 것으로 보고 있는데, 보다 구체적인 내용은 경제학 도서를 참고하도록 하자.[14]

농산물 유통의 효율성을 끌어올리기 위해서는 경영효율성과 가격효율성 모두 혹은 일부의 수준을 높이면 되는데, 현실에서는 경영효율성과 가격효율성이 서로 상충되는 경우가 종종 발생하는 문제가 있다. 예를 들어, 특정 유통업체가 획기적인 유통기술을 도입하여 유통비용을 줄이면 경영효율성이 높아지게 되지만, 해당 업체의 경쟁력이 높아져서 다른 업체를 따돌리고 독점적인 지위를 차지할 수 있는데 이 경우 가격효율성은 낮아지는 결과로 이어지는 것이다. 반대로 정부가 농산물의 등급제를 도입하여 등급별로 적정 가격이 결정되도록 강제할 경우, 유통시장의 가격효율성을 높아지겠지만 유통업체가 등급제 도입으로 인한 추가 비용이 발생하여 경영효율성이 낮아지는 경우도 있을 수 있다.

그림 1-6　**유통 효율성의 유형**

14) 경제이론에서는 상품의 공급자와 수요자의 수가 매우 많아 특정 공급자나 수요자가 시장 가격에 영향을 미칠 수 없고, 거래되는 상품이 동일하여 상품 간 차이가 없으며, 거래를 위한 정보가 완벽하게 제공되는 등의 조건이 달성되는 시장을 완전경쟁구조의 시장으로 설정하고 있다. 이와 같은 완전경쟁시장에서는 공급자와 수요자가 모두 합리적인 의사결정을 하여 특정인이 초과 이익을 얻지 못하고, 자원이 효율적으로 배분되는 이상적인 시장인데, 우리 현실에는 거의 존재하지 않는 시장이다.

3) 농산물 유통 연구의 접근법

농산물 유통 문제를 해결하기 위한 접근법은 6가지로 구분되는데, 상품별 접근법(commodity approach), 기능적 접근법(functional approach), 기관별 접근법(institutional approach), 행동체계별 접근법(behavioral systems approach), 관리적 접근법(managerial approach), 사회적 접근법(social approach) 등이 있다. 각 접근법에 대한 구체적인 내용을 이어서 살펴보기로 한다.

(1) 상품별 접근법

상품별 접근법은 유통연구 접근법 중 가장 먼저 적용된 접근법으로 특정 상품 또는 상품군에 초점을 두고 해당 상품의 유통구조, 유통조직, 유통제도 등을 연구하는 방법이다. 상품별 접근법은 과거 농산물의 종류가 많지 않고 유통구조가 단순하였던 시기에 많이 적용되었다.

상품별 접근법의 사례로는 쌀 유통전문가 또는 사과 유통전문가가 대상 농산물의 재배적 특성과 유통조직과 역할 등을 종합적으로 연구하는 것으로 하나의 농산물의 모든 것을 연구하는 품목 전문가를 양성하는 장점이 있다. 다만, 유통산업이 발달함에 따라 농산물끼리의 유통 연계성이 높아짐에 따라 특정 상품만을 대상으로 연구하는 접근법은 농산물의 유통 구조 전체를 조망하면서 분석하는 것에는 한계가 있다.

(2) 기능적 접근법

기능적 접근법은 각각의 유통주체들이 담당하는 기능에 초점을 두고 연구하는 방법론으로, 특정 농산물의 유통과정에서 어떤 기능들이 수행되고, 해당 기능들이 효율적으로 작동하고 있는 지 등을 중점적으로 분석한다.

예를 들어, A라는 소매상이 B라는 소매상보다 적은 비용으로 사과를 판매할 경우, 두 상인이 수행하는 기능을 비교하여 상인 간 유통비용의 차이를 분석할 수 있다. 또한, 도매시장의 도매시장법인과 중도매인이 기능을 시장도매인이 모두 수행하는 기능적 차이도 연구의 대상이 된다.[15] 기능적 접근법은 유통주체인 "사람"이 아닌 유

---

15) 도매시장에서 도매시장법인이 수집한 농산물을 경매하면 중도매인이 참여하여 해당 농산물의 가격을 발견한 다음 소매상에 판매하는데, 시장도매인은 산지에서 농산물을 직접 구매하여 바로 소매상에게 판매하므로, 시장도매인이 도매시장법인과 중도매인의 기능을 모두 수행하는 특성을 가진다. 구체적인 내용은 제3장 제1절에 있는 "3. 도매시장 거래"에서 보다 자세히 알아보도록 한다.

통주체가 수행하는 "기능"에 초점을 두어 유통 효율성을 높이는 방안을 모색하기에 적절한 면이 있다. 다만, 개별 유통기능에만 집중하다보면 유통기능과 유통주체가 서로 연관되어 작용하는 유통구조의 전체적인 발전에 대한 논의를 간과할 수 있다.

(3) 기관별 접근법

기관별 접근법은 유통주체에 초점을 두어 연구를 진행하는 방법론으로 앞에서 설명한 기능별 접근법과 차이를 가진다. 즉, 유통기능을 담당하는 유통기관(주체)의 경영과 조직 등을 분석하고 유통기관의 유통활동에 영향을 주는 제도와 시스템을 분석하여 농산물 유통현장에서 발생하는 문제를 본질적으로 연구하는 장점이 있다.

유통기관으로는 신선 농산물의 유통단계별 유통인과 조직, 농산물 가공업자, 외식업자, 도매시장 운영기관, 정부, 관련 연구기관 등 다양하기에, 이를 대상으로 연구를 진행하게 된다. 특히, 기관별 접근법은 특정 유통기능을 누가 담당하는 것이 더 효율적인지도 연구하는데, 예를 들어 산지에서 생산되는 배추의 수집 및 출하 기능을 농협 등의 생산자 조직과 민간 산지유통인(산지수집상) 중 누가 수행하는 것이 더 효율적인지 등을 분석하고, 해당 유통주체를 육성하기 위한 제도를 고민한다. 다만, 기관별 접근법은 "사람"에 대한 접근법으로 단기적으로는 유통 효율성 제고의 기본 목적을 벗어날 수 있다.[16)]

(4) 행동체계별 접근법

행동체계별 접근법은 앞에서 설명한 접근법과 달리 유통주체와 기능을 행동 체계(system)의 관점에서 종합적으로 분석하는 접근법이다. 행동체계는 크게 4가지 요소로 구성되어 있는데, 유통주체(조직, 기업)가 유통 활동을 위해 투입하는 자원과 그 결과 산출되는 결과를 분석하는 투입 – 산출체계(input-output system), 유통주체 간의 역학관계의 체계, 유통주체의 내부 구성원들의 의사소통체계(communication system), 유통주체가 내·외부 여건 변화에 대응하는 행동체계이다.

---

16) 일례로 과거 배추 수집업무를 산지유통인이 아닌 농협이 주도하도록 정책을 진행하였는데, 결과적으로 정책의 성과가 미미하여 산지유통인과 농협이 각각 수집기능을 하도록 정책이 전환된 경우가 있다. 이는 계약파기 등 일부 산지유통인의 문제점을 해결하기 위해 생산자 조직인 농협이 산지 시장을 장악하도록 정책을 추진하였으나, 농협이 산지유통인의 순기능과 경쟁력을 넘어설 수 없어 정책 전환이 진행되었다.

행동체계별 접근법은 앞에 설명한 4가지 요소를 종합적으로 분석하여 보다 체계적이고 종합적인 연구가 가능한 장점을 가지고 있다. 다만, 아직 적용되기 시작한 역사가 길지 않고 경제학 외에 경영학, 사회학, 심리학, 공학 등의 다양한 학문을 융합하여 연구를 진행하기에 어려운 면이 있다.

(5) 관리적 접근법

관리적 접근법은 유통주체가 당면하고 있는 현장 문제 해결에 집중하는 접근법으로 앞에서 설명된 접근법보다 미시적인 접근법이다. 즉, 유통주체(조직, 기업)의 경영자가 유통 여건 변화와 시장 경쟁에 대응하기 위한 현실적인 문제 해결을 위해 연구하는 특성을 가지고 있다.

예를 들어, 고객이 원하는 것을 구체적으로 확인하고, 고객의 만족 수준을 높이는 문제, 유통시장 경쟁에서 우위를 차지하기 위한 전략을 마련하는 문제 등이 해당하는데, 일반적인 마케팅 전략이 자주 활용된다.[17] 관리적 접근법은 유통주체의 입장에서는 가장 유용한 접근법이라는 장점을 가지나, 특정 유통주체에 집중하여 미시적인 연구를 진행하기에 전체 유통구조 및 유통산업을 대상으로 논의를 하기에는 한계가 있다.

(6) 사회적 접근법

사회적 접근법은 관리적 접근법과 달리 개별 유통주체(조직, 기업)의 유통 활동의 성과를 사회 또는 국가경제 전체 시각으로 연구하는 접근법이다. 사회적 접근법은 경제학 방법론을 주로 활용하는데, 산업조직론(industrial organization)의 S-C-P 분석법이 대표적이다.[18] S-C-P 분석법은 유통산업에 있는 조직·기업들의 시장점유율, 독과점 수준 등을 분석하는 산업구조(structure) 분석, 유통 조직·기업들의 상호 경쟁행위(conduct) 분석, 유통 조직·기업이 산업과 사회 등에 미치는 성과(performance) 분석을 각각 진행하여 그 결과를 종합하는 연구를 진행하여, 유통주체의 효율성과 성과를 종합적으로 분석하는 장점을 가진다. 다만, 사회적 접근법은 이익 추구를 목적으로 하는

---

17) 마케팅 전략으로는 시장세분화 전략, 포지셔닝 전략, 4P 전략 등이 대표적인데, 구체적인 내용은 제2장 제1절에 있는 "2. 마케팅 전략"에서 보다 자세히 알아보도록 한다.
18) S-C-P 분석법은 유통산업의 구조(structure), 유통주체(조직, 기업)의 행위(conduct), 유통주체의 활동으로 창출되는 유통산업의 성과(performance)를 각각 분석하는 방법론인데, 구체적인 내용은 제2장 제2절에 있는 "2. 산업조직론"에서 보다 자세히 알아보도록 한다.

유통주체를 이상적인 경제학적 시각으로 분석하여 현실 반영에 제약이 있다는 평가를 받기도 한다.

표 1-1 농산물 유통 연구의 접근법

접근법	주요 방법
상품별 접근법	특정 상품(상품군)을 대상으로 유통 분석
기능적 접근법	유통주체가 담당하는 기능에 초점을 두어 연구
기관별 접근법	유통주체에 초점을 두고 연구
행동체계별 접근법	유통주체 및 기능을 행동 체계의 관점에서 종합적 분석
관리적 접근법	유통주체가 당면하는 현장 문제 해결에 초점을 두고 연구
사회적 접근법	개별 유통주체(조직, 기업)의 유통 활동 성과를 사회 · 국가경제 시각에서 연구

3. 푸드 시스템과 가치사슬

1) 푸드 시스템의 정의와 구조

(1) 기본 개념

농어업 생산, 식품 가공 및 유통 등 농림축수산식품의 공급에 연관된 모든 활동을 포괄하는 용어인 푸드 시스템(Food system)은 "식품의 생산, 수확, 저장, 가공, 포장, 운송, 유통, 소비, 폐기 등 식품 소비와 관련된 일련의 과정" 또는 "농림축수산업 생산자－가공업자－소매업자－소비자로 이어지는 일련의 흐름" 등으로 정의된다.[19] 즉, 푸드 시스템은 농업과 식품산업의 상호 관계를 포함한 농식품산업을 구성하는 각 주체들이 서로 주고받는 관계 전반을 포함하는 개념으로 이해될 수 있다.

푸드 시스템은 크게 광의와 협의의 개념으로 다시 정의될 수 있는데, 광의의 푸드 시스템은 식품 공급에 연관된 모든 산업과 생산에서 소비까지의 식품 흐름 전반과 관련되는 모든 경제 주체들의 활동과 상호 관계, 관련 제도 및 정책 등을 모두 포괄한다. 반면에, 농업 경제학에서 주로 적용하고 있는 협의의 푸드 시스템은 농림축수산업·식품산업(식품 가공산업, 외식산업, 식품 유통산업 등)·최종 소비자의 경제적 활동까지를 분석

---

19) 최지현 외 (2009).

대상으로 한정하여, 광의와 달리 관련 제도, 정책, 법 등을 제외하고 있다.

(2) 푸드 시스템 구조

보다 직관적인 이해를 위해 푸드 시스템의 구조를 <그림 1-7>을 통해 살펴볼 수 있다. 그림에서 제시된 푸드 시스템에서 알 수 있듯이, 푸드 시스템은 국산 및 수입 농림축수산물과 수입 가공식품을 원료로 사용하고 있다. 각 원료들은 선별이나 포장 등의 단순 가공, 가공식품을 생산하는 식품 가공, 급식 조달 등의 중간단계를 거쳐서 상품화가 된 이후 최종 소비자에 공급되는데, 최종 소비자는 필요에 따라 농림축수산물을 원물, 가공식품, 외식이나 급식의 형태로 소비활동을 한다.

그림 1-7 푸드 시스템의 구조

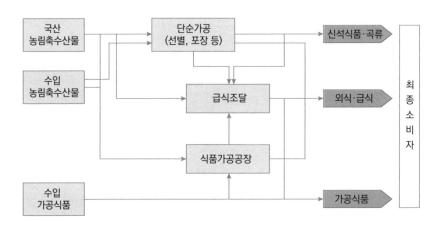

자료: 최지현 외 (2009) 일부 수성

2) 가치사슬의 정의와 통합

(1) 기본 개념

가치사슬(Value chain)은 마이클 포터(M. Porter)가 1980년대에 주장한 개념으로 "기업 활동에서 부가가치가 생성되는 일련의 연쇄과정으로 부가가치 창출에 직간접적으로 관련되는 모든 활동, 기능, 프로세스의 연관성"을 의미한다.[20] 다시 말해서 기업의 가

---

20) 여기서 부가가치(added value)란 생산 과정에서 새로 덧붙인 가치 내지는 추가로 더해지는 가

치사슬이란 기본 원료의 공급에서부터 소비자에게 최종적으로 공급되는 상품 또는 서비스에 이르기까지 상호 연계된 일련의 부가가치 창출 활동인 것이다.

경영학에서의 가치사슬은 부가가치 창출과 연관된 활동들과 그 활동들의 연관성을 보여주는 것인데, 크게 본원적 활동(Primary activities)과 보조 활동(Support activities)으로 구분된다. 여기서 본원적 활동은 부가가치를 직접적으로 창출하는 활동으로 상품의 생산, 운송, 마케팅, 판매, 물류, 서비스 등의 현장 업무 활동 등이 포함된다. 한편, 보조 활동은 부가가치가 창출될 수 있도록 간접적으로 도와주는 활동으로 생산 기반 시설 지원, R&D, 교육, 조직화, 전문화 등의 활동이 해당된다.

농업에서의 가치사슬은 농업 경영과정에서 부가가치의 생성과 관련된 모든 직접 또는 간접 활동을 포함한다. 특히, 농산물은 일반 공산품과 달리 생산에서 가공 및 판매까지 품목별로 고려하여야 할 부분들이 매우 많다. 농산물의 가치사슬이 효율적으로 관리되기 위해서는 각 단계별 활동들이 시장 확대를 목표로 종합적으로 연계될 수 있어야 한다. 농산물의 가치사슬 구조를 도식화한 <그림 1-8>을 보면, 본원적 활동으로 생산 요소 투입, 생산, 선별·포장·저장·가공, 유통, 판매 등이 포함되고, 지원 활동으로 조직화 및 규모화, 마케팅, R&D, 정부 정책 등이 포함되고 있는데, 이들 활동이 유기적으로 서로 조정(coordination)되고 협력(cooperation)되어야 함을 보여주고 있다.

그림 1-8 농산물의 가치사슬 구조

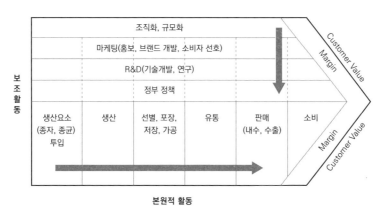

자료: 김연중 외 (2010) 일부 수정

치이다. 예를 들어, 쌀을 500원에 구입하여 9,00원짜리 떡을 만들어 판매하는 떡 가공업자에게는 400원의 부가가치가 발생하는 것이다.

(2) 가치사슬의 수직 통합

농산물의 가치사슬은 생산요소 투입부터 소비자 판매에 이르기까지의 각 단계가 수직적으로 통합되어 효율성을 높이고 있다. <그림 1-8>을 90도로 꺾으면 본원적 활동의 생산요소 투입부문이 맨 위로 가고, 소비 부문이 맨 아래로 가는 형태로 바뀔 것이다.[21] 이처럼 가치사슬 본원적 활동의 각 단계를 생산부터 소비단계까지 수직적으로 나열하면 생산 부분이 상류(upstream)가 되고 소비 부분이 하류(downstream)가 된다. 또한, 수직단계에서 특정 단계의 하류에 해당되는 부분이 전방산업(Forward industry)이고 상류에 해당하는 부분이 후방산업(backward industry)으로 정의된다. 예를 들어, 생산단계에서의 전방 산업은 선별·포장·저장·가공 산업, 유통 산업 등이 해당되고, 후방 산업은 생산 요소 투입 산업이 되는 것이다.[22]

농산물 가치사슬의 수직 통합(Vertical integration) 수준이 높을수록 전방 산업과 후방 산업의 조정이 쉬워지게 된다. 이는 곧 시장 변화에 보다 적극적으로 대응하여 가치 증대를 효과적으로 달성할 수 있음을 의미하므로, 농산물의 가치사슬을 운영하는 주체들은 수직 통합을 위해 다양한 노력을 기울이게 된다.

---

21) 다시 말해서, 오른쪽 끝이 뾰족한 그림을 아래쪽 끝이 뾰족한 그림으로 90도 회전시킨다고 상상해보자.

22) 전방산업과 후방산업을 보다 쉽게 이해하기 위해서는 대상 주체가 생산 부문(upstream)에서 소비 부문(downstream)을 바라보고 있는 상황을 떠올리도록 하자. 여기서 대상 주체가 앞으로 바라보고 있는 소비 부문이 바로 전방에 놓여 있는 산업인 전방산업이 되고, 대상 주체의 뒤통수인 뒤에 있는 생산 부문이 바로 후방산업이 되는 것이다.

1. 농산물 가격의 개념 및 특성

1) 기본 개념

우리가 일상에서 자주 사용하는 가격이 무엇인지를 구체적으로 아는 사람은 많지 않은데, "상품의 대가로 구매자가 판매자에게 지불하는 화폐의 양"으로 규정할 수 있다. 농산물 시장에서도 가격의 개념이 동일하게 적용되는데, 소비자가 농산물을 구매할 때 지불하는 가격이 바로 그 농산물을 가져오는 대가로 주는 화폐의 양인 것이다. 다만, 농산물 가격은 공산품 가격과 구분되는 특성을 가지는데, 계절성(seasonality)과 불안정성(instability)이 대표적으로 이에 관한 내용을 좀 더 자세히 알아보도록 한다.

그림 1-9 **농산물 가격의 특성**

2) 농산물 가격의 특성

(1) 계절성

앞에서 공부한 농산물 특성의 하나인 계절성으로 인해, 농산물 가격 또한 계절성이라는 특성을 가진다. 즉, 농산물이 특정 기간에 수확되어 집중적으로 출하되는 특성에 따라 수요를 초과하는 물량이 시장에 공급됨에 따라 가격이 하락하고, 이후 농산물의 공급 물량이 소진되면 다시 가격이 상승하는 것을 주기적으로 반복하는 특성이 농산물 가격의 계절성이다.

이를 구체적으로 설명하는 <그림 1-10>을 보면 농산물 가격의 계절성에 대한 이해가 쉬울 것이다. 소비자의 농산물 수요량은 연중 변화가 거의 없는 상황에서, 농산물이 대량으로 시장에 공급되는 성출하기에는 농산물의 시장 공급량이 수요량을 초과하여 가격 하락을 유발하게 된다. 이후 산지 농산물의 출하 물량이 모두 소진된 다음에는 공급량이 수요량보다 줄어들어 가격 상승을 유발하게 되는데, 이러한 농산물의 하락 및 상승이 반복되는 것이 농산물 가격의 계절성인 것이다.

그림 1-10 농산물 가격의 계절성 발생 과정

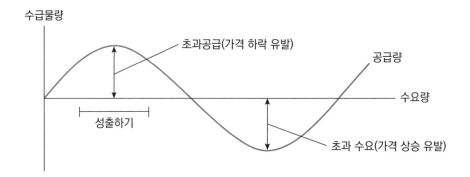

(2) 불안정성

농산물의 또 다른 특성인 수요와 공급의 비탄력성은 농산물 가격의 불안정성 특성을 야기한다. 즉, 농산물의 가격이 변화할 때 소비자나 생산자가 수요량이나 공급량을 적절하게 바로 조절하지 못하기에 가격의 변동폭이 더 커지게 되기 때문이다. 예를 들어, 딸기 수요가 증가하여 딸기 가격이 오르는 경우 딸기 생산자가 공급량을 더 늘려주면 딸기 가격이 더 이상 증가하지 않을 수 있으나, 딸기 농장에서 생산되는 딸기의 공급량을 단기간에 늘리는 것이 불가능하기에 딸기 가격은 계속해서 오르게 된다.

농산물 가격의 불안정성은 농산물 생산이 자연조건의 영향을 받는 것도 주요 요인이 되는데, 농산물의 재배시기에 가뭄이나 폭우 등의 기상재해가 발생하면 농산물 생산량이 급격히 줄어들게 되고, 이는 해당 농산물 가격의 폭등으로 이어진다. 일례로, 배추 재배지역이 태풍 피해를 입어 수확량이 1/3로 감소하여 가을에 김장을 하기 위한 배추 가격이 2배 이상 증가하였다는 뉴스를 간혹 듣게 되는 사례가 대표적이다.

한편, 농산물의 가격은 공산품과 달리 경기 변동에 대해서도 보다 민감하게 반응하는데, 이는 농산물이 공산품과 달리 외부 상황에 대응하기 위한 공급량 조절이 용이하지 않기 때문이다. <그림 1-11>은 경기변동에 공업과 농업이 대응하는 정도를 비교한 것으로, 경기가 위축되어 수요 감소로 인한 수요곡선의 이동이 D에서 D'로 동일한 폭으로 진행되었다. 이때 공업 부문에서는 공장 가동률을 줄여서 생산량을 크게 감소하여 공급곡선을 S에서 S'로 큰 폭으로 이동하여 시장 가격을 동일하게 유지할 수 있다$(P = P')$. 그러나, 농업 부문에서는 재배하고 있는 농산물을 갑자기 크게 줄일 수 없기에 공급곡선의 이동 폭$(S \rightarrow S')$이 충분하지 못하여 시장 가격이 P에서 P'로 하락하게 된다.

그림 1-11   경기변동에 대한 공업과 농업의 대응

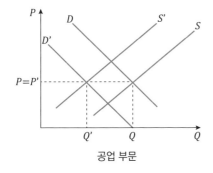
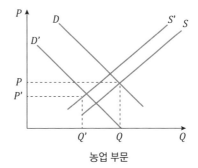

공업 부문   농업 부문

2. 농산물 가격의 변동

1) 개념 및 유형

농산물의 가격은 지속해서 변화하는데, 농산물 가격의 변동 요인으로는 크게 공급부문(재배 면적 결정, 기후 영향, 수확량, 농산물 수입 등), **수요부문**(소득, 가격, 선호 및 취향, 인구, 농산물 수출 등), **유통부문**(가공 등 부가가치 제고, 가격 및 비용, 거래 행위 등), **정책부문**(가격지지, 생산제한, 소비 촉진, 수출입 등)으로 구분할 수 있다. 이 중에서 단기적으로는 공급부문의 요인들이 농산물 가격 변동에 가장 직접적인 영향을 주고 있다.

그림 1-12   농산물 가격의 변동 요인

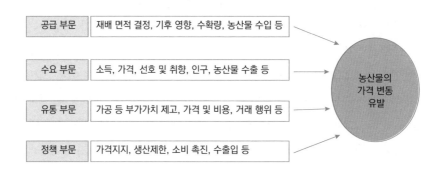

농산물 가격의 변동은 가격의 변동기간을 기준으로 일별, 월별, 계절별, 연별 등으로 구분할 수 있고, 변동 특성에 따라 추세적 변동, 주기적 변동, 계절적 변동, 불규칙 변동 등으로 구분할 수 있다.

먼저, 추세적 변동은 농산물 가격이 오랫동안 상승하거나 하락하는 모습을 보이는 것으로, 주로 중장기적인 시장 상황에 영향을 받는다. 농산물 가격의 추세적 변동 요인으로는 소비자의 기호나 소득수준 변화, 인구 증감, 기술 수준의 향상, 국제협상 등으로 인한 시장 개방 등이 대표적이다.

주기적 변동은 농산물의 가격이 수개월이나 수 년 동안 가격의 등락을 반복하는 것으로 농산물 생산의 과잉 또는 과소에 따른 가격 변동이 대표적이다. 예를 들어, 배추의 경우 한번 가격이 폭등하면 다음해에는 재배면적이 늘어나 가격이 폭락하게 되고, 그 다음해에는 재배면적이 줄어 가격이 다시 급등하는 등 2년 주기의 가격 변동이 자주 발생한다.

계절적 변동은 농산물의 성출하기와 부족기(단경기)를 기점으로 가격이 하락하고 다시 상승하는 것으로 앞에서 설명한 농산물 가격의 계절성(seasonality)이 반영된 변동으로, 주기적 변동의 특정 사례에 해당된다. 한편, 특정 농산물의 경우 수요의 계절성을 가지는데, 예를 들어 쇠고기는 설날과 추석에 수요가 크게 확대되어 계절적 변동성을 가지기도 한다.

마지막으로 불규칙 변동은 앞서 설명한 변동과 달리 특수한 상황(태풍 등의 기상재해, 일시적인 정책적 변화 등)으로 가격이 갑자기 폭등하거나 폭락하는 것으로 일정한 규칙이 없이 변동하는 경우이다.

표 1-2 농산물 가격 변동의 유형

기준	가격 변동	주요 특성
변동 기간	일별, 월별, 계절별, 연별 변동	가격 변동 기간에 따라 구분
변동 특성	추세적 변동	일정 기간 동안 상승 또는 하락 유지
	주기적 변동	규칙적으로 상승과 하락 반복
	계절적 변동	특정 기간마다 가격 변동 반복
	불규칙 변동	특정 상황으로 갑작스러운 변동 발생

2) 가격 변동 분석: 거미집 모형

거미집 모형(cobweb model)은 농산물 가격이 변동하는 과정을 분석하는 모형인데, 그래프의 모습이 거미집처럼 보이는 특성을 가진다. 경제학 모형이 항상 그러하듯이, 거미집 모형 또한 몇가지 가정이 있다. 첫째, 현 시점의 농산물 수요량은 같은 시점의 가격에 의해 결정된다. 이는 거미집 모형에서의 수요량은 같은 시점의 가격에 즉각 반응하는 것으로 가정하여, 우리가 일상에서 접하는 현실을 그대로 반영하였다.

둘째, 현 시점의 공급량은 한 시기 이전의 가격에 의해 결정된다. 이 또한 일반적인 농산물 생산자의 의사결정을 반영하는 것으로, 농산물 공급자가 과거의 시장 가격을 기준으로 현재의 재배면적 등을 결정하여 그 결과로 수확되는 농산물의 공급량이 정해지는 것을 의미한다.[23] 예를 들어, 벼 농가가 작년의 쌀 가격을 보고 금년 봄에 벼 재배면적을 결정하게 되는데, 그 결과 금년 가을의 쌀 공급량이 정해지는 것이다.

셋째, 거미집 모형은 완전경쟁시장을 적용한다. 이는 경제학에서 다루는 기본적인 모형에서 일반적으로 적용하는 가정으로, 독점 또는 과점 등의 다양한 시장의 특성을 제외하여 모형의 단순화를 꾀할 수 있다.[24]

<그림 1-13>은 거미집 모형을 그래프로 나타낸 것으로 농산물 가격의 변동 과

---

23) 물론, 최근의 현명한 농가는 여러 정보를 분석하여 지금 재배하려고 하는 농산물이 수확되는 시기의 가격을 예측하여 재배 규모를 결정지을 수 있지만, 대부분의 농가는 작년의 시장가격이 평년보다 높았거나 낮았는지를 감안하여 금년도 재배면적을 결정하는 경향을 가지고 있다.

24) 그 외에도 넷째, 농가가 계획하는 양만큼 실제 수확되어 시장에 공급되고, 다섯째, 가격은 언제나 수요곡선에 따라서 결정되며, 여섯째, 수요 및 공급곡선은 정태적으로 이동하거나 변화하지 않는 등의 가정들이 추가되나, 본문에서는 생략한다.

정을 확인할 수 있다. t_1기의 농가는 이전 시기인 t_2기의 가격인 P_0를 기준으로 재배면적을 결정하여 농산물을 생산하여 시장에 공급하게 되는데, 그 결과 시장 공급량은 P_0와 공급곡선인 S와 만나는 점에서 수직으로 내려온 Q_1만큼이 된다. 이때 시장의 수요량은 P_0와 수요곡선인 D와 만나는 점에서 수직으로 내려온 $Q_1{'}$만큼이 되는데, 이 시점의 시장 공급량(Q_1)보다 시장 수요량($Q_1{'}$)이 작아서 ($Q_1 - Q_1{'}$)만큼의 초과공급이 발생하게 된다. 초과공급은 시장가격을 떨어뜨리는데, t_1시기에서 시장에 공급되는 농산물 양(Q_1)을 모두 소비하기 위해서는 수요곡선인 D와 Q_1의 수직선이 만나는 점에서의 가격인 P_1까지 가격이 하락하게 된다.

다음 시기인 t_2기에서의 농가는 t_1기의 시장가격이 P_0에서 P_1까지 하락한 것을 보고 농산물의 재배면적을 줄이게 되는데, P_1의 가격과 공급곡선 S가 서로 만나는 지점에서 수직으로 내려온 Q_2의 공급량에 맞추게 된다. 그 결과, t_2시기의 시장 공급량은 Q_2만큼이 되고 시장 수요량은 Q_1이 되어, 초과 수요($Q_1 - Q_2$)가 발생하여 가격이 상승하여 P_2까지 상승하게 된다. 이와 같이 시간이 경과함에 따라 시장가격이 상승과 하락을 거듭하게 되는데, 그 결과 오른쪽 그림처럼 농산물 가격이 계속해서 변동하게 된다.

다만, <그림 1-13>은 거미집 모형의 여러 결과 중, 가격이 상승과 하락을 반복하면서 점차 최종 균형가격인 P_e로 수렴하는데, 이를 거미집 모형의 수렴형이라고 지칭한다. 이는 그림에 나타난 것처럼 공급곡선의 기울기가 수요곡선의 기울기보다 더 크면 (즉, 공급곡선이 더 수직선에 가까우면, 또는 공급이 수요보다 더 비탄력적이면) 가격 변동이 균형점을 향해 수렴하게 된다.[25]

---

25) 경제학에서 분석하는 수요곡선과 공급곡선은 기울기가 탄력성을 반영하는데, 기울기가 커져서 수직선처럼 되어갈수록 수요 또는 공급이 비탄력적이 된다.

그림 1-13 **거미집 모형에 의한 가격 변동: 수렴형**

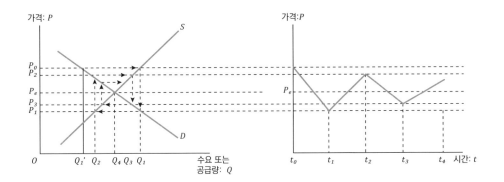

한편, <그림 1-14>는 거미집 모형 중 순환형을 보여주는데, 공급곡선의 기울기와 수요곡선의 기울기가 같으면(즉, 공급과 수요의 탄력성이 같은 수준이면), 시장가격이 동일한 크기로 상승과 하락을 반복하게 됨을 설명한다.

그림 1-14 **거미집 모형에 의한 가격 변동: 순환형**

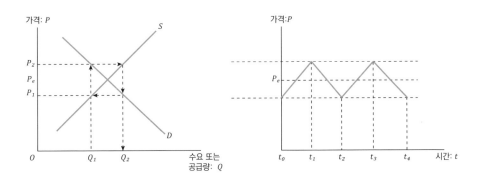

마지막으로, <그림 1-15>는 거미집 모형 중 발산형을 보여주는데, 수렴형의 경우와 반대로 공급곡선의 기울기가 수요곡선의 기울기보다 더 작으면 (즉, 공급곡선이 더 수평선에 가까우면, 또는 공급이 수요보다 더 탄력적이면) 가격 변동 폭이 점차 커져 균형점으로부터 멀어지게 된다. 이상과 같이, 거미집 모형에서 가격이 변동하는 형태는 공급곡선과

수요곡선의 상대적인 기울기 차이(즉, 공급과 수요의 상대적 탄력성 차이)에 따라 결정된다.

그림 1-15 거미집 모형에 의한 가격 변동: 발산형

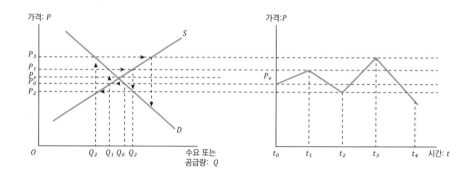

거미집 모형은 농산물 가격 변동의 인과관계를 구체적으로 이해하기에 유용하다. 다만, 모든 경제모형이 그렇듯 거미집 모형도 한계점이 있는데, 실제 수요량이 현 시점의 가격 외에도 수요자의 소득 수준, 다른 농산물 가격 등의 영향을 받음을 무시하였고, 농산물 시장이 완전경쟁시장이 아닌 것도 반영하지 못하고 있다. 또한, 농가 중 현명한 이는 이전 시기의 시장가격만 가지고 현 시점의 재배 규모를 결정하지 않기에 현실성이 떨어지는 문제점이 있다. 그럼에도 불구하고, 거미집 모형은 농산물 가격의 변동성을 구체적이고 명료하게 설명하는 장점을 가지고 있다.

3) 가격 변동의 계측

(1) 가격 변동률

농산물 가격의 변동 수준을 계측하기 위해서는 다양한 방법들이 적용되는데, 가장 단순한 방법은 현재의 가격을 전년도 가격 또는 평년 가격과 비교하여 변동률을 산출하는 방법이다. 예를 들어, 금년도 사과 가격이 1개에 100원이고 작년 가격이 200원인 경우, 금년의 사과 가격이 작년에 비해 50% 하락한 것으로 계측되는 것이다. 또한, 최근 3년간 사과 가격이 50원인 경우, 금년의 사과 가격이 평년에 비해 100% 상승한 것으로 계측된다. 한 가지 유의할 점은 농산물의 가격을 작년 대비 가격에만 비교하면 잘못된 결론에 도달할 수 있다는 것이다. 방금 제시한 사례에서, 금년도 사과 가격이 작년의 절반 수준으로 떨어진 것은 사실이나, 최근 3년의 평균보다는 2배 비싼 가격으로 사과 가격이 평소보다 여전히 비싸다는 점을 잊어서는 안된다. 금년의 사과 가격이 여전히 비쌈에도 작년 사과가격이 워낙 높았기에 상대적으로 저렴해 보이는 착시효과가 발생하는 것이다.

(2) 변이계수

가격의 변이계수(CV: coefficient of variation)는 특정 기간동안의 가격의 변동수준을 계측하는 방법으로, 다음의 공식과 같이 가격의 평균과 표준편차를 구한 다음 이를 나눈 값이다. 즉, 변이계수는 특정 기간동안 발견된 가격들이 평균에서 얼마나 멀리 떨어져 있는 지를 계측하는 것으로 0 ~ 1 사이의 값을 가지는데, 그 값이 클수록 가격들의 표준편차의 값이 크므로 가격 변동이 심한 것으로 분석된다.

그림 1-16 변이계수 공식

$$\text{변이계수}: \quad cv = \frac{s}{\bar{y}}$$

$$where\ s:\ \text{표준편차},\ \bar{y}:\ \text{평균}$$

예를 들어, 금년 7월의 배추 가격에 대한 변이계수를 계측할 경우, 7월 한 달 동안 수집된 배추의 일별 평균가격 자료를 확보하여 일별 평균가격의 평균과 표준편차를 각각 구한 다음, 표준편차를 평균으로 나눈 값이 7월 배추가격의 변동성을 보여주는 변이계수가 되는 것이다. 이와 같은 방법으로 금년 1월부터 12월까지 월별 가격 변이계수를 계측하여 상호 비교하면, 어느 달의 배추가격의 변동성이 가장 높았는지를 확인할 수 있다.

배추의 가격 변동성 분석

우리나라의 배추는 작기별로 특정 지역에 집중되어 재배되어 기상이변 피해 규모가 크고, 전년도 시장 가격에 따른 재배면적의 변동이 심하여 매년 가격 변동이 심한 품목 중의 하나이다. 배추의 연도별 가격 동향을 보면, 배추 상품(上品) 10kg당 가락시장 실질가격(2015년 기준)이 2010년 9,420원에서 2021년 6,986원으로 25.8% 하락하였으나 연도별 가격 변동이 크다.

그림 1-17   배추 연도별 가격 동향

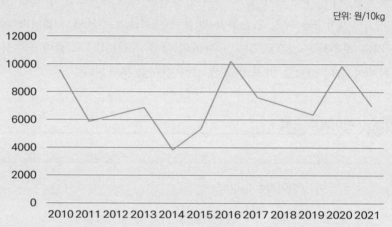

단위: 원/10kg

주 1) 명목가격을 생산자물가지수(2015=100, 한국은행)로 디플레이트한 실질가격이며, 상품(上品) 기준임.
자료: 서울시농수산식품공사, 한국농수산식품유통공사

배추 도매가격의 변화폭을 보다 구체적으로 분석하기 위해, 변이계수(CV)를 추정하였다. 그 결과, 배추 가격의 변이계수 값은 2010년 0.3841에서 2020년 0.2479로 연평균 4.3% 하락한 것으로 분석되었다. 그러나 연도별 변이계수 값은 상당한 변동성을 보이고 있는데, 2019년은 0.5537로 가장 높은 가격 변동성이 발생하였다.

배추 가격의 연도별 변이계수 추이

자료: 한국농수산식품유통공사의 자료를 활용하여 분석

한편 배추는 작기에 따라 겨울배추, 봄배추, 여름(고랭지)배추, 가을배추로 구분이 되는데, 상대적으로 좁은 지역에 집중적으로 재배되고 가뭄이나 태풍 등 기상재해가 많이 발생하는 여름배추의 가격 변동성이 가장 높았다.

배추 가격의 연도별 변이계수 추이

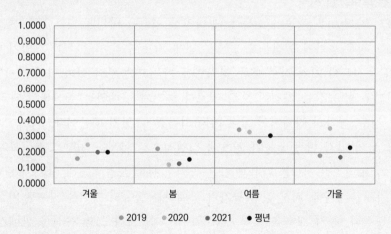

주 1) 평년은 2019년 ~ 2021년 변이계수 값의 평균임.

자료: 한국농수산식품유통공사

이상과 같이 배추 등의 농산물의 가격 변동성을 변이계수를 통해 정량적으로 계측하여 가격 변동 수준을 객관적으로 평가할 수 있다.

(2) 가격 신축성 계수

가격 신축성 계수(price flexibilities)는 농산물의 공급량이 1% 변할 때, 가격이 얼마만큼 변화하는지를 계측하는 수치로, 농산물의 공급량 변화에 따른 가격 변동 크기를 분석할 때 적용된다. 가격 신축성 계수를 도출하는 공식은 다음과 같은데, 산지에서 공급되는 물량이 변화할 때 시장 가격이 얼마나 영향을 받을 지를 예측하는 데 도움이 된다.[26] 예를 들어, 버섯의 가격 신축성 계수가 0.5로 계측된 경우, 산지에서 생산된 버섯의 공급량이 1% 감소하면 버섯 가격이 0.5% 상승할 것으로 예측할 수 있는 것이다.

 그림 1-20 **가격 신축성 계수 공식**

$$\text{가격 신축성 계수(F)} = \frac{\dfrac{\partial P}{P}}{\dfrac{\partial Q_s}{Q_s}} = \frac{Q_s}{P} \cdot \frac{\partial P}{\partial Q_s}$$

P: 가격, Q_s: 공급량

(3) 농가 교역조건 지수

농산물의 가격 변동은 농가 소득 등에 다양한 영향을 미치게 되는데, 농산물의 가격이 상승할 경우 농가가 농산물을 팔아서 얻게 되는 수익이 증가할 수 있기 때문이다. 그러나 농산물의 가격 상승 또는 하락만을 가지고 농가의 삶이 나아졌는지를 판단하기 어려운데, 농산물 가격이 오른 것보다 농가가 구매하는 공산품의 가격이 더 많이 오른 경우, 농가의 경제적인 삶이 더 어려워질 수 있기 때문이다.

농산물 등의 가격 변동이 농가 경제에 실질적으로 미치는 영향을 분석하기 위해 도입된 농가 교역조건 지수는 다음과 같은 공식을 통해 도출되는데, 농가가 판매하는 농산물의 가격을 지수로 바꾼 값과 농가가 구매하는 물품의 가격을 지수로 바꾼 값을 나누어서 구한다. 농가 교육조건 지수값이 1(또는 100%)보다 크면 농산물 판매가격 수

---

26) 한 가지 주의할 점은 가격신축성 계수는 뒤에서 공부하게 될 수요의 자체가격 탄력성의 공식과 분자와 분모가 뒤집어 있는 것처럼 보여, 자칫 가격 신축성 계수가 수요의 자체가격 탄력성의 역수라고 오해할 수 있다는 것이다. 수요의 자체가격 탄력성을 구할 때 사용되는 Q는 수요량이지만 가격 신축성 계수의 Q는 공급량이기에, 수요량과 공급량이 일치하는 경우가 아니면 두 공식이 상호 역수가 되지 않는다.

준이 농가 구매 물품가격 수준보다 높아짐을 의미하여 농가 경제가 유리하게 변화한 것으로 평가된다. 보다 구체적으로 설명하면, 농가가 판매하는 쌀 가격 수준이 농가가 구매하는 공산품 수준보다 높아지게 되어, 쌀을 팔아서 공산품을 구매할 때 더 유리해지게 되는 것이다. 반대로, 농가 교역조건 지수의 값이 1(또는 100%)보다 작은 경우에는 농가가 경제적으로 불리해 짐을 보여준다.

우리나라 농가의 교역조건 지수는 정도의 차이가 있지만, 대체로 1(또는 100%)보다 작은 값으로 계측되어 농가의 경제 여건이 악화되었음을 보여준다.

| 그림 1-21 | 농가 교역조건 지수 |

$$\text{농가교역조건 지수(terms of trade)} = \frac{\text{농가판매가격지수}}{\text{농가구입가격지수}} \times 100$$

3. 농산물의 가격 결정 및 가격 발견

1) 가격 결정

(1) 기본 개념

농산물의 유통과정에서 매일 접하게 되는 가격과 관련하여 가격 결정(price determination)과 가격 발견(price discovery)의 개념을 구분할 필요가 있는데, 가격 결정은 수요와 공급에 의해 가격이 정해지는 것으로 경제이론에서 수요와 공급곡선이 서로 만나는 점에서 가격이 "결정"되는 것을 말한다. 반면, 가격 발견은 유통 현장에서 구매자와 판매자가 최종적으로 합의하여 거래가 성사될 때 같이 "발견"되는 가격으로 개념적 차이를 둔다. 농산물 유통 현장에서 판매자가 자신의 농산물에 대한 가격을 미리 표시하기에 판매자가 가격을 결정하는 것으로 오해하는데, 판매자가 가격을 결정하여 표시한다고 해도 구매자가 그 가격에 농산물을 구매하지 않으면 가격이 발견되지 않은 것이다. 거래가 체결되어 가격이 판매자와 구매자 모두 동의했을 때, 비로소 그 농산물에 대한 가격이 발견되는 것이다.

경제학에서의 시장 가격은 수요곡선과 공급곡선이 서로 만나는 점에서 결정되는데, 여기서 수요곡선(demand curve)과 공급곡선(supply curve)이 무엇인지 먼저 이해할 필요가 있다. 먼저 수요곡선은 수요자(구매자)가 제시된 가격에서 해당 상품을 얼마나 많이 구매할지를 나타낸 점들을 연결한 선으로 <그림 1-19>의 수요곡선 D에서 시장 가격이 P_1일 때 수요자가 상품 물량을 Q_{1d}만큼 구매하려고 하고, 시장가격이 P_2일 때 상품 물량을 Q_{2d}만큼 구매하려고 하는 것을 보여준다.[27] 가격 P_1에서의 수요량 Q_{1d}보다 가격 P_2에서의 수요량 Q_{2d}의 값이 더 큰데, 이는 수요자가 상품 가격이 P_1에서 P_2로 하락하면 더 많이 구매함을 보여준다.[28] 그 결과 수요곡선이 오른쪽으로 갈수록 아래로 내려가는 우하향(右下向) 곡선의 모습을 가져서, 주어진 가격이 낮아질수록(즉, 가격이 싸질수록) 구매하려는 상품의 양이 늘어남을 반영한다.

한편, 공급곡선은 수요곡선의 경우와 유사하게 공급자(판매자)가 제시된 가격에서 상품을 얼마만큼 판매할 지를 나타낸 점을 이은 선으로, <그림 1-19>의 공급곡선 S에서 시장 가격이 P_2일 때 공급자가 물량을 Q_{2s}만큼 판매하려고 하고, 시장가격이 P_1일 때 물량을 Q_{1s}만큼 판매하려고 하는 것을 보여준다. 수요곡선의 경우와 반대로 P_1에서의 공급량 Q_{1s}보다 P_2에서의 공급량 Q_{2s}의 값이 더 작은데, 이는 공급자가 상품 가격이 P_1에서 P_2로 하락하면 더 적게 판매함을 보여준다.[29] 그 결과 공급곡선이 오른쪽으로 갈수록 위로 올라가는 우상향(右上向) 곡선의 모습을 가져서, 주어진 가격이 높아질수록(즉, 가격이 비싸질수록) 판매하려는 상품의 양이 늘어남을 반영한다.

<그림 1-22>에서 수요곡선 D와 공급곡선 S가 만나는 점 E에서 가격이 결정되는데, P_0의 기격에서 수요자와 공급자가 구매하려는 상품 물량과 판매하려는 상품 물량이 각각 Q_0로 동일하기 때문이다. 만일 시장 가격이 P_1인 경우에는, 주어진 가격 P_1에서 수요곡선 D와 만나는 점인 a에서 수직으로 내린 선이 가로축과 만나는 점인 Q_{1d}가 수요자가 주어진 가격에서 구매하려고하는 상품의 물량이고, 주어진 가격 P_1

---

27) 수요곡선이 시장에서 제시된 가격에서 수요자가 얼마만큼 상품을 구매하는지를 각각 대표하는 점을 연결한 선이라고 한 것을 다시 기억하자. 그림에서 시장 가격이 P_1일 때 해당 가격과 수요곡선이 만나는 점 a에서 수직으로 내려온 Q_{1d}가 수요량이 된다. 즉, 점 a의 좌표가 (Q_{1d}, P_1)이 되는데, 이처럼 제시된 가격과 수요량의 조합을 표시하는 점을 모두 연결하면 수요곡선이 되는 것이다.

28) 간단한 예로, 소비자가 사과 한 개 가격이 100원일 때 사과 1개를 사고, 사과 가격이 내려서 50원이 되면 사과 2개를 사는 상황을 상상해 보자. 일반적으로 가격이 싸면 더 많이 구매하는 것이 합리적인 소비자이다.

29) 수요곡선의 경우와 마찬가지로, 판매자가 접하는 시장 가격이 내려갈수록 더 적게 팔려고 하는 상황을 생각해 보자.

에서 공급곡선 S와 만나는 점인 b에서 수직으로 내린 선이 가로축과 만나는 점인 Q_{1s}가 공급자가 주어진 가격에서 판매하려고 하는 상품의 물량인데, Q_{1s}가 Q_{1d}보다 값이 크다. 즉 시장 가격 P_1에서는 공급량이 수요량보다 많은 경우로, 이처럼 공급량이 넘쳐나면 상품이 모두 다 팔리지 못하기에 공급자가 더 싼 가격에 거래를 하게 되어 시장 가격이 수요량과 공급량이 서로 일치하게 되는 P_0까지 낮아지게 된다. 반면에, 가격이 P_2인 경우는 앞에서 설명한 것과 반대 현상이 발생하여 가격이 오르게 되는데, 각자 그림을 보고 스스로 그 과정을 따라가 보도록 한다.

그림 1-22 **수요와 공급에 의한 가격 결정과정**

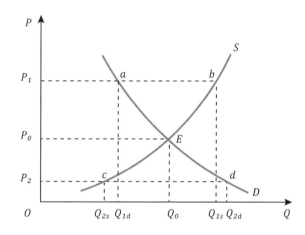

(2) 가격과 수요 탄력성

농산물 유통시장에서 가격은 수요와 공급에 의해 결정되는데, 결정된 가격은 다시 그 품목의 수요량과 공급량에 영향을 준다. 이처럼 가격이 수요량 또는 공급량에 미치는 영향의 정도를 탄력성으로 계측하게 되는데, 농산물의 수요량에 영향을 주는 것은 해당 농산물의 자체 가격, 해당 농산물과 대체관계 또는 보완관계가 있는 다른 식품의 가격, 농산물 소비자의 소득이나 지출 규모 등 다양하다.

가. 수요의 자체가격 탄력성

수요의 자체가격 탄력성(own-price elasticity of demand)은 분석 대상 상품의 자체 가격이 1% 변화할 때 수요량이 몇% 변화하는가를 나타내는 것으로, 다음의 수식을 이용하게 된다. 여기서 수식에 제시된 $\frac{\partial Q_i}{Q_i}$ 또는 $\frac{\partial P_i}{P_i}$ 는 각각 수요량과 가격이 몇 % 변화하였는지를 나타내는 변화율인데, 각각 변화하기 전의 값이 분모이고, 변화한 양이 분자에 위치한다. 예를 들어, 수요량이 100kg에서 110kg으로 증가한 경우의 $\frac{\partial Q_i}{Q_i}$ 은 $\frac{(110-100)}{100} = \frac{10}{100} = 0.1$의 값이 된다. 이처럼 수요량과 가격을 굳이 복잡하게 변화율로 환산하여 분자와 분모에 넣은 이유는 수요량과 가격의 단위가 서로 달라서 하나의 분수에 넣어 서로 비교를 하기 어렵기 때문이다. 즉, 분자와 분모 모두 변화율(%) 단위의 수치로 전환하여 그 값을 따지게 되는 것이다.[30]

그림 1-23	수요의 자체가격 탄력성

$$\text{수요의 자체가격 탄력성}(E_{ii}) = \frac{\dfrac{\partial Q_i}{Q_i}}{\dfrac{\partial P_i}{P_i}} = \frac{P_i}{Q_i} \cdot \frac{\partial Q_i}{\partial P_i}$$

P_i: i 재화의 가격, Q_i: i 재화의 수요량

수요의 자체가격 탄력성의 값에 따라 분석하는 상품(재화)의 특성이 결정된다. 우리가 일상생활에서 접하는 정상재(normal good)는 가격이 오르면 수요량이 줄어드는 상품이다. 이는 탄력성 공식에서 분모가 증가하면 분자가 감소하는 경우로 분모는 양(+)의 값을 가지나, 분자는 음(-)의 값을 가짐을 의미한다. 이에 따라, 정상재의 자체가격 탄력성은 0보다 작은 음(-)의 값을 가지게 된다. 반면에 가격탄력성이 0보다 큰 상품(재화), 다시 말해서 가격이 증가(감소)하는데 수요량이 증가(감소)하는 재화를 기펜재(Giffen's Good)라고 하는데, 특수한 상황에서 발생하는 재화이다. 예를 들어, 부동산 가격이 지속적으로 급등하는 시장에서는 부동산 가격이 오르면 앞으로 더 오를 것으로 예상하

---

30) 추가적으로 수요의 자체가격 탄력성의 수식이 가격의 변화율을 분모로 두고, 수요량의 변화율을 분자로 두는 것에도 주목하기 바란다. 이는 수요량 변화율을 가격 변화율로 나누는 것으로 결과적으로 가격이 1% 변화할 때 수요량이 몇% 변화하는지를 수치로 표현하게 되는 것이다.

는 소비자들이 더 많이 부동산을 구매하려고 하는 경우가 대표적이다.

다음으로, 탄력성의 절대값의 크기에 따라 상품의 탄력성 정도를 확인할 수 있다.[31] 만일 탄력성의 절대값이 1인 경우(즉, 탄력성 공식에서 분모와 분자의 절대값이 서로 같은 경우)에는 가격의 변화율과 수요의 변화율이 서로 동일하므로, 해당 상품의 탄력성은 단위 탄력적(unit-elastic)이라고 한다. 예를 들어 가격이 10% 상승하면 정상재의 수요량도 정확히 10% 줄어드는 경우이다. 탄력성의 절대값이 1보다 큰 경우에는 해당 상품이 탄력적(elastic)이라고 규정하는데, 가격의 변화보다 수요량의 변화가 더 크게 발생하는 상품이 해당된다. 예를 들어, 가격이 10% 상승하면 정상재의 수요량이 그 이상으로 줄어드는 것으로 소비자들이 가격이 조금만 변해도 수요를 민감하게 늘리거나 줄이는 경우이다. 반대로 탄력성의 절대값이 1보다 작은 경우에는 해당 상품이 비탄력적(inelastic)이라고 규정하는데, 상품 가격이 오르거나 내려도 수요량의 변화폭이 그보다 작은 상품이 해당된다.

일반적으로 농산물 수요의 자체가격 탄력성의 값은 음(-)의 값을 가지고 그 절대값이 1보다 작은데, 이는 농산물이 정상재이고 비탄력적이기 때문이다. 또한, 농산물의 자체가격 탄력성은 동일한 농산물일지라도 유통단계에 따라 그 값이 다소 다르게 나타나는데, 일반적으로 소매단계에 비해 산지단계에서 비탄력적인 모습을 보인다. 이는 서로 대체가 가능한 다양한 농산물이 한 곳에서 경쟁하는 소매단계보다는 해당 농산물이 주로 있는 산지에서는 상품 간 대체 가능성이 낮아져 수요자의 선택권이 줄어들어 가격이 오르거나 내리더라도 수요량을 쉽게 줄이거나 늘리지 못하기 때문이다.

나. 수요의 교차가격 탄력성

수요의 교차가격 탄력성(cross-price elasticity of demand)은 대상 상품과 대체 또는 보완적인 관계에 있는 상품의 가격이 1% 변화할 때 대상 상품의 수요량이 몇 % 변화하는가를 나타내는 것으로 아래와 같은 수식으로 표시할 수 있다.

---

31) 절대값이란 수치에서 앞의 + 또는 - 부호를 뗀 값을 의미한다. 예를 들어 +3과 -3의 절대값은 모두 3이 된다.

그림 1-24 수요의 교차가격 탄력성

$$\text{수요의 교차가격 탄력성}(E_{ij}) = \frac{\dfrac{\partial Q_j}{Q_j}}{\dfrac{\partial P_i}{P_i}} = \frac{P_i}{Q_j} \cdot \frac{\partial Q_j}{\partial P_i}$$

P_i: i 재화의 가격, Q_j: j 재화의 수요량 $(i \neq j)$

교차가격 탄력성의 값에 따라 두 상품 간의 관계를 판단할 수 있는데, 탄력성의 값이 0보다 큰 경우는 대상 상품(i 재화)의 가격이 상승(하락)할 경우, 비교 상품(j 재화)의 수요량이 같이 상승(하락)한다는 것으로 서로 대체재(substitutional goods)의 관계에 있다. 예를 들어, 사과 가격이 오르면 소비자들은 사과 수요를 줄이는 대신 이를 대신할 배의 수요를 늘리게 되는데, 이를 수식으로 보면 분모와 분자의 값이 모두 양(+)의 값을 가져 탄력성의 값도 0보다 커진다.

반면, 탄력성의 값이 0보다 작은 경우는 대상 상품(i 재화)의 가격이 상승(하락)할 경우, 비교 상품(j 재화)의 수요량이 하락(상승)하여, 서로 보완재(complementary goods)의 관계에 있음을 알 수 있다. 예를 들어, 우리나라 소비자들은 대부분 삼겹살을 상추에 싸서 먹는데, 삼겹살 가격이 증가하여 삼겹살 소비가 줄어들게 되면 당연히 상추 소비도 같이 줄어들게 된다. 이와 같은 보완재들은 기존 상품의 가격이 상승하면 보완되는 상품의 수요가 같이 하락하기에, 교차가격 탄력성은 자체가격 탄력성의 경우와 같이 0보다 작은 값을 가지게 된다.

한편, 교차가격 탄력성의 값이 0인 경우도 있는데, 이 경우는 대상 상품의 가격이 상승(하락)하여도 분석 대상 상품의 수요량 변화가 전혀 없는 경우이다. 즉, 다른 상품 가격이 변화가 자신의 수요량에 어떠한 영향도 주지 못하는 것으로 상품간의 대체 또는 보완 관계가 전혀 없는 경우이다. 추가적으로, 자체가격 탄력성의 경우와 같이 교차가격 탄력성도 절대값이 1보다 크거나 작은지 등의 여부에 따라 탄력적, 단위 탄력적, 비탄력적으로 구분된다.

다. 수요의 소득탄력성과 지출탄력성

수요의 소득 탄력성(income elasticity of demand)은 소득이 1% 변화할 때 수요량이 몇 % 변화하는가를 나타내는 것으로 아래와 같은 수식으로 표시할 수 있다.

그림 1-25   수요의 소득 탄력성

$$\text{수요의 소득 탄력성}(E_Y) = \frac{\dfrac{\partial Q}{Q}}{\dfrac{\partial Y}{Y}} = \frac{Y}{Q} \cdot \frac{\partial Q}{\partial Y}$$

$$Y : \text{소득}$$

소득 탄력성의 값은 0보다 큰 것이 일반적인데, 수요자의 소득이 오르면 대상 상품의 소비를 늘리는 경우다 대부분이기 때문이다. 이와 같은 재화를 정상재(normal good)라고 하며, 0보다 작게 되는 재화를 열등재(inferior good)라고 한다.

현장에서 소득 탄력성을 산출하기 위해서는 소득 변화율과 소비량(수요량) 변화율을 각각 구하여 적용하는데, 소비량에 대한 통계자료를 구하기가 쉽지 않은 문제가 있다. 또한, 농축수산물과 가공식품의 소비량 단위가 kg, 마리, 리터 등 다양하여 특정 품목이 아닌 전체 식품 소비량을 합치는 것이 불가능하다. 따라서, 소비통계는 소비량보다는 소비금액으로 조사하여 발표하는 경우가 많아서, 소득 탄력성 대신 지출액 자료를 활용한 지출 탄력성(expenditure elasticity)을 적용하는 경우가 많다. 지출 탄력성 수식은 다음과 같은데, 특정 품목에 대한 지출액 변화율을 총지출액 변화율로 나눈 값이다.

그림 1-26   지출 탄력성

$$i \text{ 재화의 지출 탄력성} = \frac{\dfrac{\partial (EP_i)}{EP_i}}{\dfrac{\partial (TEP)}{TEP}}$$

$$EP_i : i \text{ 재화의 지출액, } TEP : \text{총지출액}$$

지출 탄력성은 소득 탄력성에 비해 일반적으로 값이 크게 계측되는데, 그 이유는 고소득층일수록 한 번에 많은 물량을 구입하고 상대적으로 가격이 비싼 고가품목을 구입하기 때문이다. 즉, i 재화의 지출액는 i 재화의 가격에 소비량을 곱한 것($EP_i = P_i$

$\times \; Q$)인데, 고소득층인 경우 저소득층보다 가격이나 소비량의 값이 높아지는 것이 반영되기에 소비량만 가지고 탄력성 값을 산출하는 소득 탄력성보다 높은 값이 나오게 된다.

심화학습   수요 탄력성의 적용(풍년기근 현상)

수요의 가격 탄력성을 적용하여 현장에서의 농산물 유통 문제를 분석할 수 있는데, 대표적인 사례가 풍년기근(豐年飢饉)현상이다. 풍년기근 현상은 농사가 풍년이 되어 농산물 생산량이 늘어난 것이 가격 하락을 초래하여 오히려 농가 소득을 줄이는 현상인데, 풍년이 농가에게 손해가 된다는 것이 쉽게 이해가 되지 않을 수 있다. 그러나, 이를 다음과 같이 수식으로 검증할 수 있다.

풍년과 흉년 중 언제 농가의 수입(판매총액: TR = P × Q)이 커지는가를 살펴보자. 농산물 가격(P)이 변할 때 농가 수입이 어떻게 변화하는지를 알기 위해서는 아래 수식의 $\frac{\partial(TR)}{\partial P}$ 의 값이 0보다 큰지, 작은지를 확인하면 된다.(0보다 크면 분모와 분자가 같은 방향으로 움직이는 것으로 가격이 오르면(내리면) 조수입이 증가(감소)하는 것이며, 0보다 작으면 반대 방향으로 움직이는 것이므로 가격이 오르면(내리면) 조수입이 감소(증가)하는 것을 의미한다) 이를 탄력성으로 변환하여 정리하면 다음과 같이 도출된다.

최종적으로 $\frac{\partial(TR)}{\partial P} = Q\,(1+\epsilon_p)$ 으로 도출되는데, 농산물 수요의 가격 탄력성은 일반적으로 음(−)의 값을 가진다. 따라서, 농산물 수요의 가격 탄력성이 탄력적인지 비탄력적인지에 따라 $\frac{\partial(TR)}{\partial P}$ 의 값이 0보다 작거나 크게 되는 것인데, 일반적으로 농산물의 가격 탄력성은 비탄력적이므로 탄력성의 값은 −1보다 크다(예를 들어, −0.5처럼 절댓값이 1보다 작다). 결과적으로 $\frac{\partial(TR)}{\partial P}$ 의 값이 0보다 큰 것으로 나타나는데, 이는 풍년이 되어 가격이 하락하게 되면 농가의 조수입도 같이 하락함을 증명하게 된다. 이상의 결과에 따라, 풍년으로 농산물 가격이 하락하는 경우에는 농가의 조수입이 감소하고, 흉년의 경우에는 오히려 농가의 조수입이 증가하는 것을 알 수 있다.

농산물은 비탄력적: $|\epsilon_p| < 1,\ \dfrac{\partial(TR)}{\partial P} > 0 : \begin{array}{l} P \downarrow (풍년,\ TR \downarrow) \\ P \uparrow (흉년,\ TR \uparrow) \end{array}$

(3) 가격과 공급 탄력성

앞에서 수요 탄력성을 공부하였는데, 공급 탄력성도 유통 연구에 활용하는 경우가 있다. 공급의 가격 탄력성 또한 수요의 가격 탄력성과 같이 가격이 1% 변할 때 공급량이 몇 % 변하는 지를 계측하게 된다. 공급의 가격탄력성은 일반적으로 자체가격 탄력성을 주로 사용하는데, 구체적인 수식은 다음과 같다.

그림 1-27 공급의 자체가격 탄력성

$$\text{공급의 자체가격 탄력성(Eii)} = \frac{\dfrac{\partial Q_i}{Q_i}}{\dfrac{\partial P_i}{P_i}} = \frac{P_i}{Q_i} \cdot \frac{\partial Q_i}{\partial P_i}$$

$P_i : i$ 재화의 가격, $Q_i : i$ 재화의 수요량

공급의 자체가격 탄력성은 가격이 증가하면 더 많은 상품을 공급하는 경우가 대부분이기에 탄력성 값이 0보다 큰 양(+)의 값을 가지는 경우가 일반적이다. 또한 수요의 가격 탄력성의 경우와 같이, 탄력성의 값이 1보다 큰 경우 공급이 가격에 탄력적이고, 1보다 작은 경우 공급이 가격에 비탄력적인 것으로 분석한다. 농산물의 공급 탄력성 값은 대부분 1보다 작아 비탄력적인데, 이는 농산물이 시장 가격의 변화에 따라 적극적으로 공급량을 늘리거나 줄이기 어렵기 때문이다.

2) 가격 발견

(1) 기본 개념

농산물 유통의 현장에서 구매자와 판매자가 최종적으로 합의하여 거래가 성사되는 과정에서 완료되는 가격 발견은 다양한 유형이 있는데, 개인 간 흥정(individual negotiations), 공식에 의한 가격발견(Formula pricing), 집단거래에 의한 가격발견(Collective Bargaining), 정부 또는 기업에 의한 가격발견(Administered pricing), 위원회에 의한 가격발견(Committee pricing) 등으로 구분된다. 각각의 가격 발견 방식은 장단점이 있으므로 거래 품목의 특성과 거래 여건에 따라 적절한 방식을 적용하여야 한다.

그림 1-28 가격 발견의 유형

개인 간 흥정	판매자와 구매자가 개별적으로 흥정
공식 적용	기준 가격 또는 비용 등을 공식으로 적용
집단 거래	판매자와 구매자 집단끼리 가격 협의
정부·기업 발견	정부 개입 또는 교섭력 가진 기업이 가격 발견 주도
위원회 발견	판매자, 구매자, 중재자가 참여하는 위원회에서 발견

(2) 가격 발견의 유형

가. 개인 간 흥정

개인 간 흥정에 의한 가격 발견은 판매자와 구매자가 개별적인 흥정을 통해 거래 가격을 발견하는 것으로 가장 기본적이고 오래된 가격 발견 방식이다. 최근에는 정보통신기술(ICT: Information and Communications Technology)의 발달로 직접 만나지 않고 비대면으로 가격을 흥정하는 경우가 늘어나고 있어, 앞으로도 많이 적용될 것으로 예상된다.

개인 간 흥정에 의한 가격 발견 방식은 흥정을 하는 당사자 외 외부의 간섭이나 관리가 전혀 없기에, 개인의 역량에 따라 상대적으로 손해를 보거나 이익을 얻을 수 있다. 즉, 개인 간 흥정에 의해 발견되는 가격의 공정성은 관련 정보의 제공 수준, 상대적 거래교섭력(bargaining power)[32], 신용사회의 수준 등에 따라 결정되는데, 다른 가격 발견 방식에 비해 시간과 비용이 많이 소요되는 편이다.

---

[32] 거래교섭력이란 시장에서 거래 협상을 할 때 자신이 원하는 쪽으로 상대방을 이끄는 힘을 의미하는데, 일반적으로 구매자와 판매자 중 수가 적고 개별 규모가 클수록 교섭력이 강하다.

그림 1-29 개인 간 흥정이 흔한 재래시장

나. 공식에 의한 가격발견

공식에 의한 가격 발견은 기준 가격 등에 추가 공식을 대입하여 가격을 발견하는 방식이다. 대표적인 방식이 유통업체나 가공업체가 산지에서 구매하는 농산물의 가격을 발견할 때 도매시장 경락가격을 기준 가격으로 설정하고 여기에 일정 비용이나 수수료 등을 가감하여 가격을 발견하는 사례이다. 공식에 의한 가격발견 방식은 가격발견에 소요되는 시간과 비용을 최소화하는 장점이 있으나, 기준가격의 대표성이 떨어지게 되면 사용에 문제가 발생하는 단점이 있다. 특히, 가락시장으로 대표되는 농산물도매시장의 거래 규모가 계속해서 줄어들어 얇은시장(thin market) 현상이 발생하여 기준가격의 대표성 논란이 발생하기도 한다.[33]

또 다른 공식에 의한 가격 발견은 생산 또는 유통과정에서 발생하는 비용에 일정 수익을 더한 값을 가격으로 발견하는 방식이다. 이는 시장의 기준가격 대신 공급자의 비용에 근거하여 가격을 발견하는 차이점이 있다.

다. 집단거래에 의한 가격 발견

집단거래에 의한 가격 발견은 개인 간 흥정을 통한 가격 발견과 대비되는 방식으

---

33) 얇은 시장은 시장의 거래 규모가 줄어들어 거래 볼륨(volume)이 얇아지는 시장을 의미하는데, 구매자와 판매자의 수가 작아 가격 변동성이 큰 시장에서 주로 발생한다.

로, 구매자나 판매자, 또는 양쪽이 집단으로 뭉쳐서 가격 협상을 진행하는 방식이다. 집단거래에 의한 가격 발견은 개인 간 흥정에서 개인이 거래 상대자보다 거래교섭력이 약할 때 시도하는 방식인데, 우리가 일상에서 보는 공동구매 또는 공동판매의 가격 발견 사례를 떠올리면 이해가 빠를 것이다.

개인이 거래를 하는 대신 집단으로 뭉쳐서 가격 협상을 하면 보다 강한 거래교섭력을 가지게 되어 유리한 조건의 가격을 발견할 가능성이 높아진다. 이는 거래교섭력의 기본 원리로 규모가 작고 수가 많은 쪽이 규모가 크고 수가 작은 쪽보다 거래교섭력이 약할 수밖에 없기 때문인데, 수가 적은 쪽은 수가 많은 쪽 중에서 보다 유리한 조건을 제시하는 거래 상대자를 고를 수 있기 때문이다.[34]

라. 정부 또는 기업에 의한 가격 발견

정부 또는 기업에 의한 가격 발견은 정부가 직접 시장 개입을 하거나 기업이 가격 발견을 주도하는 방식이다. 먼저 정부에 의한 가격 발견은 시장 기능이 완벽하지 못하여 자체적으로 적절한 가격 발견이 어려운 경우에 정부가 직접 시장 가격에 개입하는 방식인데, 가격 지지정책이나 공급 조절 정책 등의 수단을 사용하여 진행한다. 대표적인 농산물의 정부 개입 가격 발견 사례로는 과거 진행되었던 쌀 수매가격제도로, 정부가 고시한 가격으로 쌀을 구매하여 가격을 발견하였다. 다만, 정부에 의한 가격 발견은 정책적 목적으로 시도되지만 시장을 교란시켜 경제 비효율성을 높이는 부작용이 적지 않고, 세계무역기구(WTO: World Trade Organization) 출범 이후 국제적으로 금지되는 경우가 늘고 있어 사용이 어려워지고 있다.

한편, 기업에 의한 가격 발견은 기업체가 일정한 기준을 통해 판매하는 상품의 가격을 발견하는 방식이다. 이는 기업이 시장의 가격 발견 과정에 영향을 미칠 정도로 규모가 크고 독과점화가 되어 있는 경우에 용이하다.

---

34) 예를 들어, 사과 구매자가 나 혼자이고 사과 판매자가 10명인 상황을 떠올려 보자, 구매자인 나의 입장에서는 10명의 판매자 중 가장 높은 가격을 제시하는 판매자를 고를 수 있지만, 판매자는 1명인 나에게 사과를 팔아야 하기에 서로 경쟁을 하게 된다. 이 상황에서의 거래교섭력은 내가 더 강력하게 된다. 반대로, 사과 판매자가 나 혼자이고 사과 구매자가 10명인 경우에도 1명인 내가 가장 높은 가격을 제시하는 구매자를 골라서 거래를 하면 되기에 내가 더 강한 거래교섭력을 가지게 되는 것이다. 취약한 거래교섭력을 높이기 위해서는 수가 많은 쪽이 집단으로 조직화되어 1명처럼 거래에 응하면 된다. 즉 10명의 사과 판매자(또는 구매자)가 서로 단합하여 1명처럼 통일된 가격 조건을 내걸게 되면 1명인 내와 동등한 거래교섭력을 가지게 되는 것이다.

마. 위원회에 의한 가격 발견

위원회에 의한 가격 발견은 거래 당사자인 판매자와 구매자의 대표는 물론, 객관적인 입장을 가진 정부 및 학계 대표가 참여하는 위원회에서 생산비, 수요 등을 종합적으로 협의하여 가격을 발견하는 방식이다. 이러한 가격 발견 방식은 거래 당사자 간의 이해충돌을 객관적인 위원회 참여자가 절충하여 합의된 가격을 발견하는 방식으로 유럽 선진국 등에서 많이 적용되고 있는 가격 발견 방식이다.

제3절 ○ 유통경로와 유통마진

1. 유통경로

1) 기본 개념

농산물이 유통되는 길에 해당하는 유통경로(marketing channel)는 "농산물이 생산자의 손을 떠나 최종소비자에 이르는 과정"으로 정의되는데, "농산물이 거래되는 과정에 관계하는 유통기구[35]들 사이에 존재하는 관계 시스템"으로도 규정된다. 예를 들어, 산지에서 농가가 생산한 사과는 도매상인과 소매상인 등을 거쳐 소비자의 손에 들어가게 되는데, 그러한 과정들이 바로 유통경로이다.

2) 유통경로의 길이와 유형

유통경로는 다양한 유통단계(channel level)를 거치게 된다. 유통단계란 상품(또는 서비스)의 거래에 관여하는 중간 유통주체의 각 단계인데, 우리가 흔히 알고 있는 산지단계, 도매단계, 소매단계 등이 해당된다. 유통경로는 유통단계가 많을수록 경로의 길이가 길어진다고 표현하는데, 이는 물리적인 길이가 아니라 농산물이 유통경로를 통해 산지에서 소비지로 이동하는 단계가 더 많아짐을 의미한다.

유통경로의 길이는 유통되는 상품의 특성, 상품의 수요 및 공급 특성에 따라 결정되는데, <표 1-3>에서 구체적으로 정리되어 있다. 먼저 상품의 특성으로는 거래 상품이 동질적이거나, 크기나 무게가 작거나, 부패 가능성이 낮거나, 유통에 적용된 기술이 단순한 경우에 유통경로가 길어지는데, 그만큼 중간단계 유통주체의 손을 거치기 쉽기 때문이다. 다음으로 상품 수요 특성으로는 한 번에 구매하는 거래량이 작거나, 구매하는 빈도가 높고 규칙적이거나, 구매자가 많거나, 구매자가 많은 지역에 흩어져 있는 경우에 중간 유통주체의 역할이 필요해지기에 유통경로가 길어지는 경향

---

35) 유통기구는 상품이 생산자에서 소비자에게 가기까지 거치는 수단이나 기구를 의미하는데, 크게 수집 기구, 중계 기구, 분산 기구로 구성된다. 보다 구체적인 내용은 제1장 제4절에 있는 "2. 유통기구 및 기관"에서 보다 자세히 알아보도록 한다.

이 있다. 한편, 상품 공급 특성으로는 상품의 생산자가 많거나, 생산자가 지역적으로 분산되어 있는 경우 상품 수집의 필요성이 많아지므로 유통경로가 길어지게 된다.

표 1-3 유통경로 길이의 결정 요인

기준	경로 길이 확대	경로 길이 축소
상품	동질적 상품 가벼운 무게 작은 크기 낮은 부패 가능성 단순한 기술 적용	이질적 상품 무거운 무게 큰 크기 높은 부패 가능성 복잡한 기술 적용
수요	작은 단위 구매량 높고 규칙적인 구매빈도 많은 구매자 지역적으로 분산된 구매자	큰 단위 구매량 낮고 불규칙한 구매빈도 적은 구매자 지역적으로 집중된 구매자
공급	많은 생산자 지역적으로 분산된 생산자	적은 생산자 지역적으로 집중된 생산자

이상과 같이 상품 특성, 수요와 공급 특성에 따라 다양한 유통경로가 나타나는데, 이를 <그림 1-30>을 통해서 정리할 수 있다. 가장 기본적인 유통단계는 중간유통단계가 하나도 없는 0단계로 직거래(협의의 직거래)의 유통경로인데, 가장 짧은 유통경로이다. 0단계의 유통경로는 과거 농산물을 생산하는 농가와 소비자가 직접 만나 농산물을 거래하던 시기의 유통경로인데, 최근 정보통신기술(ICT)의 발달로 0단계의 유통경로의 비중이 증가하고 있다.

1단계 유통경로는 생산자와 소비자 사이에 소매상이 있는 유통경로로 하나의 유통단계를 가지는 경로인데, 가장 기초적인 시장이 형성되었을 때의 경로이다. 이후, 산지 수집 및 분산을 위한 도매상이 추가되는 2단계 유통경로, 도매상과 소매상 사이에서 중간 연결을 해주는 중매상이 추가된 3단계 유통경로 등으로 발달되어진다.

그 외에도 농산물의 유통과정에서 필요한 기능이 새로 생겨나면, 이를 담당하는 유통주체가 생겨나면서 유통단계 또한 늘어나게 되고, 결과적으로 유통경로의 길이가 더 길어지는 경우가 발생한다. 반면에, 기존의 유통단계가 별다른 역할 없이 비용만 발생시키는 경우에는 해당 유통단계가 다른 유통단계와 합쳐지면서 유통경로의 길이가 줄어드는 경우도 있다. 이처럼 농산물 유통경로는 상황과 필요에 따라 중간 유통단계가 증가하거나 감소하여 유통경로의 길이에 변화를 주고 있다.

그림 1-30   유통경로의 유형

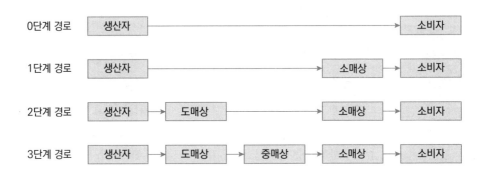

0단계 경로	생산자					소비자
1단계 경로	생산자				소매상	소비자
2단계 경로	생산자	도매상			소매상	소비자
3단계 경로	생산자	도매상	중매상	소매상	소비자

　　하나의 농산물이 유통되는 유통경로는 하나만 있는 것이 아니고, 다양한 유형과 길이를 가진 유통경로들이 서로 경쟁하면서 존재하고 있다. 다음 그림은 일반적인 청과물의 유통경로를 보여주는데, 산지에서 생산된 채소 또는 과일이 농협－도매시장－소매점을 거치거나, 직거래를 통해 소비자에게 바로 유통되는 등의 유통경로가 동시에 존재하고 있음을 알 수 있다. 농산물 유통은 살아있는 유기체(有機體)와 같은데, 각각의 유통경로 또한 경로끼리의 경쟁에서 밀려나면 소멸되고, 새로운 기능이 필요해지면 그에 맞는 유통경로가 생성되는 것을 반복하게 된다.

　　이러한 상황에서 정부 등의 공공영역에서 농산물의 특정 유통경로를 인위적으로 없애거나 만드는 것은 가능하지도 않을 뿐만 아니라 해당 농산물의 유통 효율성을 오히려 약화시키는 결과를 가져온다. 다만, 특정 유통경로가 세도 등의 여건으로 경쟁에서 자유롭지 않도록 하고, 새로운 유통경로의 생성을 촉진시켜 유통경로간 경쟁이 최대화되도록 할 필요가 있다.

그림 1-31   청과물의 유통경로

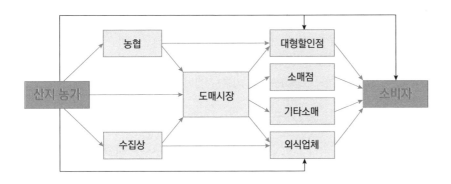

2. 유통마진

1) 개념과 특징

(1) 개념과 주요 용어

　유통마진(marketing margin)은 유통과정에서 발생하는 비용과 유통주체의 이윤을 합친 것으로 보면 다음의 수식으로 산출된다. 유통마진은 대상 품목의 전체 유통마진과 유통단계별 유통마진으로 각각 도출이 가능한데, 전체 유통마진은 농산물이 산지 생산자의 손을 떠나서 최종 소비자의 손에 도달할때까지의 전체 유통 과정에서 발생하는 유통마진으로 최종 소비자가 지불하는 가격(농산물 구매가격)에서 생산자가 받는 가격(농산물 판매가격)의 차액이다. 반면, 단계별 유통마진은 해당 단계 유통주체가 다음 단계로 농산물을 판매하는 가격에서 이전 단계에서 농산물을 사온 가격을 제한 가격으로, 단계별 유통마진을 모두 합하면 전체 유통마진이 된다.

　유통마진은 유통비용과 유통주체의 이윤으로 구성되는데, 유통비용은 농산물 유통에 직접적으로 소요되는 비용(선별비, 저장비, 운송비 등)과 유통 활동을 위해 간접적으로 필요한 비용(임대료, 인건비, 판촉비, 제세 공과금 등)으로 구분된다.

그림 1-32   유통마진의 산식

전체 유통마진 = 소비자 지불가격(유통업자 판매가격) - 생산자 수취가격(유통업자 구매가격)
            = 유통비용(직접비용+간접비용) + 유통업자 이윤
단계별 유통마진 = 다음 단계로 판매한 가격 - 이전 단계에서 구매한 가격
            = 해당 단계의 유통비용(직접 비용+간접비용) + 해당 단계 유통주체 이윤

<그림 1-33>은 산지에서 생산된 농산물을 소비지로 유통되는 상황에서의 유통마진을 분석한 그래프이다. 산지에서는 농가가 공급자가 되고 유통상인이 수요자가 되므로 농가의 공급곡선은(S_f), 상인의 수요곡선은(D_f)가 된다. 이후, 소비지에서 유통상인이 농산물을 판매하는 경우에는 상인이 공급자가 되고 최종소비자가 수요자가 되므로 상인의 공급곡선은(S_r), 최종소비자의 수요곡선은(D_r)이 된다. 산지가격 또는 농가판매가격(P_f)는 D_f와 S_f가 만나는 점에서 결정되며, 소비지가격 또는 소매가격(P_r)은 D_r과 S_r이 만나는 점에서 결정된다. 따라서 유통마진은 소매가격(P_r)에서 농가판매가격(P_f)을 빼준 값이 된다.

그림 1-33   유통마진의 분석 그래프

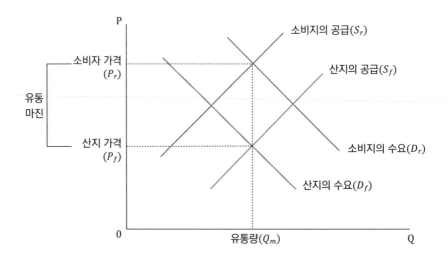

유통마진 관련된 주요 용어 중, 유통마진율(marketing margin ratio)은 유통마진을 소비자 지불가격으로 나눈 것인데, 유통마진과는 달리 비율(%)로 표시되므로, 서로 다른 거래 단위를 가진 상품끼리 비교가 쉬운 장점이 있다. 유통마진율이 높은 농산물은 유통마진이 큰 상품으로 유통과정에서 발생하는 비용이 큰 상품으로 가공 또는 저장이 필요한 농산물, 운송 거리가 먼 농산물, 가체에 비해 부피가 큰 농산물 등이 해당된다.

그림 1-34   유통마진율의 산식

$$유통마진율(\%) = \frac{소비자지불가격(유통업자판매가격) - 생산자수취가격(유통업자구매가격)}{소비자지불가격(유통업자판매가격)} \times 100$$

유통마진과 유사한 마크업(mark-up)은 얼핏 보기에는 비슷하나 개념적으로 차이가 있는데, 유통업자의 판매가격을 기준으로 계산하는 유통마진과 달리 유통업자의 구매가격을 기준으로 계산을 하는 것이 마크업이기 때문이다. 예를 들어, 유통상인이 배추를 포기당 1,000원에 구매하여 1,500원에 판매하는 경우 유통마진은 판매가격(1,500원)에 구매가격(1,000원)을 뺀 값인 500원이 되는데, 이를 마크업의 개념으로 보면 배추 상인이 구매가격인 1,000원에 500원을 마크업하여 판매하는 것으로도 볼 수 있다. 즉, 유통마진과 마크업의 값은 서로 동일하지만, 계산의 기준인 것에 유의하여야 한다.

유통마진과 마크업의 차이는 이를 비율로 계산하는 유통마진율과 마크업률에서 명확한 차이를 보이는데, 마크업률은 유통마진율과 달리 판매가격과 구매가격의 차이를 구매가격으로 나누게 된다. 앞의 배추 사례를 가지고 유통마진율과 마크업률을 각각 계산하여 보면, 유통마진율은 500원의 마진을 판매가격인 1,500원으로 나눠서 33.3%가 나오고, 마크업률은 500원의 마크업을 구매가격인 1,000원으로 나눠서 50.0%가 나오기에 마진율보다 큰 값이 나오게 된다.

그림 1-35　마크업율의 산식

$$\text{마크업률(\%)} = \frac{\text{유통업자판매가격} - \text{유통업자구매가격}}{\text{유통업자구매가격}} \times 100$$

유통마진과 관련하여 추가로 알아두어야 하는 개념으로 농가 몫(farmer's share)이 있다. 농가 몫은 최종 소비자가 지불하는 가격에서 차지하는 농가의 수취가격의 비중으로 농산물의 전체 가격에서 농가가 가져가는 가격의 비중이다. 농산물의 농가 몫이 커지면 최종 소비자 가격에서 차지하는 농가 수취가격이 높아지는 것인데, 이는 유통마진의 비중이 줄어드는 것을 의미한다.

그림 1-36　농가 몫의 산식

$$\text{농가 몫} = \frac{\text{농가의 수취가격}}{\text{소비자의 지불가격}}$$

(2) 유통마진의 이해

농산물 유통마진은 농산물 가격과 밀접한 관계를 가지고 있어, 이에 대한 이해를 정확하게 할 필요가 있다. 첫 번째, 유통마진은 산지와 소비지 가격 격차를 늘리기에 작을수록 좋다는 주장이 있는데, 이는 직거래를 가장 효율적인 유통구조로 보는 시각이다. 유통비용과 유통 주체의 이윤으로 구성되는 유통마진은 산지 가격에 추가되어 소비지 가격을 높게 만드는 것이 사실이지만, 유통마진은 해당 유통기능을 수행하는 과정에서 발생함을 기억해야 한다. 즉, 앞에서 공부한 농산물 유통의 역할(효용)이 필요하면 해당 유통마진이 필수적인 것이다. 나아가 산업이 발전하고 소비자의 요구가 다양해질수록 보다 많은 유통서비스가 요구되는데, 유통 서비스가 추가될수록 유통마진의 크기는 커지기 마련이다.

두 번째, 유통마진이 증가하면 농가 수취가격이 반드시 하락한다는 주장이 있는데, 이는 최종 소비자 가격에서 유통마진의 비중이 높아지면 농가 수취가격의 "비중"이 반드시 감소하는 것으로 이해해야 한다. 예를 들어, <표 1-4>와 같이 소비지에서 사과가 한 개 100원에 판매되고 유통마진이 30원이라고 가정하자. 이후 유통마진이 50원으로 증가한 경우 사과 가격이 여전히 100원이면 농가 수취가격은 70원에서 50원으로 하락하게 되지만, 사과 가격이 150원으로 증가하였다면 농가 수취가격은 100원으로 오히려 상승하게 된다. 다만, 전체 소비지 가격에서 차지하는 농가 수취가격은 70%에서 50.0%(소비지 가격이 100원인 경우) 또는 66.7%(소비지 가격이 150원인 경우)로 하락하기에, 농가 수취가격의 가격 값과 비중 값의 변화가 다름을 알아야 한다. 이처럼 농산물 유통마진의 변화가 농가 수취가격 또는 소비지 가격 중 어디에 영향을 줄지에 대해서는 상황에 따라 다르기에, 유통마진 변화가 발생하는 상품과 유통시장을 종합적으로 분석할 필요가 있다.[36]

표 1-4 유통마진과 농가 수취가격의 관계 예

단위: 원/개, %

	소비지 가격 (A)	유통마진 (B)	농가 수취가격 (C = A-B)	농가 수취가격 비중 (C/A)
기존	100	30	70	70.0
유통마진 증가 후 (30 → 50)	100	50	50	50.0
	150	50	100	66.7

세 번째, 유통마진을 유발하는 유통상인을 없애야 한다는 주장인데, 이는 유통상인이 담당하는 유통기능을 무시하는 생각이다. 농산물의 유통과정에 추가되는 유통기능은 필요에 의해서 생성된 것으로 억지로 없앨 수 없다. 따라서, 유통기능을 수행하는 유통상인을 없애는 경우 누군가 그 기능을 대신 수행해야 하는데, 문제는 유통상인보다 더 효율적으로 기능을 수행할 수 있는지를 따져 보아야 한다. 일례로, 과거 정부가 배추의 산지유통인(수집상)의 기능을 농협 등이 대신하도록 정책 사업을 추진하였으나, 농협 등의 산지 수집기능이 산지유통인만큼 경쟁력을 가지지 못하여 지금도 산지유통인이 존재하고 있다.

---

36) 유통마진이 증가가 소비지 가격 변화로 이어질지, 농가 가격 변화로 이어질지에 대해서는 상황에 따라 다르다. 이에 관한 이론적 논쟁이 있는데, 뒤에 있는 심화학습(유통마진의 가격 전가 이론)에서 살펴보기로 한다.

농산물의 유통마진이 농산물 가격에 주는 영향을 서로 다른 시각에서 분석하는 주장이 있는데, 주장별 관점에 따라 유통마진의 증감이 농가 수취가격 또는 소비자 가격에 주는 영향의 크기가 달라진다.

먼저 비용 추가 이론(cost plus theory)은 농산물의 소비자가격은 농가 수취가격(농산물 산지 판매가격)에 유통마진을 더한 것이므로 농가 수취가격 또는 유통마진의 변화는 소비자가격으로 전가된다는 주장이다. 반면, 유도 수요 이론(derived demand theory)에서는 농가 수취가격은 소비자가격에서 유통마진을 제한 것이므로 유통마진의 증가는 농가에 전가되어 농가 수취가격의 하락을 초래한다는 주장이다.

위의 두 가지 이론은 농가 수취가격 또는 소비자가격 중 어떤 것을 기준으로 고정하여 보는지에 따라 다른 주장이 나오는 것인데, 그동안의 실증연구 결과에서는 단기적으로는 유도 수요 이론이 보다 타당하고, 장기적으로는 비용 추가이론이 타당한 것으로 나타난다. 이는 농가와 소비자 간의 거래교섭력 차이에 따른 결과인데, 단기적으로는 상대적으로 교섭력이 약한 농가가 유통마진 상승분을 감당하여 보다 낮은 가격에 농산물을 공급하지만, 장기적으로는 농가가 지나친 농가 수취가격 하락을 더 이상 감당하기 어려워 농산물 생산 자체를 포기하게 되면 결국 소비자 가격으로 유통마진이 전가된다는 것이다.

다만, 이러한 주장들은 우리나라 농산물의 유통 상황에 따라 모두 다르게 적용될 수 있기에, 하나의 관점을 고집하지 않도록 주의하여야 한다.

2) 유통마진의 계측방법

농산물 유통 현장에서 유통마진을 계측하는 방법은 품목별 계측법과 종합적 계측법으로 구분할 수 있다. 먼저, 품목별 계측법은 앞서 배운 유통마진 공식을 적용하여 최종소비자의 지불가격에서 생산자 수취가격을 제하는 방법으로, 농가-소매가격 차이(farm-retail price spreads)라고도 한다.

여기서 한 가지 주의할 점은 공장에서 출하된 공산품은 그대로 소비자에게 유통되지만, 농산물은 산지에서 출하된 다음 소비자 편의와 기호를 위해 형태의 변화를 거쳐서 유통되기에 이를 감안하여 분석을 하여야 한다는 것이다. 특히, 축산물의 경우 살아있는 가축을 도축하여 털이나 가죽, 내장 등의 부산물을 제한 다음 고기로 가공하여 유통하기에 산지 단계의 축산물과 소비지 단계의 축산물의 행태 변화를 반드시 반영하여 농가—소매가격 차이를 도출하여야 한다. 일례로, 소를 도축하여 쇠고기를 얻는 경우 내장 등의 부산물을 포함한 소 2.4kg에서 쇠고기 1kg이 나온다고 할 때, 쇠고기 1kg에 대한 소비자 지불가격과 도축하는 소 2.4kg에 대한 생산자 수취가격을 각각 계산하여 비교하여야 한다.

그림 1-37 농가-소매가격 차이의 산식

농가-소매가격 차이 = 최종 소비자 지불가격(구매가격) − 생산자 수취가격(판매가격)

단, 중간 유통과정을 통해 산지 생산 농산물과 최종 소비 식품의 형태가 바뀐 경우 그에 합당하는 가중치를 적용하여 계산 (예: 소매에서 거래되는 쇠고기 정육 1 kg를 얻기 위해서 살아있는 소 2.4 kg의 고기가 필요한 경우, 최종 소비자 지불가격은 1kg당 가격을 적용하고, 생산자 수취가격은 2.4kg당 가격을 적용하여 계산)

다음으로, 한 국가에서 유통되는 전체 농산물 대상으로 유통마진을 구하는 종합적 계측법으로 마케팅빌(marketing bill) 방법과 시장바구니(market basket) 방법이 있다. 마케팅빌이란 국내에서 생산되는 모든 농산물에 대한 총 소비자지출액과 총 농가수취액(Farm Value)의 차이를 말한다. 한편, 시장바구니 접근법은 모든 농산물을 대상으로 자료를 얻기 어렵기에 유통되는 농산물 중 소비자가 가장 많이 소비하는 특정 품목들에 대한 총 소비자 지출금액과 총 농가수취금액의 차이를 구하는 방식이다.

그림 1-38 마케팅빌의 산식

마케팅빌 = 국내산 식품에 대한 소비자의 총 지출금액 − 농가의 총 수취금액(식품판매금액)

미국 농림부 산하 연구기관인 ERS(economic research service)는 매년 농신물의 마케팅빌을 산출하여 1달러($, dollar) 기준으로 공표하고 있는데, <그림 1-39>와 같이 농산물의 전체 소비금액을 1달러로 환산한 다음, 농가 몫과 유통마진으로 구분하거나, 산업별(농가 생산, 식품가공, 포장, 운송, 도매, 소매, 식품 서비스, 에너지, 금융 및 보험, 광고, 기타 부문) 비중을 센트(¢, cent)로 표시하고 있다.

그림 1-39 미국 농산물의 마케팅빌(food dollar series)

- 농가 몫과 유통마진

- 산업별 마진

자료: 미국 ERS (https://www.ers.usda.gov/data-products/food-dollar-series/documentation/)

3) 유통마진의 절감 방안

농산물 유통마진은 중간 유통기능이 필요하기에 항상 발생하지만, 산지 가격과 최종 소비지 가격의 격차를 줄이기 위해서는 개별 유통마진의 크기를 줄이기 위한 노력이 지속되어야 한다. 유통마진은 크게 유통비용과 유통주체의 이윤으로 구성되기에 이를 각각 줄이기 위한 방안을 모색하고 있다.

가장 근본적으로는 유통경로 또는 유통주체 간의 경쟁을 계속 확대하여 유통주체 스스로 유통비용을 줄이고 이윤을 적절한 수준으로 유지하게 하여야 한다. 유통시장에 신규 유통상인의 진입과 기존 유통상인의 퇴거가 어려운 경우, 기존 유통상인들은 유통비용을 줄이려는 노력을 하지 않고 이윤을 늘리려고 한다. 일례로 농산물도매시장의 경우 과거에는 산지에서 생산되는 농산물 대부분이 도매시장에 들어와서 유통되었기에 도매시장의 유통주체들의 자체적인 효율성 제고 노력이 많지 않았으나, 농가 직거래와 대형소매업체의 산지 직구매 등 도매시장을 경유하지 않는 유통 비중이 늘어나면서 도매유통의 효율성을 높이기 위한 노력을 다양하게 하고 있다. 특히, 유통비용의 상당 부분이 인건비에서 발생하기에 물류 기계화를 통한 비용 감소에 집중하고 있다.

다음으로 불필요한 유통기능이나 유통주체를 정책적으로 줄여서 유통마진을 절감하도록 유도하여야 한다. 예를 들어, 산지 농가가 자신의 농산물을 개별 출하하는 경우 산지유통인(수집상)의 수집 기능이 필요한데, 산지 농가가 농협 등으로 조직화하여 자체적으로 농산물을 모아서 선별 및 포장을 하여 대량으로 도매시장이나 대형소매업체에 직접 공급하도록 하면, 산지유통인(수집상)과 해당 기능이 불필요해지게 되어 해당 유통단계와 유통마진이 줄어들게 된다. 또한, 정보통신기술(ICT)을 이용하여 산지 농가와 도시 소비자가 직거래할 수 있도록 온라인 환경을 조성하면 중단 유통단계와 유통마진이 사라지도록 할 수 있다.

그림 1-40 유통마진 절감 방안

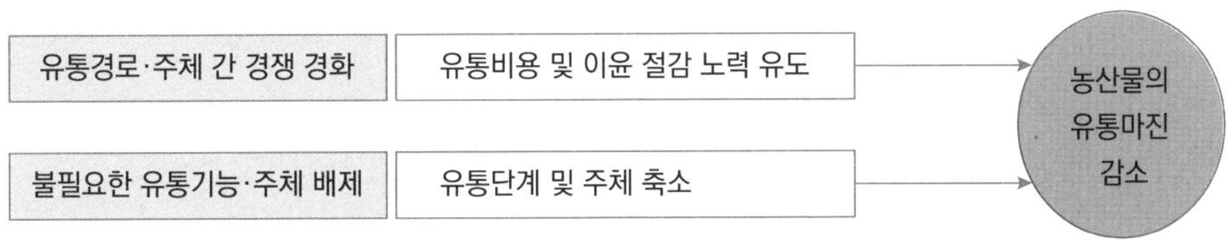

유통마진과 농산물 가격

농산물의 유통 현장에서는 유통마진이 농가 판매가격과 반대로 움직이는 경우를 자주 볼 수 있다. 기본적으로 인건비, 수송비 등의 유통비용은 단기적으로는 변화가 없는데, 이는 해당 유통비용이 농산물 수급과 무관한 별도의 유통 서비스 산업에 속해있고, 농산물 유통 서비스업이 대부분 과점구조로 비용 변화에 민감하게 반응하지 않기 때문이다. 그럼에도 농산물 유통마진은 농가 판매가격과 반대로 움직이는 경향이 있는데, 이는 유통 서비스 대상인 농산물의 물량의 증감에 따른 결과이다. 즉, 농산물의 공급량이 증가하면 농가의 판매가격은 낮아지지만, 늘어난 산지 농산물 공급량으로 인해 농산물의 저장이나 수송 등 유통 서비스에 대한 수요가 늘어나 해당 서비스 가격(유통비용)이 증가하게 되어 유통마진이 높아지게 된다. 반대로, 농산물의 공급량이 감소하면 농가 판매가격은 높아지지만, 줄어든 산지 농산물 공급량으로 인해 유통 서비스 수요가 줄어들게 되어 해당 서비스 가격(유통비용)이 감소하게 되어 유통마진이 낮아지게 된다.

이와 같은 현상은 농가가 농산물을 시장에 공급하는 공급자이지만, 유통 서비스 시장에서는 해당 서비스를 구매하는 수요자 입장이 되기 때문인데, 그 결과 산지 농산물의 공급량의 증감에 따른 농가 판매가격의 변동 폭보다 소비지 가격의 변동 폭이 작아지는 효과를 만든다.

제4절 ○ 유통기능, 기구 및 조직

1. 유통기능

농산물의 유통기능은 크게 3가지로 구분되는데, 앞에서 공부한 상류와 물류를 각각 담당하는 기능, 그리고 이를 지원하는 조성기능이다.[37] 상류기능 또는 상적 유통기능은 농산물의 구매·판매 등 상품의 교환기능(exchange functions)으로 농산물의 구매 및 판매와 관련된 기능이고, 물류기능 또는 물적 유통기능(physical functions))은 농산물의 포장, 저장, 수송 등에 관여된 기능이다. 한편, 농산물 유통의 조성기능(facilitating functions)은 상적기능과 물적기능의 효율성을 높이기 위해 보조하는 기능으로 유통정보, 표준화 및 등급화, 유통금융, 유통보험, 유통교육, 유통정책 등이 해당된다.

그림 1-41   농산물 유통기능

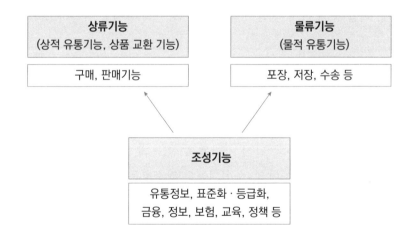

---

37) 관련 내용을 제1장 제1절에 있는 "1. 농산물과 농산물 유통"에서 확인할 수 있다.

1) 상적 유통기능 (상류기능)

상적(商的) 유통기능(상류기능)은 상품의 교환기능(소유권 이전 기능)으로도 불리는데, 농산물의 소유권 이전과 관련되는 구매 및 판매기능으로 농산물 유통의 역할(효용) 중 소유효용을 높이는 데 기여한다.[38]

농산물의 상적 유통기능 중 구매 기능은 농산물의 구매 필요 여부의 결정, 구매 농산물의 품목 선택, 구매 농산물의 품질 및 수량 결정, 농산물의 가격·인도 시기·지불 조건 등의 논의, 소유권 이전 등의 과정을 거치게 되는데, 각 과정별로 합리적인 선택이 진행되어야 효율적인 상류기능이 이행될 수 있다. 다음으로, 판매기능은 농산물이 구매자의 선호 또는 요구(needs)에 부합되는 경우에 수월하게 진행될 수 있는데, 농산물 판매 장소의 선택, 상품의 진열, 판매 시점, 판매 단위와 규격 등에 대한 결정이 중요하다.

농산물 소유권이 이전되고 그에 대한 대가로 금액이 지불되는 상적 유통기능은 구매자와 판매자의 협의로 진행되는데, 과거에는 직접 서로 만나서 대면으로 거래를 진행하였으나, 통신기술의 발달로 서면이나 전화, 인터넷 통신 등 다양한 방식으로 진행되고 있다. 특히, 정보통신기술(ICT)의 발달은 온라인 거래의 비중을 급격하게 높이고 있는데, 이를 통해 과거 대면 거래의 시간·공간의 제약을 극복하고 있다.[39]

2) 물적 유통기능 (물류기능)

물적(物的) 유통기능(물류기능)은 상품의 물리적 변화와 이동 등에 관한 기능으로 농산물 유통의 역할(효용) 중 형태효용, 장소효용, 시간효용을 높이는 데 기여한다.[40] 보다 구체적인 내용이 <표 1-5>와 같이 정리될 수 있는데, 물류기능 중 가공 및 포장기능은 농산물의 형태효용을 높이고, 수송기능은 장소효용을 높이며, 저장기능은 시간

---

38) 관련 내용을 제1장 제1절에 있는 "1. 농산물과 농산물 유통"에서 확인할 수 있다.

39) 보다 구체적으로 구매자와 판매자가 직접 한 곳에 만나서 대면 거래를 하는 경우, 특정 시간과 장소를 정해서 거래를 진행하기에 시간과 공간의 한계가 있었다. (예를 들어, 시장의 개장 시간에서만 거래가 가능하고, 멀리 떨어져 있는 거래자는 해당 시장에 오기 힘들었다) 그러나 다양한 정보통신 매체를 이용하여 서로 만나지 않고 비대면 거래를 하는 경우 시간과 공간의 제약이 없기에 보다 활발한 거래가 가능하게 되었고, 이는 유통 시장을 무한경쟁의 장으로 발전하도록 하여 유통 효율성을 더욱 높이고 있다.

40) 관련 내용을 제1장 제1절에 있는 "1. 농산물과 농산물 유통"에서 확인할 수 있다.

효용을 높이는 역할을 한다.

표 1-5 농산물 유통기능과 유통효용

유통기능		유통효용
물류기능	가공, 포장	형태효용
	수송	장소효용
	저장	시간효용
상류기능	구매 및 판매	소유효용

물류기능 중 가공기능은 농산물의 형태를 바꾸어 효용(부가가치 등)을 높이는 기능으로 껍질을 벗기거나 자르는 등의 신선편이 가공과 주스나 분말 등으로 형태를 완전히 바꾸는 식품가공 등이 있다. 과거에는 산지에서의 가공기능을 담당하는 유통주체가 많지 않았는데, 최근 소비자 수요 증가로 인해 신선편이 가공 등이 늘어나고 있다.

포장기능은 농산물을 비닐이나 종이 등으로 포장하여 농산물이 저장 및 운송 과정에서 신선도나 상품성이 떨어지는 것을 방지하는 기능이다. 과거에는 농산물의 품질을 유지하기 위한 목적으로 포장기능이 적용되었으나, 최근에는 저장 효율 및 수송 편의성을 높이고 소비자의 구매 욕구를 높여주는 마케팅 차원의 포장기능이 강화되고 있다.

수송기능은 농산물의 장소를 이동하여 효용을 높이는 기능으로 산지와 소비지 사이의 공간적 차이를 해결한다. 농산물의 수송수단으로는 화물차, 철도, 선박, 항공기 등이 있는데, 철도 운송은 안전성과 정시성이 높고 대량의 농산물을 저렴하게 장거리 운송을 할 수 있는 반면, 철도가 부설된 곳으로만 운송이 가능하다. 자동차 운송은 기동성과 접근성에 유리하고 단거리 수송에는 상대적으로 저렴하나, 장거리 수송에는 비용이 많이 들고 한 번에 많은 물량을 수송하는 것에 한계가 있다. 선박 운송은 대량의 농산물을 장거리 운송을 하는 데 적합하나, 신속성이 떨어지고 제한된 경로만 수송이 가능하다. 항공기 수송은 가장 신속한 장거리 운송이 가능한 장점이 있는 반면, 제한된 경로만 수송이 가능하고 비용이 가장 많이 든다. 국가와 지역에 따라 효율적인 수송수단을 선택하게 되는데, 우리나라의 경우 주로 차량을 이용하여 수송하고 있다. 추가적으로 단위 화물 적재시스템(unit load system; ULS)이라는 개념이 있는데, 이는 수송물을 일정한 중량과 부피로 단위 통일을 시켜서 수송물의 파손 등을 방지하고 수송과정의 효율을 높이기 위한 것인데, 팰릿(pallet)과 컨테이너(container)를 이용한다.[41]

그림1-42 **팰릿에 담겨 운송되는 농산물**

저장기능은 농산물의 판매 시점을 이동하여 효용을 높이는 기능으로 농산물이 생산된 다음 판매되는 시간의 차이를 극복하는 기능이다. 특히, 농산물은 공산품과는 달리 생산시기가 특정 기간(계절)에 집중된 계절성을 가지나, 소비는 일정 규모로 지속되어 수급차이가 발생하여 가격의 계절성이 있는데, 이를 완화시키는 기능이다. 저장기능은 공공부문과 민간부문에서 각각 수행되고 있는데, 정부 등의 공공부문은 농산물 공급량이 많을 때 저장량을 늘리고 이후 공급량이 작을 때 저장된 농산물을 유통시켜 공급 규모를 일정하게 유지하려는 목적을 가진 반면, 민간부문은 농산물 공급량이 많아 가격이 쌀 때 저장량을 늘린 후 가격이 오르면 저장된 농산물을 판매하여 이윤을 극대화하려고 한다.

---

41) 농산물을 수송할 때, 수송하는 농산물의 단위 규격이 서로 다르면 하나의 수송 수단에서 다른 수송수단으로 옮기거나 창고에 저장할 때 문제가 발생한다. 예를 들어 산지에서 10kg짜리 상자 10개를 소형 트럭이 한 번에 실어서 운반한 다음, 창고에 저장하거나 대형 트럭에 옮겨 실을 때 규격이 맞지 않아 불필요한 공간이 생겨서 저장 또는 수송 공간을 모두 채우지 못하는 낭비가 발생할 수 있다. 수송 단위 문제는 외국으로 농산물을 보낼 때 더 큰 문제가 발생하는데, 해외 규격과 국내 규격이 맞지 않는 경우, 상당한 수출 물류비용이 추가로 발생하게 된다. 이에 따라 국제 규격에 맞는 수송 단위로 통일하여 농산물 수송을 하고 있는데, 주로 규격화된 팰릿(pallet)과 컨테이너(container)에 맞춰서 농산물을 적재하는 방식을 취한다.

3) 유통 조성기능 (유통정보, 표준화·등급화, 유통금융, 유통보험, 유통정책)

유통조성기능은 앞서 설명한 상류기능과 물류기능이 효율적으로 역할을 다하도록 보조하는 기능으로 유통정보, 표준화·등급화, 유통금융, 유통보험, 유통교육, 유통정책 등이 포함된다.

(1) 유통정보

가. 개념 및 필요성

유통정보(market Information) 또는 시장정보(market information)는 생산자 및 소비자, 유통주체가 합리적인 의사결정을 하도록 하여 유통 효율성을 높이기 위해 제공되는 정보로 농산물의 수요량과 공급량, 시장가격 등의 기본 정보와 이를 가공한 농업관측 정보 등이 해당된다. 유통정보의 주체별 활용과정을 보면, 생산자는 유통정보를 참고하여 생산 품목, 생산 및 투자 계획, 판매 경로(장소), 판매 시기 및 판매량 등을 결정하고, 유통상인은 거래 농산물의 구매 시기 및 구매량, 판매시기 및 판매량 등을 결정하고, 소비자는 구매 품목, 구매 장소, 구매 시기 및 구매량 등을 결정하게 된다. 이상과 같이 각 주체들이 유통정보를 활용하여 의사결정을 합리적으로 하게 될 때 유통 효율성이 높아지게 되는 것이다.

나. 평가 기준과 기구

유통정보의 수준을 평가하기 위한 기준은 <표 1-6>에 정리된 것과 같이 적합성, 정확성, 신뢰성, 신속성(시의적절성), 편리성, 형평성, 비밀보장성 등이 있는데, 해당 기준별로 유통정보가 적절한 지를 각각 평가하게 된다. 먼저, 적합성은 이용자가 원하는 정보가 무엇인지 구체적으로 파악하여 거기에 맞는 정보를 제공하여야 하는 것이고, 정확성은 정보가 수집·가공·분산되는 과정에서 왜곡이나 오류가 없이 정확해야 하는 것이며, 신뢰성은 제공되는 정보의 근거나 입증자료가 충분하고 객관적으로 생산되어 믿을 수 있어야 하는 것이다. 신속성 또는 시의적절성은 정보가 필요한 시기에 빨리 제공되어야 하는 것이고, 편리성은 이용자가 정보를 쉽게 사용할 수 있어야 하는 것이며, 형평성은 정보가 필요로 하는 사람 모두에게 동등하게 제공되어야 하는 것이다. 마지막으로 비밀보장성은 정보를 수입하는 과정에서 개인정보 등이 공개되지 않아야 하는 것을 의미한다.

농산물의 유통정보가 평가기준을 모두 충족하는 것은 매우 어려운 것이 현실이나, 지속적인 노력을 통해 유통정보의 수준을 높여 나가야 한다. 특히, 우리나라의 농산물 유통정보의 경우 산지 생산자가 시장 유통인에 비해 유통정보의 이해력과 접근성이 낮아 편리성, 형평성 등에의 문제가 제기되고 있다. 특히 과거에는 시장 상황을 모르는 산지 출하자에게 상인이 거짓 정보를 제공하여 가격을 낮게 책정하여 과다한 이득을 챙기는 경우가 있기도 하였다. 현재는 전화나 인터넷 등의 통신 기술이 발달하여 그러한 사례가 줄어들고 있지만, 유통정보가 각각의 평가기준을 충족하기 위한 노력이 지속되어야 한다.

표 1-6 유통정보의 평가 기준

구분	평가 기준
적합성	정보 이용자의 요구를 충분히 반영
정확성	정보 수집·가공·분석에서 임의의 왜곡이나 실수 도는 오류 배제
신뢰성	정보에 대한 객관적인 근거와 입증 자료 확보
신속성(시의적절성)	정보 이용자가 원하는 시기에 신속하게 전달
편리성	정보에 접근하고 이용하기에 편리
형평성	정보를 원하는 누구에게나 공평한 정보 제공
비밀보장성	정보 수집 대상의 익명성 보장

유통정보 기구는 유통정보를 수집·분석(가공)·분산하는 주체로 공공기구(public sector)와 민간기구(private sector)로 구분된다. 공공기구는 정보 이용자를 위해 유통정보를 수집·분석(가공)·분산하는데, 도매시장 관리공사(사업소), 한국농수산식품유통공사(aT), 한국농촌경제연구원(KREI), 농림수산식품교육문화정보원(EPIS) 등이 있다. 민간 기구는 유통정보를 상품으로 개발하여 수요자에게 판매하는 기구로 소매점의 판매 정보를 수집하여 제공하는 업체 등이 있는데, 아직 종류가 많지는 않다.[42]

---

42) 일부 조사업체 중에서 대형소매점 등의 판매시점 정보관리 시스템(POS: point of sales system)의 정보를 수집하여 유통업체나 공공기관에 판매하는 사례가 있다.

다. 유형별 현황

농산물 유통정보는 정보 가공수준에 따라 거래정보, 통계정보, 관측정보로 구분된다. 이 중 거래정보는 시장에서 거래되는 농산물의 거래 가격, 거래량 등에 대한 정보로 현장에서 수집하여 제공되는 정보이고, 통계정보는 거래정보처럼 유통 현장에서 1차적으로 수집된 정보를 공식 통계로 가공하여 발표하는 정보이며, 관측정보는 거래정보와 통계정보 등을 활용하여 유통 전망을 예측한 결과를 발표하는 정보이다.

거래정보는 유통단계별로 유통정보 기구가 거래가격과 거래물량 등을 수집하여 제공하고 있는데, 경매가격과 같이 실시간으로 유통정보가 수집되는 도매단계 정보와 판매시점 정보관리 시스템(POS: point of sales system) 등의 전산 시스템을 통해 자동으로 거래 정보가 수집되는 소매단계 정보에 비해,[43] 산지단계의 정보는 산지 유통기구가 직접 유통정보를 수집하기에 정보 수집에 어려움이 있다.

그림 1-43 서울 가락시장의 경매정보

경매현황

🏠 > 가격정보 > 도매시장법인거래정보 > **경매현황**
(가락/강서)

도매시장법인별 실시간 경매 현황을 조회 하실 수 있습니다.

가락시장 강서시장 ⟨ ⟩

2024.02.26 17:54:19 | 현재시간 기준으로 최근8초안에 실시간으로 들어오는 경매자료를 보실 수 있습니다.

법인 선택 ⌄ 품목 전체 출하지 전체 **검색** **초기화**

자동갱신 취소 🔍 전체화면 보기 ☰ ⊞

품목명	단위	등급	수량	경락	출하지	경매일	법인명
브로커리	8kg	특(1등)	30	23,500	경기도 광주시	2024.02.27	서울청과
적채	8kg	특(1등)	32	14,000	제주자치도 제주시	2024.02.27	서울청과
비트	10kg	특(1등)	14	14,000	제주자치도 제주시	2024.02.27	서울청과
케일	2kg	특(1등)	22	7,800	경기도 이천시	2024.02.27	동화청과
케일	2kg	특(1등)	23	7,700	경기도 이천시	2024.02.27	동화청과

자료: 서울특별시 농수산식품공사 홈페이지

---

43) 판매시점 정보관리 시스템(POS)은 매장에서 판매된 상품의 정보를 판매시점에 즉시 기록하는 시스템으로 바코드(barcode)나 OCR 태그 등을 스캐너로 읽어서 해당 정보를 입력하는 시스템인데, 우리가 소매 매장에서 흔히 볼 수 있는 시스템이다.

통계정보는 거래정보 등의 현장 정보를 객관적인 자료에 기반하여 특정 목적에 따라 계량적으로 가공되는 숫자 정보로 정책 수립·개선, 연구 등에 주로 활용된다. 농산물 유통에서의 통계정보는 거래가격과 거래량 등의 기본적인 통계와 농산물 생산 통계(재배면적, 단수, 생산량, 생산자 수 등), 수출입 통계(수출입가격 및 물량, 관세, 수출 국가 등) 등 다양한 통계들이 제공되고 있는데, 농림축산식품부, 농촌진흥청, 산림청, 통계청, 한국농수산식품유통공사(aT) 등의 공공기관에서 통계 관리를 하고 있다.

관측정보는 다양한 농업 및 농산물 유통 정보를 수집하고 분석하여, 앞으로 발생할 사항을 예측한 결과를 제공하는 정보로 높은 수준의 경제학 모형 분석이 필요하다. 우리나라의 농산물 유통관련 관측정보는 한국농촌경제연구원 농업관측센터에서 관리하고 있는데, 생산자 재배의향 면적, 파종 실적, 작황, 가격 및 수급 동향, 수출입 동향 등의 기초 자료를 수집하여 계량경제모형으로 분석한 결과를 기반으로 만들어진 정보를 제공하고 있다.

그림 1-44 한국농촌경제연구원의 농업관측센터 웹사이트

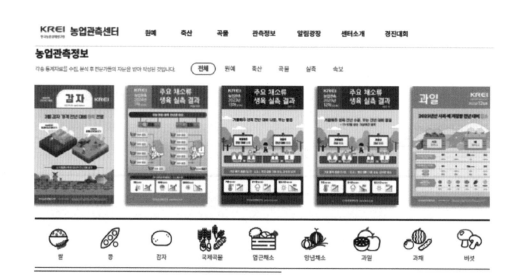

자료: 한국농촌경제연구원 농업관측센터 홈페이지

(2) 표준화·등급화

농산물 유통과정에 적용되는 표준화(standardization)는 특정 상품에 대해 공통적으로 합의된 척도인 표준을 정하는 것인데, 표준화가 필요한 이유는 공장에서 동일한 상품

이 대량으로 생산되는 공산품과 달리 농산물은 동일한 품종이더라도 산지 및 생산자에 따라 당도, 색택, 크기 등 품질이 달라 거래 과정에서 발생하는 비효율성이나 분쟁 등을 줄여야 하기 때문이다. 특히 표준화는 농산물의 규격을 정하는데 중요하게 작용하는데, 포장 규격과 등급 규격으로 각각 적용되고 있다. 농산물의 표준규격은 농산물품질관리원에서 관련 법에 근거하여 관리하고 있는데, <표 1-7>에 정리된 내용과 같이 포장규격은 농산물의 운송과 거래의 효율성을 높이기 위한 기준을 정하였고, 등급규격은 농산물의 품질을 평가하는 기준에 따라 등급을 나누고 있다.

표 1-7 농산물 표준·규격화 대상

구분		규격화 대상
포장 규격	포장	포장 치수, 포장재의 재질 및 강도, 포장 방법, 외부 표시 사항 등
	운송	트럭 등 수송 단위 적재함의 넓이와 높이 등
	저장	저장 시설 및 설비의 설치 기준
	상·하역	상·하역 설비나 시설(지게차, 전동차, 컨베이어 밸트 등), 기타 자재(팰릿(pallet))의 크기 등
	정보 생성 및 분산	상품 코드, 전표 등 관련 문서 서식, 기타 정보통신(ICT) 기술 관련 기준 등
등급 규격		고르기, 크기, 형태, 색깔, 신선도, 건조도, 결점, 숙도(熟度) 및 선별 상태 등

농산물의 포장 규격화는 농산물 물류 효율성 증대에 필수적인데, 농산물의 포장, 운송, 저장, 상·하역, 정보 생성 및 분산 등에 있어 필요한 시설, 장비 및 자재, 용어 등을 통일하여 상호 호환성을 높이고 불필요한 오해나 추가 확인 작업을 줄여주기 때문이다. 일반적으로 통용되고 있는 농산물 포장 규격화의 내용 중, 포장에 대해서는 포장 치수, 포장재의 재질 및 강도, 포장 방법, 외부 표시 사항 등이 해당되고, 운송에 있어서는 트럭 등 수송 단위 적재함의 넓이와 높이 등이 해당되며, 저장에서는 저장 시설 및 설비의 설치 기준이 해당된다. 상·하역에 대해서는 상·하역 설비나 시설(지게차, 전동차, 컨베이어 밸트 등), 기타 자재 특히 팰릿(pallet)의 크기 등에 대한 기준이 해당되고, 정보와 관련해서는 상품 코드, 전표 등 관련 문서의 서식, 기타 정보통신(ICT) 기술 관련 기준 등이 해당된다.

그림 1-45   농산물 표준규격품 포장재 표시 예

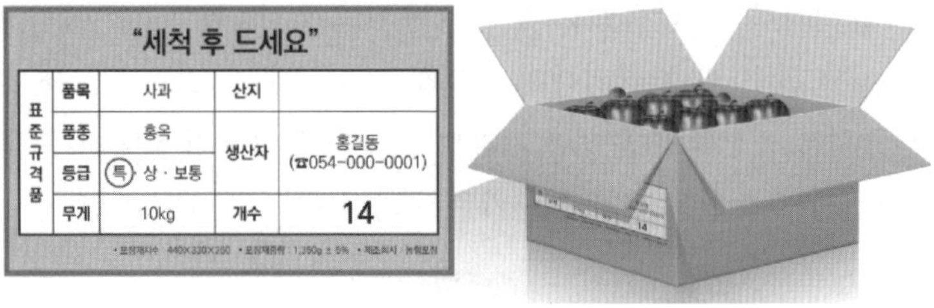

자료: 농산물품질관리원

    등급화(grading)는 농산물을 품질 속성에 따라 몇 개의 그룹으로 묶는 것으로 정의된다. 농산물 등급화는 고품질 농산물을 생산하는 농민이 품질에 따른 높은 값을 받게 해주고, 유통인은 거래를 쉽게 하며, 소비자가 기호에 맞는 품질을 선택할 수 있게 하고 이를 찾는 탐색비용(search costs)을 줄여준다. 특히, 농산물은 소비자가 직접 구매하여 먹어보기 전에는 구매한 농산물의 품질을 정확하게 파악하기 어렵기에, 등급화가 잘 된 농산물은 소비자가 기꺼이 높은 값을 지불하므로 등급화의 필요성이 매우 높다. 나아가 온라인 거래와 같이 농산물의 품질을 현장에서 확인하지 않고 비대면으로 거래하기 위해서는 등급화가 필수적이다.

    우리나라의 경우 농산물의 등급을 특, 상, 보통의 3가지 유형으로 분류하는 것이 일반적이나, 축산물 등에서는 다양한 등급을 적용하고 있다. 특히, 축산물은 매우 세분화된 등급을 적용하여 등급화 관리 비용으로 상당한 재원을 투입하고 있는데, 이는 상위 등급의 상품 가격을 높게 책정하기 위한 마케팅의 일환이다. 이와 관련하여, 소비자가 실제 상위 등급의 차이를 알 수 없음에도 비싼 가격으로 축산물을 구매하는 것에 대한 비판이 제기되고 있다.

표 1-8 농축수산물 및 가공식품의 등급 현황

구분	등급
농산물	• 품질 등급 규격: 특, 상, 보통[1] • 크기 등급 규격: 특대, 대, 중, 소

축산물	• 쇠고기
	  - 육질 등급: 1++, 1+, 1, 2, 3, 등외
	  - 육량 등급: A, B, C
	• 돼지고기: 1+, 1, 2, 등외
	• 닭고기: 닭도체(1+, 1, 2), 부분육(1, 2)
	• 오리고기: 1+, 1, 2
	• 계란
	  - 품질 기준: 1+, 1, 2
	  - 중량 기준: 왕란, 특란, 대란, 중란, 소란
	• 말고기
	  - 육질 등급: 1, 2, 3
	  - 육량 등급: A, B, C
	• 꿀: 1+(Premium), 1(Special), 2(Standard)

수산물	• 등급 규격: 특, 상, 보통[2] • 김: 1등, 2등, 3등, 등외
가공식품	• 고춧가루, 고추장: 순한맛, 덜매운맛, 보통매운맛, 매운맛, 매우매운맛 • 밀가루: 1, 2, 3등급 등

주 1) 과실류, 채소류, 서류, 특작류, 버섯류, 화훼류 등 65개 농산물 등급규격

  2) 북어, 굴비, 마른문어, 생굴, 바지락, 꼬막, 새우젓, 멸치젓, 냉동오징어, 간미역 등

자료: 농림축산식품부, 해수부 등

우리나라의 농산물 표준화 및 등급화는 농산물품질관리원에서 총괄하고 있는데, 농산물을 과실류, 채소류, 서류, 특용작물류, 버섯류, 화훼류로 구분하여 품목별 등급의 세부규격을 공시하고 관리하고 있다. 한편, 축산물의 등급은 축산물품질평가원이 관리하고 있고, 수산물의 등급은 수산물품질관리원이 관리하고 있는데, 농산물품질관리원과 축산물품질평가원은 농림축산식품부 산하 기관이고 수산물품질관리원은 해양수산부 산하 기관이다.

심화학습 **농산물의 품질**

1970년대의 녹색혁명(green revolution)이 성공하기 전까지만 해도 우리나라 국민은 과일이나 채소는 물론 주식인 쌀조차 배불리 먹을 수 없었다. 이 시기에는 농산물의 공급이 수요에 비해 부족하였기 때문에 산지에서 생산만 하면 소비자들이 불만 없이 구매하였다. 그러나, 농업 기술의 발달 등으로 인한 국산 농산물의 생산량 증가와 수입 농산물의 국내 시장 진입 가속화는 우리나라 농산물 소비 시장에 먹을 것이 넘쳐나는 현상을 야기했다. 동시에 경제발전으로 소득이 증가함에 따라 구매력이 높아진 소비자들이 더 좋은 것을 골라 먹게 되는 다시 말해서 농산물의 가격보다는 품질을 선호하게 됨에 따라 농산물 품질의 중요성이 제기되게 된 것이다.

상품이 얼마나 좋을 지를 결정하는 기준인 품질은 그 상품의 우수한 수준을 의미한다. 농산물의 품질을 결정하는 기준은 여러 가지가 있을 수 있지만, 맛, 크기, 모양, 향기, 영양, 신선도 등의 일반적인 특징이외에도 식품 안전성과 기능성까지 포함된다. 이를 보다 체계적으로 구분하면, 평가 주체, 평가 항목, 평가 기준, 상품 특성에 따라 다양하게 구분할 수 있는데, 평가 주체 기준은 다시 개인의 취향에 따라 주관적으로 평가되는 주관적 품질과 변함없는 정량 기준(크기, 무게, 주요 성분 등)에 따라 측정되는 객관적 품질로 구분된다. 평가 항목기준에 의한 품질은 상품 외면에 나타나는 생산자명, 브랜드, 포장 디자인 등의 외형적 품질과 건강보조식품처럼 상품이 실제로 보여주는 기능에 의한 기능적 품질로 구분된다. 평가기준은 사전에 정해진 기준에 따라 평가되는 절대적 품질과 경쟁 상품 간 상호 비교를 통해 평가되는 상대적 품질로 구분된다. 상품 특성의 경우는 상품 자체가 가지고 있는 모양, 크기, 영양 등과 같은 기본 특성에 의해 평가되는 기본적 품질과 상품에 추가되는 이미지, 디자인, 판매 방법 등과 같은 부가적 품질로 구분할 수 있다.

한편, 일반적으로 농산물을 포함한 식품의 품질 평가는 크기, 무게 등과 같이 수치적으로 측정되는 정량요소, 맛, 향기 등처럼 인간의 감각으로 가늠되는 관능요소, 영양성분과 유해물질 포함 여부에 따른 영양·위생요소로 구성되는 것이 바람직하다는 주장도 있어, 이를 참고할 필요가 있다.

표 1-9 품질의 구분

기준	유형
평가 주체	- 주관적 품질: 개인의 취향에 따라 결정되는 품질 - 객관적 품질: 정량적 기준에 따라 측정되는 품질
평가 항목	- 외형적 품질: 생산자명, 브랜드, 포장 디자인 등의 외면적 품질 - 기능적 품질: 상품의 실질 기능에 따른 품질
평가 기준	- 절대적 품질: 사전에 결정된 기준에 따라 평가되는 품질 - 상대적 품질: 상호 비교를 통해 평가되는 품질
상품 특성	- 기본적 품질: 상품이 보유하는 기본적 특성에 따른 품질 - 부가적 품질: 이미지, 디자인, 판매방법 등에 따라 추가되는 품질

(3) 유통금융

유통금융은 유통활동을 직·간접적으로 지원하기 위한 금융행위인데, 상류나 물류 기능을 보다 효과적으로 수행하기 위한 자금을 지원하는 기능이다. 예를 들어, 상류의 경우 유통주체가 유통행위에 필요한 자금을 융통하여 주거나, 물류의 경우 물류시설 도입 또는 운용에 필요한 자금을 융통하여 주는 경우가 해당된다.

농산물 유통금융은 주체에 따라 정부의 정책금융과 민간의 일반금융으로 구분된다. 먼저, 정부의 정책금융은 특정 목적을 달성하기 위한 융자사업의 형태로 진행되는데, 이자율을 민간의 일반금융보다 낮게 설정하여 사업 대상자가 추가적인 혜택을 받도록 한다. 우리나라의 농산물 유통관련 융자사업은 다양하게 진행되고 있는데, 산지 또는 도매단계 유통시설 도입 등을 위한 융자지원, 산지 생산자조직 육성을 위한 융자 지원 등이 있다.

민간의 일반금융은 농·수·축협, 일반시중은행 등에 의한 제도권 금융과 상인 및 일반인 상호 간에 이루어지는 비제도권 금융으로 구분되는데, 비제도권 금융은 별도의 규제나 관리를 받지 않고 있다. 우리나라의 농산물 유통금융은 선진국에 비해 상인이나 민간 대부업자를 통한 비제도권 금융의 비중이 높은데, 산지유통인이 농민에 제공하는 선대자금(先貸資金), 포전거래(밭떼기)자금[44], 유통상인이 민간 사채업자를 통해 유통자금을 확보하는 경우가 해당된다.

---

44) 선대자금은 생산자가 농산물을 수확하여 넘겨주기 전에 미리 판매 대금의 일부 또는 전부를 상인에게 받는 것이고, 포전거래(밭떼기)자금은 포전거래의 계약이 체결되는 계약금으로 수확 후 넘겨주는 농산물의 판매대금 일부를 미리 받는 것으로 미리 자금을 받아서 융통하게 되는 방식이다.

그림 1-46   NH농협은행 창구

(4) 위험부담·유통보험

농산물은 유통되는 과정에서 다양한 위험(risk)이 발생하는데, 크게 물리적 위험과 경제적 위험으로 구분할 수 있다.[45] 먼저 물리적 위험은 태풍·지진 등의 자연재해, 화재, 운송 또는 저장과정에서 발생하는 파손·부패·감모 등 인간의 실수로 인해 발생하는 위험으로 유통과정에서 농산물의 가치가 하락하여 손해가 발생하는 위험이다. 경제적 위험은 유통과정 중에 농산물의 가격변동 등으로 발생하는 위험이다.

농산물 유통의 위험을 줄이기 위한 수단으로는 보험, 선물시장(futures market), 관련 기금 등이 있는데, 보험은 주로 물리적 위험에 대한 수단이고, 선물시장은 경제적 위험에 대한 수단이며, 관련 기금은 양쪽 모두에 대한 수단으로 사용되는 경우가 많다. 먼저 보험은 위험 발생액을 보험 가입자가 분담하여 위험의 수준을 낮추는 것인데,

---

45) 경제학에서는 위험(risk)과 불확실성(uncertainty)의 개념이 있는데, 위험만 논의의 대상으로 한다. 여기서 위험은 특정 사건이 발생하는 확률을 아는 경우이고, 불확실성은 특정 사건의 발생 확률을 모르는 경우이다. 예를 들어, 내일 체육대회 행사를 개최하는데 비가 와서 피해를 보는 사건은 비가 올 확률을 추정할 수 있기에 위험의 범주에 들어가지만, 내일 길을 걷다가 외계인에게 납치되는 사건은 확률을 추정할 수 없기에 불확실성의 범주에 들어간다. 즉, 과거 자료 등으로 어떤 일이 발생할 가능성을 확률로 계산하면 위험에 대한 관리가 가능한 것이다. (외계인 납치 사건의 경우 외계인의 존재 자체를 아직 과학적으로 규명하지 못하였기에, 그에 대한 확률을 추정할 수 없다.)

위험이 발생할 가능성이 있는 유통인들이 보험료를 보험회사에 지불한 다음 해당 위험이 발생하여 손해를 본 경우 보험회사로부터 보험금을 받는 시스템이다. 농산물 유통의 보험상품은 민간 보험사가 판매하고 있는데, 현장에서 보험상품 활용도가 높지 않는 상황이다. 참고로 농림축산식품부는 농산물의 재배과정에서 기상이변으로 피해를 입는 농가를 위해 농작물 재해보험 제도를 운영하고 있는데, NH농협 손해보험 등의 민간 보험회사가 보험상품을 판매하도록 하되 농가가 부담하는 보험료 일부를 지원하고 있다.

선물시장은 미래에 거래되는 농산물의 가격을 지금 결정하는 시장으로 농산물가격에 대한 위험을 줄이기 위해 현물시장과 병행하여 운용되는 경우가 있다.[46] 예를 들어, 마늘 저장업자가 수확된 마늘을 3개월 뒤에 판매할 경우 해당 기간 동안 가격이 하락하면 손해를 입게 되는데, 이에 대응하여 선물시장을 이용할 수 있다.

마지막으로 관련 기금은 보험과 유사한 방식인데, 특정 위험에 대한 손해를 보전하기 위한 기금을 자체적으로 만들어서 운용하는 것으로 최근 활성화되고 있는 자조금(check-off fund)이 대표적이다.[47] 자조금이란 특정 품목의 생산자들이 스스로 일정 금액을 모아서 공동의 목적을 위한 사업 재원을 마련하는 것으로 전국 단위의 품목별 대표조직의 기능을 하기에, 농림축산식품부가 육성하고 있는 생산자 조직이다.

심화학습　　　　　　　　　**보험 시스템의 구조**

보험의 개념은 기원전부터 있었는데, 무역업자들이 배를 이용한 무역을 하는 과정에서 침몰 등의 손실을 겪는 것을 줄이기 위하여 도입되었다. 보험 시스템은 보험료와 보험금의 개념부터 출발하는데, 미래에 손해를 입을 것으로 예상되는 보험 가입자가 일정 보험료를 보험회사에 지급하면 보험회사는 보험료를 받아서 재원을 마련한 다음 보험 가입자 중 실제 손해를 입은 가입자에게 보험금을 지불하도록 하는 것이다.

예를 들어, 10명의 무역업자가 각각 1척의 배를 다른 나라에 보내어 교역을 하는 상황을 가정하자. 이들 무역업자들은 매년 1/10의 확률로 배가 침몰당하여 1명의 무역업자가 파산을 하는데, 그로 인해 발생하는 손해를 개별 업자가 부담하기에는 피해 규모가 너무 크다. 이에 따라

---

46) 선물시장에 대해서는 제3장에 있는 "제2절 선물거래"에서 보다 자세히 알아보도록 한다.
47) 자조금에 대해서는 제7장 제2절에 있는 "2. 생산자 조직화"에서 보다 자세히 알아보도록 한다.

10명의 무역업자가 배가 침몰하여 발생하는 손해액의 1/10씩 보험료를 내어서 보험금의 재원을 만들어 시스템을 운용하면, 실제 배 침몰로 손해를 보는 무역업자는 실 손해액의 1/10의 비용만 내고 나머지 피해를 보상받게 되는 것이다. (물론, 보험회사가 운영되기 위해서는 추가적인 비용이 보험료에 더해지게 된다.)

기본적으로 보험은 확률이 동반된 위험에 대응하는 시스템으로 특정 손해가 발생할 경우 그 손해액과 손해가 발생하는 확률을 반영하여 개별 보험 가입자가 지불할 보험료를 산정하여 보험상품을 개발하게 된다.

(5) 유통교육과 유통정책

농산물의 유통교육은 유통주체의 역량을 높여서 유통 효율성 제고에 기여하는 조성기능인데, 유통 서비스의 종류가 많아지고 유통 관련 기술이 복잡해짐에 따라 유통교육의 필요성이 높아지고 있다. 일례로, 농산물도매시장 경매사 등 전문 유통인을 대상으로 주기적인 의무교육을 진행하는 경우와 온라인 거래가 활성화됨에 따라 전자상거래 실무 교육을 받는 유통인이 늘어나는 경우 등이 해당된다. 농산물의 유통교육은 공공교육과 민간교육으로 구분할 수 있는데, 이 중 공공교육은 공공기관에서 유통인 또는 예비 유통인을 대상으로 진행하는 교육으로 한국농수산식품유통공사의 농수산식품유통교육원이 대표적인 교육기관이다. 민간교육은 민간업체가 자체적인 교육 프로그램을 개발하여 수강생을 모집하여 진행하는 교육인데, 공공기관의 교육사업을 대행하기도 한다.

다음으로 농산물의 유통정책은 농산물 유통의 효율성을 높이기 위해 정부가 정책을 도입하여 시행하는 조성기능으로, 농림축산식품부가 주도하고 있다.[48] 농산물 유통정책은 기본적으로 생산자와 소비자의 이익을 보호하고 국민 생활의 안정에 기여하는 것을 주요 목적으로 하고 있기에, 유통주체의 개별 이윤을 높이는 것이 아님에 주목해야 한다. 물론, 유통업에 종사하는 유통인이 적정한 이윤을 창출할 수 있어야 유통산업이 발전할 동력을 얻게 되겠지만, 정부 정책의 수혜자는 궁극적으로 생산자와 소비자가 되어야 한다.

---

48) 유통정책에 대해서는 "제7장 유통정책 및 제도"에서 보다 자세히 알아보도록 한다.

2. 유통기구 및 기관

1) 개요와 유형

농산물의 유통기구(marketing structure) 또는 유통조직(marketing organization)은 농산물 유통과정에 참여하는 유통기관(marketing institution)의 집합체 또는 전체 조직이다. 우리나라의 농산물 유통기구는 갈수록 다양하게 늘어나고 있는데, 이는 농산물의 유통경로와 유통서비스가 늘어나고 있기 때문이다.

농산물의 유통기구는 크게 농산물 유통의 주요 기능인 수집, 중계, 분산 기능에 따라 구분되는데, <그림 1-47>과 같이 산지 단계의 유통기관들이 농산물을 수집하여 다음 단계 유통기관으로 전달하는 수집기구의 역할을 주로 하고, 도매 단계 유통기관들은 산지에서 수집된 농산물을 받아서 다음 단계 유통기관으로 전달하는 중계기구의 역할을 주로 하며, 소매단계의 유통기관들이 도매단계에서 받은 농산물을 소비자 등으로 분산시키는 분산기구의 역할을 주로 담당한다.[49] 한편, 최근에는 유통경로가 다양화됨에 따라 두 가지 이상의 기능을 담당하는 유통기관이 늘어나고 있는데, 대형소매점이 산지 농산물을 직접 수집하여 소비지 매장에서 소비자에 분산하는 기능을 하는 사례가 대표적이다. 이처럼 유통기관이 여러 기능을 수행하게 되면 유통단계를 줄여서 유통마진을 절감하는 효과가 발생한다.

보다 구체적으로 농산물 유통기구를 유형별로 살펴보도록 하자. 먼저, 수집기구는 산지에서 농가가 생산한 농산물들을 수집하여 일정한 규모의 상품 단위를 형성하는 역할을 담당하는데, 산지 생산자들의 규모가 작고 수가 많을수록 수집기구의 역할이 중요하다. 산지에 있는 주요 수집기구로는 산지유통인(수집상), 수집 대리인, 지역농업협동조합 및 영농법인 등이 있는데, 이들에 대해서는 뒤에 이어서 다시 설명하기로 한다. 수집기구는 농가의 직접 구매 외에 정기시장이나 산지 농협을 통한 농산물 구매를 하기도 하는데, 대표적인 정기시장이 5일마다 열리는 장이다. 5일장은 농가가 직접 생산한 농산물을 가지고 나와 판매하고, 일상생활 등에 필요한 각종 용품을 구입하는 곳으로 상품의 거래 외에도 각종 정보를 교환하고 친목을 도모하는 공간을 제공하는 등의 기능도 하고 있다. 최근 5일장 등의 산지 정기시장은 점차 쇠퇴하고 있

---

49) 다만, 유통기구의 기능은 하나 이상의 역할을 하는 경우가 있다. 예를 들어 도매단계의 유통기관인 도매시장법인은 경매 등을 통해 소매단계 유통기관에 농산물을 중계해주는 역할을 주로 하지만, 직접 산지에 경매사를 보내어 산지 농산물을 수집해오는 역할을 하기도 한다.

는데, 이는 농촌 인구의 감소, 교통·통신의 발달로 인한 시장 외 거래의 확대 등에 따른 결과이다.

중계기구는 수집기구와 분산기구 사이에 존재하여, 산지에서 수집된 농산물을 받아서 분산기구로 넘겨주는 기능을 한다. 농산물 중계기구의 역할은 주로 도매업체들이 담당하고 있는데, 도매시장법인, 중도매인과 매매참가인, 시장도매인, 농산물 종합유통센터 등이 있다. 과거에는 도매시장의 도매시장법인이 주로 경매를 통해 중계기능을 하였으나 최근에는 시장도매인이나 대형유통업체 등의 중계기능 비중이 증가하고 있다. 또한, 도매시장내의 유통인들도 단순히 중계기능만 하는 경우(도매시장법인 등)와 다양한 소매상들에게 분산기능을 하는 경우(2차 도매상인 등)가 혼재되어 현실적으로는 도매시장의 기능을 중계와 분산으로 명확하게 구분하기 어렵다.

분산기구는 중계 기구로부터 받은 농산물을 소매상 또는 최종 소비자에 나누어주는 기능을 한다. 주요 분산기구는 소매시장의 상인과 대형 소매업체 등인데, 대형 소매업체는 업태에 따라 다양하게 분류되므로 뒤에 자세히 보기로 한다. 분산기구는 일반 가정 소비자나 대량 수요처(외식·급식업체, 농산물 가공업체 등)를 대상으로 거래를 하는데, 수집기구의 경우처럼 소비자들의 규모가 작고 수가 많을수록 분산기구의 역할이 중요하게 된다. 또한, 다양한 소비자들의 니즈(needs)에 발 빠르게 대응하기 위해 판매하는 상품과 관련 서비스를 지속적으로 변화시키고 있어 다른 유통기구보다 빠른 속도의 변화를 보인다. 예를 들어, 최근 주목을 받고 있는 식재료 유통의 경우 수집기구나 중계기구보다는 분산기구에서 필요성을 먼저 인지하여 시장을 확대해 나가고 있다.

그림 1-47 　농산물의 유통단계와 유통기구(조직)

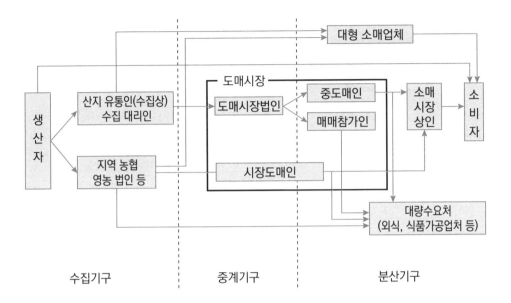

한편, 농산물 유통에 직접 참여하지 않지만 농산물 유통의 효율성을 높이는 데 기여하는 유통조성기관이 있는데, 크게 공공기관과 민간기관으로 구성된다. 공공기관은 유통정책과 관련 공공서비스를 제공하는 기관으로 농림축산식품부, 농산물품질관리원, 수의과학검역원 등의 정부 기관과 한국농수산식품유통공사, 농림수산식품교육문화정보원, 한국농촌경제연구원 등의 관련 기관이 있다. 민간기관은 농산물 유통 관련 부가기능을 수행하여 이윤을 창출하는 기관으로 수송업자, 보관 및 저장업자, 상·하역업자 등의 물류 관련 기관과 금융회사, 보험회사, 마케팅 관련 회사 등의 기관 등이 있다. 최근 민간기관의 비중이 확대되고 있는데, 유통산업의 발전에 따라 민간의 영역이 확대되기 때문이다.

2) 유통 단계별 기관과 기능

(1) 산지

농산물의 생산지에 있는 산지 유통기관은 농가가 생산한 농산물의 수집 기능을 담당하는데, 산지유통인(수집상), 수집 대리인, 산지 협동조합 등이 해당된다. 이들 기관은 농산물 수집이라는 공통된 유통기능을 수행하지만, 이윤 극대화를 위한 상호경쟁을 하면서 유통 효율성을 높이고 있다.

가. 산지유통인(수집상)

산지유통인(수집상)은 산지를 다니면서 농가의 농산물을 수집하여 다음 단계의 유통 조직에 출하하는 기능을 담당하는 상인으로, 필요에 따라 전국을 다니면서 거래하기에 일정한 시설을 갖추지 않는 경우가 많다. 산지유통인은 자기가 직접 농사를 지으면서 산지 유통에 참여하거나 산지 유통만을 전담하는 부류로 구분되는데, 농가와 포전거래(圃田去來) 또는 정전거래(庭前去來) 등을 한다.

포전거래는 밭떼기로도 불리는데, 농산물을 수확하기 전에 해당 밭을 단위로 사전 계약을 하고 선도금 등을 지불하는 거래 방식으로 일종의 선도거래(先渡去來, forward trading)이다.[50] 이러한 포전거래는 농산물 공급과 가격 변동성이 큰 배추, 무, 양배추 등의 엽근채소류에서 많이 이루어지고 있는데, 산지유통인이 농가에게 수학기 이전에 필요한 영농자금 일부를 제공하는 농업 금융의 기능과 수확 후 시장 가격 변화와 관계없이 계약된 가격으로 농산물을 구매하여 시장 위험을 대신하는 기능을 하고 있어 현재까지 산지유통의 한 부분을 차지하고 있다. 그러나, 농산물의 수확기 가격이 폭락하는 경우 막대한 손해를 입게 되는 일부 산지유통인이 농가와의 계약을 지키지 않고 야반도주(夜半逃走)하는 경우가 있어 사회적 문제로 부각되기도 하였다.

정전거래는 문전거래 또는 창고거래로도 불리는데, 농가가 수확하여 거두어들인 농산물을 농가 집앞이나 창고 등에서 거래하는 방식으로 일반적인 현물거래에 해당된다.[51] 정전거래는 저장성이 상대적으로 있는 고추, 마늘 등이 높은 비중을 차지하여 무, 배추, 양파 등을 중심으로 거래가 많은 포전거래와 차이를 보인다.

---

50) 선도거래와 선물거래는 미래에 상품을 주고받지만, 현시점에 가격과 거래량을 미리 확정하는 점에서 같지만, 두 거래를 같은 것으로 오해하면 곤란하다. 선도거래와 선물거래의 차이점을 잘 이해하여야 하는데, 선도거래는 1대 1 개인 간 거래로 거래에 대한 사회적 관리 또는 보호장치가 없는 반면, 선물거래는 선물거래시장에서 여러 명의 구매자와 판매자가 하는 거래로 선물계약에 대한 관리 시스템이 구축되어 있어 다르다. 선물거래에 대해서는 제3장에 있는 "제2절. 선물거래"에서 보다 자세히 알아보도록 한다.

51) 현물거래는 일반적으로 볼 수 있는 거래방식으로 현 시점에 가격과 거래량을 결정하고 상품을 주고받는 거래 방식으로, 선물거래와 대비된다. 현물거래에 대해서는 제3장에 있는 "제1절. 현물거래"에서 보다 자세히 알아보도록 한다.

그림 1-48 포전거래가 많은 배추 주산지(강원도 안반데기)

나. 수집 대리인

수집 대리인은 도·소매 시장 상인이나 대형 소매점의 구매자를 대신하여 산지 수집 업무를 하는 수집 대리인은 주로 지방 시장에 주재하거나 출하시기에 산지에 머물면서 유통 업무를 수행한다. 수집 대리인은 고정적인 월급을 받거나 거래 시 수수료를 받으면서 산지의 농산물 수급 상황을 예측하여 농산물을 구매하여 넘기는 역할을 하는데, 직접 농산물을 농가로부터 구매하여 소유권을 가지는 산지유통인들과 달리 구매자의 위탁을 받아서 일정 수수료만 챙기는 거간꾼(broker)으로 차이점을 가진다.

다. 산지 출하조직(농협, 민간법인, APC 등)

농림축산식품부는 산지 농가의 거래교섭력을 키우고 유통 효율성을 높이기 위해 산지의 농산물 출하조직을 육성하고 있는데, 지역의 농업협동조합이 대표적이다.[52] 생산자 조직인 지역 농업협동조합은 조합원인 농민이 생산한 농산물을 수집한 다음, 이를 산지공판장 또는 도매시장에 출하하거나 대형 도·소매업체에 판매하는 역할을

---

52) 산지출하조직에 대해서는 제3장 제1절에 있는 "4. 도매시장 외 거래"에서 보다 자세히 알아보도록 한다.

Chapter 01 농산물 유통의 기본 이론 **79**

담당하고 있다. 농림축산식품부는 산지 물류의 중요성이 높아지고 산지 조직화의 구심점이 필요함에 따라 1990년대부터 농산물 유통센터(쌀: RPC, 청과물: APC)를 설립 지원을 하고 있는데, 농산물 유통센터는 산지 농가들로부터 수집된 농산물을 선별, 저장, 가공 등을 하여 상품성을 높여서 출하하는 주요 산지유통시설이 되었다. 최근에는 여러 농업협동조합이 연합하여 하나의 조합공동사업법인(조공법인)을 설립하거나 통합마케팅·연합마케팅 사업 등을 같이 진행하여 규모화에 박차를 가하고 있다. 또한, 기존 APC 시설에 정보통신기술(ICT)를 적용한 로봇과 센서 등을 설치하여 농산물 물류 자동화를 강화하고, 소비지와 산지의 빅 데이터(big data)를 활용하는 스마트 APC 도입을 확대하고 있다.

산지 출하조직은 민간에서도 활발하게 생성되고 있는데, 영농조합법인, 농업회사법인 등이 해당된다. 이들 민간조직은 농업협동조합과 달리 민간 경영자가 농가를 조직하여 산지 농산물을 수집하여 판매하는 역할을 하는데, 자본 등의 규모가 농업협동조합에 비해 작은 편이지만 민간기업의 장점을 살려서 농산물 판매와 유통 등에서 더 높은 경쟁력을 가진 사례가 생겨나고 있다.

그림 1-49 스마트 APC

이들 산지출하조직은 회원 농가 농산물을 매취, 수탁, 계약 등의 방식으로 판매하고 있는데, 매취판매는 산지출하조직이 농산물을 구매하여 소유권을 가진 후 다시 판매하여 시장 가격의 변동에 따른 위험을 산지출하조직이 전부 감당하게 된다. 반면에

수탁판매는 산지출하조직이 농산물의 판매를 위탁받아서 대행한 다음 일정 수수료를 받는 방식인데, 시장 가격 위험을 농가가 모두 지게 되는 구조로 다수의 산지출하조직이 적용하고 있다. 계약판매는 산지출하조직이 회원 농가와 계약을 맺어서 농산물 가격과 물량을 사전에 확정하여 판매를 하는 방식인데, 농가가 최종적으로 받는 가격에 시장 가격 변동폭을 일정부분 반영하여 시장 가격의 위험을 산지출하조직과 농가가 분담하는 구조가 대부분이다. 정부는 산지 농가의 시장 가격 위험 부담을 낮추기 위해 산지출하단계의 계약판매를 정책적으로 확대하고 있다.[53]

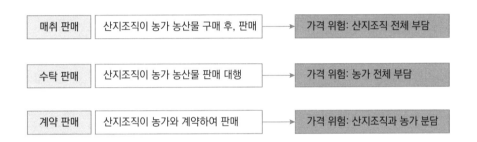

그림 1-50 산지 농산물의 판매 방식

(2) 도매

중계 및 분산 기능을 담당하고 있는 도매기관은 크게 도매시장에서 유통기능을 하는 도매시장법인, 중도매인, 매매참가인, 시장도매인과 도매시장 밖에서 별도의 유통기능을 담당하는 농산물 종합유통센터로 구분될 수 있다.[54] 최근에는 도매시장의 거래 물량이 지속적으로 줄어들고 있어 도매시장 외 유통을 하는 도매기관의 중요도가 높아지고 있다.

가. 도매시장법인과 경매사

도매시장법인은 경매와 정가매매·수의매매를 통한 농산물 중계기능을 담당하고 있는데, 구체적으로 산지 출하자가 보낸 농산물을 위탁받아서 중도매인 또는 매매참

---

53) 산지 조직화와 공동판매, 계약재배 등에 대해서는 제3장 제1절에 있는 "4. 도매시장 외 거래"에서 보다 자세히 알아보도록 한다.
54) 도매시장의 유통기관에 대해서는 제3장 제1절에 있는 "3. 도매시장거래"에서 보다 자세히 알아보도록 한다.

가인을 대상으로 경매를 하거나 정가매매·수의매매를 진행하여 구매자를 결정한 다음, 농산물의 판매 대금을 산지 출하자 대신 받아서 수수료를 제한 금액을 출하자에게 정산해준다.

도매시장법인은 경매사를 고용하여 경매 등의 거래를 진행하고 산지 농산물을 발굴하여 도매시장 출하를 유도하는 등의 역할을 하고 있는데, 경매사의 자격과 임명은 법으로 규정되어 있으며 자격시험을 통해 경매사를 매년 선발하고 있다.

나. 중도매인과 매매참가인

중도매인은 도매시장법인이 진행하는 경매에 참여하여 농산물을 확보하거나 상장예외품목 농산물을 직접 산지에서 수집한 다음, 유통마진을 더하여 다음 단계 유통인에게 판매하는 분산기능을 담당한다. 과거에는 주로 소매시장 상인에게 농산물을 분산하였으나, 최근 중소소매업체와 가공업체 등으로 판매처를 늘리고 있다.

매매참가인은 경매에 참여하는 농산물 대량수요자(대형소매업체, 백화점, 가공업체, 외식업체 등)인데, 이는 중도매인에게 농산물을 구매하는 대신 직접 경매를 통해 농산물을 구매하여 유통마진을 한 단계 줄이기 위함이다.

다. 시장도매인

시장도매인은 2000년 「농수산물 유통 및 가격안정에 관한 법률(농안법)」 개정을 통해 도입된 도매 유통기관으로, 농산물의 수집·가격 발견·분산의 기능을 모두 담당하여 도매시장법인과 중도매인의 유통기능을 한꺼번에 수행하고 있다.

시장도매인의 강점은 도매시장법인과 중도매인 등이 참여하는 경매에 비해 유통 및 거래비용을 줄이고, 유통 효율성을 높일 수 있는 점이다. 특히, 경매 절차를 거칠 필요가 없어 농산물의 유통 소요 시간을 줄이고, 산지 출하자와의 지속적인 거래를 통해 경매보다 거래 가격의 변동성이 상대적으로 적어 농산물의 가격 안정성에 기여한다는 평가도 받는다. 반면에, 시장도매인들은 산지 출하자와 개별 거래를 하는 구조로 인해 거래의 투명성이 경매보다 낮고 기준(대표)가격으로 인정받는 것에 한계가 있다.

라. 농산물 종합유통센터(도매 물류센터)

농산물 종합유통센터는 도매 물류센터(distribution center)로도 불리는데, 농산물도매시장을 경유하는 유통의 대안으로 도입되어 산지에서 수집된 농산물을 대량 소비처로 분산하는 역할을 한다. 우리나라의 농산물 종합유통센터는 생산자 조직인 농협중앙회 계열사인 농협유통이 대표적인데, 산지 지역농협에서 수집된 농산물을 재선별, 재포장, 단순 가공하여 하나로마트 등의 소매점으로 분산하고 있다. 그 외에도 지방자치단체와 민간기업 등 농산물 종합유통센터를 운영하는 주체가 다양화되고 있어, 농산물도매시장과의 경로 간 경쟁이 강화되고 있다.

농산물 종합유통센터는 도매시장과 달리 팰릿 단위로 규격화된 농산물을 대량으로 유통시키기 위한 기계화가 잘되어 있고, 경매가 아닌 예약상대거래로 운영되기에 물류 및 상류 효율성이 상대적으로 매우 높다.[55] 또한, 산지에서 수집된 농산물의 재선별, 재포장, 단순 가공하여 농산물의 부가가치를 높이는 역할도 하고 있어 향후 성장이 지속될 것으로 전망된다.

그림 1-51 농협의 농산물 종합유통센터

---

55) 사전 예약을 통해 구매자와 판매자가 직접 수량, 가격, 결제조건 등을 합의하여 거래하는 방식이다.

(3) 소매

농산물을 최종 분산하는 소매 유통기관은 전통적인 소매시장의 상인과 대형 소매업체로 구분할 수 있는데, 최근 온라인 소매업체가 새로 등장하여 시장을 잠식해 가고 있다. 이들은 농산물 소매유통에서 서로 경쟁하고 있으나, 막강한 자본력과 효율적인 상류 및 물류 시스템을 보유한 대형 소매업체의 비중이 증가하고 있다. 중앙정부와 지방자치단체는 대형 소매업체의 과도한 비중 확대를 막기 위해 다양한 정책을 진행하고 있으나, 대형 소매업체의 성장을 막기에는 역부족이다.

가. 소매시장 상인

농산물 소매시장 상인은 최종 소비자를 대상으로 농산물의 분산 기능을 담당하는 유통기관으로 전통시장, 재래시장 상인 등으로 불린다. 이들 상인은 자신들의 전문품목을 대상으로 고정적인 거래를 하고 있어, 해당 농산물에 대한 전문성이 높은 편이다. 다만, 최근에는 대형 소매업체에 상권을 침식당하고 있어 어려움을 겪고 있는데, 판매 상품의 품질을 높이고 단골 고객을 늘리는 등의 노력을 하고 있다.

나. 대형 소매업체

대형 소매업체는 업태별로 백화점(department store), 전문점(specialty store), 편의점(convenience store), 대형마트(할인점)(discount store), 슈퍼마켓(supermarket) 등으로 구분할 수 있다.

백화점은 다양한 고급 상품을 비싼 가격에 판매하는 소매업체로 높은 서비스·높은 가격의 마케팅 전략을 취한다. 특히, 도시 중심가에 위치하여 다양한 서비스와 문화공간을 같이 제공하여 소비자를 끌어모으고 있는데, 백화점 상품 중 농식품은 낮은 마진을 취하거나 원가 이하로 판매하여 고객을 모으는 로스 리더(loss leader) 전략 상품으로 자주 활용되고 있다.[56]

전문점은 특정 농산물만 전문적으로 판매하는 소매업체로 상품의 구색은 많지 않지만 해당 농산물의 전문성에 초점을 두는 전략을 가진다. 전문점의 사례로는 유기농산물 전문매장, 재래시장의 약재상점, 주거지의 과일상점 등이 대표적으로 해당 업체

---

56) 로스 리더 전략은 일부 상품을 원가 이하로 판매하여 고객을 끌어모아서 다른 상품 판매를 촉진하는 전략이다. 일반적으로 매장을 방문하는 고객은 하나의 상품만 사는 경우가 없기에 특정 저가 상품으로 고객을 모아서 전체 상품 매출을 올리는 전략이 효과를 보게 된다.

는 판매하는 상품의 고정 구매처를 확보하여 농산물을 품질과 가격을 관리한다.

편의점은 인구 밀집지역에 소규모 매장으로 한정된 농식품을 판매하는 소매업체인데, 24시간 영업을 하여 차별화된 마케팅 전략을 가진다. 일반적으로 판매 가격이 높은 편이지만, 편의점 고객이 24시간 편하게 와서 필요한 농식품을 소량 구매하는 상황을 반영한 결과이다. 대기업 프랜차이즈 형태로 운영되고 있는 우리나라 편의점은 가공식품 중심의 구색을 갖추고 있으나 점차 신선편이 농산물(fresh-cut) 등의 농산물 판매 비중을 늘리고 있다.

대형마트(할인점)은 백화점에 비해 낮은 서비스를 제공하고 편의점에 비해 영업시간이 제한적이지만, 낮은 가격 전략에 집중하는 소매업체이다. 대형마트는 다양한 세부 유형을 가지는데, 식품과 비식품을 한 점포에서 취급하는 슈퍼센터(super center)[57], 그보다 더 큰 규모를 자랑하는 하이퍼마켓(hypermarket)[58], 소비자에게 일정한 회비를 받고 가입한 회원만을 고객으로 삼아 상품을 저렴하게 판매하는 회원제 창고형 매장(membership market)[59], 특정 품목에 특화된 전문 할인점인 카테고리 킬러(category killer)[60], 제조업체 혹은 유통업체가 기존 상품 또는 재고상품을 아주 싼 가격으로 판매하는 아울렛(outlet)[61] 등으로 구분할 수 있다. 대형마트는 주로 가공식품에서 많은 매출을 올리지만, 백화점과 같이 농산물을 고객 유인 수단으로 활용하는 경우가 많다.

슈퍼마켓은 개인이 동네에서 농산물과 가공식품을 판매하는 소매업체로 생계형 사업체인 경우가 많다. 슈퍼마켓은 농산물의 가격 및 품질 경쟁력이 대형마트에 비해 취약하지만, 지역 단골 고객을 대상으로 상권을 유지하고 있다. 다만, 최근 대형마트 시장이 포화됨에 따라 대형 소매업체가 기업형 슈퍼마켓(SSM: super supermarket)을 대거 확대하고 있어 편의점과 함께 어려운 경쟁상대를 맞이하고 있다.

---

57) 슈퍼센터는 미국에서 주로 발전하였는데, 월마트(walmart)가 대표적이다.
58) 하이퍼마켓은 주로 유럽에서 발달한 할인점으로 프랑스의 까르프(carrefour)가 대표적이다.
59) 대표적인 창고형 매장으로는 우리나라에 들어와서 사업을 하고 있는 코스트코(costco)가 있다.
60) 카테고리 킬러의 대표 사례는 전자제품만을 모아서 할인 판매를 하고 있는 우리나라의 하이마트가 있다.
61) 아울렛은 주로 의류 상품을 초저가로 판매를 하고 있는데, 우리나라는 도시 외곽에 아울렛 몰이 여러 곳 들어서고 있다.

동네에서 생계형으로 소규모 소매업체를 운영하는 슈퍼마켓 업주에게는 대형마트와 SSM 모두 위협이 되는 경쟁업체이지만, 엄밀하게 살펴보면 슈퍼마켓과 겹치는 상권이 차이가 남을 알 수 있다. 일반적으로 대형마트를 가는 소비자는 한 번에 다양한 상품을 구매하는데, 슈퍼마켓을 주로 이용하는 소비자는 필요한 상품이 있을 때마다 수시로 소량 구매를 한다. 이는 대형마트와 슈퍼마켓의 접근성 차이 때문인데, 차량 등을 이용하여 별도로 시간을 내어 방문하는 대형마트에 비해 슈퍼마켓은 수시로 걸어서 금방 갈 수 있다. 따라서, 같은 소매업체인 슈퍼마켓은 대형마트에 상권을 잠식당하지만 여전히 슈퍼마켓으로 오는 고객을 일정 수준 유지할 수 있는 것이다.

그러나, 대형마트가 새롭게 도입한 SSM은 슈퍼마켓과 유사한 입지와 규모를 가지고 있어 구매자 접근성에서 차이가 없다. 슈퍼마켓 업주의 입장에서는 대형마트보다 SSM이 더 큰 위협을 느끼는 이유이다.

다. 온라인 소매업체

최근 온라인 유통산업이 크게 성장하고 있는데, 농식품 소매업계도 예외가 아니다. 온라인 소매업체는 고객이 방문하는 점포 없이 온라인상에서 물건을 소개하고 주문을 받아 배송하기에 오프라인 소매업체에 비해 점포 임대료와 고객 대응 인력비용 등을 크게 절감할 수 있다.

과거에는 TV 홈쇼핑이나 인터넷 쇼핑몰 등에서 가공식품 등을 판매하였는데, 정보통신기술(ICT) 및 물류 인프라가 발전하고 농산물의 표준화·등급화 수준이 높아짐에 따라 보다 다양한 온라인 소매업태가 생겨나고 있다. 특히, 새벽 배송과 같은 물류 혁신으로 소비자들은 오프라인 소매업체 못지않게 쉽게 빠르게 농식품을 구매할 수 있어, 농식품 소매시장에서 온라인 소매업체가 차지하는 비중이 갈수록 높아지고 있다. 이에 따라 대형마트 등 대형 오프라인 소매업체들도 온라인 판매를 시작하고 있다.

그림 1-52 온라인 소매업체 홈페이지

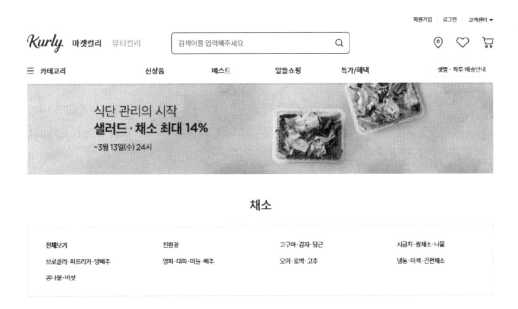

자료: 마켓컬리 홈페이지

01 농산물은 공산품과 달리 농산물의 계절성, 가치에 비해 큰 부피, 높은 부패성, 표준화·등급화 한계, 수요와 공급의 비탄력성의 특성을 가진다.

02 농산물 유통은 농산물이 생산자에 의해 수확된 다음, 최종소비자가 구매할 때까지 관여되는 모든 영업활동으로 정의되며, 상류와 물류로 구분된다.

03 농산물 유통은 농산물의 추가적인 효용을 창출하여 농산물의 부가가치를 높이는 역할을 하고 있는데, 형태 효용, 장소 효용, 시간 효용, 소유 효용 등으로 구분된다.

04 농산물 유통의 구성요소는 하드웨어와 소프트웨어로 구분되고, 농산물 유통의 효율성은 경영 효율성과 가격효율성으로 구분된다.

05 농산물 유통문제에 대한 접근법으로는 상품별 접근법, 기능적 접근법, 기관별 접근법, 행동체계별 접근법, 관리적 접근법, 사회적 접근법 등이 있다.

06 푸드 시스템은 식품의 생산, 수확, 저장, 가공, 포장, 운송, 유통, 소비, 폐기 등 식품 소비와 관련된 일련의 과정 또는 농림축수산업 생산자 – 가공업자 – 소매업자 – 소비자로 이어지는 일련의 흐름으로 정의된다.

07 가치사슬은 기업 활동에서 부가가치가 생성되는 일련의 연쇄과정으로 부가가치 창출에 직간접적으로 관련되는 모든 활동, 기능, 프로세스의 연관성으로 정의되는데, 본원적 활동과 보조 활동으로 구분된다.

08 가격은 상품의 대가로 구매자가 판매자에게 지불하는 화폐의 양으로 규정되는데, 농산물 가격은 공산품 가격과 달리 계절성과 불안정성 특성을 가진다. 또한, 농산물 가격 변동을 분석하는 거미집 모형이 있다.

09 농산물 가격 변동을 계측하는 방법론으로 가격 변동률, 변이계수, 가격 신축성 계수 등이 있고, 농산물 가격 변동이 농가 경제에 미치는 영향을 분석하기 위해 농가 교역조건 지수를 사용한다.

10 가격 결정은 수요와 공급조건에 따라 균형가격이 결정됨을 의미하는 것으로, 경제학적 논의의 대상이다. 보다 구체적인 분석을 위해 수요곡선과 공급곡선, 수요 탄력성과 공급 탄력성의 개념을 이해해야 한다. 또한, 농산물의 수요와 공급은 모두 비탄력적인 특성을 가진다.

11 가격발견은 유통현장에서 구매자와 판매자가 최종적으로 합의하여 거래가 성사될 때 발견되는 가격으로, 개인 간 흥정, 공식에 의한 가격발견, 집단거래에 의한 가격발견, 정부 또는 기업에 의한 가격발견, 위원회에 의한 가격발견 등으로 구분된다.

12 유통경로는 농산물이 생산자의 손을 떠나 최종소비자에 이르는 과정으로 정의되는데, 농산물이 거래되는 과정에 관계하는 유통기구들 사이에 존재하는 관계 시스템으로도 규정된다. 유통경로는 유통단계가 많을수록 경로의 길이가 길어지는데, 유통경로의 길이는 유통되는 상품의 특성, 상품의 수요 및 공급 특성에 따라 결정된다.

13 유통마진은 유통과정에서 발생하는 비용과 유통주체의 이윤을 합친 것인데, 전체 유통마진과 단계별 유통마진으로 구분된다. 유통마진율은 유통마진을 소비자 지불가격(판매가격)으로 나눈 것인데, 판매가격과 구매가격의 차이를 구매가격으로 나눈 마크업율과 구분된다.

14 농가 몫은 최종 소비자가 지불하는 가격에서 차지하는 농가의 수취가격의 비중으로 농산물의 전체 가격에서 농가가 가져가는 가격의 비중이다.

15 농산물 유통 현장에서 유통마진을 계측하는 방법은 품목별 계측법과 종합적 계측법으로 구분된다. 품목별 계측법으로는 농가-소매가격 차이가 있고, 종합적 계측법으로 마케팅빌 방법과 시장바구니 방법이 있다.

16 농산물의 유통기능은 상류기능과 물류기능, 그리고 이를 지원하는 조성기능이다. 상류기능은 소유권 이전과 관련되는 구매 및 판매기능이고, 물류기능은 상품의 물리적 변화와 이동 등에 관련된 기능으로 가공, 포장, 수송, 저장 등이 해당된다. 조성기능은 유통정보, 표준화·등급화, 유통금융, 유통보험, 유통교육, 유통정책 등이 포함된다.

17 농산물의 유통기구 또는 유통조직은 농산물 유통과정에 참여하는 유통기관의 집합체 또는 전체 조직인데, 농산물 유통의 주요 기능인 수집, 중계, 분산 기능에 따라 구분된다. 수집기구는 주로 산지 단계에 위치하고, 중계기구는 도매단계, 분산기구는 도매 및 소매단계에 위치한다.

18 산지 유통기관은 농가가 생산한 농산물의 수집 기능을 담당하는데, 산지유통인(수집상), 수집 대리인, 산지 협동조합 등이 해당된다. 도매기관은 중계 및 분산 기능을 담당하는데, 크게 도매시장에서 유통기능을 하는 도매시장법인, 중도매인, 매매참가인, 시장도매인과 도매시장 밖에서 별도의 유통기능을 담당하는 농산물 종합유통센터로 구분된다. 소매 유통기관은 농산물을 최종 분산하는 기능을 하는데, 전통적인 소매시장의 상인과 대형 소매업체로 구분된다.

19 대형 소매업체는 업태별로 백화점, 전문점, 편의점, 대형마트(할인점), 슈퍼마켓 등으로 구분되는데, 최근 온라인 소매업체의 성장이 두드러진다.

- 농산물 유통
- 가치 사슬
- 탄력성
- 상류와 물류
- 농산물 유통 효용
- 가격
- 유통경로
- 유통기구 또는 조직
- 푸드 시스템
- 수요와 공급
- 유통마진
- 유통기관

학습문제

01 농산물의 특성을 설명하라.

02 농산물 유통의 정의를 설명하고, 농산물 유통 효용을 기술하라.

03 농산물 유통 효율성에 대해 설명하라.

04 농산물 유통문제에 대한 접근법을 기술하라.

05 푸드시스템의 정의를 설명하라.

06 가치사슬의 정의와 세부 활동을 각각 기술하라.

07 가격의 정의와 농산물 가격의 특성을 각각 설명하라.

08 가격 결정과 가격발견에 대해 각각 설명하라.

09 유통경로와 유통마진의 정의를 각각 설명하라.

10 농산물 유통기능에 대해 각각 설명하라.

11 유통기구(조직)의 정의와 유형을 각각 설명하라.

12 유통기관을 유통단계별로 구분하여 각각 설명하라.

Chapter

02

유통이론의 확장: 마케팅과 시장분석

 개요

이 장에서는 농식품 유통 실무에서 활용될 수 있는 주요 마케팅 이론과 시장 구조를 분석하는 이론에 대해 설명하도록 한다. 마케팅 이론과 관련해서는 마케팅 믹스로 대표되는 주요 전략과 브랜드, 마케팅 조사, 소비자 행위 등에 대해 구체적으로 설명하고, 시장구조 분석 이론에 대해서는 S-C-P(시장구조-시장행동-시장성과) 분석과 경제학적 시장분석 모형 중 하나인 부분균형모형(Partial Equilibrium Model)을 소개하여 전문적인 연구의 출발점이 될 수 있도록 하였다. 과거와 달리 1차 생산물인 농산물도 공급이 수요를 초과함에 따라 다양한 마케팅 기법이 요청되고 있고, 우리나라의 농식품 시장과 산업이 고도로 발전하고 있어 보다 심층적인 경제학 이론의 적용이 갈수록 늘어나고 있는 상황에서 이 장에서 다루고 있는 내용의 중요성이 더욱 커지고 있다.

 주요 학습사항

- 마케팅 믹스 전략이란 무엇이고, 주요 구성 요소인 4P는 어떻게 적용되는가?
- 브랜드란 무엇인가?
- 마케팅 조사와 소비자 행위 분석은 어떻게 진행되는가?
- S-C-P 분석은 무엇이며 어떠한 내용들이 있는가?
- 부분균형모형이란 무엇이며 농식품 유통시장에 어떻게 적용할 수 있는가?

◀ 읽을거리 ▶

MZ세대의 가치 소비

흔히 MZ세대라고 불리는 요즘 젊은 세대들이 상품이나 서비스를 구매하는 것을 보면 기성세대들과는 사뭇 다른 모습에 낯설기까지 하다. 20대 직장인들이 점심을 천 원짜리 삼각김밥으로 때운 다음 오천 원이 넘어가는 브랜드 커피를 손에 들고 산책을 나서는 모습은 이미 직장가의 오래된 풍경이 되었고, 지구 반대편에 있는 노동자들을 돕기 위해 상대적으로 비싼 공정거래 상품에 지갑을 선뜻 열기도 한다. 한쪽에서는 이른바 "가성비(價性比)"를 따져서 알뜰하게 생필품을 고르는 반면, 또 한쪽에서는 "가심비(價心比)"를 말하면서 나만의 만족을 찾기도 한다.

우리는 분명 상품의 공급이 수요를 초과하는 세상에 살고 있다. 비싼 물건을 사지 않는 경우는 있어도, 필요한 물건을 사지 못하는 경우는 거의 없는 세상이다. 이러다 보니 소비자들은 자신이 구매하는 상품의 근본적인 기능이나 역할만으로는 만족하지 못하고 거기에 추가적인 가치를 부여하여 구매를 위한 선택을 하게 된다. 이른바 "가치(value) 소비의 시대"가 온 것이다. 특히, 1인 가구가 전체 가구에서 차지하는 비중이 30%가 넘어갈 정도로 소비 단위가 가족이 아닌 개인이 되는 상황에서 각각의 개인들이 추구하는 가치를 상품이나 서비스에 담지 못하는 상품은 시장의 외면을 받을 수밖에 없다.

그러면 요즘 소비자들이 추구하는 가치는 무엇일까? 서두에서 언급한 MZ세대들이 추구하는 가치로는 여러 가지가 있겠지만, 최근 눈에 띄는 것으로는 플렉스(flex)와 유행, 그리고 윤리적 소비로 규정해볼 수 있다. 플렉스는 말 그대로 남에게 보이기 위한 가치로 SNS 등으로 24시간 자신을 노출시키는 데 익숙한 젊은 소비자들이 이왕이면 남에게 자랑할 수 있는 것을 원하는 것이다. 또한, 최소한 남에게 뒤처지지 않기 위해 유행에 매우 민감하게 반응하는 모습도 보이는데, 특정 커피 프랜차이즈의 여름 사은품을 얻기 위해 수십 잔의 커피를 주문하는 진풍경이 나타나기도 한다. 이러한 모습들은 상대적으로 풍족한 환경에서 자라면서 남과의 비교를 수시로 당하고 경쟁에 익숙해진 그들의 삶이 투영된 결과로 보여진다.

반면에 MZ세대들은 윤리적 소비를 통해 자신이 옳지 못하다고 생각하는 것을 적극적으로 바로잡으려는 모습도 보인다. 지구 환경을 위한 상품을 애써 구매하는 수준에서 나아가, 부당하다고 생각되는 기업에 대한 불매운동을 일으켜 해당 기업이 큰 고초를 겪는 사건도 심심치 않게 나타난다. 이는 MZ세대들이 스스로 가진 소비의 힘을 충분히 인식하고 이를 다른 이들과 함께 활용할 줄 안다는 것인데, 인터넷을 통한 의견 교환이나 연대가 쉬워진 탓도 있겠지만 기본적으로 "무엇인가를 바꾼다는 것"에 대한 자부심과 쾌감을 소비 행위를 통해서 얻으려고 하기 때문으로 보인다.

이러한 MZ세대들의 가치 소비에 대한 기업들의 속내는 복잡하다. 어떤 기업들은 소비의 대세 전환으로 생각하고 대응을 시작하는 반면, 다른 기업들은 이를 일시적인 현상으로 치부하고 외면하고 있기도 하다. 결과는 시간이 지나면 자연히 알게 되겠지...

<자료: 머니투데이, 2021. 6. 29. 기고문>

1. 이론적 개관

1) 개념과 필요성

농식품 유통 현장에서 우리는 "마케팅(marketing)"이라는 말을 일상적으로 접하고 있지만, 마케팅의 뜻을 정확하게 알고 있는 사람은 의외로 적다. 일반적으로 "상품을 더 많이 팔기 위한 기술이나 전략" 정도로 이해하는 사람이 많은데, 이것은 마케팅의 일부만 반영한 것이다.[62]

학술적으로는 미국 마케팅학회(AMA: American Marketing Association)에서 제시한 정의인 "고객들과 파트너들, 나아가 사회 전반에 가치 있는 것을 만들고, 알리며, 전달하고, 교환하기 위한 활동과 일련의 제도 및 과정"이 대표적이다. 이를 상품을 판매하는 기업의 입장에서 해석하면, 마케팅을 "기업이 상품을 더 많이 팔아서 이익을 높이기 위한 일련의 행위"로 볼 수 있다.

그러면 농식품 유통 현장에서 마케팅이 필요한 이유는 무엇일까? 이는 농식품을 생산하고 판매하는 사람이 접하는 시장의 환경이 크게 변하고 있기 때문이다. 과거 우리나라는 농식품의 공급이 항상 부족하였다. "보릿고개"라는 말도 있었듯이 대다수 국민이 배고픔을 경험하였기에 생산된 농식품을 시장에 내놓기만 하면 바로 팔리는 판매자 중심의 시장(seller's market)으로 별도의 마케팅이 필요하지 않았다. 그러나 1980년대부터는 농식품의 공급이 수요를 넘어서기 시작하여 소비자가 여러 상품 중에서 하나를 선택하는 구매자 중심 시장(buyer's market)으로 전환되었다. 이에 따라, 소비자 지향(consumer orientation)을 위한 발상의 전환이 농식품 판매자에 요구되면서 마케팅이 본격적으로 적용되었다.

마케팅의 첫걸음은 "소비자가 무엇을 원하는지"를 파악하고 거기에 맞는 상품을 개발하여 판매하는 것이다. 일반적으로 산지 농가에 자신이 생산한 농산물을 높은 가격에 파는 방법을 물으면, 열에 일곱은 "최고의 농산물을 재배하는 것"이라고 답하는

---

62) 여기서 상품은 유형의 재화(goods)와 무형의 서비스(service)를 모두 포함하는 개념이다.

데, 마케팅의 기준으로 보면 50점에 불과한 답이다. 아무리 최고의 농산물을 생산한다고 해도, 소비자가 원하지 않는 농산물을 시장에 내놓으면 그 상품은 소비자의 외면을 받고 도태되는 운명에 처할 것이다.

2) 마케팅 전략 수립: SWOT 분석

농식품 판매자가 상품의 마케팅 전략을 세우기 위해서는 가장 먼저 해당 상품이 가지고 있거나 직면하고 있는 다양한 요소들을 분석해야 한다. 크게는 상품 내부적인 강점(strengths)과 약점(weakness)을 분석하고 상품 판매에 도움이 되는 기회 요인들(opportunities)과 상품 판매를 방해할 수 있는 위협 요인들(threats)을 파악해야 한다. 이를 일목요연하게 정리하여 분석하는 방법이 있는데, 앞서 언급한 요인들의 첫 글자만 따서 SWOT 분석법이라고 한다.

SWOT 분석법은 복잡한 이론이 적용되지 않으면서 마케팅 전략 수립을 위한 세부 방안을 명시적으로 제시하는 이점이 있다. 구체적으로는 먼저 분석 대상의 내부적인 강점과 약점을 각각 정리하고, 외부적인 환경에 해당하는 기회 요인과 위협 요인을 파악하여 정리한다. 이어서 분석한 요인들을 결합하여 다양한 전략을 세울 수 있는데, 주된 전략은 분석 대상의 강점을 최대한 살려서 기회를 가장 효과적으로 활용하고(S-O 전략) 위협을 최소화하여 회피하며(S-T전략), 약점을 극복하여 기회를 활용하고(W-O 전략) 약점을 최소화하고 위협을 회피하는(W-T 전략) 것이다.

SWOT 분석의 실제 적용 사례를 보기 위해, 유기농 사과주스를 판매하는 중소업체에 대한 분석 결과를 <표 2-1>과 같이 예시하였다. 해당 상품의 강점으로는 유기농 사과라는 우수한 원료를 사용하여 맛과 식품 안전성의 우수함이 제시되었고, 약점으로는 높은 가격과 판매 매장이 많지 않음이 지적되었다. 또한 외부적인 기회 요인으로는 최근 잦은 잔류농약 검출 뉴스로 인해 소비자들이 농약에 대한 불안감이 커진 것과 사과가 피부 미용에 좋다는 연구 결과가 발표되어 식품 안전에 대한 관심이 늘어난 것이 제시되었다. 한편 위협 요인으로는 값싼 수입산 사과가 국내 시장에 보다 많이 들어왔고 대기업들이 사과주스 시장에 새로 진입하기 시작하여 시장 경쟁이 더 심화되는 점이 지적되었다.

이상의 SWOT 분석 결과를 통해 마케팅 전략을 도출하면, 크게 4가지 방안이 제시될 수 있다. 먼저 강점과 기회 요인을 결합한 S－O 전략으로는 유기농 재료로 가공되어 잔류 농약 걱정이 전혀 없고, 사과주스를 마시면 피부 미용과 맛 두 가지를 한꺼번에 잡을 수 있음을 상품 광고에 적극 활용할 것이 제안되었다. 다음으로 강점과 위협 요인을 결합한 S-T 전략으로는 저가 주스보다 뛰어난 품질 경쟁력과 대기업이 대량으로 생산하는 사과주스 상품과 차별화된 상품 특성을 적극 활용하여 별도의 시장을 구축해 나갈 것이 제시되었다. 한편 약점과 기회 요인이 결합된 W-O 전략으로는 식품 안전의 관심이 높으면서도 비싼 가격에 덜 민감한 고소득층을 주요 판매 대상으로 삼고 피부 관리샵 등에서 소비자들에게 직접 판매하는 방안을 모색할 것이 제안되었다. 마지막으로 약점과 위협 요인이 결합된 W-T 전략으로는 생산 및 유통 비용을 최대한 절감시켜 취약한 가격 경쟁력을 최소화하고 대기업의 유사 상품 출시를 막기 위한 다양한 법적 방안들을 모색할 것이 제시되었다.

이와 같이 농식품 업체가 마케팅 전략을 수립하기 위한 사전 작업으로 SWOT 분석을 실시하면 해당 상품의 마케팅 방향을 종합적이고 구체적으로 도출할 수 있다.

표 2-1 유기농 사과주스 업체의 SWOT 분석 및 전략

내부 요인 외부 환경		강점(S) • 유기농 사과 원료 사용 • 뛰어난 맛	약점(W) • 높은 판매 가격 • 부족한 판매 매장 수
기회 요인 (O)	• 잔류 농약에의 불안감 심화 • 피부 미용에의 관심 증가	**S-O 전략** • 유기농 재료로 농약 걱정이 없음을 강조 • 미용과 맛 두 가지를 함께 할 수 있음을 강조	**W-O 전략** • 식품 안전에의 관심이 높은 고소득층 공략 • 피부 관리샵 등에서의 방문 판매 시도
위협 요인 (T)	• 저가 사과주스 수입 확대 • 대기업의 사과주스 시장진입	**S-T 전략** • 저가 주스보다 뛰어난 품질을 활용한 상품 차별화 시도 • 틈새시장 공략을 통한 시장 트렌드 선도	**W-T 전략** • 생산 및 유통 비용 절감을 통한 가격 인하 노력 • 특허나 상표 등록 등을 통한 대기업의 유사 상품 출시 제한

2. 마케팅 전략

1) 시장 세분화와 포지셔닝

(1) 시장 세분화

시장에서 상품을 구매하는 소비자들은 각기 다른 성향을 지니고 있다. 예를 들어 사과주스를 구매하려는 소비자는 사과주스를 구매하여 마시는 목적이 갈증을 풀기 위해서이거나 맛있는 사과의 맛을 느끼기 위해서일 수 있다. 또는 사과주스를 마셔서 부족한 비타민을 공급받기를 원하는 소비자도 있다. 또한, 사과주스가 맛있어서 마시려는 소비자 중 사과의 상큼한 맛을 선호하는 소비자와 달콤한 맛을 좋아하는 소비자가 각각 있다. 이처럼 백인백색(百人百色)의 소비자들이 지닌 필요(wants), 욕구(needs), 선호(preferences) 등을 모두 반영하려면 수만 가지 이상의 사과주스 상품이 시장에 출시되어야 하는데, 이는 현실적으로 불가능하다. 한정된 자원(예산과 인력 등)을 가진 농식품 판매자는 모든 소비자의 요구를 다 반영하여 상품들을 생산하여 판매하는 것은 이익에 비해 너무 많은 비용이 발생함을 알고 있다. 따라서 자신이 상품을 판매할 때 가장 높은 이익을 얻을 수 있는 소비자들만 따로 묶어서 이들만을 대상으로 마케팅을 시도하여야 하는데, 이를 위한 시장 세분화(market segmentation) 전략이 필요하다.

시장 세분화는 전체 시장에서 성향이 유사한 소비자집단을 따로 묶어서 별도의 하위 시장으로 분리하는 것을 말하는데, 시장 세분화의 과정을 통해 유사한 욕구와 선호를 가진 소비자 집단을 대상으로 규정되는 시장을 세분시장(segments)이라고 한다. 이렇게 전체 시장을 나눠서 시장을 세분화하기 위한 기준은 매우 다양하지만, 대표적으로 지리적 특성과 인구학적 특성 등을 적용하고 있다.[63] 먼저 지리적 세분화(geographic segmentation)는 시장을 국가, 지역, 도 또는 시 등의 행정구역을 기준으로 구분하는 것이고, 인구통계학적 세분화(demographic segmentation)는 시장을 성별, 나이, 소득, 직업, 교육수준, 종교, 세대, 가족크기, 국적 등을 기준으로 구분하는 것이다.

이렇게 시장 세분화를 시도하는 궁극적인 목적은 상품을 팔기 위해 직접적으로 공략할 소비자층을 명시적으로 확정하여 마케팅 전략의 초점을 맞추기 위함인데, 시

---

63) 시장 세분화 기준으로는 언급한 지리적 특성과 인구학적 특성 이외에도 소비자의 라이프 스타일, 성격 등을 감안하는 심리묘사적 세분화(psychographic segmentation), 소비자의 구매 관련 지식, 태도, 사용 여건, 상품에 대한 반응 등을 감안하는 행동적 세분화(behavioral segmentation) 등이 있다.

장 세분화가 마케팅 전략에 유용하게 사용될 수 있으려면 몇 가지 조건이 필요하다. 즉, 세분화되는 시장의 규모와 해당 소비자들의 구매 능력 등이 측정할 수 있어야 한다는 측정 가능성(measurability), 세분시장 소비자에 판매자가 쉽게 접근하여 마케팅을 할 수 있어야 한다는 접근 가능성(accessibility), 판매자가 충분한 이익을 얻을 수 있을 정도로 세분시장의 규모가 커야한다는 규모의 적정성(substantiality), 세분화된 시장이 다른 시장과 구분되어야 한다는 차별 가능성(differentiability), 세분화된 시장에 대해 효과적으로 마케팅 전략을 실시할 수 있어야 한다는 실행 가능성(actionability) 등의 조건들이 충족되어야만 성공적인 시장 세분화가 가능하다.

그림 2-1 **시장 세분화 조건**

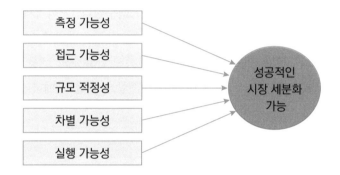

(2) 표적시장과 포지셔닝

가. 표적시장

시장 세분화를 통해 마케팅 대상으로 선정된 세부 시장을 표적시장(target market)이라고 하는데, 농식품 판매자의 표적시장은 "판매자가 상품을 제공하여 만족시키려고 하는 욕구와 특징을 공통으로 가지고 있는 소비자의 집단"으로 규정할 수 있다.

판매자는 표적시장의 범위를 넓게 또는 좁게 설정할 수 있는데, 이에 따라 마케팅 전략이 달라진다. 표적시장의 범위가 매우 넓은 경우에는 대량 마케팅(mass marketing) 또는 비차별적 마케팅(undifferentiated marketing) 전략이 적용되는데, 판매자가 세부시장의 차이를 무시하고 하나의 상품으로 전체 시장(whole market)을 대상으로 마케팅 전략을 시도하는 것이다. 다음으로 차별적 마케팅(differentiated marketing) 전략은 여러 개의 표적시장을 선정하고 각 세부시장별로 차별화된 상품을 준비하여 시장별로 각각 진입하는 전략인데, 예를 들면 음료업체가 어린이를 위한 주스 음료, 청소년을 대상으로 한 탄산 음료, 장년층을 위한 기능성 음료 상품을 각각 개발하여 서로 다른 마케팅 전략을 수행하는 경우를 들 수 있다. 이 경우 각 세부시장에 속한 소비자를 보다 효과적으로 공략할 수 있지만 판매자의 비용이 대량 마케팅이나 비차별적 마케팅에 비해 훨씬 많이 소요되는 문제가 있다.[64]

한편, 틈새시장(niche market)에만 집중하는 집중적 마케팅(concentrated marketing)이나 틈새 마케팅(niche marketing) 전략을 시도할 수 있는데, 이는 앞서 설명한 차별적 마케팅 전략보다 표적시장을 더 좁게 설정하여 진행하는 전략으로 음료업체가 운동 후 수분 보충을 위한 기능성 음료 시장 한 곳만 집중하는 경우를 들 수 있다. 이러한 마케팅 전략은 기업의 자원이 한정된 경우에 주로 시도되는데, 소규모 판매자는 전체의 큰 시장을 대상으로 마케팅 전략을 실시하여 작은 시장 점유율을 획득하는 것보다 작은 시장에서 큰 점유율을 누리는 것이 더 좋을 수 있기 때문이다.[65] 여기서 더 나아가 극단적으로 개별 소비자를 각각의 마케팅 대상으로 설정하는 경우가 있는데, 이를 미시 마케팅(micro marketing) 전략이라고 한다. 앞에서 제시된 음료수의 예를 들면, 음료수 업체가 기능성 음료를 개인별로 각각 처방하여 맞춤형 상품을 판매하는 경우를 생각할 수 있다.[66]

| 그림 2-2 | 표적시장 전략의 범위 |

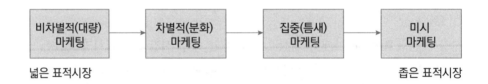

비차별적(대량) 마케팅 → 차별적(분화) 마케팅 → 집중(틈새) 마케팅 → 미시 마케팅

넓은 표적시장   좁은 표적시장

64) 예를 들어 100개의 상품을 동일하게 생산하여 공통된 마케팅 전략을 통해 판매를 시도하는 것보다 10종류의 상품을 10개씩 만들어 10개의 세부시장별로 다른 마케팅 전략을 통해 판매하는 것이 더 많은 비용을 발생시키는 것을 뜻한다.

65) 특히, 틈새시장의 경우 대기업이 그 시장을 무시하거나 간과하는 경우가 많기에 중소기업은 대기업과의 경쟁을 피할 수 있는 장점도 있다.

66) 미시 마케팅에는 개인별로 마케팅 전략을 시도하는 개인 마케팅(individual marketing) 외에도 표적시장 고객을 지역별로 다시 분류하여 전략을 차별화하는 지역 마케팅(local marketing) 등도 있다.

나. 포지셔닝

농식품 판매자가 표적시장을 구체적으로 결정한 다음에는 표적시장에 속한 소비자에게 자기 상품을 인식시키고 관련 마케팅 활동을 진행하여야 하는데, 이를 위한 마케팅 작업이 바로 포지셔닝(positioning)이다. 다시 말해서 포지셔닝이란 "상품의 포지션을 소비자에게 각인시키는 것"을 의미하는데, 여기서 포지션(position)은 "소비자가 자사의 상품을 경쟁상품과 비교하여 인식하고 있는 상대적인 위상(위치)"을 뜻한다. 예를 들면, 소비자가 "○○ 딸기주스"를 보거나 생각할 때 머릿속에 떠오르는 모습들(예를 들어, △△ 딸기주스보다 더 달콤하다 또는 가격이 더 저렴하다는 인식 등)이 바로 그 상품에 대해 소비자가 가지는 포지션이고, 이러한 포지션을 음료업체가 의도적으로 설정하여 소비자들에게 각인시키는 것이 포지셔닝인 것이다. 포지셔닝은 크게 경쟁에 기반한 포지셔닝(competion-based positioning)과 목표에 기반한 포지셔닝(goal-based positioning)으로 구분할 수 있다. 전자는 자사의 상품을 어떤 상품군(category)에 속하는 것인가를 밝힌 다음 그 상품군 내의 경쟁상품과 대비한 차별성을 내세우는 것이며, 후자는 지속적인 판매를 위해 자사 제품을 소비자의 목표(예: 안전성, 편의성 등)와 연결하는 것이다.

경쟁에 기반한 포지셔닝에서 자사 상품이 어떤 상품군에 속하는지를 알리기 위해서는 자사 상품이 갖고 있는 속성과 이미지를 이용하거나, 소비자에게 주는 편익(예: 편리함, 맛, 영양 등)을 활용하거나, 상품군을 대표하는 브랜드와 자사 상품을 함께 제시하여 자사 상품이 어떤 상품군에 속하는지를 명확히 알릴 수 있다. 다음으로 차별성을 부각시키기 위해서는 그 상품군에 대한 소비자의 기존 믿음(예: 식품의 원료로서 설탕보다는 꿀이 건강에 좋다는 믿음)을 파악하고 자사 상품(예: 설탕이 아닌 토종꿀을 원료로 사용한 음료)이 보다 큰 편익이 준다는 점을 강조하여야 한다. 이 경우 자사 상품이 이미 높은 시장점유율을 가지고 있을 때에는 상품군 전체의 구매를 유도하는 핵심적인 편익을 강조하는 전략이 적절한 반면, 시장점유율이 낮은 경우에는 핵심편익이 아닌 다른 편익을 부각시켜 차별화를 시도하는 틈새시장 전략이 요구된다.

경쟁에 기반한 포지셔닝을 통해 자사 상품에 대한 포지션을 정립한 이후 판매의 지속성을 유지하기 위해서는 자사 상품이 소비자의 목표와 어떻게 연관되는지를 보다 명확하게 보여 주고 자사 상품이 이 같은 목표를 달성시킬 수 있음을 보여주도록 포지셔닝해야 하는데, 이를 목표에 기반한 포지셔닝이라고 한다. 이는 자사 상품의 속성을 알리고, 다음으로 기능적인 편익을 강조한 후 기능적인 편익으로부터 유추할 수 있는 것들을 홍보하는 일련의 과정을 통해 이룰 수 있다.

지각도

경쟁에 기반한 포지셔닝 전략의 수립 과정에서 경쟁상품과의 차이점을 소비자가 보다 직관적으로 쉽게 파악하게 하는 방법으로 지각도 또는 인지 지도(perceptual map)를 활용할 수 있다. 지각도란 상품들을 여러 개의 기준들을 가지고 상호 비교하기 위해 2차원의 평면에 표시하는 것으로 앞서 사용한 ○○ 딸기주스 사례에 대한 지각도를 다음 그림과 같이 작성할 수 있다.

우리나라 딸기주스 시장에 △△ 딸기주스와 ★★ 딸기주스가 판매되는데, 새로 ○○ 딸기주스를 출시하기 위한 상품 포지셔닝을 진행하고 있다고 가정한다. ○○ 딸기주스를 다른 두 상품과 비교한 결과, 대부분의 상품 특성은 서로 비슷하였지만 상품의 대한 인지도와 원재료의 고급성이 차이가 나서 이를 가지고 지각도를 작성하였다. 지각도에 나타난 결과를 보면 기존 딸기주스 시장에서 ★★ 딸기주스가 가장 높은 인지도를 가지나 원료는 △△ 딸기주스와 유사한 품질의 일반 딸기를 사용하고 있어 고급성 수준은 비슷한 것으로 볼 수 있다. 이에 비해 새로 출시될 ○○ 딸기주스는 신상품인 관계로 인지도는 매우 낮으나 유기농 딸기를 사용하여 만들기에 고급성이 기존 딸기주스 상품에 비해 압도적으로 우위를 가지고 있음을 알 수 있다. 이와 같이 지각도를 만들어 봄으로써 자사 상품과 경쟁상품을 쉽게 비교하여 다음 단계의 마케팅 전략 수립에 참고할 수 있다.

그림 2-3   딸기주스 시장의 지각도

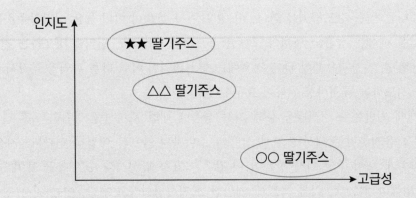

2) 마케팅 믹스와 4P

(1) 마케팅 믹스의 개념과 4요소

시장 세분화와 상품의 포지셔닝이 완료되면 본격적으로 상품 마케팅을 시작하게 되는데, 주로 마케팅 믹스(marketing mix)를 결정하여 진행한다. 마케팅 믹스는 "상품을 보다 많이 팔기 위해 판매자가 사용하는 수단들의 조합 또는 집합"을 의미하는데, 크게 상품(product), 가격(price), 장소 또는 유통(place)[67], 촉진(promotion)의 4요소로 구성되며 이들 요소의 영어 첫 글자를 따서 "4P"로도 불린다.

마케팅 믹스는 위 4가지 요소별로 각각의 전략을 수립하게 되는데, 상품 전략은 소비자의 욕구에 부합하는 품질의 상품을 개발하여 출시하는 것이고, 가격 전략은 경쟁상품의 가격을 고려하여 자사 상품의 가격을 얼마로 결정할 지를 결정하는 것이다. 다음으로 장소 전략은 상품을 어떻게 유통시킬 것인지를 결정하는 것으로 상품의 공급자로부터 최종 소비자에 이르는 유통경로에 대한 전략을 수립하는 것이다. 마지막인 촉진 전략은 상품을 소비자가 구매하도록 광고 등을 실시하는 것이다.

| 그림 2-4 | 마케팅 믹스의 4P |

한편 4C 전략도 있는데, 이는 상품 고객(customers)의 관점에서 마케팅 전략을 수립하는 것으로 앞서 제시된 4P가 판매자인 기업의 관점에서 전략을 수립하는 것과 대조된다. 4C에는 상품 구매함으로써 얻게 되는 가치인 고객 가치(customer value), 상품을

---

67) 여기서의 유통은 상품을 어떻게 소비자에게 전달할 것인가를 다루는 것으로 본 교재에서 전체적으로 다루고 있는 유통(marketing)과 다르기에 두 가지를 서로 혼동하지 않도록 유의하도록 한다.

구매할 때 소요되는 바용(customer cost), 상품 구매 시의 편의성(convenience), 소비자와 판매자의 의사소통(communication)이 포함된다. 이러한 4C는 고객이 상품 구매를 통해 얻거나 느끼는 가치가 극대화되기를 원하고, 상품 구매 시 지출되는 비용이 최소한으로 되기를 원하며, 구매 과정이 쉽고 편해야 하고, 상품 구매 등과 관련하여 판매자와 쌍방향의 의사소통이 원활하기를 원하므로 판매자는 이러한 고객의 욕구를 잘 파악하여 거기에 부응하는 마케팅 전략을 수립해야 함을 강조한다.

(2) 상품

가. 개념과 종류

4P의 첫 번째 요소인 상품은 "소비자의 욕구를 충족시키는 유형의 재화(goods)와 무형의 서비스(service)로 시장에서의 교환을 목적으로 생산되는 것"이다. 우리가 주로 논의하고 있는 농식품은 상품의 한 종류로 "영양소를 하나 이상 함유하고 유해한 물질을 포함하지 않은 천연물 또는 가공품"을 지칭하는데, 한마디로 돈과 교환되어 거래되는 먹을거리 모두를 지칭한다. [68][69]

상품의 존재 목적은 소비자의 욕구 충족이므로, 상품 판매의 성공 여부는 해당 상품이 소비자의 욕구를 얼마나 잘 충족시키는 지에 달려있다. 이러한 관점에서 상품의 유형을 소비자가 얻는 욕구 또는 효용(utility)을 기준으로 구분하면, 핵심편익(core benefit), 실체상품(actual product), 확장상품(augmented product)으로 구분한다.

먼저 핵심편익은 "소비자가 상품을 소비하여 기본적으로 얻고자 하는 것"으로 실제 시장에 출시할 상품은 아니지만 상품을 개발하기 위해 판매자가 파악해야 하는 개념이다. 핵심편익은 하나의 상품군에서도 소비자에 따라 달라질 수 있기에, 판매자는 소비자가 진정으로 원하는 핵심편익을 정확히 파악하여 상품 개발에 반영하여야 한다. 예를 들어, 소비자가 음료수를 구매할 때 목마름을 해결하기 위해서라면 "갈증 해소"에 초점을 둔 스포츠 음료를 개발하는 것이 적합하지만, 소비자가 음료수를 마셔서 상쾌함을 느끼기 위해서라면 "기분 전환"을 위한 상큼한 과즙음료나 탄산음료

---

68) 제시된 정의를 엄격하게 해석하면 "식품"에 대한 정의로 볼 수 있는데, 우리가 주로 논의하는 농식품은 전체 식품에서 수산물과 수산가공품 등이 제외된 것으로 이해할 수 있다. 참고로 식품산업진흥법에서 정의하는 식품은 다음과 같다: 1) 사람이 직접 먹거나 마실 수 있는 농수산물 2) 농수산물을 원료로 하는 모든 음식물

69) 식품산업에 대해서는 "제8장 식품산업과 유통"에서 보다 자세히 알아보도록 한다.

등을 개발하는 것이 적합하다.

다음으로 실체상품은 실제 시장에서 거래되는 상품으로 앞서 설명한 핵심편익을 눈으로 보고 손으로 만지고 사용할 수 있도록 물리적으로 드러낸 것이다. 다시 말해서 우리가 일상적으로 돈을 주고 구매하는 상품인데, 실체상품이 핵심편익을 얼마나 잘 반영하고 있는지에 따라 소비자의 호응도가 달라진다.

마지막으로 확장상품이란 실체상품의 효용가치를 증가시키는 부가서비스 등을 말한다. 예를 들어, 실체상품에 상품 보증, 배송 서비스, 사후관리(AS: after service), 반품 등의 여러 가지 추가 서비스들이 소비자에게 함께 제공되는데, 소비자는 비슷한 실체상품의 경우 이러한 확장상품이 더 우수한 상품을 선택하게 된다.

그림 2-5 상품의 유형

핵심 편익	상품소비로 기본적으로 얻고자 하는 효용
실체상품	시장에서 거래되는 상품
확장상품	실체상품에 추가되는 부가서비스

나. 신상품 개발과 상품 수명주기(PLC) 전략

가) 신상품의 개발

농식품 판매자는 빠르게 변화하는 소비 트렌드를 따라가기 위해 끊임없이 신상품을 개발하지만, 개발된 신상품이 시장에서 성공하는 확률이 그리 높지 않다. 성공적인 신상품을 개발하기 위해서는 체계적인 개발 과정을 거쳐야 하는데, 구체적인 신상품 개발 단계가 <그림 2-6>에 제시되어 있다.

가장 먼저 시작하는 단계는 아이디어의 생성과 선별이다. 이 단계에서는 시장에 새로 출시할 상품의 기본 개념을 정립하는데, 통상적으로 하나의 상품을 만들기 위해 수백 개의 아이디어를 생성하고 선별하는 과정을 거친다. 아이디어 생성은 기업 내부의 전문 조직이 주로 담당하지만 외부 전문가나 소비자 시장 조사 등을 통해서도 다양한 아이디어를 수집한다. 아이디어 선별은 빠른 기간에 완료하는 것이 중요한데, 아이디어 생성과 선별이 길어질수록 신상품 개발에 소요되는 시간과 비용이 늘어나기 때문이다.

다음으로 선별된 아이디어를 구체화하기 위해 상품 개념(product concept)을 개발하게 된다. 개발된 상품 개념은 테스트 과정을 거치게 되는데, 주로 소비자 샘플을 선정하여 광고 문구나 실물을 가지고 구매 의향을 묻게 된다. 상품 개념이 결정되면 본격적으로 마케팅 전략을 개발하게 되고, 이에 근거하여 사업을 분석하고 실제 상품을 개발하게 된다. 상품 개발 단계에서는 마케팅 부서와 기술 부서와의 협력이 매우 중요한데, 이 단계에서 아이디어나 개념 차원의 상품이 실제 상품으로 탄생하기 때문이다.

마지막으로 개발된 신상품을 가지고 소비자들을 대상으로 한 시장 테스트를 거쳐서 보완한 다음, 이를 시장에 출시하는 과정이 남아 있다. 이 단계에서는 가급적 상품이 실제 시장에 출시된 이후의 상황을 최대한 반영하여 사전에 발견되는 문제점들을 해결하여야 한다.

그림 2-6 신상품 개발의 주요 단계

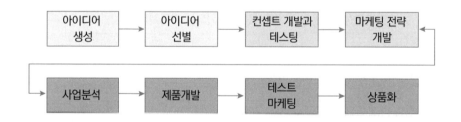

나) 상품의 수명주기와 전략

개발된 신상품이 시장에 출시된 이후, 일반적으로 상품 판매가 증가하다가 점차 경쟁 상품에 밀리게 되고, 이후 시장에서 퇴출되는 모습을 보이게 된다. 이와 같이 상품이 시장에 출시된 이후 퇴출될 때까지 보이는 매출액과 이익의 변화 과정을 상품 수명주기(PLC: product life cycle)라고 한다. <그림 2-7>에 제시된 상품 수명주기는 크게 도입(introduction), 성장(growth), 성숙(maturity), 쇠퇴(decline)의 4단계로 구분하는데, 경우에 따라 도입 시기 앞에 제품 개발(product development) 단계를 추가하기도 한다.

한 가지 주목해야 할 점은 상품 수명주기는 상품에 따라 그래프의 모양에 상당한 차이를 보인다는 점이다. 어떤 상품은 시장에 출시되자마자 바로 사장되어 성장 및 성숙 단계가 없는 경우도 있고, 어떤 상품은 상당히 긴 성숙 단계를 유지하는 경우도 있다. 또 다른 상품은 쇠퇴기에 들어선 다음 성공적인 마케팅 전략으로 인해 다시 성장기로 들어서기도 한다.

그림 2-7 상품 수명주기

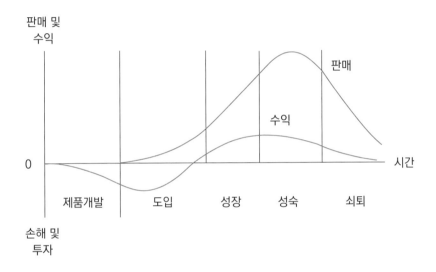

상품 수명주기의 각 단계별 특성을 보다 구체적으로 살펴보자. 상품 수명주기 중 맨 처음 단계(또는 일반적인 상품 수명주기 4단계의 앞에 있는 단계)인 제품 개발 단계에서는 신상품의 시장 출시 전 단계로 상품을 개발하는 시점이다. 이 단계에서는 매출이 전혀 발생하지 않아 이익 없이 투자만 이루어지므로 음(-)의 이익이 발생하는 시기이다.

다음으로 상품이 출시된 직후부터 시작하는 상품의 도입 단계에서는 상품이 시장에 처음으로 소개되어 매출이 점차 증가하는 시기이다. 다만 매출이 발생하기 시작하나 신상품의 소개를 위한 비용이 많이 소요되므로 전체적으로 순이익은 아직 발생하지 않는 경우가 대부분이다. 판매자는 도입기에 상품을 최대한 많이 알려서 인지도를 높이는 노력을 해야 하는데, 특히 상품의 초기 수용자(early adopter)를 대상으로 효과적인 마케팅 전략을 구사해야 한다. 또한 출시한 상품의 유통경로를 어떻게 확보하는

지도 중요한 부분인데, 기존 시장을 장악하고 있는 경쟁자가 강력한 유통경로 장악력을 가지고 있는 경우에는 새로운 유통경로를 확보하여야 한다.

상품의 성장단계는 시장에서 상품 구매가 급격하게 증가하는 시기로, 신상품 매출이 늘어나지만 마케팅 비용은 상대적으로 적게 증가하여 순이익이 크게 늘어나기 시작하는 시기이다. 이 시기에서는 상품의 초기 수용자는 계속해서 상품을 구매하고 일반 소비자들의 구매도 늘어나기 시작하므로, 출시된 상품을 본 경쟁업체들이 유사한 상품을 만들어 시장에 뛰어들게 된다. 경쟁 상품들의 시장 진입은 시장 내 경쟁이 치열해지는 문제도 있지만 해당 상품의 전체 시장이 커지는 긍정적인 효과도 발생하므로, 판매자는 위기와 기회 요인을 동시에 접하게 된다.

상품의 성숙 단계는 신상품이 시장의 잠재고객들에 의해 충분히 소비된 상태로서 매출 규모가 정점을 찍고 하락하기 시작하는 시기이다. 이 단계에서는 출시한 신상품과 경쟁하는 상품이 많아져서 마케팅 비용이 다시 증가하기에 순이익은 현상 유지 내지는 감소 추세를 보이게 된다. 이 시기에 판매자는 상품을 다소 변화시키거나 마케팅 전략을 수정하여 상품의 경쟁력을 더 높이는 노력에 집중해야 한다. 예를 들어, 기존의 출시된 과즙음료 상품의 원료에 비타민 C나 칼슘 등 영양 성분을 추가하여 상품의 고급화를 꾀하거나, 상품의 포장을 바꾸고 광고 전략을 변경하는 등의 시도들이 이 시기에 많이 진행된다.

상품의 쇠퇴 단계에서는 매출이 본격적으로 하락하고 순이익이 감소하게 되어 상품을 시장에서 퇴출 여부를 결정하여야 한다. 판매자가 상품의 시장 퇴출 시기를 결정하는 것은 매우 어려운 일인데, 특히 지금까지 투자한 비용과 생산 설비의 규모가 클 경우에는 더욱 그렇다. 퇴출 시기를 너무 늦추면 다른 신상품을 개발하여 새로운 수입원을 확보할 기회가 줄어들어 결과적으로 판매자가 망하는 경우도 있다. 반면에, 경쟁자들이 시장에서 모두 나가 혼자만 해당 상품을 생산하고 있는 경우, 시장의 수요에 비해 공급이 줄게 되어 이외의 이익을 상당기간 누리게 될 수도 있다.

(3) 가격

가. 판매가격의 결정

가격의 정의는 "상품의 대가로 구매자가 판매자에게 지불하는 화폐의 양"인데, 가격을 통해 상품의 가치가 결정되고 판매자의 수익이 직접적인 영향을 받게 된다. 시장에서의 판매가격(또는 판매자 희망 가격)은 판매자가 임의로 결정할 수 있지만, 판매가격이 소비자가 생각하는 수준보다 높으면 소비자는 상품의 구입을 포기하게 되어 판매자가 타격을 입게 된다. 반대로 판매가격이 너무 낮으면 소비자의 구매는 늘어나겠지만 실제 판매자에게 돌아가는 이득이 줄어들거나 손해가 발생하는 문제가 발생한다. 따라서 판매자는 상품의 판매가격을 소비자가 상품에 대해 지불하고자 하는 최대가격(즉, 가격 결정의 상한선)과 상품 생산 원가에 해당하는 최저 가격(즉, 가격 결정의 하한선) 사이에서 가장 이득이 되는 수준으로 결정해야 한다.

농식품 판매자가 판매가격을 정하는 방식은 크게 세 가지로 원가 기반 가격 결정, 구매자 기반 가격 결정, 경쟁자 기반 가격 결정으로 볼 수 있다. 원가 기반 가격 결정은 상품을 만들 때 발생하는 원가 비용에 일정 마진(margin)을 추가하여 가격을 결정하는 것으로 판매자 중심의 가격 결정 방식이다. 반면에 구매자 기반 가격 결정은 구매자가 인식하는 상품의 가치에 근거하여 목표 가격을 설정하고 여기에 맞추어 상품을 개발하여 시장에 공급하는 것이다. 구매자 기반 가격결정은 주로 고급 명품의 가격 결정에서 발견되는데, 예를 들어 한 병에 10만 원의 가격을 지불할 수 있는 소비자층을 대상으로 최고의 자연 원료 및 기능성 성분을 함유한 유기농 주스 상품을 개발하는 사례를 생각해 볼 수 있다.

한편 경쟁자 기반 가격 결정은 유사한 상품을 판매하고 있는 경쟁자의 가격을 고려하여 가격을 결정하는 것으로 시장 구조에 따라 경쟁자 모방 가격 결정과 과점 가격 결정으로 다시 분류된다. 먼저 경쟁자 모방 가격 결정은 판매자가 시장 가격에 영향을 미치기 힘든 상황에서 주로 시도되는 가격 결정 방식으로 다른 경쟁자들의 상품 가격을 참고하여 따라가는 형태이다.[70] 다음으로 과점 가격 결정은 판매자가 시장에서 과점업체의 지위를 누리고 있는 상황으로 판매자가 상품의 시장 가격 결정에 영향력을 행사할 수 있는 경우에 적용될 수 있는 방식이다. 다만 이 경우에도 독점시장과 달리 비슷한 영향력을 가진 소수의 경쟁자가 시장에 존재하므로 기존의 가격 수준에서 크게 벗어나는 가격 인상을 하게 되면 곧바로 경쟁에서 뒤처지는 등의 위험이 발생한다.[71]

---

70) 시장이 완전경쟁시장으로 판매자가 시장 가격 결정에 전혀 영향을 미칠 수 없거나, 과점시장에 영세 업체로 참가하고 있어 시장을 선도하는 기업의 가격 결정을 따라야하는 경우가 해당된다.
71) 보다 구체적인 내용은 미시경제학 교재의 과점시장 이론 부분을 참고하도록 한다.

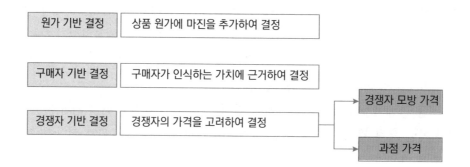

| 그림 2-8 | 판매가격의 결정 방식 |

| 원가 기반 결정 | 상품 원가에 마진을 추가하여 결정 |

| 구매자 기반 결정 | 구매자가 인식하는 가치에 근거하여 결정 |

| 경쟁자 기반 결정 | 경쟁자의 가격을 고려하여 결정 | → 경쟁자 모방 가격 / 과점 가격 |

나. 가격 전략

가) 신상품 가격 전략

농식품 판매자가 신상품을 출시할 때의 가격 전략은 고가 전략(high pricing)과 저가 전략(low pricing)으로 나눌 수 있다. 먼저, 고가 전략은 상품의 가격을 높게 설정하여 해당 상품의 구매력이 있는 소비자만을 대상으로 판매하여 높은 이익을 얻으려는 전략으로 초기 고가 전략 또는 시장 스키밍 전략(market-skimming pricing)으로도 불린다. 이는 가격이 높으면 품질도 뛰어날 것이라고 믿는 소비자와 남들이 쉽게 구매하지 못하는 고가품을 구매하여 심리적 우월감을 느끼려는 소비자 등에 초점을 둔 것인데, 주로 독자적인 기술이나 명성을 가진 판매자가 신상품을 출시할 때 사용된다. 고가 전략은 단기적으로 상품 한 개당 이익을 극대화하여 높은 이익을 즉각 발생시킬 수 있지만, 상품 구매자 수의 확대에 걸림돌이 되고 경쟁사의 시장 진입을 유발하는 문제점도 있다. 따라서, 초기 신상품 출시 당시에는 고가 전략을 취하고 이후 가격을 점진적으로 낮추는 방법도 많이 사용되는데 특히 기술 개발을 통한 신상품 출시가 주기적으로 진행되는 휴대폰 등의 전자제품 판매자가 자주 사용한다.

저가 전략은 신상품의 가격을 원가에서 약간 높은 수준으로 낮게 설정하여 가능한 한 많은 소비자가 상품을 구매하도록 유도하는 전략으로 시장침투 가격 전략(market-penetration pricing)으로도 불린다. 저가 전략은 박리다매(薄利多賣)의 원칙에 따르는 가격 전략으로 상품 한 개당 이익은 높지 않지만 단시간에 시장을 장악하기 위한 전략이다. 저가 전략은 경쟁자가 상품을 쉽게 모방할 수 있는 경우에 사용하는데, 신상품 출시 초기부터 고정 고객을 확보하기 위한 목적으로도 사용된다.[72] 다만, 저가 전략은 신상품 판매의 이익률을 높일 수 있는 기회를 처음부터 포기하고, 소비자에게 저가 저급품이라는 인식을 심어줄 수 있는 문제점도 있다.

그림 2-9	신상품 가격 전략의 유형

고가 전략	상품 단위 당 이익 극대화

저가 전략	상품 판매 개수 극대화

나) 심리적 가격 전략

소비자는 상품 구매를 할 때 제시된 가격이 싸거나 비싸다고 판단을 하게 되는데, 객관적인 기준보다는 주관적인 심리에 의한 경우가 많다. 이러한 소비자의 심리를 활용하여 가격 전략을 세울 수 있는데, 대표적으로 단수 가격 전략(odd pricing), 개수 가격 전략(even pricing), 명성 가격 전략(prestige pricing), 관습 가격 전략(customary pricing) 등이 있다.

단수 가격 전략은 상품의 가격을 화폐단위(만 원, 천 원 등) 이하로 결정하여 실제보다 더 싸게 느껴지도록 하는 가격 전략이다. 단수 가격 전략의 사례는 매우 많은데, 흔히 대형할인점이나 상점에서 판매하는 상품의 가격을 1,000원 또는 20,000원으로 하지 않고 990원이나 19,990원으로 하는 것이다. 소비자는 실제 상품 가격이 10원 저렴함에도 불구하고 1,000원이나 20,000원대에서 한 단위 낮은 100원대 또는 10,000원대의 상품으로 느껴 보다 저렴하다고 생각하는 것을 활용하는 전략이다.

개수 가격 전략은 주로 고가의 고급상품에 적용되는 전략으로 구매 단위 하나당 가격을 각각 제시하여 상품 자체의 가치가 더 높아보이도록 하는 방법이다. 예를 들어, 홍삼 엑기스 한 병에 50만 원, 양복 한 벌에 200만 원하는 식의 가격을 표시하는 전략이다.

---

72) 일반적으로 소비자는 한 번 구매한 상품에 대한 만족도가 크게 낮지 않으면 다음에도 동일한 상품을 구매하는 경우가 많은데, 이를 활용하여 초기에 가능한 한 많은 소비자를 확보하여 계속 유지하는 가격 전략이다.

명성 가격 전략은 "가격이 높으면 품질도 높다."라는 소비자의 생각을 활용하여 일부러 가격을 높게 설정하여 상품의 차별화와 고급 품질의 이미지를 유도하는 전략이다. 주로 사치품에 많이 사용되는 전략으로 앞서 언급한 고가 전략과 유사한 면이 있다. 이와 관련하여 고급 백화점에 입점한 수입 청바지 매장 주인이 청바지 판매가 신통찮아 가격을 10배로 올렸더니 며칠 만에 품절이 되었다는 우스갯소리가 있었는데, 명성 가격 전략의 대표적인 사례라 하겠다.

관습 가격 전략은 특정 상품의 경우 소비자들이 머릿속에 떠올리는 가격이 장기간 고정되어 있어 기존 가격을 올리거나 내리는 것이 별다른 이득이 안되는 경우에 적용하는 전략이다. 예를 들어, 우리나라의 경우 대부분의 캔 음료의 가격이 오랫동안 500원이었던 시절이 있었다. 당시 소비자는 캔 음료의 가격이 당연히 500원인 것으로 믿고 있었으므로 가격을 450원으로 인하해도 소비자의 호응이 크지 않았다. 반대로 600원으로 인상하는 경우 소비자는 캔 음료의 가격이 갑자기 많이 오른 것으로 인식하여 해당 상품의 소비를 급격하게 줄이게 된다. 이와 같이 농식품의 관습 가격이 설정되어 있는 경우에는 기존 가격 수준을 유지하는 가격 전략을 적용하게 되는데, 원가 인상으로 가격 인상 요인이 발생하는 경우 가격을 올리기보다는 내용물을 줄여서 기존 가격을 유지하는 사례가 우리나라 가공식품 업계에서 관찰된다.

| 그림 2-10 | 심리적 가격 전략의 유형 |

단수 가격 전략	화폐 단위 이하로 가격 결정
개수 가격 전략	구매 단위 하나 당 가격 제시
명성 가격 전략	일부러 높은 가격 설정
관습 가격 전략	소비자가 습관적으로 떠올리는 고정 가격 유지

가격에 민감한 소비자를 대상으로 상품 가격을 올리는 대신 다른 방법으로 이윤을 높이는 현상이 있는데, 대표적으로 슈링크플레이션(shrinkflation)과 스킴플레이션(skimpflation)이 있다. 슈링크플레이션은 영국의 경제학자 피파 맘그렌(Pippa Malmgren)이 제시한 용어로, '줄어들다'라는 뜻의 '슈링크(shrink)'와 '물가 상승'을 뜻하는 '인플레이션(inflation)'의 합성어이다. 즉, 상품 가격은 유지하면서 상품 크기나 중량 등을 줄여서 원가를 절감하는 방식으로 우리나라 식품기업이 과자의 내용물을 줄여서 판매하는 사례 등이 있다. 이 경우, 소비자는 가격 인상을 쉽게 알아차리지 못하지만, 실제 상품 중량당 가격이 상승하여 인플레이션이 발생하게 된다.

스킴플레이션은 미국 경제 라디오 방송에서 처음 사용되었는데, '인색하다'라는 뜻의 '스킴프(skimp)'와 '물가 상승'을 의미하는 '인플레이션(inflation)'의 합성어이다. 스킴플레이션은 상품 또는 서비스의 양이나 질을 떨어뜨려서 원가를 절감하는 방식으로 앞서 언급한 슈링크플레이션보다 광범위한 의미를 가진다. 예를 들어, 식당에서 서빙하는 직원 수를 줄여서 서비스 수준을 낮추거나, 자동차 내장재를 보다 저렴한 것으로 설치하는 경우 등이 있다.

슈링크플레이션은 스킴플레이션은 업체가 가격은 올리지 않으면서 원가를 절감하여 이윤을 높이는 방식으로 초기에는 소비자가 이를 알아차리지 못하지만, 나중에 이를 알고 불만을 제기하게 된다.

다) 가격 할인

농식품 판매자는 상품의 수요를 늘리기 위해 기존 가격을 낮춰서 제시하는 가격 할인을 자주 하는데, 대표적으로 현금 할인(cash discount), 수량 할인(quantity discount), 거래 할인(transactional discount), 계절 할인(seasonal discount) 등이 포함된다.

현금 할인은 상품을 현금으로 구매하는 소비자에게 일정 금액을 인하하여 주는 방법인데, 카드 결제나 어음 등의 방법으로 구매 대금 결제를 하면 판매자가 일정 비용을 부담하기 때문이다. 결과적으로 현금 구매자에게 판매자가 절감한 대금 결제 비용을 주는 것으로 판매자는 손해를 보지 않으면서도 상품 판매를 늘릴 수 있다.

수량 할인은 대량 구매자에게 일부 할인을 제공하는 것으로 대량 판매를 통해 줄어드는 판매자의 비용(판매비용, 재고비용, 수송비용, 주문처리비용 등)을 구매자에게 돌려주는 구조이다.

거래 할인은 기능적 할인(functional discount)으로도 지칭되는데, 주로 유통업자에게 제공되는 가격 할인 방식이다. 거래 할인은 판매자가 해야 하는 업무(상품 판매, 보관, 장부 정리 등) 중 일부나 전부를 구매자가 대신하는 경우 그로 인해 절감되는 판매자의 비용을 할인으로 대체한다.

계절 할인은 주 판매기간이 지나서 상품 수요가 크게 떨어지는 기간에 할인을 제공하는 것으로 겨울 코트를 다음 해 여름에 판매하는 경우처럼 철 지난 상품의 재고를 빨리 소진하기 위해 주로 사용된다.

그 밖에도 다양한 가격 할인 방법들이 있는데, 리베이트(rebate)는 상품 구매자에게 판매자가 상품 판매 이후에 일정 금액을 다시 돌려주는 것을 뜻하고, 공제(allowance)는 기존 상품 사용자가 신형 상품을 구매할 때 판매자가 가격 일부를 제한 가격에 판매하는 것 등이다. 또한, 기간할인은 상품의 가격을 일정 기간 동안만 인하하는 방법으로, 백화점에서 특별 세일기간을 설정하여 할인행사를 하는 경우가 대표적이다.

한편, 매장을 방문하는 소비자가 여러 가지 상품을 함께 구매하는 소비 행태를 이용하여 특정 상품의 가격을 원가 이하로까지 인하하여 소비자들을 끌어들이는 로스 리더(loss leader) 할인도 있다. 이 경우 해당 상품 판매를 통해서는 판매자가 손해를 보지만, 그 외의 다른 상품의 매출이 늘어나서 전체적으로는 이득을 볼 수 있다.

그림 2-11 가격 할인의 유형

현금 할인	현금 구매자에 할인 제공
수량 할인	대량 구매자에 할인 제공
거래 할인	일부 기능 대행하는 유통업자에 할인 제공
계절 할인	주 판매시기 이후 재고 할인

리베이트	상품 판매 이후 일정 금액 되돌려줌
공제	기존 상품 사용자가 신형 상품 구매 시 할인 제공
기간 할인	특별 할인기간 설정하여 할인 행사 진행
로스 리더	특정 상품을 원가 이하 판매하여 고객 유도

(4) 장소(유통)

가. 개념

농식품을 소비자로 어떻게 유통시킬 것인지를 결정하는 장소 전략은 과거에는 어디서 상품을 판매할지에 대한 입지(장소) 전략이 주를 이루었는데, 요즘은 어떤 유통경로를 이용하여 판매할 것인지에 대한 전략에 집중한다. 예를 들어, 농식품을 도매시장을 경유하는 유통경로로 판매할 것인지, 또는 직거래 경로를 이용할 것인지 등이다. 최근에는 정보통신기술(ICT)의 발달로 온라인 유통경로를 이용하려는 업체가 증가하고 있다.

나. 장소(유통) 전략

가) 소비재 유통경로와 산업재 유통경로

판매자가 선택하는 유통경로는 최종 구매자에 따라 크게 소비재 유통경로와 산업재 유통경로로 구분되는데, 소비재 유통경로는 최종 구매자가 일반 소비자인 경우이고 산업재 유통경로는 최종 구매자가 업체나 조직인 경우이다.

대부분의 농식품 유통경로에 해당되는 소비재 유통경로는 <그림 2-12>와 같이 유형별로 제시될 수 있다. 그림에서 불 수 있듯이 소비재 유통경로에서 판매자는 소비자에게 직접 판매하는 유형 1부터 여러 단계의 중간상을 경유하는 유형 4 중에서 하나를 선택하게 된다. 여기서 판매자가 여러 단계의 중간상을 가진 유통경로를 선택하게 되면 유통경로가 길어지게 되는데, 이 경우 각 중간상이 보다 전문화된 유통기능만을 수행하게 되고 중간 유통마진이 증가하게 된다.[73]

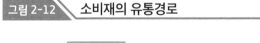

그림 2-12 소비재의 유통경로

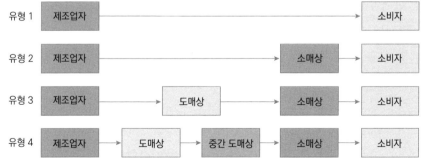

---

73) 유통경로의 길이에 대해서는 제1장 제3절에 있는 "1. 유통경로"에서 보다 자세히 알아보도록 한다.

한편, 산업재의 유통경로가 <그림 2-13>과 같은데, 소비재 유통경로에 비해 최종 구매자의 수가 작고 구매 단위가 크므로 상대적으로 중간상을 통할 필요가 적다. 따라서, 산업재 유통경로에서는 유형 1과 같이 판매자가 직접 유통을 하는 경우가 많다.

그림 2-13 산업재의 유통경로

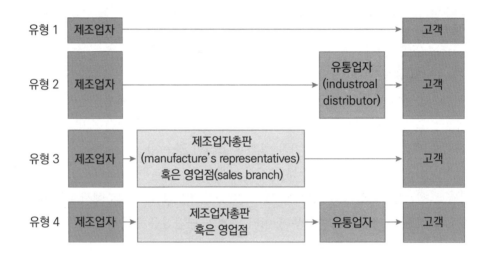

나) 수직적 마케팅 시스템과 수평적 마케팅 시스템

수직적 마케팅 시스템(VMS: vertical marketing system)은 "판매자−중간상−구매자의 수직 관계에서 유통단계를 뛰어넘어 상호 네트워크를 형성하여 유통의 효율성을 높이는 것"을 의미한다. 수직석 마케팅 시스템은 유통경로 구성원 중 누구나 시도할 수 있는데, 판매자가 중간상과 직접 연계하여 시스템을 형성하거나 그 반대도 가능하다. 수직형 마케팅 시스템은 경로 구성원들에 대한 네트워킹의 강도에 따라 관리형 수직적 마케팅 시스템, 계약형 수직적 마케팅 시스템, 기업형 수직적 마케팅 시스템으로 구분된다. 관리형 수직적 마케팅 시스템이란 마케팅 시스템 구축자가 상대 경로 구성원에서 지원 등을 해줌으로써 상호 연계가 지속되도록 하는 방식이고, 계약형 수직적 마케팅 시스템은 경로 구성원간의 상호 계약을 통해 연계가 지속되는 방식인데 프랜차이즈(franchise) 등이 대표적이다. 기업형 수직적 마케팅 시스템은 수직적 마케팅 시스템을 구축하는 경로 구성원이 아예 법적으로 소유 또는 관리를 하는 유형이다.

한편, 수평적 마케팅 시스템(horizontal marketing system)은 같은 유통경로 단계에 있는 복수의 업체들이 서로 협력하는 것으로 공동 구매와 공동 판매가 대표적인 사례이다. 추가적으로 복수유통경로 시스템(multichannel marketing system)이라는 것도 있는데, 이것은 판매자가 두 가지 이상의 유통경로를 구축하여 동시에 활용하는 것이다.

(5) 촉진

가. 개념과 기능

상품의 촉진은 "판매자가 생산한 상품을 고객에게 알리고 구매하도록 만드는 활동"으로 정의할 수 있는데, 4P의 상품전략, 가격전략, 장소(유통)전략을 통해 개발되고 출시된 상품을 소비자가 실제로 구매하도록 유도하는 역할을 한다.

촉진의 기능은 크게 정보전달, 구매 설득, 상품 기억으로 구분될 수 있다. 먼저, 정보 전달 기능은 상품에 대한 정보를 소비자들에게 널리 알려 구매 결정을 돕는 것으로 상품 수명주기 중 도입기에 특히 중요하다. 구매 설득 기능은 소비자가 상품을 구매하는 행동을 하도록 직접 설득하는 것으로 상품 수명주기 중 성장기에 주로 적용된다. 상품 기억 기능은 소비자가 상품 또는 브랜드를 지속적으로 기억하여 재구매를 하도록 유도하는 것으로 상품 수명주기 중 성숙기에 주로 역할을 하게 된다. 이처럼 촉진은 상품 수명주기의 단계별로 중점 역할이 서로 달라지는데, 이는 상품이 직면하는 시장 여건이 달라지기 때문이다.

그림 2-14 촉진의 기능

정보 전달	상품 정보를 소비자에 전달	→	PLC 중 도입기에 중요
구매 설득	소비자의 상품 구매 설득	→	PLC 중 성장기에 주로 적용
상품 기억	소비자가 상품(브랜드) 기억 유도	→	PLC 중 성숙기에 주로 적용

나. 촉진 믹스

4P의 마케팅 믹스처럼 상품의 판매 촉진을 위한 전략으로 몇 가지 촉진 도구를 조합하여 사용하게 되는 데, 이와 같은 촉진 도구들의 조합이나 집합을 촉진 믹스 (promotion mix)라고 한다. 촉진 믹스의 요소들은 상황에 따라 조금씩 차이를 보이나 일반적으로 광고(advertising), 홍보 또는 공중 관계(PR: public relation), 판매 촉진(sales promotion), 인적 판매(personal selling), 직접 마케팅(direct marketing) 등이 포함된다.

최적의 촉진 믹스를 구성하기 위해서는 소비자의 구매심리 과정을 이해해야 하는데, 이에 관한 대표적인 이론으로 AIDMA 모형이 있다. AIDMA 모형은 소비자가 상품을 인지하고 실제 구매하는 과정을 단순화한 것으로, 1920년대 미국 경제학자인 로랜드 홀(R. Hall)이 주장하였다. 그가 정리한 소비자의 구매심리 단계는 먼저 소비자가 특정 상품에 대한 정보를 접하여 주의를 끌게 되고 (주의: attention), 그 정보를 통해 상품에 관심을 가지며(흥미: interest), 이후 상품 구매를 하고 싶어하고(욕구: desire), 그 욕구를 기억했다가(기억: memory), 이후 실제 구매 행동을 하는 것(행동: action)의 단계를 거친다는 것으로 해당 단계의 영문 첫 글자를 따서 AIDMA 모형으로 지칭하였다.

판매자는 대상 상품에 대한 소비자의 심리 단계가 어디인지를 먼저 파악한 다음, 해당 단계에 가장 적절한 촉진 믹스를 구성하여야 한다. 예를 들어, 마케팅 대상 상품의 소비자 심리 단계가 주의 단계인 경우, 광고 등을 통해 소비자 주의와 흥미를 끌어 올리고, 구매 행동 단계에서는 실제 구매가 이루어지도록 판매 담당자의 역할을 강조하여야 한다.

그림 2-15 소비자 구매심리의 AIDMA 모형

가) 광고

광고는 광고주에 의해 비용이 지불되어 진행되는 상품 소개와 구매 유도로 볼 수 있는데, 광고는 대상에 따라 특정 상품의 판매 촉진을 목적으로 비용이 지출되는 상품광고와 업체나 공공기관 등이 전달하고자 하는 내용을 알리기 위해 비용이 지불되

는 기관광고 또는 기업광고로 구분된다. 먼저, 상품광고는 특정 업체의 상품만의 판매 촉진을 위한 상표광고(brand advertising) 또는 상표명광고(brand name advertising)와 해당 상품이 포함된 상품군에 대한 소비를 모두 증진시키기 위한 기초광고 또는 지네릭 광고(generic advertising)로 구분되는데, 생산자 단체가 하는 "우유 소비를 늘리자!" 또는 "한우를 많이 먹자!" 등의 기초광고가 대표적이다. 다음으로, 기관광고는 판매업체가 자사의 기업 이미지를 개선하기 위해 광고 비용을 지출하는 경우가 많은데, 이를 기업광고(corporate advertising)로도 부른다. 판매자가 상품 소비 촉진에 직접적인 도움이 안되는 기업광고에 비용을 지출하는 것은 기업 이미지가 좋아지면 그 기업에서 판매되는 상품에 대한 구매 의욕이 늘어남을 기대하기 때문이다.

광고 전략은 크게 표현 전략과 매체 전략으로 구분할 수 있다. 표현 전략은 광고의 내용을 어떻게 만들 것인지를 결정하는 전략으로 창조 전략(creative strategy)이라고도 불리는데, 표현 전략에 있는 광고 메시지를 만드는 사람을 카피라이터(copywriter)라고 한다. 매체전략은 미디어 전략(media strategy)이라고도 하는데, 광고의 내용을 어떻게 전달할 것인지를 결정하는 전략이다.

다음으로, 광고 매체는 여러 가지가 있지만 크게 신문·잡지 등의 인쇄매체, TV나 라디오 등의 전파매체, 우편물(DM)·옥외 간판·인터넷 등의 기타 매체로 구분할 수 있다. 최근에는 기술의 발달로 보다 다양한 광고 매체가 생겨나고 있어 광고를 실시할 때 상품의 표적시장 소비자에 가장 효과적으로 광고를 할 수 있는 매체를 선정하여야 한다. 예를 들어, 지역에서 생산되는 농산물의 판매 촉진을 위해 많은 예산을 들여서 불특정 다수가 보는 공중파 방송에서 1분짜리 광고를 두세 번 실시하는 것은 비용 대비 효과가 적다. 그것보다는 농산물의 주 구매자인 서민들이 주로 이용하는 버스 정류장이나 지하철 역사에 광고물을 여러 곳에 부착하여 상당 기간동안 광고하는 것이 적은 비용으로 더 큰 촉진 효과를 얻을 수 있다.

나) 홍보

홍보는 판매자가 자기 업체나 상품을 위하여 발간하는 뉴스와 정보를 활용하는 촉진도구이다. 광고와의 가장 큰 차이점은 판매 촉진을 위한 직접적인 비용이 지불되지 않는다는 것이다. 즉, 광고는 판매자가 광고주가 되어 광고비용을 직접 지불하지만, 홍보는 판매자가 언론 매체 등에 정보를 제공하여 언론 매체가 이를 활용하는 형태로 진행되는 차이가 있다. 따라서, 판매자가 홍보를 잘 활용하면 비용을 들이지 않으면서도 광고보다 큰 효과를 얻을 수 있는데, 소비자의 경우 광고의 내용보다는 홍보를 통해 소개된 신문이나 TV 뉴스 내용을 더 신뢰하는 경향이 있다.

최근, 홍보는 단순한 상품의 판매 촉진을 넘어 상품 판매자와 일반 소비 대중이 서로 우호적인 관계를 가지도록 하는 단계까지 발전되고 있는데, 이를 위한 판매자의 노력을 공중관계라고 정의하고 있다. 즉, 판매자와 직간접으로 이해관계를 가지고 있는 사회 집단을 공중(public)으로 정의하고 이들 공중이 판매자를 우호적으로 보도록 하기 위해 다양한 노력이 진행되는데, 판매자에 부정적인 소문 등에 적극 대응하고 호의적인 시각을 만드는 소식을 언론에 적극 알리는 등의 노력이 대표적이다.[74]

다) 인적 판매

인적 판매는 판매원 또는 영업사원과 같은 사람을 통해 판매를 촉진시키는 것이다. 농식품 중에는 인적 판매가 중요한 경우가 많은데, 이는 사람과 사람이 직접 얼굴을 보고 상품을 소개하고 구매를 유도하는 것이 가장 뛰어난 효과를 보이는 경우가 있기 때문이다. 대표적으로 모 유산균 음료 업체가 여성 판매원을 통해 전국적인 판매망을 구축하고 거리 판매나 배달 판매를 통해 시장을 장악하는 사례가 있다.

인적 판매를 성공시키기 위해서는 판매원의 자질과 판매 의욕을 높이는 것이 중요한데, 이를 위해 판매자는 주기적인 판매 교육과 판매 여건 개선 등을 통해 판매원의 판매 촉진 행위를 더 잘하도록 한다.

라) 판매 촉진

판매 촉진은 상품의 판매를 끌어올리기 위해 단기적으로 인센티브 등을 부여하는 것인데, "우리 상품"을 구매하게 하는 광고 등의 다른 촉진 믹스와 달리 판매 촉진은 "지금" 구매하도록 하는 것이다. 판매 촉진은 단기적으로 가시적인 성과를 바로 볼 수 있는 장점이 있으나, 장기적인 브랜드 선호 유지나 고객 관계 구축 등에서는 별로 효과적이지 못한 한계를 가진다.

판매 촉진은 대상에 따라 소비자 판매 촉진, 중간상 판매 촉진, 판매원 판매 촉진으로 구분되는데, 소비자 판매 촉진의 경우 가격 특별 할인, 경품 제공, 샘플 제공, 할

---

74) 그 밖의 공중관계의 방법으로는 후원이나 이벤트 등도 있다. 이 경우 판매자가 일정 비용을 지출하게 되지만, 그 목적이 상품광고가 기관광고와 달리 공중과의 우호적인 관계 유지나 강화에 초점을 두고 있어 차이가 있다.

인 쿠폰 제공 등으로 소비자들이 상품을 바로 구매하도록 하는 역할을 한다. 반면에, 중간상 판매 촉진과 판매원 판매 촉진은 이들이 소비자에게 상품 판매를 더 열심히 하고 더 효과적으로 할 수 있도록 지원하는 것으로 차이가 난다. 중간상 판매 촉진 수단으로는 인센티브 제공, 수량 할인, 무료 상품 제공, 판매자 보조 등이 있고, 판매 원 판매 촉진 수단으로는 교육 훈련 실시, 인센티브 제공 등이 있다.

마) 직접 마케팅

직접 마케팅은 판매자가 개별 소비자의 반응을 직접 확인하고 대응하여 지속적인 고객관계를 유지해 가는 것으로서 한 방향(one way)으로 진행되는 다른 촉진 믹스 요소 와 차이를 보인다. 직접 마케팅의 장점은 판매자가 구매자와 직접적인 의사교환을 통 해 상호 이해를 높이고, 소비자의 의견을 제품 개선에 직접 반영할 수 있는 점 등 이다.

최근, 정보통신 수단들이 발달함에 따라 판매자가 개별 소비자와 의사소통을 보 다 쉽고 저렴하게 하게 되어 많은 판매자가 직접 마케팅을 하고 있는데, 판매자 웹사 이트에 소비자 의견을 올리도록 하여 답변을 하거나 전화·우편·이메일 등으로 상호 교류를 하는 등의 방법이 많이 사용된다.

다. 촉진믹스 전략

판매자는 성공적인 판매 촉진을 위해 촉진믹스의 요소들을 선택한 후 이들을 잘 조합하여 사용해야 하는데, 이를 위한 촉진믹스 전략으로는 대표적으로 밀어내기 전 략 또는 푸쉬 전략(push strategy)과 끌어당기기 전략 또는 풀 전략(pull strategy)이 있다. 먼 저 밀어내기 전략은 중간상을 대상으로 판매 촉진을 집중하여 그들이 소비자에게 적 극적으로 판매를 하도록 상품을 소비자에게 "밀어내는" 전략인데 주로 산업재나 전 문품 판매자가 많이 사용한다. 밀어내기 전략에서는 촉진 믹스 중 특히 인적 판매와 중간상 판매 촉진 방식이 많이 사용된다.

한편, 끌어당기기 전략은 소비자를 대상으로 판매 촉진을 집중하여 소비자가 상 품을 중간상 등에게 요구하여 상품의 소비자를 판매자로 "끌어당겨 오는" 전략인데, 주로 소비재나 편의품을 판매하는 업체가 많이 사용한다. 끌어당기기 전략에서는 촉 진 믹스 중 특히 광고와 소비자 판매촉진 방식이 많이 사용된다.

현실에서는 밀어내기 전략과 끌어당기기 전략이 같이 적용되는데, 한 가지 전략에만 의존하는 것보다 두 가지 전략을 모두 구사하여 두 전략의 장점을 살리고 단점을 보완하는 것이 더 효과적이기 때문이다. 다만, 상품의 특성 등에 따라 두 전략 중 한쪽에 무게 중심이 더 실리게 된다.

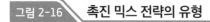

그림 2-16　촉진 믹스 전략의 유형

3) 브랜드

(1) 개념과 브랜드 충성도

최근 농식품 산업에서 중요성이 강조되고 있는 브랜드(brand)는 "상품의 제조자나 판매자가 자신의 상품을 확인하거나 경쟁상품과 차별화하기 위해 사용하는 이름, 용어, 표시, 상징, 디자인 또는 이들이 결합"으로 정의할 수 있다.[75] 브랜드와 함께 자주 사용되는 용어로는 브랜드명(brand name), 브랜드 마크(brand mark), 등록상표(registered trade mark) 또는 트레이드 마크(trade mark)가 있다. 여기서 브랜드명이란 문자로 표기된 브랜드 이름으로 소리 내어 읽을 수 있는 것을 뜻하고, 브랜드 마크는 문자가 아닌 상징이나 디자인 등으로 표시된 것으로 소리 내어 읽을 수 없고 알 수만 있는 것을 의미한다. 등록상표는 법적으로 보호되어 다른 판매자가 사용할 수 없는 상표 또는 상표의 일부이다.[76]

브랜드는 판매자나 구매자 모두에게 유용한 기능을 제공한다. 먼저, 판매자의 측면에서는 브랜드가 자기 상품을 차별화시켜 주므로 다른 상품과의 경쟁에서의 우위

---

75) 브랜드는 원래 앵글로색슨족이 자기 가축의 소유물을 확인하기 위해 불에 달군 인두로 가축에 낙인을 찍은 것을 가리키던 말인데, 여기서 유래하여 특정 제품이나 서비스를 식별하는 데 사용되는 명칭이나 기호를 나타내는 말을 의미하게 되었다. 일각에서는 브랜드를 "상표"로 번역하여 사용하기도 하지만, 그대로 "브랜드"로 사용하는 경우가 대부분이다.
76) 등록상표는 해당 상표가 등록되었다는 것을 나타내기 위하여 그 상품의 한쪽에 작게 R의 기호 또는 reg나 TM의 약호를 붙이는 경우도 있다.

를 점할 수 있는 원천이 되고, 상품의 고유 특성을 보호할 법적인 수단이 될 수 있어 유사제품 방지 등의 기능을 하며, 소비자의 브랜드 충성도(brand loyalty)를 형성하여 단골 소비자 확보를 위한 기능을 한다. 한편, 소비자 경우에는 브랜드가 여러 상품 중에서 해당 상품을 쉽게 발견할 수 있도록 하여 구매 상품에 대한 탐색비용을 절감시키고, 브랜드를 통한 해당 상품의 경험을 쉽게 축적하게 하여 다음번의 제품선택에서의 위험을 줄이며, 브랜드라는 상징을 통한 생산자에 대한 신뢰도를 높일 수 있게 된다.

브랜드 충성도는 "소비자가 특정 브랜드에 대해 일관되게 선호하는 경향"으로 정의할 수 있다. 소비자가 브랜드 충성도를 가지게 될 때까지의 단계가 있는데 크게 상표 인식(brand recognition), 상표 선택(brand preference), 상표 고집(brand insistence)으로 구분된다. 먼저 상표 인식 단계는 소비자가 구매하려는 상품에 대해 알고 있으나 특정 브랜드를 좋아하지는 않는 단계이다. 이 경우의 소비자는 특정 브랜드에 관심을 보이는 수준이므로 판매자는 이러한 잠재고객들을 대상으로 자사의 브랜드를 인식시키기 위한 노력에 집중하여야 한다.

다음 상표 선택 단계는 소비자가 다른 브랜드에 비해 특정 브랜드를 선택하는 경우가 더 많지만 상황에 따라서는 다른 브랜드도 선택하는 다소 모호한 상황의 단계이다. 이 단계에서는 소비자의 충동구매도 자주 일어나므로 광고 등의 판매 촉진 전략이 상당한 효과를 볼 수 있다.

마지막으로 상표 고집 단계는 소비자가 특정 브랜드만을 고집하는 단계로 다른 브랜드와 비교하지 않고 무조건 해당 브랜드만 선택하는 단계이다. 즉, 소비자가 높은 브랜드 충성도를 가지는 단계로 이러한 소비자를 많이 확보할수록 해당 브랜드의 가치는 높아진다. 다만, 소비자의 브랜드 충성도는 지속적으로 변하기에 브랜드 충성도를 유지하거나 높이기 위한 전략과 관련 사업이 꾸준하게 진행되어야 한다.

그림 2-17 브랜드 충성도의 형성 단계

마지막으로, 바람직한 브랜드명을 만들기 위해서는 몇 가지 원칙이 있는데, 짧고 단순하여 소비자가 쉽게 인지하고 기억할 수 있게 해야 하고, 시대에 뒤떨어지거나 부정적인 이미지를 주지 말아야 한다. 또한, 상품을 해외 시장에 수출하는 경우에는 현지인이 자국의 언어로도 쉽게 발음할 수 있도록 하고, 현지 문화와 충돌이 일어나지 않도록 해야 한다.

심화학습   코카콜라의 브랜드 마케팅

전 세계 음료시장을 주도하고 있는 미국의 코카콜라사(coca-cola)는 통일된 브랜드를 사용하는데, 일부 국가에는 현지 상황에 맞게 변형된 로고를 사용하기도 한다. 일례로 중국시장에 출시되는 코카콜라는 "가구가락(可口可乐)"의 한자로 표기되는데, "입에 잘 맞고 즐겁다"라는 뜻의 한자이다. 해당 한자를 중국어로 발음하면 "커커우커러"로 원어와 유사하게 발음되도록 하여 현지 소비자의 반응을 끌어내기 위해 노력하였다.

한편, 최근 한류 붐을 타고 코카콜라사에서 한정판 제품으로 "코카콜라 제로 한류"를 출시하여 한국, 미국, 일본 등 36개국에 판매하였는데, K팝 팬덤 문화를 반영한 디자인으로 코카콜라 130년 역사상 처음으로 특정 국가 언어를 표기하여 전 세계적으로 판매하는 사례이다.

그림 2-18   중국 코카콜라 로고와 한글 코카콜라 디자인

(2) 특성과 브랜드 가치

판매자가 브랜드 마케팅 전략을 수립할 때 알아야 하는 브랜드의 특성이 있다. 첫째, 판매자가 브랜드를 만드는 것은 쉽지만, 이를 소비자에게 각인시키기는 상당히 어렵다. 시장에는 이미 수만 개의 브랜드가 존재하고 있고 지금도 많은 브랜드가 새로 생겨나고 있기 때문이다. 우리가 길에서 마주치는 사람의 이름을 모두 기억하지 못하는 것처럼 소비자는 일상에서 접하는 브랜드를 모두 알지 못할뿐더러 애써 기억하려고 하지도 않는다. 따라서, 판매자는 브랜드를 만드는 것보다 브랜드를 어떻게 시장에 알리고 소비자가 브랜드를 인지하여 상품 구매로 연결하도록 할지를 고민하여야 한다.

둘째, 브랜드가 일단 소비자의 관심을 끌고 상품 구매를 성공적으로 유도하기 시작하면 그 브랜드는 자체적인 가치를 가진다. 다시 말해, 브랜드가 브랜드 충성도를 가진 소비자들을 확보하면 그만큼의 브랜드 가치(brand value) 혹은 브랜드 파워(brand power)를 가지는 것이다. 브랜드 가치는 다양한 방식으로 추정되는데, 일례로 브랜드가 없을 때 벌어들일 수 있는 매출액과 브랜드가 있음으로 벌어들일 수 있는 매출액의 차액을 추정하는 방법이 있다. 브랜드 가치는 연구기관 등에서 각자의 방식으로 추정하여 발표하는데, <그림 2-19>와 같이 세계 브랜드의 가치를 추정한 결과를 볼 수 있다.

그림 2-19 세계 브랜드 가치 순위

2024	2023	Logo	Name	Country	2024	2023	2024	2023
1 ∧	2	Apple	Apple		$516,582M	$297,512M	AAA	AAA-
2 ∧	4	Microsoft	Microsoft		$340,442M	$191,574M	AAA	AAA
3 =	3	Google	Google		$333,441M	$281,382M	AAA+	AAA+
4 ∨	1	amazon	Amazon		$308,926M	$299,280M	AAA	AAA
5 ∧	6	SAMSUNG	Samsung Group		$99,365M	$99,659M	AAA	AAA-
6 ∨	5	Walmart	Walmart		$96,842M	$113,781M	AA+	AA+
7 ∧	10	TikTok	TikTok/Douyin		$84,199M	$85,696M	AAA-	AAA-
8 ∧	14	Facebook	Facebook		$75,716M	$58,971M	AAA-	AAA-
9 ∧	11	T	Deutsche Telekom		$73,321M	$62,926M	AAA-	AA+
10 ∨	7	ICBC	ICBC		$71,828M	$69,545M	AAA+	AAA
11 ∨	8	verizon	Verizon		$71,754M	$87,443M	AAA-	AA+
12 ∧	15		State Grid Corporation of China		$71,145M	$58,846M	AAA	AAA
13 ∧	26	Instagram	Instagram		$70,443M	$47,439M	AAA	AAA+
14 ∨	12		China Construction Bank		$65,604M	$62,881M	AAA	AAA
15 ∧	18	Starbucks	Starbucks		$60,669M	$53,432M	AAA-	AAA

자료: BrandFinance(https://brandirectory.com/rankings/global/table)

셋째, 그럼에도 불구하고 브랜드에 대한 소비자 신뢰도는 쉽게 훼손될 수 있으므로 지속적이며 세심한 브랜드 관리가 필요하다. 특히, 농식품 마케팅에서의 브랜드는 단 한 번의 사고로도 해당 브랜드의 생명이 끝나는 경우가 있다. 대표적으로 우리나라 대기업 급식서비스의 브랜드가 식중독 사고 발생으로 인해 급격한 매출 감소를 겪다가 결국 시장에서 퇴출된 경우가 있는데, 농식품과 같은 먹을거리는 소비자가 안전에 대한 신뢰를 배신당했다고 느끼면 돌이킬 수 없는 상황이 된다.

(3) 종류 및 브랜드 전략

브랜드는 기준에 따라 다양하게 구분될 수 있는데, 먼저 브랜드 사용자를 기준으로 크게 제조업자 브랜드(MB: manufacturer brand)와 자가(自家) 브랜드 또는 프라이빗 브랜드(PB: private brand)로 나눌 수 있다. 제조업자 브랜드는 상품에 제조업자 자신의 브랜드를 부착하는 것으로 자신의 브랜드 파워가 강한 경우 사용하게 된다. 브랜드 파워가 강한 제조업자 브랜드를 부착한 상품은 도·소매상인 중간상의 협조를 쉽게 받을 수 있는데, 예를 들어 매장 진열공간에서 보다 유리한 곳(예: 눈높이 매대)에 진열할 수 있거나 기타 거래 관련 계약에서 유리한 조건을 취할 수 있다. 반면에, 제조업자의 브랜드 파워가 약한 경우에는 자신의 브랜드를 상품에 부착하는 것보다는 유통업자의 브랜드를 부착하여 유통업자 브랜드의 파워를 활용하는 것이 판매 촉진에 더 도움이 되는데, 우리가 대형할인점에서 할인점 자체 브랜드로 판매되는 상품에서 발견하게 되는 브랜드이다. 이 경우 제조업자들은 유통업자의 브랜드를 사용하는 대신 유통업자와의 공급 계약에서 여러 가지 편익을 제공하여야 하는데, 주로 납품 단가 인하나 기타 판매 촉진 활동 지원 등이 포함된다.[77]

우리나라의 내형 소매점에서 PB가 처음 생겨난 것은 1996년으로 이마트가 우유 상품 등에 이플러스(eplus)라는 PB를 도입하였다. 이후, 유통업체 간 PB 경쟁이 본격화되면서 대형할인점은 각자의 PB 상품을 꾸준히 개발하고 있다. 원래 PB 상품은 적당한 품질의 상품을 저렴하게 팔기 위한 마케팅 도구로 이용되었으나, 최근에는 차별화된 고급 상품에도 적용하는 사례도 나타나고 있다.

---

77) 한편, OEM(original equipment manufacturing)도 있는데, OEM은 특정 회사가 다른 생산업체에 자기 상품의 제조를 위탁하여 생산하도록 한 다음 자신의 브랜드를 붙여서 판매하는 상품이나 생산 방식이다.

그림 2-20　대형 소매점의 PB 상품과 전문 매장

자료: 이마트

　다음으로, 브랜드를 이용한 마케팅 전략의 의사결정을 <그림 2-21>과 같이 진행하게 된다. 첫 번째로 시장에 출시하는 상품에 대한 브랜드를 사용할지를 결정한다. 앞서 촉진믹스의 광고전략에서 알아본 것처럼, 광고는 특정 상품이 아닌 상품군의 소비 촉진을 유도하는 기초광고와 특정 상품의 판매 촉진을 위한 상표광고로 구분되는데, 개별 판매자의 입장에서는 출시되는 상품에 대한 상표광고를 위한 브랜드를 도입할지를 결정해야 하는 것이다. 먼저, 기초광고에 의존하거나 아예 브랜드를 이용하지 않는 경우에는 해당 비용을 절감하고 시장에 유연하게 대응할 수 있으나, 상표광고를 위한 브랜드를 도입하는 경우에는 출시 상품에 대한 소비자 인지도를 높여서 반복 판매에 유리한 점이 있다.

　다음으로, 상품 브랜드를 유통업체의 프라이빗 브랜드를 활용하거나 자체 브랜드를 만들게 된다. 유통업체의 PB를 이용하는 경우 대형 유통업체의 브랜드 파워에 편승하여 시장 접근을 쉽게 할 수 있고 브랜드 비용이 절감되지만, 자체 브랜드인 MB를 만들면 유통업체에 대한 거래 교섭력을 높일 수 있고 고정 단골을 통한 브랜드 충성도를 형성할 수 있다.

　자체적인 제조업자 브랜드를 사용하기로 결정한 경우, 상품을 하나의 시장에 출시할 것인지와 여러 시장에 출시할 것인지를 결정하여 브랜드 전략을 수립하게 된다. 먼저 하나의 단일시장에 상품을 출시하는 경우 단일 브랜드 전략 또는 복수 브랜드 전략을 선택하게 되는데, 단일 브랜드 전략의 경우 시장에 추는 충격(인지도)가 강하고 복수 브랜드로 인한 소비자 혼란을 방지할 수 있으나, 복수 브랜드 전략은 세분화된 시장에 보다 효과적으로 대응할 수 있다. 다중시장에 대한 브랜드 전략의 경우, 통일된 브랜드(글로벌 브랜드) 전략 또는 지역별 브랜드 전략을 선택하게 되는데, 통일 브랜드 전략은 규모의 경제 달성에 유리한 반면, 지역별 브랜드는 각 시장에 보다 유연하고 구체적으로 대응할 수 있다.

판매자는 시장에 출시하는 상품의 특성과 대상 시장 및 소비자 특성을 분석하여 적합한 브랜드 전략을 선택해 나가야 한다.

그림 2-21 브랜드 전략의 의사결정 과정

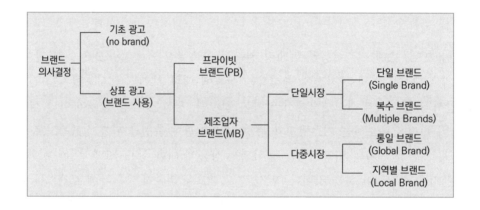

(4) 농산물 브랜드의 실태 및 전략

농산물은 브랜드가 특히 필요한데, 이는 소비자가 농산물을 구매하여 직접 섭취하기 전에는 그 품질을 알 수 없으므로 농산물 품질의 지표로 활용되기 때문이다. 이에 따라 정부는 십여 년 전부터 산지 생산자조직이 브랜드를 가지도록 지원했는데, 최근에는 쌀 한 품목의 브랜드가 1,000개에 육박하는 등 지나치게 많은 브랜드가 난립하여 오히려 소비자에 혼선을 주고 브랜드에 대한 신뢰를 떨어뜨린다는 지적이 있다. 또한, 브랜드와 디자인을 생산자조직이 주먹구구식으로 만드는 경우도 많아 소비자가 브랜드를 쉽게 인지하고 기억하지 못하는 브랜드도 많이 생겨났었다.

최근에는 생산자조직이 광역화·규모화되면서 브랜드 통합이 진행되고 전문업체에 브랜드 생성 및 마케팅을 의뢰하여 이전보다 진화된 형태의 농산물 브랜드가 시장에 도입되고 있다. 일례로 <그림 2-22>를 보면 농산물 브랜드의 진화 과정을 알 수 있는데, 과거에는 글자가 많고 복잡한 디자인의 농산물 브랜드가 점차 단순하면서 세련된 브랜드로 바뀌고 있음을 확인할 수 있다.

그림 2-22 농산물 브랜드의 진화

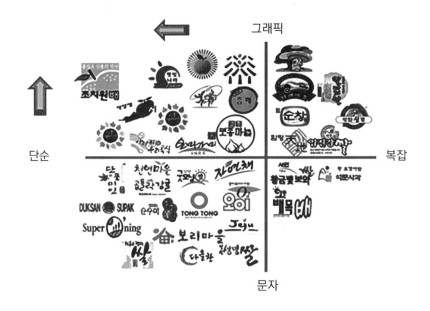

자료: 한국산업관계연구원

농산물 브랜드가 시장에 성공적으로 안착하기 위해서는 몇 가지 전략이 필요하다. 첫째, 브랜드 인지도를 높이기 위한 전략을 수립하여야 한다. 브랜드 자체는 만들기가 쉬운데, 그냥 종이에 그림과 글자를 그려 넣고 이를 상품에 붙이기만 해도 브랜드가 되기 때문이다. 그러나, 브랜드가 시장에서 생명력을 가지기 위해서는 소비자가 인지하고 선호할 수 있도록 우수한 브랜드명과 디자인을 개발하고 이를 홍보하기 위한 노력이 필요하다. 이를 위해서는 전문업체의 브랜드 생성 및 마케팅 전략 수립을 의뢰하는 것이 효과적인데, 단순히 업체에 맡기기보다는 같이 고민하고 대안을 찾아나가는 것이 중요하다.

둘째, 브랜드가 도입된 상품의 신뢰도와 가치를 높이기 위한 노력을 지속하여야 한다. 브랜드 마케팅 전략이 성공하여 해당 농산물에 대한 소비자의 관심과 구매가 생겨났더라도 그 농산물의 품질이 들쑥날쑥하거나 형편없다면 곧 시장에서 사라지게 됨은 당연하다. 농산물 브랜드가 성공하기 위해서는 농산물 자체의 품질과 물량을 안정적으로 유지하는 것이 기본이다. 이를 위해서는 산지 조직의 규모화와 엄격한 내규 마련 등을 통한 품질의 균일성 유지, 공동선별 및 출하 등의 시스템이 정착되어야 한다.

셋째, 브랜드의 다양한 활용을 위한 전략을 모색하여야 한다. 특히, 지역브랜드의 경우 브랜드를 지역의 마스코트로 사용하여 지역 축제나 농촌관광 등에 활용하여, 도시 소비자를 유인하고 관련 브랜드 상품이나 이야깃거리 등의 콘텐츠를 지속적으로 확장해 나가야 한다.

3. 마케팅 조사

1) 개념과 유형

농식품 판매자가 마케팅 전략을 수립하기 위해서는 해당 시장과 소비자에 대한 구체적인 정보가 필요한데, 이를 위한 마케팅 조사(marketing research)가 요구된다. 마케팅 조사는 "상품의 마케팅과 관련된 문제에 대한 정보를 수집·분석·제시하는 작업"으로 정의되는데, 크게 기존 자료에 의한 방법과 실제 조사에 의한 방법으로 나뉜다. 먼저, 기존 자료에 의한 방법은 기업 외부에서 구할 수 있는 문헌 등의 자료와 기업 내부 자료를 활용하는 것으로, 자료 수집이 쉽고 상대적으로 객관적인 자료를 활용하는 장점이 있는 반면, 조사자가 원하는 것을 100% 충족시켜주는 자료가 부족하고 시기적으로 오래된 자료가 많은 단점이 있다.

다음으로, 실제 조사는 조사자가 현장에 나가서 여러 방법을 통해 조사하는 것으로 조사자가 원하는 것을 바로 얻을 수 있지만 비용이 많이 소요되는 단점이 있다. 따라서, 대부분의 농식품 판매자는 시장의 구조나 소비 트렌드 등과 같은 거시적인 부분은 주로 기존 자료를 활용하고, 상품의 세부 마케팅 전략 수립을 위한 미시적인 부분은 실제 조사를 이용하는 경우가 많다. 마케팅을 위한 실제 조사 방법은 다양한데, 구체적인 내용을 이어서 살펴보기로 하자.

2) 마케팅 조사 방법

(1) 마케팅 조사 절차

실제 현장에서 진행되는 마케팅 조사는 많은 비용과 시간이 소요되므로 최소의 비용으로 최대의 효과를 얻기 위한 노력이 필요하다. 이를 위해 마케팅 조사자는 조사 업무를 절차에 따라 진행하는데, 주요 문제 및 조사 목적 규정, 조사 계획 수립, 조사 분석 실시, 결과 보고서 작성의 순서를 통해 진행한다.

그림 2-23 마케팅 조사 절차

가. 문제 및 조사 목적 규정

문제 및 조사 목적 규정 단계에서는 "무엇이 문제인지"와 "이 문제 해결을 위해서 조사를 통해 무엇을 얻어야 하는지"를 구체적으로 기술하여 조사 목적을 명확하게 정해야 한다. 조사 분석을 포함한 모든 연구가 다 그렇지만, 조사 목적의 설정은 향후 수행되는 모든 일의 지침 또는 나침반과 같은 역할을 하기에 매우 중요하다. 실제 조사자가 상당한 기간 조사를 진행하다가 보면 처음 설정한 목적을 잊어버리고 엉뚱한 내용에 시선이 끌려서 조사 내용이 "산으로 가는" 사례가 종종 있다. 따라서, 조사자는 규정된 문제에 대해 명확하고도 구체적으로 답을 할 수 있는 조사 목적을 규정한 다음, 조사 과정 내내 이를 머릿속에 간직하고 지금 내가 하는 일이 원래 목적에 부합하는 지를 스스로 자문하면서 작업을 진행해야 한다.

나. 조사 계획 수립 및 조사방법의 선택

마케팅을 위한 문제와 조사 목적이 확정되면, 구체적인 조사 계획을 수립하게 된다. 먼저, 조사 목적 설정 과정에서 수집된 정보를 요약하고 향후 진행될 조사의 방식과 자료 수집 방법 등을 결정한다. 마케팅 조사의 방법은 크게 정성적(qualitative) 방법과 정량적(quantitative) 방법으로 구분되는데, 정성적 조사법을 선호하는 연구자는 조사 대상자의 주관적인 경험에 대한 이해를 중시하지만, 정량적 조사법을 선호하는 연구자는 주관성을 배제하고 객관적 사실 확인에 초점을 둔다. 두 가지 조사법은 서로 상충하는 것이라기보다는 상호 보완적인 것이며, 정성적 연구자도 정성적인 방법에 정량적인 척도를 사용하기도 한다. 일반적으로 학계에서는 정량적인 접근을 선호하나 산업계에서는 정성적인 방식을 선호하는 경향이 있는데, 소비자 행동 관련 연구에서는 정성적인 조사법이 확대되고 있다.

정성적 조사법으로는 비디오와 녹음기 등을 이용한 관찰법(participant observation), 집단 또는 개인에 대한 면접법(interview), 질문을 드라마와 같은 형태로 제시하고 이에 대한 응답을 끌어내는 투사법(projective tasking) 등이 있다. 이 중 관찰조사는 조사 대상자를 관찰만 하여 결과를 분석하는 것으로 가장 객관적인 자료 수집이 가능하고 어린아이와 같이 응답 능력이 부족한 경우에도 조사가 가능한 장점을 가지고 있으나, 상당히 긴 시간이 소요되고 돌발 상황이 발생하여 조사에 지장을 받는 경우도 있다. 면접조사는 다른 조사 방법에 비해 시간과 비용을 절약할 수 있는 장점이 있지만, 응답자의 능력과 응답 성실성 등에 따라 결과가 크게 좌우되는 한계가 있다. 투사법은 직접 답변하기 어려운 민감한 주제에 대한 답변을 유도하는 데 유용한 방법이나, 면접법에 비해 시간과 비용이 많이 든다. 최근, 정보통신기술(ICT)이 발전하면서 가상공간에서의 정성적인 기법도 많이 도입되는데, 온라인 면접, 디지털 투사법 등이 있다. 온라인 기법은 인터넷 웹사이트, 이메일, SNS 등을 이용하여 조사를 하는 방법인데, 조사의 신속성과 편의성이 높고 조사비용이 상대적으로 저렴하여 사용 빈도가 높아지고 있다. 그러나, 조사 대상자가 인터넷 사용자로 한정되므로 적절한 표본 선정이 어려운 점 등이 한계가 된다.

정량적인 연구는 탐험적(exploratory) 방법에서 기술적(descriptive) 방법, 인과 관계적(causal) 방법으로 발전되고 있다. 탐험적 방법은 신제품의 컨셉 규정 등 마케팅 문제나 조사 목적 규정이 어려운 경우에 사전적으로 많이 실시되는데, 주로 선행연구나 관련 자료 검색, 전문가 면담, 현지 방문 조사 등의 방법을 통해 진행된다. 기술적 방법은 설문조사, 회귀분석(regression analysis) 등을 이용하여 시장수요 또는 판매에 대한 예측을 하여 조사 대상 상품의 성공 가능성 등을 기술하는 것이고, 인과 관계적 방법은 가격 민감도 분석 등을 이용해 제품의 특성 등을 보다 세밀하게 조정하는 데 사용된다.

그림 2-24 마케팅 조사 방법의 유형

다. 조사 자료 수집과 결과 분석

마케팅 조사 분석을 위해 수집되는 자료는 크게 1차 자료와 2차 자료로 구분된다. 먼저, 2차 자료는 다른 기관 등에서 발표한 자료로 문헌자료라고도 하는데, 그중 공공기관이나 연구기관 등에서 발표한 자료는 공신력이 높아 마케팅 조사 분석에서 자주 활용된다. 2차 자료는 기존 자료를 활용하는 것으로 자료 수집에 소요되는 비용과 시간을 절약할 수 있고 객관적인 자료를 확보하는 장점이 있다. 그러나, 실제 조사 목적에 부합하는 자료를 찾기 어렵고 시간이 지난 자료들이 많아 효용 가치가 크지 않은 경우가 많은 단점이 있다.

1차 자료는 조사자가 직접 조사하거나 전문기관에 의뢰하여 생성한 자료로서 소비자 설문 조사 결과 자료 등이 해당된다. 1차 자료는 조사 목적과 조사자의 필요에 의해 구체적인 자료를 생성한 것이므로 처음 제기된 문제에 대해 맞춤형 해답을 제공할 수 있다는 장점이 있고, 기존의 자료에서는 얻을 수 없는 독창적인 결과가 나올 수도 있다. 반면, 자료 조사 및 분석에 상당한 시간과 비용이 소요되고, 조사자의 주관이 분석 결과에 포함되어 내용이 왜곡될 가능성이 있는 단점도 가지고 있다.

마케팅 조사 분석에서는 1차 자료와 2차 자료를 모두 활용하는 경우가 많은데, 이는 1차 자료와 2차 자료가 서로 보완적이기 때문이다. 일반적으로 마케팅 조사자는 2차 자료를 통해 기본적인 상황을 분석한 다음, 1차 자료의 수집 및 분석 등 실질적인 마케팅 조사를 진행하는 경우가 많다.

그림 2-25 　마케팅 조사 자료 유형

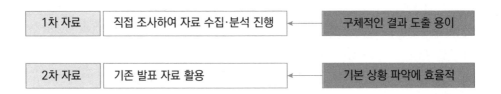

라. 결과 보고서 작성

마케팅 조사가 완료되면 이를 분석하여 결과 보고서로 작성하여 제출하게 된다. 결과 보고서는 가급적 처음 설정된 문제와 조사 목적에 명쾌하고도 구체적인 답을 제시하면서도 가급적 간략하게 작성하여야 한다. 결과 보고서 작성자는 보고서 내용의 양보다는 실제 활용할 수 있는 정보가 얼마나 잘 담겨 있는지가 중요하고, 필요시 도표나 그림으로 시각적인 정보를 다양하게 제시하여 이해를 쉽게 할 필요가 있다.

또한, 결과 보고서는 보고서 이용자의 수준과 목적에 맞춰서 작성하여야 한다. 동일한 마케팅 대상의 조사 결과이더라도, 전문성이 떨어지지만 중요한 결정을 해야하는 CEO를 위한 보고서는 중요한 시사점을 먼저 간략하게 제시하고 그에 대한 근거를 추가하는 것이 효율적이고, 세부 사업 부문을 담당하는 실무자에 대한 보고서는 해당 쟁점에 대한 구체적인 근거와 논리 등을 자세하게 기술하는 것이 효과적이다.

(2) 설문지 작성

마케팅 조사에 자주 사용되는 설문지는 문항 작성이 매우 중요한데, 구체적으로 이 설문 조사를 통해 무엇을 얻을 것인지를 명확히 한 다음 이를 각 문항에 반영하여야 한다. 일부 조사자들은 처음에 제기된 문제에 대한 답을 응답자들이 알아서 해 줄 것으로 막연히 생각하고 머리에 떠오르는 내용들을 별 고민 없이 문항으로 담는데, 이렇게 하면 설문 조사 후 실제 결과 보고서에 사용할 만한 시사점이 별로 없는 경우가 발생하게 된다.

설문지를 사용하는 마케팅 조사의 경우 제대로 된 문항을 마련하는 것이 전체 조사의 70%를 차지할 정도로 조사의 성패를 좌우하는 중요한 작업이다. 따라서 설문지 작성자는 주어진 문제와 관련 정보를 사전에 충분히 숙지한 다음 구체적인 해답을 유도하기 위한 문항들을 세심하게 선정하여야 하는데, 이러한 작업은 다음과 같은 단계를 거쳐서 진행된다.

가. 설문 대상에 대한 조사 정보 선정

설문 조사에는 많은 시간과 비용이 소요되므로 최소의 비용으로 최대한의 결과를 얻을 수 있도록 필요한 것만 설문지에 담아야 한다. 조사자는 대상에 대해 설문으로 조사할 정보를 가능한 한 많이 수집하기 위해 다양한 문항을 넣고 싶겠지만, 설문 응답자는 가급적 빨리 설문 조사가 끝나기를 원한다. 실제로 설문에 응답을 해본 사람들은 설문이 너무 길어지면 설문 응답을 중도 포기하거나 아예 응답을 회피했던 경험이 있을 것이다. 이처럼 질문이 많은 설문 조사는 응답률이나 회신율이 떨어지므로 조사자는 꼭 필요한 조사 정보만 선정하여 설문 문항으로 만들어야 한다.

또한, 앞서 언급했지만, 설문 조사가 완료된 다음 각 문항의 응답 자료들을 어떻게 사용할지를 미리 계획하고 여기에 맞춰서 필요한 조사 정보를 선정하여야 한다. 특히, 설문 분석 결과를 가지고 계량 모형 분석을 하는 경우, 모형 분석을 위한 조사 정보가 누락되지 않았는지 등을 세심하게 확인하여야 한다.

나. 조사 방식 결정

선정된 조사 정보를 어떤 방식으로 조사할 것인지를 결정하여야 하는데, 우편조사, 전화조사, 면접조사, 온라인조사 방식 등에서 정하게 된다. 우편조사는 조사 대상자에게 설문지를 우편으로 보내어 회수하는 방식으로 비용이 상대적으로 적은 장점이 있으나, 시간이 오래 걸리고 응답자가 설문 문항을 오해하여 잘못 응답할 가능성이 있으며 회신율이 떨어지는 단점이 있다. 특히, 요즘은 일반 우편을 이용하는 사람이 많지 않아 거의 사용되지 않는다. 전화조사는 조사원이 응답자에 전화를 직접 걸어서 설문 문항을 읽어주고 응답을 기록하는 방식으로 우편조사보다 시간이 적게 소요되고 응답자의 반응을 살피면서 보다 정확한 설문을 할 수 있는 장점이 있으나, 비용이 많이 들고 전화 통화의 한계로 복잡하고 긴 설문을 진행하기 어려운 단점이 있다. 면접조사는 조사 대상자를 직접 찾아가서 설문지를 같이 보면서 조사를 하는 방법으로 가장 정확하게 조사를 할 수 있고 복잡한 설문도 할 수 있는 장점이 있으나, 비용이 가장 많이 소요되고 방문조사로 인해 전화조사보다 조사 기간이 긴 단점이 있다.

최근에는 온라인을 통한 설문조사가 많이 이용되는데, 우편조사를 이메일이나 SNS, 온라인 홈페이지 등을 통해 진행하는 방식이다. 온라인조사는 우편조사와 유사한 수준의 조사를 보다 적은 비용으로 상대적으로 짧은 기간에 할 수 있는 장점이 있으나, 조사 대상자가 온라인 매체 이용자로 한정되고 비대면 조사의 특성상 전화조사나 면접조사보다 조사의 정확성과 회신율이 떨어지는 단점이 있다.

표 2-2 설문조사 방식 유형

조사방식	주요 내용	장·단점
우편조사	설문지를 우편 발송 후 회수	장점: - 조사 비용이 적음 단점: - 설문지 회수 시간이 김 - 잘못 응답 가능성 높음 - 회신율이 떨어짐
전화조사	조사원이 전화 통화를 통해 조사	장점: - 설문조사 기간이 짧음 - 설문 정확도가 높음 단점: - 조사 비용이 큼 - 길고 복잡한 설문은 불가능
면접조사	조사원이 직접 대면하여 조사	장점: - 설문 정확도가 가장 높음 - 길고 복잡한 설문도 가능함 단점: - 조사 비용이 가장 큼 - 조사 기간이 김
온라인조사	설문지를 온라인 매체로 발송 후 회수	장점: - 조사 비용이 가장 적음 - 조사 기간이 우편조사보다 없음 단점: - 온라인 이용자만 조사 가능 - 조사의 정확성과 회신율이 우편조사 수준임

다. 질문 문항의 내용 결정

앞에서 결정된 조사 정보를 구체적인 설문 문항으로 만들 때 고려할 사항으로는 해당 질문이 이번 설문 조사에 꼭 필요한지, 해당 질문이 설문지의 다른 질문과 겹치지는 않는지, 다른 질문들과 합쳐서 하나의 질문으로 만들 수는 없는지, 응답자가 충분히 응답할 수 있는 질문인지, 응답자의 답변을 특정 방향으로 유도하고 있지 않은지, 응답자의 응답에 일관성이 있는지를 검증하는 추가 질문이 포함되었는지 등이 있다.

일반적으로 방금 언급한 고려 사항을 일일이 확인하면서 문항을 만들기 어렵기에 처음에는 가능한 많은 문항을 만들어서 조사 정보가 모두 설문 문항으로 반영되도록 한 다음, 해당 문항들을 조정해 나가는 방식을 사용한다.

라. 질문의 응답 형태 결정

질문에 대한 응답 형태는 주관식 응답과 다지선다형 응답으로 구분된다. 주관식 응답은 설문 작성자에게는 편한 방법이지만 응답자에게는 시간이 많이 소요되고 생각을 더 많이 해야 하기에 응답률이 급격하게 떨어지는 문제가 있다. 대부분 설문지는 객관식(다지선다형) 응답을 주로 사용하는데, 이 경우 응답자들이 선택하고자 하는 선택지가 누락되지 않았는지를 꼼꼼하게 확인하여야 한다. 초보 조사자는 선택지 작성을 소홀히 하는 경우가 있는데, 선택지가 잘못 작성되면 응답자의 의견을 제대로 반영할 수 없는 심각한 문제가 발생한다. 이 경우 상당한 시간과 예산을 들여 진행한 설문조사 결과가 무용지물이 되게 되므로, 설문조사를 실시하기 전에 여러 번 확인과 수정을 거쳐야 한다. 전문 조사자는 해당 설문에 응답자가 어떤 의견을 가지고 있는지를 미리 파악한 후 이를 선택지 작성에 반영하는데, 이를 위해 사전 조사나 전문가 자문회의 등을 진행하기도 한다.

다지선다형 응답에는 4개 중 하나를 선택하는 4지선다 등 일반 다지선다형 응답과 예(그렇다)와 아니오(그렇지 않다) 중 하나를 선택하는 2지선다형 응답이 있다. 2지선다형 응답 내용을 보다 세부적으로 묻는 방법으로 리커트 척도(Likert scale)나 시만택 척도(Semantic scale)를 사용하기도 하는데, 이는 특정 질문에 대한 응답자의 견해나 판단을 보다 구체적으로 묻기 위해 "예(그렇다)"와 "아니오(그렇지 않다)"를 "매우 그렇다, 조금 그렇다, 잘 모르겠다, 조금 그렇지 않다, 매우 그렇지 않다"의 5단계 등으로 세분하여 응답하도록 하는 방법이다. 이렇게 보다 세분화된 선택지를 부여하면 응답자는 보다 구체적으로 자신의 의견을 제시할 수 있게 되어, 단순한 사실 확인이 아닌 응답자 의견을 묻는 질문에서는 대부분 5단계의 선택지를 사용하고 있다.

표 2-3 2지선다형 응답과 리커트 척도 응답 비교

구분	용도	사례
2지 선다	정확한 사실 확인	귀하는 OO 상품을 구매한 적이 있습니까? 1) 그렇다　　　　　2) 아니다
리커크 척도 (5점 척도)	응답자 의견 문의	귀하는 앞으로 OO 상품을 구매할 생각이 있으십니까? 1) 매우 그렇다　　2) 대체로 그렇다　　3) 모르겠다 4) 별로 그렇지 않다　　5) 전혀 그렇지 않다

마. 문항의 용어 및 표현법 검증

문항 작성에 사용하는 용어는 응답자가 쉽게 이해할 수 있도록 작성하여야 한다. 보다 구체적으로 보면 쉬운 용어로 간결하게 작성하고, 모호한 표현 및 암묵적인 가정이나 대안, 답변을 유도하는 질문은 피하여야 하고, 일반화나 추정을 담은 내용이 있어서는 안 된다. 특히, 조사자가 설문 문항을 작성할 때 자신의 설문 의도나 생각이 자기도 모르게 표현되는 경우가 많기에 최대한 감정을 배제하고 사무적인 용어를 사용하여야 한다.

표 2-4 용어 사용의 사례 비교

의도가 반영된 문항	1. 귀하는 냄새가 많이 나고 먼지가 발생하는 시립 쓰레기 처리시설을 아파트 단지 옆에 두는 것에 반대하십니까? 1) 매우 그렇다　　　2) 대체로 그렇다　　　3) 모르겠다 4) 별로 그렇지 않다　　5) 전혀 그렇지 않다
객관적인 문항	1. 귀하는 시립 쓰레기 처리시설을 아파트 단지 옆에 두는 것에 대해 어떻게 생각하십니까? 1) 매우 찬성한다　　　2) 대체로 찬성한다　　　3) 모르겠다 4) 대체로 반대한다　　5) 매우 반대한다

바. 문항의 배치 순서 확인

문항 작성이 완료된 후에는 문항의 배치 순서를 확인하여야 한다. 문항 중에서 단순하고 응답자의 흥미를 유발하는 것을 앞부분에 배치하여 응답자의 설문에 대한 응답 의욕을 높이도록 하고, 일반적인 질문 다음에는 구체적인 질문을 배치하는 이른바 "깔때기식 접근"을 하여야 한다. 또한, 시간이 갈수록 응답자의 집중력이 떨어지므로 중요한 질문을 앞에 배치하고, 복잡하거나 민감한 질문은 뒤쪽으로 배치하거나 문항 사이사이에 숨기도록 한다. 특히, 응답자의 개인 정보를 묻는 질문은 맨 뒤에 배치하여 응답자의 부담을 줄이도록 한다.

| 표 2-5 | 깔때기식 질문 사례 |

일반 문항	1. 귀하는 평소 음료를 구매하여 마십니까? 1) 매우 그렇다　　2) 대체로 그렇다　3) 모르겠다 4) 별로 그렇지 않다　　5) 전혀 그렇지 않다
구체적인 문항	1-1. (1번 문항에서 1), 2) 응답자만 응답) 귀하가 주로 구매하여 마시는 음료는 무엇입니까? 1) 우유　　2) 커피　　3) 탄산음료　　4) 생수　　5) 주스

사. 설문지 전체 형태 보완

설문지의 문항 배치가 완료되면 설문지의 전체 형태를 점검해야 한다. 우선 설문지가 전체적으로 단순하고 깔끔하게 보이도록 해야 하고, 응답하기 쉬운 형태로 작성되었는지를 확인해야 한다. 초보 조사자는 설문지 페이지 수를 줄이기 위해 글자 크기, 글자 간격, 줄 간격 등을 작게 설정하는 경우가 있는데, 그럴 경우 응답자는 설문지를 읽기에 답답하여 거부감을 느낄 수 있다. 특히, 한 개의 문항과 선택지가 두 페이지에 걸쳐 있지 않도록 하여 응답자가 앞 페이지와 뒤 페이지를 번갈아 가며 보면서 응답하지 않도록 주의한다.

또한, 문항에 번호를 매기거나 진행 상황을 별도로 표시하여 응답자가 응답하면서 진도가 나가고 있음을 느끼게 하는 것이 좋다. 유사한 주제를 가진 설문 문항을 모아서 그룹화(group)하는 것도 하나의 방법이다.

그림 2-26 ▶ 그룹화하여 별도 목차를 적용한 설문 문항 사례

2. 농축수산물 및 가공식품의 등급제·인증제 인식 실태

2.1. 귀하는 농축수산물 또는 가공식품의 등급제를 알고 계십니까?

① 매우 그렇다　② 그렇다　③ 보통이다　④ 그렇지 않다　⑤ 전혀 그렇지 않다

등급제는 농축수산물 또는 가공식품에 별도로 정한 기준에 따라 등급을 정해서 표시하는 제도로 농산물은 특, 상, 보통 등급, 쇠고기는 1++, 1+, 1, 2, 3등급 등으로 표시하고 있습니다. 또한, 가공식품의 경우 고춧가루의 매운 수준에 따라 순한 맛, 덜 매운 맛, 보통 매운 맛, 매우 매운 맛으로 등급을 나눠서 표시하고 있습니다.

2.2. 귀하께서 주로 소비하는 식품 유형을 아래에서 한가지 선택하십시오. 귀하가 선택한 식품 유형을 구매할 때, 등급 표시를 확인하고 이를 구매 선택에 반영하십니까?

- 주로 구매하는 식품: 농산물 (　　), 축산물 (　　), 수산물 (　　), 가공식품(　　)

① 매우 그렇다　② 그렇다　③ 보통이다　④ 그렇지 않다　⑤ 전혀 그렇지 않다

아. 사전 설문 실시 후 보안

완성된 설문지를 현장에서 바로 사용하기에 앞서 사전 설문조사(pilot survey)를 하는 것이 필요한데, 이를 통해 응답자가 미처 보지 못했던 오류 등을 발견할 수 있기 때문이다. 사전 설문조사는 보통 5~10명 정도의 응답자를 대상으로 실시하되, 실제 조사를 진행할 대상자와 유사한 특성(나이, 성별, 학력, 거주지역 등)을 가진 응답자와 설문지 작성 전문가를 함께 포함하고, 조사 완료 후 응답자들의 의견을 청취하여 최종 보완을 하도록 한다.

그림 2-27　**설문지 작성 단계**

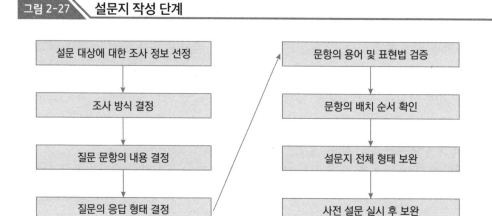

4. 소비자 행위 분석

1) 구매 행동 결정 요인

소비자가 상품을 구매하는 것에는 몇 가지 요인들이 작용하게 되는데, 구체적으로는 문화적 요인, 사회적 요인, 인구학적 요인, 심리적 요인으로 분류될 수 있다. 농식품 판매자는 소비자의 구매 행동 요인을 충분히 이해하여 상품에 대한 마케팅 전략 수립에 적용하여야 한다.

(1) 문화적 요인

문화(culture)는 사람이 시간을 거쳐 가면서 남겨 놓은 사회적인 유산인데, 소비자의 구매 행동 결정에 가장 기본적으로 영향을 미치는 요인이다. 문화는 사회적으로 공유되므로 상품의 소비 시장 전체를 대상으로 영향을 미치게 된다. 예를 들어, 이슬람 문화권에서는 돼지고기를 먹지 않으므로 돼지고기를 사용하지 않은 할랄(halal) 인증을 받은 식품 외에는 판매가 극히 힘들다. 이와 같은 문화적 요인을 무시하고 상품을 출시하고 마케팅을 진행하게 되면 성공적인 결과를 얻기 어렵다.

특정 문화는 인종, 국적, 종교 등에 따라 하위문화(subculture)로 더욱 세분되는데, 성공을 위해서는 마케팅 대상 소비계층이 속한 하위문화의 내용과 특성을 충분히 이해하여야 한다.

(2) 사회적 요인

하나의 문화권에서도 여러 개의 사회적 계층이 존재한다. 특히, 소득, 직업, 교육 수준 등의 조합에 따라 계층이 다양하게 분류되는데, 상품 마케팅 대상 소비자층이 속한 사회적 계층을 파악하여 적절한 마케팅 전략을 수립하여야 한다. 예를 들어, 고소득 계층의 소비자를 공략하기 위해서는 이들이 가격보다는 품질, 물리적 품질뿐만 아니라 심리적 품질을 또는 상품을 중시하는 반면 저소득 계층의 소비자들은 가격이 저렴하고 실용적인 상품을 더 선호한다는 차이점을 상품 개발 및 마케팅에 반영하여야 한다. 상품의 주 소비자층은 여러 가지 사회적 요인의 조합에 따라 더욱 세분화될 수 있으므로, 해당 소비자층이 속한 사회적 계층을 다각도로 분석하여야 한다. 또한, 동일한 소비자층에 위치한 소비자도 자신의 생활방식(life style)에 따라 다른 소매 행태를 가지기에, 마케팅의 대상으로 하는 주요 소비자의 생활방식도 면밀히 파악하여야 한다. 일례로, 동일한 대기업에 근무하는 40대 남성이더라도 일과 후 취미생활을 즐기는 경우와 자기 개발을 위한 공부를 하는 경우 등 다양한 생활방식을 가지고 있기에 이를 세분화하여 분석하여야 한다.

판매자는 소비자가 구매 결정을 할 때, 개인행동에 직간접적인 영향을 주는 준거집단이나 가족 구성원에 의해서도 영향을 받는다는 점을 고려하여야 한다.[78] 예를 들어, 청소년은 자신이 좋아하는 아이돌 가수가 입은 옷과 같은 상품을 구매하고 싶어하고, 중년 남성이 자동차를 구매할 때 같이 자동차를 사용할 가족의 의견을 참고하는 경우 등이 있다.

---

78) 준거집단은 개인이 의사결정을 할 때 직접 또는 간접적으로 영향을 주는 집단이나 개인을 의미하는데, 학교 친구나 직장 동료, 종교집단, 동호회 등이 대표적이다. 최근에는 대중매체의 발달에 따라 가수나 배우 등도 영향력 있는 준거집단이 되고 있다.

(3) 인구학적 요인

인구학적 요인인 연령, 성별, 소득, 교육, 직업 등도 소비자의 구매 행동 결정에 중요한 요인으로 작용한다. 앞서 언급한 사회적 요인에 의한 계층 구분은 인구학적 요인의 조합에 의해 규정되지만, 여기서는 각각의 요인별로 다양한 구매 특성을 보인다는 점이 강조된다. 예를 들어, 음료수의 경우 여성을 대상으로 하는 다이어트 전용 상품이 있는 반면, 남성을 공략하는 숙취 완화 기능성 음료 상품이 있다. 인구학적 요인에 있어 특히 여성의 특성에 대한 깊은 이해가 요구되는데, 가족이 필요한 상품을 구매할 때 여성이 주도하는 경우가 많기 때문이다.

심화학습 | 베이비붐 세대부터 알파 세대까지

특정한 시기에서 출생하고 성장하여 차별화된 행동양식을 가진 그룹을 "○○ 세대"로 규정짓고 있는데, 마케팅에서도 이들 세대의 특성을 파악하여 효과적인 전략을 수립하고 있다. 일반적으로 1950년대 태어난 베이비붐 세대부터 최근에 소비력을 갖추기 시작한 알파 세대까지 5세대로 구분되고 있다. (다만, 구체적인 시기는 출처별로 다소 차이가 있다)

베이비붐 세대(baby boom generation)는 1950년대부터 1960년대에 태어난 세대로 전쟁 이후 출생률이 급증한 시기에 태어난 세대로 우리나라의 경우 1953년 6.25 전쟁 종전 이후 출생한 세대로 전후(戰後) 세대 등으로 불리고, 일본의 경우 1948년 2차 세계대전이 끝난 이후의 세대로 "덩어리"라는 뜻의 단카이(團塊) 세대로 지칭된다. 베이비붐 세대는 동시에 많은 동년배를 가지게 되어 경쟁이 심하였으나, 전쟁 후 사회가 안정되고 산업화가 가속화되어 성공지향적인 성향이 강하며 이전 세대보다 학력 수준이 높은 세대이다. 또한, 다양한 사회운동과 문화운동을 주도하고, 1980~1990년대 한국 경제를 크게 발전시켰던 세대이다.

X 세대(X-generation)는 1970년대부터 1980년대에 태어난 세대로 신세대라는 말로 불리었는데, 기존 세대와 확연하게 차이 나는 미지의 세대라는 의미로 "X" 세대로 규정되었다. X 세대는 이전 세대의 아낌없는 지원 속에서 풍요로운 삶을 누리면서 눈치를 보지 않고 개성을 중시하는 개인주의적 성향이 강한 세대로, 한동안 사회적 이슈가 되었던 압구정동 오렌지족도 X 세대이다. 삐삐와 워크맨 등 휴대용 개인 전자기기를 사용한 세대로 디지털 환경에 익숙하고 유행에 민감한 소비성향을 가진 세대이다.

M 세대(M-generation)는 1980년대부터 1990년대(넓게는 2000년대 초반까지)에 태어난 세대로 2000년으로 세기가 바뀌는 시기를 경험했다는 의미로 밀레니엄(millennium) 세대로 부르고, 휴대폰 등 모바일(mobile) 기기를 사용한다는 의미로 모바일 세대로도 부른다. 또한, 이전 세대(X 세대)와 다음 세대(Z 세대)의 중간이자 매사 긍정적으로 "yes"라고 응답한다는 의미로 Y 세대로 불리기도 한다. M 세대는 정보통신기술(ICT)에 익숙하고, 부모의 도움으로 교육 수준이 높으며 세계화가 시작된 세대이다. 특히, SNS를 통해 폭넓은 관계를 형성하면서 자신이 속한 조직 밖에서 자아실현을 하려는 욕구가 큰 세대이다. 그러나, 고용과 일자리 감소로 취업난을 경험한 세대이기도 하다.

Z 세대(Z-generation)는 1990년대 후반부터 2000년대까지 태어난 세대로 시기적으로 M 세대와 겹치는 경우가 많아 두 세대를 통틀어 MZ 세대로 부르는 경우가 많다. 현재 왕성한 경제력을 갖추어가는 20~30대인 Z 세대는 이전 세대인 X 세대와 Y(M) 세대의 뒤를 잇는다는 의미로 "Z" 세대로 불리는데, 본격적인 모바일 디지털 환경에 노출되어 살아온 세대로, 컴퓨터보다 스마트폰에 익숙한 세대이다. Z 세대는 이전 세대보다 개인주의적 성향이 더 강하고 문화를 소비할 뿐만 아니라 직접 생산하는 주체로서의 자부심이 강하다. 일례로, 유튜브 등을 통해 자신의 관심사를 공유하고 생산하는 세대이다.

알파 세대(Generation alpha)는 2010년 이후 태어난 세대로, XYZ 다음으로 새로운 시작을 의미하는 "알파(α)"를 세대명으로 가졌다. 알파 세대는 현재 10대 청소년층을 형성하고 있는데, 인공지능 세대라고 불리며 스마트폰을 몸처럼 잘 다루는 세대이다. 아직은 소비력이 크지는 않지만, 앞으로 주요 소비층을 구성할 세대로 면밀한 분석과 관심이 요구되는 세대이다.

(4) 심리적 요인

개별 소비자의 구매에 영향을 주는 심리적 요인은 동기(motivation), 지각(perception), 학습(learning), 신념(belief), 태도(attitude)로 구분된다. 먼저, 동기는 사람이 행동하도록 이끄는 욕구를 의미하는데, 매슬로(Abraham H. Maslow)의 5단계 욕구이론을 참고할 필요가 있다. 매슬로는 인간의 욕구를 인간의 기본적인 배고픔과 목마름 등을 해결하려는 생리적 욕구(physiological needs), 안전을 보장받으려 하는 안전 욕구(safety needs), 사회 구성원으로 소속감 등을 얻고자 하는 사회적 욕구(social needs), 다른 사람의 인정을 받고 높은 신분에 오르고자 하는 존경 욕구(esteem needs), 자기 능력을 개발하고 자아를 실현하고자 하는 자아실현의 욕구(self-actualization needs)로 구성되어 있다고 보았다. 또한, 생리적 욕구와 같은 하위 욕구가 충족되어야만 다음의 상위 욕구를 갈망하게 되므로 판매자는 이러한 소비자의 인간 심리 욕구를 잘 파악하여 적절한 상품 구매 동기를 부여하여야 한다. 예를 들어 당장 먹고 살 소득이 부족한 사람에게 승마 클럽 가입 상품을 판매하는 것은 잘못된 마케팅 시도이다.

지각은 동기 부여가 된 소비자가 실제 구매를 하기 위해 상품과 관련한 정보를 수집하여 인지하는 과정을 반영한다. 소비자 지각은 주로 광고 등을 통해 이루어지는데, 수많은 광고로 넘쳐나는 요즘 시대에 동기 부여가 된 소비자를 대상으로 보다 효과적인 지각이 이루어지도록 하는 것이 판매자의 중요한 과제이다.

학습은 소비자가 경험을 통해 신념이나 행동에 변화가 일어나는 것을 의미하는데, 예를 들어, 새로운 라면이 출시되어 시험 삼아 먹어본 소비자가 맛있었다는 지각을 한 다음에는 그 라면만 먹게 되는 경우를 들 수 있다. 판매자는 학습을 통해 소비자의 구매 행동을 변화시킬 수 있는데, 특히 시장에 늦게 뛰어든 상품의 판매자는 기존 상품을 소비하는 소비자를 변화시키기 위해서 학습 요인을 잘 활용하여야 한다.

마지막인 신념 또는 태도는 각각 사람이 무엇인가에 대해 품고 있는 생각과 어떤 대상에 대해 개인이 가지고 있는 일관된 평가·느낌·시각 등을 의미한다. 소비자는 상품에 대해 좋아하거나 싫어하게 되는데, 이러한 과정에 태도가 개입하게 되는 것이다. 예를 들어, 농산물은 우리 것이 최고라는 태도를 가진 소비자에게는 국산 농산물을 소비할 확률이 매우 높다. 따라서, 판매자는 소비자의 태도를 사전에 파악하여 거기에 부합하는 상품을 개발하고 이를 강조하는 마케팅 전략을 수립하여야 한다.

그림 2-28   매슬로우의 욕구 계층

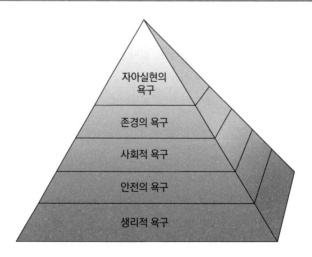

2) 구매 행동 유형 및 구매 의사 결정 과정

(1) 구매 행동 유형

소비자의 구매 행동을 다양한 유형으로 나눌 수 있지만, 소비자의 관여 정도에 따라 저관여 (low-involvement) 구매 행동과 고관여(high-involvement) 구매 행동으로 구분된다. 먼저, 저관여 구매 행동은 소비자가 구매 행동을 할 때 깊이 생각하지 않고 쉽게 결정하는 것으로, 상품의 특징에 따라 습관적 구매 행동(habitual buying behavior)과 다양성 추구 구매 행동(variety-seeking buying behavior)으로 다시 세분된다. 습관적 구매 행동은 상품별로 차이를 느끼지 못하고 습관적으로 손에 잡히는 상품을 구매하는 경우이다. 이러한 구매 행동을 가진 소비자들에게는 브랜드를 반복적으로 접하게 하여 친숙감을 높이는 전략이 효과가 있다. 다양성 추구 구매 행동이란 상품별로 차이가 있는 경우 소비자가 이전에 사용했던 상품을 새로운 것으로 바꿈으로써 다양성을 추구하는 것이다.

고관여 구매 행동은 신중하게 고민한 다음 상품 구매를 결정하는 경우인데, 일반적으로 상품 가격이 높고 상품 간 품질 차이가 크며 구매 빈도가 낮은 경우에 자주 나타나는 구매 행동이다. 고관여 구매 행동을 하는 소비자는 상품에 대한 정보를 수집하여 자기만의 신념이나 태도를 형성하게 되므로, 판매자가 소비자의 구해 행동을 바꾸기 어렵다. 따라서, 고관여 구매 행동의 대상 상품을 판매하는 경우, 소비자들의 태도에 부합하는 상품을 개발하고 소비자에 자사 상품의 차별적 우위를 강조하는 전략이 필요하다.

그림 2-29 소비자 관여 정도에 따른 구매 행동 유형

(2) 구매 의사결정 과정

소비자는 상품 구매를 할 때 크게 다섯 가지 단계를 거치게 되는데, 욕구 인식(need recognition), 정보 탐색(information search), 대안 평가(alternative evaluation), 구매 결정(purchase decision), 구매 후 행동(post-purchase behavior) 단계이다. 욕구 인식은 소비자가 직면하는 문제나 욕구를 인지하는 것인데, 예를 들어 목이 말라서 갈증을 느끼는 소비자가 시원한 음료수를 마시고 싶어 하는 단계이다. 욕구가 인지된 소비자는 이의 해결을 위해 정보 탐색을 하게 되는데, 어떤 음료수를 마실 것인지를 판단하기 전에 구매할 수 있는 음료 상품에 대한 정보를 수집하는 단계이다. 잠재적으로 구매하려는 상품에 대한 정보가 수집되면 소비자는 이들을 상호 비교하는 대안 평가를 하게 되는데, 앞의 예에서 수집된 음료수 상품의 장단점을 서로 비교하는 단계이다. 대안 평가 후 소비자는 가장 선호하는 상품에 대한 구매를 결정하게 되는데, 여러 가지 음료 상품을 비교한 후 하나를 선택하는 것이다. 상품 구매 후에는 사용한 상품에 대한 평가를 하게 되는데, 다시 말해서 구매하여 마신 음료의 맛 등을 평가하여 구매 전에 기대했던 것보다 좋았는지 나빴는지를 평가한 후 다음 음료 구매 시 참고하게 된다.

판매자는 소비자의 구매 의사결정 단계에 따라 적절한 마케팅 전략을 수립하여야 한다. 예를 들어, 정보 탐색단계의 소비자를 위해 상품 정보를 다양하게 노출시키고, 구매 후 행동단계의 소비자를 위해 상품의 사후 서비스(AS)를 강화하는 전략 등이 해당된다.

그림 2-30   **소비자의 구매 의사결정 단계**

욕구인식 → 정보탐색 → 대안평가 → 구매결정 → 구매 후 행동

1. 시장분석의 의의

1) 기업 마케팅과 시장분석

우리가 흔히 현장에서 접하는 유통론은 상품을 얼마나 효과적으로 파는 것에 대한 답을 찾는 방법론으로 통상적으로 기업 마케팅(business marketing)이라고 지칭된다. 하지만, 바람직한 유통론은 기업 마케팅 외에도 유통의 대상인 시장(또는 산업)을 분석하는 시장분석(market analysis)도 포함해야 한다. 이는 기업 마케팅의 대상인 시장이나 산업 자체를 분석하여 그 특성을 충분히 이해하게 되면, 좀 더 종합적이고 효과적인 대응이 가능하기 때문이다.

실제로 우리는 언론 보도 등을 통해 다양한 시장분석 결과를 접하고 있다. 일례로 자유무역협정(FTA)이 체결되어 수입 농식품의 국내 시장 진입이 가속화되는 경우 농식품 시장이 어떠한 영향을 받게 되는지에 대한 분석이 대표적이다. 이러한 분석은 계량경제 모형을 적용하여 시장 외부 충격이 시장과 시장 내 유통 주체들에게 미치는 영향들을 숫자로 제시하게 된다.

또한, 시장에 상품과 서비스를 공급하는 산업의 구조를 분석하는 것도 시장분석의 한 분야로 포함된다. 예를 들어, 우리나라 제당시장은 3개 업체가 생산한 설탕을 소비자들에게 공급하는 과점시장(oligopoly market)인데, 이에 따른 이론적 분석과 정책적 논의가 꾸준하게 이어지고 있다.

그림 2-31 　유통론의 구분

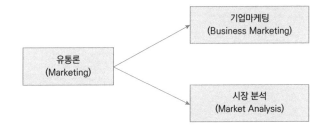

2) 시장분석의 의의

일반적으로 시장분석은 개별 기업보다는 정책 담당자나 연구자가 주로 담당하는데, 이는 시장이나 산업 전체를 조망하고 향후 변화를 예측하여 적절한 대응책을 모색하기에 적합한 방법론이기 때문이다. 앞에서 예를 들었던 FTA 파급 효과 분석 또한 FTA가 체결되어 발효되기에 앞서 해당 산업을 위한 대응 정책 등을 사전에 준비하는 데 도움을 주게 된다. 또한, 산업의 구조 분석을 통해 대상 산업의 건전한 발전을 위한 정책 개발 및 시행이 이어지게 된다.

그러나, 개별 기업도 시장분석 결과를 자주 활용한다. 특히, 향후 시장에 큰 영향을 미칠 수 있는 외부 충격을 사전에 인지하고, 이로 인해 변화되는 시장 여건에 효과적으로 대응하기 위한 지표로 활용할 수 있기 때문이다. 우리나라의 농식품 시장이 갈수록 고도화되고 세계 식품 시장 및 산업의 여건 변화에 직접적으로 영향을 받는 시점에서 농식품 시장분석의 중요성이 점차 높아지고 있다.

2. 산업조직론

1) 개념과 주요 방법론

산업조직론(industrial organization)은 독과점 등이 있는 현실 시장을 경제학적 시각에서 다루고 있는 학문으로 불완전경쟁시장을 논의 대상으로 하고 있다. 우리가 경제학 수업에서 흔히 접하는 미시경제학은 완전경쟁시장을 주된 분석 대상으로 하고 있는데, 현실에서 완전경쟁시장을 찾기는 매우 어렵다. 아래 표와 같이 완전경쟁시장과 불완전경쟁시장은 매우 다른 특성을 가지는 상황에서, 대부분의 농식품 시장은 과점 또는 독점 시장을 형성하고 있으므로 기본적인 미시경제학의 방법론으로는 올바른 분석을 하기 어렵다. 따라서, 이를 보완하는 산업조직론에 대한 학습이 필요하다.

표 2-6 완전경쟁시장과 불완전경쟁 시장 비교

항목	완전경쟁시장	불완전경쟁시장
시장 참여자	다수의 수요자와 공급자	소수 또는 한 명일 수 있음
시장 가격	가격이 주어짐	가격에 영향을 줄 수 있음
상품	동질한 상품	이질적 상품 가능
시장 진퇴	자유로움	제한이 있을 수 있음
시장 정보	완전한 정보를 가짐	정보의 불균형이 발생 가능

산업조직론에는 다양한 방법론이 있지만, 여기에서는 대표적으로 적용되는 S−C−P 분석법을 중심으로 설명하려고 한다. S−C−P 분석법은 산업 구조(structure), 기업 행위(conduct or behavior), 산업 성과(performance)를 중심으로 특정 산업을 분석하여 시사점을 도출하는 방법론이다. 여기서 산업 구조는 분석 대상 산업이 어떠한 구조를 가지고 있는 지를 분석하는 것이고, 기업 행위는 해당 산업 내에 있는 기업의 상호경쟁행위를 분석하는 것이다. 또한, 산업 성과는 대상 산업이 제대로 작동되어 사회적 기여를 하는 지를 평가한다. 이러한 S−C−P 분석을 통해 우리나라 농식품 시장 또는 산업을 체계적으로 분석할 수 있다.

2) S-C-P 분석

(1) 산업 구조

가. 시장과 산업

우리는 농식품 시장과 농식품 산업이라는 용어를 혼용하고 있지만, 엄연히 양자는 다르다. 시장은 상품을 구매하는 시각, 즉 수요 측면에서 바라보는 것인데, 일반적으로 수요의 대체탄력성(교차가격 탄력성)이 높으면 하나의 시장으로 보게 된다. 예를 들어, 음료수 중에서 과일주스와 청량음료 간의 수요의 대체탄력성이 높아 소비자가 상황에 따라 상호 대체상품으로 소비하는 경우, 둘을 하나의 시장으로 묶어서 분석하게 된다. 반면에, 과일주스와 맥주는 상호 대체탄력성이 낮은 경우 별개의 시장으로 구분하게 되는 것이다.

한편, 산업은 상품을 공급하는 시각, 다시 말해서 공급 측면에서 바라보는 것인데, 생산의 대체성이 높으면 하나의 산업으로 보게 된다. 예를 들어, 공장에서 과일주스와 채소주스는 원료만 차이 날 뿐 생산 공정이 유사하여 쉽게 대체하여 생산이 가능한 경우 두 상품을 생산하는 산업을 하나의 산업으로 분석한다.

현실적으로는 시장이나 산업의 범위를 명확하게 구분할 수 없다. 앞에서 탄력성이 크면 하나의 시장 또는 산업으로 규정한다고 하지만, 구체적으로 수치가 얼마 이상이어야 하나의 시장이나 산업에 포함시키는 지에 대한 명확한 기준은 없다. 따라서, 그동안 관행적으로 하나의 시장이나 산업으로 포함시켜온 것을 그대로 적용하는 것이 일반적이다. 다만, 최근에는 시장이나 산업에서 거래되는 상품이 다양해지고 복잡해짐에 따라 시장이나 산업의 범위도 자주 변화되고 있다.

나. 산업 분류

산업 조직 분석을 위해서는 산업에 대한 분류가 필요하다. 이를 위해 통계 작성 기관에서는 다양한 방식으로 산업을 분류하여 통계 분류 코드라는 형태로 발표하고 있다. 통계 코드는 크게 산업 통계와 상품 통계로 구분할 수 있다. 산업 통계로는 한국표준산업분류(KSIC: Korean Standard Industrial Classification)가 대표적인데, 통계청에서 각 사업체가 주로 수행하는 산업 활동을 유사성에 따라 분류하여 통계 내용을 작성하는 기준으로 사용하고 있다. KSIC코드는 대분류, 중분류, 소분류, 세분류, 세세분류의 5자리 숫자로 표시 되는데, 식료품제조업(10)에 대한 산업 분류 코드의 예는 다음 그림과 같다.

그림 2-32 음식료제조업에 대한 KSIC코드 예

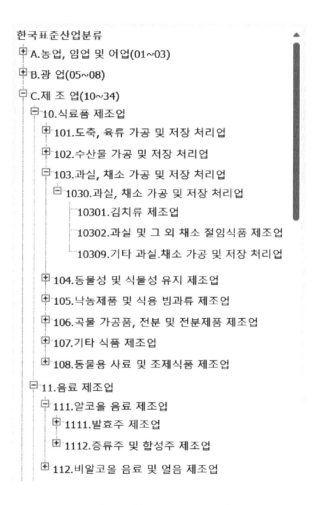

출처: 통계청 통계분류포털 (https://kssc.kostat.go.kr)

상품 통계로는 조화상품분류(HS: harmonized commodity description and coding system)가 대표적인데, 세계무역기구(WTO) 및 세계관세기구(WCO)가 무역 통계 및 관세 분류를 목적으로 수출입상품 분류 결과를 숫자로 표시한 것이다. HS코드는 세계적으로 6자리 숫자로 코드가 구성되는데, 우리나라는 추가로 뒤에 4자리를 더하여 보다 세분화한 10자리의 HSK코드를 사용하고 있다. HS코드 또는 HSK코드는 관세청에서 주로 사용하고 있다.

한편, HS코드를 사용 목적에 따라 다시 재그룹(re-grouping)한 것으로 MTI코드와 AG코드가 있다. MTI코드는 과거 산업통상자원부에서 통계분류의 편의를 위해 만든 것으로 6자리 숫자로 구성된다. AG코드는 한국농수산식품유통공사(aT)에서 HS코드를 자체적으로 재조합하여 만든 9자리 숫자의 코드인데, 농식품 수출입 통계관련해서 AG코드를 자주 사용하고 있다.

그림 2-33 **AG코드 검색 예: 김치**

출처: 한국농수산식품유통공사 Kati 농식품수출정보 (https://www.kati.net)

다. 구조 분석

특정한 산업의 구조를 분석하기 위해서는 주로 3가지 부문을 주로 논의하는데, 시장 점유율(market share), 시장 집중도(market concentration), 진입장벽(barriers to entry)이 해당된다. 시장 점유율이란 특정 기업이 시장(또는 산업)에서 차지하는 비중을 의미하는데, 주로 기업의 매출액이 해당 시장의 전체 규모(또는 해당 산업 내 기업들의 매출액 총합)에서 차지하는 비중으로 계산된다. 따라서, 특정 산업 내 기업들의 시장 점유율의 합은 1(100%)이 된다.

시장 집중도란 특정 산업이 소수의 기업에 집중되어 있는 정도를 측정하는데, 기업의 시장 점유율 자료를 가지고 시장 집중도를 계측할 수 있다. 시장 집중도를 표시하는 지수(집중지수)로는 다양한 것이 있는데, 이 중 대표적인 것이 집중률(CRk: concentration ratio)이다. CR_k는 매출액이 가장 큰 순서로 1등부터 k등까지의 기업의 매출액 합을 해당 시장 내 기업 총매출액으로 나눈 값인데, 수식으로 표현하면 다음과 같다. CR_k의 값은 0과 1(또는 값에 100을 곱하여 0%와 100%로 표현) 사이에 있는데, 값이 0(또는 0%)에 가까우면 시장 구조가 완전경쟁구조에 가깝게 되고 값이 1(또는 100%)에 가까우면 독점 구조에 가깝게 됨을 의미한다.[79]

그림 2-34 ◥ **시장 집중도 공식**

$$CR_k = \frac{\sum_{i=1}^{k} S_i}{\sum_{i=1}^{n} S_i} = \sum_{i=1}^{k} MS_i$$

여기서, S_i 는 시장에 진입한 기업을 매출액 기준으로 1등부터 k등까지 배열하였을 때
i 번째 순위에 위치한 기업의 매출액으로, 해당 시장에는 n개의 기업이 있다.
MS_i는 i 번째 순위에 위치한 기업의 시장 점유율이다.
시장 집중도는 위 공식에서 도출된 값에 100을 곱하여 % 값으로 사용하기도 한다.

특정 산업 내에 기업들의 수가 적을 때는 CR_3 또는 CR_4, 반면 많을 때는 CR_8 또는 CR_{20} 등이 사용되는데, 이 중 CR_3와 CR_{10}를 많이 사용하는 편이다. 이는 CR_3는 공정거래법에 의거한 시장지배적 사업자를 판정하기 위한 기준의 하나로 사용되기 때문이고, CR_{10}는 시장에서 통상적으로 상위 10대 기업들의 점유율이 논의되기 때문이

---

79) 일반적으로 상위 3개 기업의 시장 집중도를 계측하여 완전경쟁적 시장 또는 독과점 시장 여부를 판별한다. CR_1(1위 기업의 시장점유율)이 50% 이상이면 독점(獨占, monopoly), CR_2(1위와 2위의 시장점유율 합계)가 75% 이상이면 복점(複占, duopoly), CR_3(1위부터 3위까지의 시장점유율 합계)가 75% 이상이면 과점(寡占, oligopoly)으로 해석한다. 한편 CR_4(1위부터 4위까지의 시장점유율 합계)가 40% 이하면 경쟁적 시장으로 보고, 90% 이상이면 독점적 시장으로 판단하기도 한다.

다.[80] 우리나라의 식품가공산업에 대한 시장집중도를 분석하여 보면, 세부산업별로 차이가 큰 것을 발견하게 된다. 예를 들어, 제분(밀가루)산업, 제당(설탕)산업, 식용유 산업 등의 경우 소수의 대기업이 산업 전체 매출액 대부분을 차지하는 과점구조를 보여 CR_3의 값이 매우 높게 계측되는 반면, 김치산업 등의 경우에는 다수의 업체가 전체 매출액을 각각 구성하고 있어 CR_3의 값이 낮게 계측된다.[81]

그림 2-35 **시장지배적 사업자의 요건**

매출액·구매액 요건	연간 매출액 또는 구매액인 80억 원 이상인 사업자
시장점유율 요건	한 사업자의 시장 점유율이 50% 이상인 사업자이거나, 셋 이하의 사업자의 시장 점유율 합계가 75% 이상인 사업자

위 두 가지 요건을 모두 충족하는 경우,
시장지배적 사업자로 지정

다른 집중지수로는 허핀달 지수(Herfindahl Index) 혹은 허핀달 – 허쉬만 지수(HHI: Herfindahl-Hirschman Index)가 있는데, HHI는 분석 대상 산업(시장)내의 기업 모두의 시장 점유율을 제곱하여 합한 값이다. HHI의 값은 1을 산업(시장)내 기업 개수로 나눈 값과 1 사이에 있는데, 기업들의 시장 점유율이 모두 같은 경우에는 HHI 값이 "1/기업수"의 값과 같아지고, 독점인 경우에는 1의 값이 나오게 된다.[82]

---

80) 시장지배적사업자는 「독점규제 및 공정거래에 관한 법률(공정거래법)」에서 규정하고 있는데, 구체적인 조항은 다음과 같다.
제6조(시장지배적사업자의 추정) 일정한 거래분야에서 시장점유율이 다음 각 호의 어느 하나에 해당하는 사업자(일정한 거래분야에서 연간 매출액 또는 구매액이 80억 원 미만인 사업자는 제외한다)는 시장지배적사업자로 추정한다. <개정 2024. 2. 6.>
1. 하나의 사업자의 시장점유율이 100분의 50 이상
2. 셋 이하의 사업자의 시장점유율의 합계가 100분의 75 이상. 이 경우 시장점유율이 100분의 10 미만인 사업자는 제외한다.
81) 우리나라 식품가공업의 시장집중도를 계측한 결과와 시사점은 제8장 제2절에 있는 "2. 산업구조"에서 보다 자세히 알아보도록 한다.
82) 일반적으로 HHI 계측치가 100~1,000이면 집중도가 거의 없는 완전경쟁시장에 가까운 것으로 보고, 계측치가 1,000~1800이면 경쟁적 시장으로 보며, 계측치가 1,800~4,000이면 과점적 시

그림 2-36 | 허핀달-허쉬만 지수 공식

$$HHI = \sum_{k=1}^{n} \left(\frac{S_k}{\sum_{i=1}^{n} S_i} \right)^2 = \sum_{k=1}^{n} (MS_k)^2$$

여기서, S_i 와 S_k 는 각각 i 번째 기업과 k번째 기업의 매출액인데, 해당 시장에는 n개의 기업이 있다.

MS_k 는 k 번째 순위에 위치한 기업의 시장점유율이다.

허핀달 —허쉬만 지수는 위 공식에서 도출된 값에 10,000을 곱하여 사용하기도 한다.

HHI는 CR_k보다 우수한 면이 있는데, HHI는 기업의 규모가 균등하지 않은 것과 기업의 활동이 소수에 기업에 집중되어 있는 것을 함께 반영하고 있기 때문이다. 그럼에도 현실에서는 CR_k를 보다 자주 사용하고 있는데, 이는 HHI를 구하기 위해 해당 산업 내 모든 기업의 매출액 자료가 필요한 반면 CR_k는 상위 1등부터 k등까지의 대기업의 매출액 자료와 시장 전체 매출액 자료만 있으면 계측이 가능하기 때문이다.

그 외에도 엔트로피 지수(Entropy index), 홀—타이드만 지수(Hall-Tideman index), 지니 지수(Gini index) 등이 시장 구조 분석에 활용되고 있는데, 보다 구체적인 내용은 다른 관련 서적을 참고하기 바란다.[83]

장으로 보고, 계측치가 4,000 이상이면 독점적 시장으로 본다.

83) 엔트로피 지수는 물리학의 법칙에서 응용한 것으로 지수값인 E가 0과 $log\, n$ (n = 기업 수) 값 사이에 있게 되는데, 다른 지수와는 달리 지수차가 클수록 경쟁도가 높은 것을 의미하므로 해석 상의 주의가 필요하다. 즉, 엔트로피 지수가 작을수록 높은 독점도 또는 불균등도를 나타낸다. 이 지수는 새로운 기업의 진입에 따라 그 값이 증가할 수도 있고 감소할 수도 있는 특징이 있다.
홀—타이드만 지수는 HT라고 표시하며 각 기업의 점유율을 가중치로 한 기업순위 가중평균치의 역수이며, 순수 독점일 경우는 값이 1이 되고 모든 기업이 균등할 경우에는 $1/n$ (n = 기업 수) 이 된다.
지니 지수는 원래 소득 불균등도를 측정하려는 것으로서 소득분배의 측정에 이용되었지만 시장 내 기업규모 간 불균등상태를 나타내기 위하여 사용되기도 한다. 모든 기업이 균등한 규모를 가지고 있을 경우는 지니 지수는 0이 되고 완전독점일 경우에는 1이 된다. 따라서, 지니 지수가 1에 가까울수록 불균등도가 큼을 의미한다.

라. 구조 결정 요인

농식품 산업 또는 시장의 구조를 결정하는 요인은 매우 다양한데, 시장의 성장 속도, 진입장벽(barriers to entry), 기업 간 결합 또는 합병, 정부 정책 등이 포함된다. 먼저, 시장의 성장 속도가 산업 구조에 미치는 영향을 보면, 일반적으로 성장 속도가 빠를 수록 신규 기업의 진입이 활발하게 되므로 독과점화가 완화되면서 보다 경쟁적인 구조가 되는 경향을 보인다.

진입장벽이 높은 경우에는 신규 기업의 진입이 제한되어 독과점화가 유지되는데, 진입장벽이란 신규 기업의 진입을 가로막는 장애물이다. 진입장벽은 구조적 진입장벽과 의도적 진입장벽으로 구분되는데, 구조적 진입장벽은 비용상의 유리함, 규모의 경제, 상품 차별화, 특허 등에 의해 자연적으로 생성되는 장벽이고, 의도적 진입장벽은 기존 기업이 새로운 기업의 참여를 막기 위해 의도적으로 만든 장벽이다. 의도적 진입장벽은 저지가격 혹은 진입제한가격(limit pricing), 약탈적 가격(predatory pricing), 과잉 설비 투자에 의한 진입장벽 등이 있는데, 저지가격 혹은 진입제한가격은 기존 기업이 신규 기업의 시장 진입을 막기 위해 가격을 낮게 설정하는 것이고, 약탈적 가격은 기존 기업이 자신의 손해를 감수하면서까지 가격을 더 낮게 설정하는 것이며, 과잉설비 투자는 기존 기업이 생산 설비를 시장의 적정 규모보다 크게 구축하여 신규 기업의 시장 진입 시 생산 설비를 모두 가동하여 공급량을 늘려서 가격을 낮추는 것이다.

| 그림 2-37 | 진입장벽의 유형 |

| 구조적 진입장벽 | 자연적으로 생성 | → | 비용상 유리, 규모의 경제, 상품 차별화, 특허 등 |
| 의도적 진입장벽 | 기존 기업이 의도적으로 구축 | → | 저지가격(진입제한 가격), 약탈적 가격, 과잉설비 등 |

한편, 기업 간 합병이나 결합이 활발할수록 과점이나 독점이 강화되게 되는데, 기업 결합은 동일 유통단계에서 동종 유사제품을 생산하는 기업끼리 결합하는 수평결합(horizontal integration)과 유통단계별로 상하 결합이 진행되는 수직결합(vertical integration), 수직 또는 수평 방향과는 상관없이 문어발식으로 결합하는 복합결합(conglomerate)으로 구분된다. 수직결합은 다시 유통 단계에서 다음 단계로 결합이 진행되는 전방 결합

(forward integration)과 역방향으로 진행되는 후방 결합(backward integration)으로 구분된다.[84] 예를 들어, 식재료 도매업체가 소매부문으로 진출하거나 식품가공 업체가 유통 사업을 겸하게 되면 전방수직결합이 되는 것이고, 대형 할인마트 또는 식품가공 업체가 산지 농장과 계약재배 등을 하면 후방수직결합이 되는 것이다. 이러한 수직결합은 다양한 방식으로 진행될 수 있는데, 결합 주체가 결합 대상 업체와 계약생산을 하는 경우(contracts), 자회사를 직접 설립하는 경우(internal growth), 결합 대상 업체를 인수하는 경우(mergers), 결합주체가 결합대상과 함께 판매지역과 판매가격을 제한하는 경우인 수직적 제한 등이 있다.

그림 2-38 **농식품 산업의 전방수직결합과 후방수직결합**

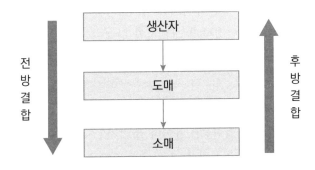

끝으로 정부 정책도 산업 구조에 상당한 영향을 미치게 되는데, 정부가 특정 산업의 독과점을 금지하는 정책을 지속적으로 추진하면 해당 산업의 구조는 완전경쟁구조에 근접해 갈 것이다. 반면, 정부가 의도적으로 독과점 구조를 유지시키는 산업도 있는데 주로 철도나 전력 등 국가 기간산업이 해당된다. 우리나라의 경우 정부가 「독점규제 및 공정거래에 관한 법률 (공정거래법)」을 근거로 독과점적인 영향력을 행사할 수 있는 기업체를 시장지배적 사업자로 규정하고, 관련 규제 정책을 시행하고 있다.

---

84) 전방결합과 후방결합의 결합 방향이 헷갈릴 수 있는데, 다음과 같이 이해하면 편할 것이다. 수직결합 주체가 소비자를 바라보고 있다고 가정하고 자신의 눈 앞쪽으로 결합해 나가면 전방결합이고, 자신의 뒤통수 쪽으로 결합해 나가면 후방결합으로 생각하도록 한다.

(2) 기업 행위

가. 기업의 분류

산업에서 경제활동을 하는 기업은 주체와 특성에 따라 다양하게 구분된다. 먼저 운영 주체에 따라 민간기업과 공공기관으로 구분된다. 먼저, 민간기업은 합명회사, 합자회사, 유한회사, 주식회사로 구분되는 회사형태와 협동조합으로 분류할 수 있다. 합명회사는 출자자 모두가 회사의 채무에 대하여 직접 연대하여 무한 책임을 지는 회사이고, 합자회사는 두 사람 이상이 자본을 출자해 만든 회사로 업무의 집행에 관해 무한한 권리와 의무를 갖는 무한 출자자와 한정된 권한과 감독권을 가지는 유한 출자자로 구성된다. 유한회사는 50인 이하의 유한 책임 출자자로 조직되는 회사로 출자자들은 자본에 대한 출자 의무를 부담하되 회사 채무에 대해서는 출자액의 한도 내에서만 책임을 지는 구조를 가진다. 주식회사는 주식의 발행을 통해 여러 사람으로부터 자본을 조달받는 회사로 7인 이상의 주주가 유한 책임 출자자가 되어 설립되는 회사인데, 자본과 경영이 분리되는 회사의 대표적인 형태이다.[85]

한편, 협동조합은 경제적으로 약자인 농민이나 중·소 상공업자, 일반 소비자가 상부상조하는 정신 아래 사회적·경제적 목적을 추구하기 위하여, 구매·생산·판매·소비 등의 일부 또는 전부를 협동하여 운영하는 조직단체로 앞에 설명한 회사 등과는 성격이 다르다. 생산자 조직인 농업협동조합이나 소비자 조직인 생활협동조합 등이 대표 사례인 협동조합은 조합원이 출자한 돈으로 협동조합을 조직하고 운영한다. 특히, 협동조합은 기본적으로 자본주의 시장의 기업 형태를 따르나 사회적 목적과 협동조합 정신을 우선시하기에, 가지고 있는 주식의 수만큼 의사결정 권한을 행사하는 주식회사 주주와 달리 조합원 모두 "1인 1표"의 권한을 행사하게 된다.

공공기관은 공적 목적으로 구성되어 운영되는 기업으로 정부기관, 정부출자회사(공사), 정부출자회사의 자회사 등이 있다. 최근, 민간기업과 공공기관의 성격이 융합된 제3 섹터 또는 조인트 섹터(joint sector)가 부각되고 있는데, 공공기관의 경직된 구조를 민간기업의 유연성으로 극복하되 이윤 추구만을 목적으로 하는 민간기업의 특성 대신 사회에 기여하도록 하는 공공 목적을 강조하는 형태이다. 조인트 섹터는 적절하게 운영되면 민간기업의 유연성·효율성과 공공기관의 공익적 기능이 발현되어 기대

---

85) 자본과 경영의 분리란 기업의 소유주와 기업 경영자가 서로 다르게 되는 것을 의미한다. 주식회사의 경우 주주가 경영자를 별도로 선임하여 기업 경영을 맡기는데, 관련한 의사결정은 주주회의에서 진행하되 개별 주주는 가지고 있는 주식의 비중만큼 권한을 행사할 수 있다.

이상의 성과를 얻을 수 있으나, 서로 다른 특성을 가진 조직이 결합하다 보니 종종 양자 간의 상충 문제가 발생하기도 한다. 최악의 경우에는 공공기관의 경직된 구조로 영리 추구를 우선하는 기업체가 발생할 수도 있으므로, 조인트 섹터 도입 및 성공적인 운영은 쉽지 않은 과제이다.

그림 2-39 기업의 분류

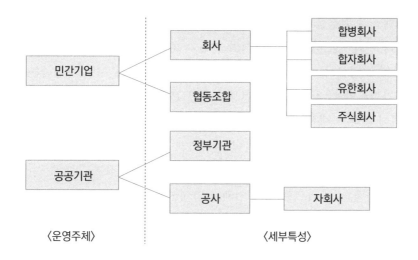

나. 경쟁행위

기업은 타 업체와 다양한 경쟁을 하고 있는데, 이를 크게 가격 경쟁행위와 비가격 경쟁행위로 구분한다. 가격 경쟁행위는 상품의 가격을 통해 다른 기업과 경쟁을 하는 행위이고, 비가격 경쟁행위는 상품의 가격 이외의 수단을 가지고 경쟁하는 행위이다. 과거에는 가격을 통한 경쟁이 주로 진행되었지만, 최근 다양한 방법을 통한 비가격 경쟁행위가 많아지고 있다.

가) 가격 경쟁행위

가격 경쟁은 공급자가 시장 가격에 영향을 미칠 수 있는 과점 또는 독점 등 불완전경쟁시장에서 진행되는데, 완전경쟁시장에서는 시장 가격이 주어진 가격(given price)으로 공급 업체가 가격을 그대로 받아들여야하기 때문이다.[86] 불완전경쟁시장에서

---

86) 과점은 과점 구조에 따라 다시 세분될 수 있는데, CR_3가 65% 이상으로 상위 소수 기업의 집

기업의 가격 경쟁행위는 미시경제학에서 다양한 이론으로 설명되고 있는데, 굴절수요곡선(kinky demand curve)이론, 꾸르노 모형(Cournot model), 베르뜨랑 모형(Bertrand model), 스타켈베르그 모형(Stackelberg model) 등이 대표적이다. 여기에서는 미국의 경제학자인 폴 스위지(P. Sweezy) 등이 1939년에 주장한 굴절수요곡선 이론만 소개하기로 한다.

(가) 굴절수요곡선 이론

굴절수요곡선(kinky demand curve) 이론은 과점시장에서 기업은 경쟁업체의 대응을 생각하며 판매가격 결정을 하기에 수요곡선이 특정 지점에서 굴절(kinked)되어 결과적으로 생산비의 변화에도 불구하고 가격의 변화가 제한적인 것(sticky price)을 설명하는 이론이다. 아래 그림에서 보는 바와 같이, 기업 A와 기업 B가 서로 경쟁하는 복점시장(duopoly)을 가정하자.[87] A가 가격을 인상할 경우 B는 가만히 있어도 A의 소비자를 얻을 수 있기에 별다른 행동을 취할 필요가 없다. 그러나, A가 가격을 인하할 경우 B는 소비자를 A에 빼앗기므로 가격을 같이 인하하게 된다. 따라서, 시장 내 A와 B는 가격을 인상하는 데는 서로 주저하게 되고, 가격 인하는 상대적으로 쉽게 실시할 수 있는 상황이 되는데, 결과적으로 이들 업체가 가지는 수요 곡선은 가격의 상승단계에는 탄력적(평평한 기울기)이 되는 반면 가격의 하락단계에는 비탄력적(가파른 기울기)이 되므로 현재 가격이 만나는 수요곡선상의 점에서 굴절하게 된다.

이를 보다 구체적으로 보자. 수요곡선 D_a는 A가 가격을 변화 시킬 때 B는 가격 P를 변화시키지 않는 경우의 수요 곡선으로 자신의 가격 변화에 따른 수요량 Q의 변화가 민감하게 나타나는 탄력적인 수요곡선이다.[88] 반면, 수요곡선 D_b는 A의 가격 변화에 B도 가격 변화로 대응하는 경우의 수요곡선으로 가격 변화에 따른 수요량 변화가 상대적으로 둔감하게 나타나는 비탄력적인 수요곡선이다. 따라서, 현재 가격이 지나는 점에서 굴절점(kinked point)이 나타나서 현재 가격에서 가격을 올리는 경우에는 수

중도가 매우 높은 과점인 tight oligopoly, CR3가 65% 미만으로 집중도가 낮은 과점인 loose oligopoly로 구분되기도 한다. 또한, 완전경쟁시장처럼 기업 수는 매우 많지만, 소수의 큰 기업과 다수의 영세 기업으로 구성되어 과점시장에서의 기업 행위가 발견되는 과점은 core oligopoly로 부른다.

[87] 복점시장은 시장 내 공급자가 둘인 경우로, 과점의 극단적인 형태이다. 여기서는 편의상 복점상황을 가정하여 설명하고 있으나, 일반적인 과점 시장에서도 비슷한 결과가 나타난다.

[88] 우리는 미시경제학이나 경제원론에서 수요가 탄력적일수록 수요곡선의 기울기가 평평해지고, 비탄력적일수록 곡선의 기울기가 급해짐을 알고 있다.

요곡선 D_a를 따라서 시장 가격과 거래량 변화가 진행되고, 현재 가격을 내리는 경우에는 수요곡선 D_b를 따라서 시장 가격과 거래량 변화가 진행되게 된다.

한편, 과점(복점)시장인 불완전 경쟁시장에서는 수요곡선과 한계수입(MR: marginal revenue)곡선이 분리되는데, 한계 수입곡선도 각각 수요곡선에 따라 MR_a와 MR_b로 구분되어 시장에 나타나게 된다. 그런데, 굴절점에서는 두 한계수입곡선이 끊어져서 수직으로 연결되는데, 여기에 한계비용곡선 MC(marginal cost)가 지나고 있다고 하자. 이 경우 비용 변화로 한계비용곡선이 상승 또는 하락하여 굴절점 아래의 수직선상에서 움직일 경우, 시장 균형가격과 생산량에는 변화가 없게 된다.

그림 2-40   굴절수요곡선

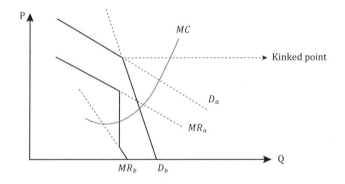

(나) 담합

이와 같이 굴절수요곡선 이론은 과점시장에서 업체가 서로 가격 경쟁행위를 하는 경우, 서로 눈치를 보게 되어 생산비용의 변화에도 불구하고 가격 변화가 더디게 진행되는 것을 설명하고 있다. 그러나 현실에서는 이와 반대의 경우도 발생하는데, 1980년대의 경제학자인 조지 스티글러(G. Stigler)는 과점시장의 기업이 서로 담합하는 경우 가격인상이 빠르게 진행되고 가격 인하는 더디게 진행되는 사례가 있음을 주장한다. 과점시장에서 담합이 발생하는 원인은 소수의 기업이 서로 경쟁하는 것보다 상호 협력하여 행동을 같이하면 독점과 같은 효과를 얻게 되어 보다 많은 이윤을 얻을 수 있기 때문이다. 일반적으로 담합이 잘 일어나는 경우는 산업이 오랜 역사를 갖고 있거나, 기업체 수가 적거나, 기업의 규모가 서로 비슷하거나, 기업 경영자의 관점이 비슷한 경우이다.

담합은 카르텔(cartels), 판매자 수 통제, 묵시적 담합, 선도 가격 등의 방식으로 진행된다. 카르텔은 여러 업체가 명시적으로 담합을 선언하고 하나의 독점업체처럼 시장 거래량과 가격을 조절하는 것인데, 일반적으로 카르텔은 법적으로 금지되고 있다. 다만, 농업에서는 생산자의 공익성을 인정하여 생산자 단체가 조직적으로 산지 판매 가격의 사전적 결정, 공급 물량의 조절 등을 통해 가격 하락의 방지와 농가소득의 안정을 도모하는 마케팅 오더(marketing order) 등을 허용하기도 한다. 우리나라의 경우에는 농림축산식품부의 유통행정명령을 통해 제주 감귤 생산자 단체 등이 과잉 생산된 감귤의 산지 폐기 및 시장 출하 방지 등을 하도록 허용하고 있다.

판매자 수 통제는 프랜차이즈점이 신규 매장을 기존 매장에서 일정 범위 밖에 개점하도록 하는 등의 방법으로 공급자가 무제한으로 늘어나는 것을 제한하는 방식인데, 우리가 흔히 주변에서 볼 수 있는 커피 전문점이나 프랜차이즈 식당 등이 한 곳에 동일 브랜드 매장이 모여 있지 않는 경우가 해당한다.

일반적으로 담합은 정부의 규제를 받으므로 음성적인 방법으로 담합이 진행되기도 한다. 먼저, 묵시적 담합은 과점 업체들이 정부 규제를 피해 몰래 담합행위를 하는 것으로 가끔 정부의 단속과 처벌을 받는 경우를 보게 된다. 한편, 선도 가격은 시장을 주도하는 업체가 가격을 결정하면 나머지 업체들이 이를 따라가는 방식으로 가격 담합을 하는 것으로 최근에도 자주 나타나고 있는 담합 방식이다.

그림 2-41 담합의 유형

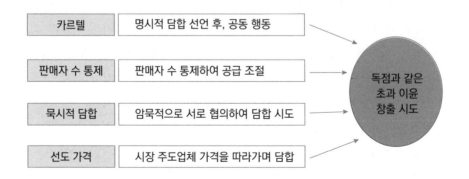

(다) 가격차별

독과점시장의 기업은 가격차별(price discrimination)을 통해 보다 많은 초과 이윤을 얻으려고 한다. 먼저, 가격차별과 가격차이(price difference)를 구분할 줄 알아야 하는데, 가격차이는 비용차이만큼 공급자가 가격을 차이 나게 책정하는 것을 말하는 반면, 가격차별은 공급자가 가격을 비용 차이 이상 또는 이하로 차별적으로 책정하는 것이다. 대표적인 사례로 시내버스 요금체계가 있다. 가격차이를 반영한다면 시내버스 요금은 버스 이용 거리와 비례하여 유류비 등 비용이 증가하므로 정류장 수에 따라 버스 요금이 모두 달라지는 것이 정상이다. 하지만, 현장에서는 짧은 거리를 이용한 승객과 먼 거리 이용자에게 각각 다른 요금을 받기보다 일정 구간 내에서는 동일한 요금을 받는데, 이는 가격차별에 해당되는 것이다. 만약, 버스 요금에 가격차이를 적용하면 운전자 외 여러 명의 요금 징수원이 추가로 필요하게 되는 등 추가 비용이 발생하게 되므로, 버스업체는 일정 구간에 대한 평균비용과 이윤을 감안한 동일 요금을 설정하여 짧은 구간을 이용하는 승객은 과한 요금을 지불하고 긴 구간을 이용하는 승객은 적은 요금을 지불하게 된다.

가격차별은 방식에 따라 1차 가격차별(first degree price discrimination), 2차 가격차별(second degree price discrimination), 3차 가격차별(third degree price discrimination)로 구분된다. 1차 가격차별은 완전 가격차별(perfect price discrimination)이라고도 하는데, 상품의 판매 단위마다 모두 다른 가격을 받아 기업이 소비자 잉여를 모두 추가 수익으로 흡수하게 된다. 보다 구체적으로 <그림 2-42>를 통해서 1차 가격차별을 살펴보기로 하자. 처음에 기업이 가격차별을 실시하지 않는 경우, 기업이 결정하는 판매가격은 수요곡선 D와 공급곡선 S_3가 만나는 점에서 결정되는 P_3가 되는데 이때의 소비자 잉여는 수요곡선 D와 점 $P_3 \sim E_3$를 연결하는 수평선 사이의 삼각형 EP_3E_3가 된다.[89] 여기서, 기업이 상품의 판매 단위마다 각각의 가격(P_1, P_2, P_3)을 책정하는 1차 가격차별을 하는 경우 기업의 추가수입은 삼각형 EP_3E_3안에 있는 하얀색 사각형 부분이 되어 그만큼 소비자 잉여를 흡수하게 된다. 이제 기업이 정말로 상품의 모든 판매 단위마다 가격 차별을 하는 경우 가격이 결정되는 점 E_1, E_2, E_3 사이의 간격이 더 촘촘해지게 되고, 이론적으로는 수요곡선 D에 있는 모든 점마다 가격 차별을 하게 되면 그나마 남아 있던 소비

---

89) 소비자 잉여는 어떤 상품에 대해 소비자가 최대한 지불하려고 하는 가격(수요가격)에서 실제로 지불하는 가격(시장가격)을 뺀 차액이다. 그림에서 수요곡선 D와 시장가격 P_3의 윗부분의 삼각형이 된다.

자잉여(수요곡선 D 아래 빗금친 부분)가 모두 기업 수익으로 흡수되게 되는 것이다.

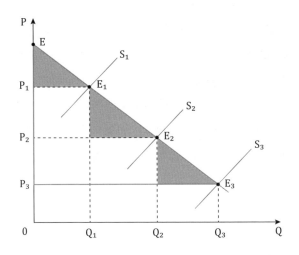

그림 2-42 **1차 가격차별에서의 소비자 잉여 흡수**

2차 가격차별은 구간 가격제(block pricing)라고도 하는데, 1차 가격차별과 달리 상품 구매 구간마다 가격을 달리 책정하는 것으로 1개~10개 구매 시 개당 100원에 팔고, 10개~20개 구매 시는 개당 90원에 파는 방식이다. 또는, 관광명소나 공연장에서 일정 숫자 이상의 단체 관람객에 보다 저렴한 단체할인 요금을 적용하는 경우도 해당되는데, 이를 통해 공급자는 소비자 잉여의 일부분을 가져가게 된다. 2차 가격차별은 1차 가격차별보다는 기업이 추가로 가져가는 소비자 잉여(이윤)의 크기가 적지만, 현실적으로 1차 가격차별이 불가능하기에 자주 사용되고 있는 방식이다.

한편, 3차 가격차별은, 1차와 2차 가격차별이 한 개의 시장에서 이루어지고 있는 것과는 달리, 소비자들을 수요 탄력성에 따라 몇 개의 세부시장으로 구분한 다음 각각의 세부시장에서 다른 가격을 받는 것이다. 특정 잡지 회사에서 기존 구독자 그룹과 신규 구독자 그룹 간에 다른 구독료를 책정하거나 특정 병원에서 고소득층 환자와 저소득층 환자에 대해 다른 병원비를 받는 것이 대표적인 사례라고 할 수 있다. 관련 사례를 <그림 2-43>을 통해 구체적으로 살펴보면, 병원비에 대한 수요 탄력성은 서민층이 부유층보다 크므로 서민층의 수요곡선은 기울기가 완만한 그림의 왼쪽이 되고 부유층의 수요곡선은 오른쪽이 된다. 동일한 한계 비용 곡선 MC에서도 기울기가 다른 한계수익 곡선 MR_1, MR_2와 만나는 점에서 가격이 결정되므로 병원은 서민층에 대해서는 낮은 병원비 P_2를, 부유층에게는 높은 병원비 P_1을 부과하는 가격차별이 일어나게 되는 것이다.

그림 2-43	3차 가격 차별 예

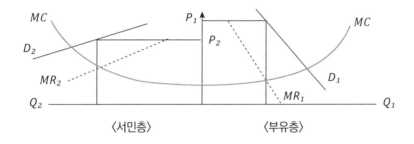

〈서민층〉　〈부유층〉

나) 비가격 경쟁행위

기업은 가격 이외의 방법으로도 다양한 경쟁을 하고 있는데, 차별화된 상품을 출시하는 방법과 판매 촉진 전략을 적용하는 방법을 병행하고 있다. 앞에서 자세하게 설명되었지만, 과점 기업은 자신의 상품을 소비자가 더 많이 구매하도록 광고 등의 다양한 판매 촉진 방법을 쓰고 있다.[90] 특히, 광고의 경우 업체들이 막대한 비용을 매년 지출하고 있는데, 소비자 입장에서는 상품에 대한 다양한 정보를 얻는 장점도 있지만, 지나친 소비를 조장하고 과다하게 지출된 광고비용이 결국 상품의 가격 인상으로 이어지며, 시장의 진입장벽이 강화되는 등의 부작용도 있다.

그 외에도 기업들은 브랜드나 트레이드 마크 사용 등을 통해 상품 차별화를 위해 노력하고 있다. 최근 농식품 산업, 그중에서도 신선 농산물 산업에서도 브랜드 사용이 활발하게 진행되고 있는데, 공산품과 달리 구매 후 소비하고 나서야만 상품의 특성과 품질을 소비자가 파악하게 되는 농산물의 속성상 신뢰 받는 브랜드가 되는 것이

---

90) 구체적인 내용은 제2장 제1절 2. 마케팅 전략에 있는 "2) 마케팅 믹스와 4P 중, (5) 촉진"에서 보다 자세히 알아보도록 한다.

매우 중요함을 이미 앞에서 설명하였다. 예를 들어, 마트에 파는 딸기가 겉모습만 보면 비슷하게 보이지만, 믿을만한 브랜드를 가진 딸기에 소비자의 손이 먼저 가게 되기 때문이다.

한편, 가공식품이나 외식 산업의 경우 상품 개발을 위한 연구 및 개발(R&D)의 성패에 따라 특정 시장의 경쟁구도가 확연히 달라지곤 한다. 새로운 상품을 기다리는 소비자에게 트렌드를 반영한 신상품이 출시되면 소비자의 전폭적인 지지를 받기 때문인데, 특히 일부 대기업은 지속적인 신상품을 개발하고 이를 통해 신규 시장을 창출하는 전략을 통해 업계 1위로 올라서는 성과를 보이기도 한다.

(3) 산업 성과

산업 성과 분석은 해당 산업이 전체 경제적 시각에서 얼마나 적절하게 운영되고 있는지를 분석하는 것으로 여러 가지 기준이 있다. 그 중에서 경제학자인 쉐퍼드(R. Shepherd)가 제안한 시장성과 판단 기준 중 중요 부분을 간략하게 소개한다.

가. 러너지수, 이윤율

경제학에서는 완전경쟁시장의 산업이 극대화된 성과를 창출하는 것으로 본다. 즉, 기업이 완전경쟁시장에서 초과이윤을 얻지 못하는 경우는 가장 이상적인 산업으로 평가하기에, 분석 대상 기업이 속한 시장이 완전경쟁시장에 얼마나 가까운 지를 시장성과 판단의 기준으로 적용하고 있다. 이를 측정하기 위한 방법으로 러너지수(Lerner index)가 도입되는데, 러너지수는 완전경쟁시장과 불완전경쟁시장의 구분 기준인 시장 가격과 한계 비용이 일치(P=MC)하는 지를 측정하는 지수이다. 다시 설명하면, 러너지수는 업체가 시상 가격을 한계비용보다 얼마나 높게 설정하였는지를 평가하는 것인데, 아래의 식과 같이 분석 대상 시잔 전체의 러너지수(LI)와 개별 기업의 러너지수(LI)를 각각 측정할 수 있다.

그림 2-44 러너지수 공식

$$L = \frac{P - MC}{P}$$

(단, P 는 시장 가격, MC 는 한계비용임.)

이들 대상 시장 전체의 러너지수(LI)로 바꾸면 다음과 같다.

$$LI = \frac{P - \sum_{i=1}^{n} S_i MC_i}{P}$$

(단, P 는 시장 가격, S_i 와 MC_i 는 각각 i 번째 기업의 시장 점유율과 한계 비용임.)

러너지수의 측정값은 0와 1 사이의 값을 가지게 되는데, 0에 가까울수록 완전경쟁시장의 조건인 '시장 가격 = 한계비용 (P=MC)' 조건을 충족하므로 대상 산업이 완전경쟁시장에 근접한다는 것을 보여주고, 1에 가까울수록 시장가격과 한계비용의 격차가 커져서 독점에 가까워짐을 나타낸다. 한편, 러너지수를 측정하는 과정에서 기업의 한계비용 자료를 구하기 어려운 경우가 많은데, 이때는 한계비용의 근사치로서 평균비용(AC: average cost)의 값을 대신 사용하기도 한다.

러너지수가 가격과 한계비용 차이를 통해 산업의 경쟁 정도를 나타내는 것과 비슷하게 특정산업의 이윤율(rate of return)을 타 산업과 비교하는 방법으로 분석 대상 산업의 경쟁 정도를 평가할 수 있다. 완전경쟁구조에서 독과점구조로 갈수록 한계비용보다 높게 가격을 매기게 되므로 산업의 이윤율은 커지게 되는 것이다. 다만, 이 경우 산업 간 위험성 정도에 차이가 있으므로 위험정도를 고려한 이윤율(risk adjusted rate of return)을 비교하여야 한다.

경제학에서는 특정 산업의 러너지수값이 0에서 멀어지거나 이윤율이 타 산업보다 크면 무조건 해당 시장의 성과가 나쁜 것으로 판단한다. 하지만, 현실적으로는 기업이 시장 개척이나 상품 개발 등에서 어느 정도 위험을 감수하고 있으므로, 적정한 수준의 독과점은 용인해야 한다는 의견도 많다. 즉, 기업이 초과이윤을 모아서 다른 도전적인 사업을 추진하기 위한 재원으로 사용하기에 일정 수준의 초과이윤이 발생하지 못하면 산업의 발전이 없다는 주장이다.

나. 효율성

산업의 성과를 평가하는 기준의 하나인 효율성은 해당 산업이 효율성이 높을수록 보다 많은 성과를 창출하게 된다는 것이다. 산업의 효율성은 시간 기준에 따른 정태적 효율성과 동태적 효율성, 기업 기준에 따른 내부 효율성과 분배 효율성 등으로 분류할 수 있다. 먼저, 정태적 효율성은 한 시점에서의 효율성을 분석하는 것이고, 동태적 효율성은 기술 축적과 시간에 따라 변화하는 효율성을 분석하는 것이다. 다음으로 내부 효율성은 기업체 내부 경영상의 효율성을 의미하는데 엑스－효율성(X-efficiency)이 대표적이고, 분배 효율성은 기업 외부인 국민 경제 전체 차원에서의 효율성으로 파레토 효율성(Pareto efficiency)이 대표적이다.

그림 2-45 | 효율성의 유형

미국 경제학자인 라이벤시타인(H. Leibenstein)이 제시한 엑스 효율성은 기업의 내부 성장을 위한 목적으로 비용 극소화를 통한 효율성이 존재하는데, 독점 등의 불완전경쟁시장에서는 기업 간의 경쟁 압력이 적거나 없어 기업이 최대한의 효율성을 추구하지 않는다고 주장한다. 여기서 엑스 효율성은 이론상 완전경쟁시장에서 나타나는 최소 비용과 특정 기업의 생산 과정에서 발생하는 비용의 차이를 비교하여 계측하는데, 기업 내부에서 어떻게 그러한 차이가 나는지는 구체적으로 알 수 없어 미지의 문자인 엑스(X)를 효율성 앞에 붙이게 된 것이다. 불완전경쟁시장에서는 엑스 효율성이 달성되지 못하는 이른바 엑스 비효율성(X-inefficiency)이 발생하는데, 엑스 비효율성의 원인으로는 거래비용의 발생, 기술적 비효율, 가격 비효율, 기업 내부조직 간 소통 부족

등이다.

이탈리아 경제학자인 파레토(V. Pareto)가 주장한 파레토 효율성은 사회 전체의 배분이 최적으로 진행되었는지를 보는 것으로, 현시점에서 생산, 소비 및 자원 배분이 최적으로 이루어지는 상태를 파레토 효율성이 달성된 상태로 본다. 이는 현시점에서 추가로 이득을 얻는 사람이 생기기 위해서는 반드시 손해 보는 사람이 발생해야 하는 상태를 의미한다.[91] 파레토 효율성의 정도를 계측하는 방법은 미시경제학에서 설명하고 있는 사회적 후생 손실(social deadweight loss)의 크기를 비교하는 것인데, 독과점구조가 될수록 이것의 크기가 커져서 파레토 효율성이 악화되기 때문이다.

다. 그 밖의 성과 판단 기준

앞에서 소개한 산업의 성과 평가 기준에도 여러 기준이 있는데, 자원의 절약적 이용을 통한 지속가능성(sustainability) 여부, 기술 진보 여부, 공정성 여부, 선택의 자유, 기업의 사회·정치적 영향력 등이 있다. 먼저, 자원의 절약적인 이용이란 한정된 자원을 여러 세대를 걸쳐 이용해야 경제의 지속가능성이 유지되므로, 특정 산업이 타 산업에 비해 자원을 낭비하는지 아니면 재사용(recycling) 등을 통해 절약하고 있는지를 평가한다.

기술 진보는 분석 대상 산업의 기업이 기술 진보를 위해 얼마나 노력하는지를 평가하는데, 주로 산업별로 R&D 투자비용이 매출액에서 차지하는 비중을 계측하여 평가하게 된다. 산업의 매출액 대비 R&D 투자비용이 높게 계측되면, 해당 산업의 기업은 기술진보를 위한 투자를 많이 하는 것으로 평가되기에 산업 성과가 좋은 것으로 판단한다.

공정성은 부의 배분, 소득의 배분, 기회의 배분 등의 실태를 분석하여 산업과 기업이 공정하게 운영되고 있는지를 평가한다. 부의 배분과 관련해서는 기업이 급여나 배당금, 기업의 사회적 책임(CSR) 활동 등으로 이윤을 얼마나 어떻게 사회에 환원하는지를 평가하고, 소득의 배분은 기업 소유주의 소득만 증가하는지 아니면 기업의 구성원 전체의 소득이 향상되는지를 분석하며, 기회의 배분은 취업 기회 등이 특정 집단에 집중되는지 등을 평가하는 것이다.

---

91) 이를 파레토 개선(Pareto improvement)이 더 이상 생기지 않는 상태로도 설명할 수 있는데, 여기서 파레토 개선이란 사회에 있는 구성원의 이득을 줄이지 않고 다른 사람의 이득을 늘리는 것으로 정의된다.

선택의 자유는 소비자가 상품 등을 선택할 때 다양한 선택을 할 수 있는지를 평가하는 것인데, 산업 구조가 독점 또는 과점의 경우 판매되는 상품 수가 제한되므로 소비자 선택의 자유가 침해받게 된다.

마지막으로 기업의 사회·정치적 효과는 기업이 경제활동을 넘어 사회·정치적인 분야까지 영향력을 얼마나 행사하지를 평가한다. 이상의 성과 판단 기준들을 하나씩 살펴보면, 대상 산업이나 시장이 국가 경제적인 차원에서 볼 때 어떤 문제점을 안고 있는지를 알 수 있으며, 각각의 문제 해결을 위한 방안을 마련할 수 있다.

3. 시장분석 모형

1) 개념과 종류

농식품 시장이나 산업을 분석하기 위한 시장분석 모형은 다양한데, 크게 일반균형모형(general equilibrium model)과 부분균형모형(partial equilibrium model)으로 구분된다. 일반균형모형은 분석 대상 산업뿐만 아니라, 연관된 타 산업과 해외 부문까지 모두 포함하여 외부 변화 또는 충격에 대한 파급 효과를 계측하는 모형으로, 특정 외부 충격에 대한 영향을 종합적으로 분석하는 장점이 있다. 일반균형모형 분석을 위한 방법론으로는 흔히 연산가능 일반균형(CGE: computable general equilibrium model)이 주로 사용되고 있는데, G－TAP(globale trade analysis project)이 대표적이다.

한편, 부분균형모형은 분석 대상 산업에 초점을 맞추고 다른 조건들은 모두 고정되어 있다는 가정하에 외부 충격에 대한 파급 효과를 계측하는 모형으로, 일반균형모형에 비해 분석 대상이 제한적이지만, 대상 산업을 보다 구체적이고 직접적으로 분석하는 강점이 있다. 또한, 부분균형모형은 일반균형모형과 달리 분석 과정을 분석자가 하나하나 모두 관찰하고 세부 내용들을 조정할 수 있어, 특정 외부 충격에 대한 농식품 시장이나 산업에 대한 파급 효과를 보다 쉽게 분석할 수 있어 자주 이용된다. 부분균형모형으로는 다양한 방법론이 사용되고 있는데, 여기서는 균형변환모형(EDM: equilibrium displacement model)을 이용한 시장분석에 대해 설명하기로 한다.

2) 부분균형모형(EDM)

(1) 이론적 기초

EDM은 부분균형모형의 하나로서 분석 대상 산업(시장)의 수급 구조, 생산 구조 등을 각각 함수의 일반 형태(general form)로 표현한 다음, 이를 탄성치 형태(elasticity form)로 변환하여 시뮬레이션 분석(simulation analysis)을 진행하는 모형이다.[92] 본 모형은 특정한 함수 형태가 필요 없이 일반 형태로 표현하여 분석자가 염두에 둔 내용을 쉽게 모형으로 표현할 수 있다. 일반 형태로 표현된 함수식을 전미분(total differenciation)하여 탄성치 형태로 바꾸면 외부 충격에 따른 시장 가격과 거래량 등의 변화를 비례변화(proportional change)로 계측할 수 있다. 또한 필요할 경우, 외부 충격에 대한 후생변화(welfare change)를 계측할 수 있는데, 소비자 잉여(consumer surplus) 또는 생산자 잉여(producer surplus)의 변화량 계측 등이 해당된다.

많은 장점을 가진 EDM도 상당히 많은 가정들을 전제로 하고 있는데, 특히, 외부 충격에 대한 후생 효과(Welfare effects)를 추정할 때 수요와 공급곡선이 선형이라는 가정이 대표적이다. 또한, EDM과 같은 부분균형모형은 태생적으로 정태분석 모형으로 역동적으로 변화하는 현실 세계를 그대로 반영하지 못하는 한계도 가지고 있다.

(2) EDM 모형 구축 방법

본격적으로 간단한 EDM을 만들어 보도록 한다. 모형에는 가정이 항상 전제되는데, 우리가 분석하려는 농식품 산업 또는 시장은 완전 경쟁시장에서 업체가 2가지 투입재(input)를 가지고 하나의 산출물(output)을 생산하여 시장에 공급한다고 가정하자. 물론, 업체가 생산하는 산출물인 상품은 동질재(homogeneous good)이다. 이해를 돕기 위해 가공식품업체가 사과와 딸기를 혼합한 건강 주스를 생산하여 판매하고 있는 것으로 가정한다.

여기서 가장 먼저 정의되어야 하는 것은 상품(즉, 건강 주스)의 대표 수요함수와 대표 생산함수인데, 각각 식 (1)과 식 (2)로 정의될 수 있다.[93] 식 (1)에서는 소비자가 시장 가격 P(즉, 건강 주스의 가격)의 변화에 따라 수요량 Q(즉, 건강 주스의 수요량)를 결정하게 됨

---

92) Muth model으로도 지칭되는 EDM은 "Julian M. Alston, George W. Norton, Philip G. Pardey(1998) Science under Scarcity. CAB International."에 구체적으로 소개되어 있다.

93) 필요시, 생산함수 대신 공급함수를 정의하여 사용할 수도 있으나, 여기에서는 2가지 투입재를 가지고 1가지 산풀물을 생산하는 업체의 특성을 반영해야 하기에 생산함수를 사용하였다.

을 나타낸다. 또한, a는 외부 충격을 반영하는 변수이다. 이 외부 충격은 건강주스 소비자의 수요를 증가시키거나 감소시키게 되는데, 예를 들어 사과와 딸기를 같이 주스로 마시면 비타민C의 섭취량이 높아져 피부 노화를 방지한다는 연구 결과가 나왔다거나, 주스의 원료로 사용된 사과에서 농약이 과다하게 함유되었다는 검사 결과가 나오는 경우가 해당될 수 있다. 이 경우, 건강 주스의 수요는 큰 폭으로 증가하거나 감소하게 되어 해당 주스 산업과 시장에 영향을 미치게 된다.

식 (2)는 업체가 투입재 X_1과 X_2(즉, 각각 사과와 딸기로 가정)를 가지고 산출물 Q를 생산하고 있음을 보여준다. 이 두 식 (1)과 (2)만 가지고도 아주 기본적인 부분균형모형이 완성될 수 있는데, 외부충격 a가 건강 주스의 소비 수요에 변화를 주게 되면, 그 수요가 변화하고 그 결과 건강 주스 업체에 파급 효과를 미치게 됨을 분석할 수 있다.

보다 구체적인 분석을 하기 위해 모형의 함수식을 더 추가하도록 한다. 업체가 투입재인 사과와 딸기(X_1과 X_2)를 얼마나 수요하고 그에 대한 각각의 투입재 가격, 즉 사과와 딸기의 구매 가격(W_1과 W_2)이 어떻게 결정되는 지를 나타낸 식이 식 (3)과 (4)이다. 이를 식 (1)이나 식 (2)처럼 일반 함수 형태로 표현할 수도 있지만, 우리가 미시경제학에서 알고 있는 지식을 적용하여 수식으로 표현할 수 있다. 즉, 완전경쟁시장 가정에서의 투입재 가격은 한계생산가치(VMP: value of marginal product)와 일치한다는 것을 적용하여 식 (3)과 (4)와 같이 표현할 수 있다.[94]

또한, 업체에 투입재인 사과(X_1)와 딸기(X_2)를 각각 공급하는 생산 농가의 공급 함수도 추가하여 건강 주스 수요의 외부 충격이 원료 생산 농가에게 미치는 파급 효과까지 분석할 수 있다. 식 (5)와 (6)은 각각 사과 농가와 딸기 농가가 주어진 업체 구매 가격에 따라 공급 물량을 어떻게 공급하는 지를 보여주는 투입재 공급 함수이다.

(1) 소비자 수요	$Q = f(P, a)$
(2) 업체 생산	$Q = j(X_1, X_2)$
(3) 투입재 수요	$W_1 = P_{q1}$
(4) 투입재 수요	$W_2 = P_{q2}$
(5) 투입재 공급	$X_1 = g(W_1)$
(6) 투입재 공급	$X_2 = h(W_2)$

---

94) 한계생산가치가 산출물 가격에 한계생산을 곱한 것임은 경제원론 등에서 이미 알고 있을 것이다.

단, q_i는 i 투입재에 대한 한계생산임.

여기서 내생 변수는 Q, X_1, X_2, P, W_1, W_2이고, 외생변수는 a 이다.

이상의 식 (1)~(6)로 구성된 모형은 건강 주스의 수요에 외부 충격이 발생하여 건강 주스 수요가 증가하거나 감소할 경우, 건강 주스 생산 업체와 건강 주스 원료 공급 농가에 미치는 영향은 물론, 소비자에 미치는 파급 효과까지 분석이 가능한 모형이다. 모형의 기본 형태가 완성되었으면, 이를 전미분하고 탄성치 형태로 바꾸면 다음과 같은 식으로 변환이 된다.

$$(1') \ EQ = nEP + Ea$$
$$(2') \ EQ = s_1 EX_1 + s_2 EX_2$$
$$(3') \ EW_1 = EF$$
$$(4') \ EW_2 = EF$$
$$(5') \ EX_1 = \mu_1 EW_1$$
$$(6') \ EX_2 = \mu_2 EW_2$$

단, E 는 변화율(proportional change)로 $EQ = \dfrac{sQ}{Q}$ 즉 미분하여 나타난 변화율을 초기 값으로 나눈 값이다.

n는 수요의 가격 탄성치이다.

ϵ는 외부 충격 변수에 대한 탄성치이다.

s_i는 총 생산 비용에서 i 번째 투입재의 비용 몫으로 이것들의 합은 1이다 $(s_1 + s_2 = 1)$.

μ_1는 i 번째 투입재의 요소 공급 탄성치 이다.

변환된 모형을 하나의 연립방정식으로 보고 풀면 각각의 내생변수별로 해가 나오게 되는데, 이 해를 통해 외부 충격이 발생한 다음 각각의 변수$(Q, X_1, X_2, P, W_1, W_2)$들이 몇 %씩 변화하는 지를 알 수 있다. 앞의 건강 주스 사례를 적용하면, 건강 주스가 건강에 좋다는 연구 결과로 건강 주스에 대한 수요가 10% 증가 (a 값이 증가)하게 되면, 건강 주스의 수요량 Q, 건강 주스의 가격 P, 건강 주스 원료인 사과의 업체 소비량(또는 농가의 공급량) X_1, 딸기의 업체 소비량(또는 농가의 공급량) X_2, 사과와 딸기의 업체 구매 가격(또는 농가 판매 가격) W_1, W_2가 각각 몇 % 변화하게 되는 지를 계측할 수 있게 된다. 또한, 이를 토대로 건강 주스 소비자, 건강 주스 업체, 사과와 딸기 농가들의 후생 효과도 추가로 계측이 가능하다.

EDM을 실제 이용하기 위해서는 컴퓨터 프로그램 패키지가 필요한데, 일반적으로 GAMS를 사용하나, MAPLE, Mathematica 등의 전문 프로그램이 동원되기도 한다. 다만, 다소 불편하지만 MS EXCEL과 같은 쉽게 접할 수 있는 프로그램을 통해서도 EDM 모형 분석이 가능하다.

심화학습   적용 사례

앞에서 소개된 EDM이 실제로 어떻게 활용되고 있는 지를 살펴보기 위해 한국과 미국의 FTA 체결이 우리나라 유가공산업에 미친 파급 효과를 계측하여 보도록 하겠다.[95]

1) 배경 및 산업 현황

최근 타결된 한국과 미국의 자유무역협정(FTA)이 우리나라 유가공산업에도 막대한 영향을 줄 것으로 예상되고 있다. 분석이 진행되었던 2006년 당시 유가공품 시장의 규모는 약 5조 6천억 원으로 우리나라 식품가공품 시장의 11.5%를 차지할 정도로 중요한 시장이었다. 당시 체결된 한·미 FTA의 협상 결과를 보면 유가공품별로 차이를 보이고 있지만, 대부분 10년의 기간을 가지고 관세를 단계적으로 철폐하도록 하고 있다.

표 2-7 유가공품의 품목별 협상 결과

품목	협상 결과

분유, 연유, 유당	• 탈지분유·전지분유(176%/TRQ 20~40%)·연유(89/ TRQ 40%) : 현행관세
	   - 무관세쿼타 제공 5천톤: 매년 복리 3% 증량
	• 혼합분유(36%) : 10년 철폐
	• 조제분유(36~40%) : 10년 철폐
	   - 무관세쿼타 9년 제공 : 700톤, 매년 복리 3% 증량
	• 유당(49.5/TRQ 20%) : 5년 철폐

---

95) 보다 구체적인 내용을 보기 위해서는 김성훈, 장도환(2008). "한·미 FTA가 유가공품 시장에 미치는 영향 분석: 치즈 및 버터 시장을 중심으로." 「농촌경제」. 제 31권 4호.를 참고할 수 있다.

치즈	• 체다치즈(36%) : 10년 철폐
	• 체다 이외의 치즈(36%) : 15년 철폐
	• 치즈 무관세쿼타 14년제공 : 7천톤, 매년 복리 3% 증량
밀크와 크림 (36%)	• 10~15년 철폐
	- 지방함량 6% 이하 : 15년 철폐
	- 기타 지방함량 6% 초과 : 12년 철폐
	- 냉동크림 지방함량 6% 초과 : 10년 철폐
버터 (89%/40%)	• 10년 내 철폐
	- 무관세쿼타 9년 제공 : 200톤, 매년 복리 3% 증량
아이스크림 (8%)	• 7년 내 철폐
유장 (49.5%/20%)	• 식용 : 20%부터 시작해 10년간 철폐
	- 무관세쿼타 9년제공 : 3천 톤, 매년 복리 3% 증량
	• 사료용 : 즉시 철폐

주: ( ) 안은 현행 관세
자료: 한·미 FTA 상세 설명자료, 관계 부처 합동

2) 모형 분석

가. 대상 선정

본 연구에서는 우리나라 유가공품 중 치즈와 버터를 대상으로 모형분석을 진행하였는데, 이들 시장이 분석에서의 대표성을 지녔다고 판단되었기 때문이다. 예를 들어, 우리나라 치즈와 버터시장은 다른 유가공품 시장에 비해 수입산의 점유율이 가장 높은 시장들로 현재 국산 유가공품과 수입산 유가공품의 경합 관계가 쉽게 관찰될 수 있는 시장이다. 또한, 치즈와 버터는 수입산 유가공품중 미국산의 비중이 각각 높고(치즈: 17.8%) 낮은 품목(버터: 0.1%)들로 나타나, 한·미 FTA 체결 이후 미국산 유가공품의 수입 조건 변화가 야기하는 효과를 서로 다른 상황에서 분석할 수 있을 것으로 판단되었다.

나. 모형 구축

한·미 FTA의 협상 결과가 유가공품 시장(구체적으로 치즈 및 버터 시장)에 미치는 영향을 분석하기 위한 모형의 기본 형태는 다음과 같다.

(1) i 국산 유가공품 수요함수: $\qquad X_{Di}^d = d_{Di}(P_{Di}, P_{Ui}, P_{Oi})$

(2) i 미국산 유가공품 수요함수:
$$X_{Ui}^d = d_{Ui}(P_{Di}, P_{Ui}, P_{Oi})$$

(3) i 기타 수입국산 유가공품 수요함수:
$$X_{Oi}^d = d_{Oi}(P_{Di}, P_{Ui,} P_{Oi})$$

(4) i 유가공품의 국내 전체 수요:
$$X_{Ti}^d = X_{Di}^d + X_{Ui}^d + X_{Oi}^d$$

(5) i 국산 유가공품 공급함수:
$$X_{Ti}^s = s_{Di}(P_{Di})$$

(6) i 유가공품의 국내시장 균형 조건:
$$X_{Ti}^d = X_{Di}^s + X_{Ui}^s + X_{Oi}^s$$

(7) i 미국산 유가공품의 국내 가격:
$$P_{Ui} = P_{Wi}\,wi$$

(8) 관세 조건:
$$w = 1 + T_i$$

우선 식 (1)은 i 번째 국산 유가공품의 수요를 정의하는 함수로 국산 유가공품의 수요는 자체 가격(P_{Di})뿐만 아니라 서로 대체 관계가 있는 미국산 유가공품의 국내 수입 가격(P_{Ui})과 미국을 제외한 기타 수입국산 유가공품의 국내 수입 가격(P_{Oi})의 영향을 받는 것으로 규정했다.[96]

식 (2)와 (3)은 각각 i 번째 미국산 유가공품의 수요와 i 번째 기타국산 유가공품의 수요를 정의한 식인데, 각각의 수요가 자체 가격뿐만 아니라 대체재의 가격의 영향을 받게 됨은 식 (1)과 같다. 이를 통해 한·미 FTA 체결을 통한 미국산 유가공품의 관세인하로 하락하는 미국산 유가공품의 국내 수입 가격이 국산 및 기타국산 유가공품 수요에 영향을 미치게 된다.

식 (4)는 i 번째 유가공품의 국내 전체 수요(X_{Ti}^d)[97]를 나타내는데, 우리나라 국민이 i 번째 유가공품의 소비를 위해 국산(X_{Di}^d), 미국산(X_{Ui}^d), 기타국산(X_{Oi}^d) 중 일부 또는 전부를 소비함을 반영한다. 식 (5)는 i 번째 국산 유가공품의 공급을 정의하는 함수로 국산 유가공품의 공급(X_{Ui}^s)[98]은 자체 가격의 변화에 따라 결정됨을 나타낸다. 본 모형에서는 미국산 유가공품과 기타국산 유가공품의 공급을 별도로 규정하지 않고 있는데, 이는 우리나라 시장의 변화가 세계 시장(World Market)에 영향을 미치지 못하는 소국(small country)가정에 따르기 때문이다.

---

96) 여기서, 위첨자 "d"는 수요(demand)를 의미하고, 아래첨자의 "D", "U", "O"는 각각 국내(domestic), 미국(US), 기타 수입국(other countries)을 지칭한다. 또한, 아래첨자 "i"는 i 번째 유가공품(즉, 치즈나 버터 등)을 나타낸다.

97) 여기서 아래첨자 "T"는 전체 수요(total)를 나타낸다.

98) 여기서 위첨자 "s"는 공급(supply)을 나타낸다.

식 (6)은 i 번째 유가공품의 국내 시장 균형조건 (market clearing condition)을 나타낸다. 즉, i 번째 유가공품의 전체 수요량(X_{Ti}^d)은 국산 공급량(X_{Di}^d), 미국산 공급량(X_{Ui}^d), 기타국산 공급량(X_{Oi}^d)의 합과 같게 된다. 끝으로 식 (7)과 (8)은 i 번째 미국산 유가공품의 관세(T_i)의 변화가 미국산 유가공품의 국내 가격에 미치는 영향을 정의하고 있다. 즉, 미국산 유가공품의 국내 가격(P_{Ui})은 세계 가격(P_{Wi})[99]에 관세가 더해진 가격으로 규정된다. 여기서 한·미 FTA 체결을 통해 관세가 철폐되면 미국산 유가공품의 국내 가격과 세계 가격은 서로 같아지게 된다.

이상의 모형을 적용하여 한·미 FTA의 협상 결과가 유가공품산업에 미치는 영향을 수리적 분석(Numerical Analysis)을 통해 분석할 수 있다. 분석을 위해 기본 모형의 식 (1)~(8)을 각각 전미분한 다음 탄성치 형태로 변환하면 다음의 식 (1')~(8')과 같이 나타나게 된다. 여기서 "E"는 비율적 변화분 (proportional change)을 나타낸 것으로, EX_{Di}^d 의 경우 한·미 FTA 체결로 인한 영향이 발생하기 전의 초기값에 대한 한·미 FTA 체결로 변화한 값의 비율($\frac{dX_{Di}^d}{X_{DiO}^d}$)을 나타낸다.

(1') $EX_{Di}^d = n_{DDi}\, EP_{Di} + n_{DUi}\, EP_{Ui} + n_{DOi}\, EP_{Oi}$

(2') $EX_{Ui}^d = n_{UDi}\, EP_{Di} + n_{UUi}\, EP_{Ui} + n_{UOi}\, EP_{Oi}$

(3') $EX_{Oi}^d = n_{ODi}\, EP_{Di} + n_{OUi}\, EP_{Ui} + n_{OOi}\, EP_{Oi}$

(4') $EX_{Ti}^d = \varphi_{Di} EX_{Di}^d + \varphi_{Ui} EX_{Ui}^d + \varphi_{Oi} EX_{Oi}^d$

(5') $EX_{Di}^S = \epsilon_i\, EP_{Di}$

(6') $EX_{Ti}^d = \theta_{Di}\, EX_{Di}^S + \theta_{Ui}\, EX_{Ui}^S + \theta_{Oi}\, EX_{Oi}^S$

(7') $EP_{Ui} = Ew_i$

(8') $Ew_i = \text{ø} E\tau$

---

99) 여기서 아래첨자 "W"는 세계(world)를 나타낸다.

비율적 변화분 형태로 전환된 방정식 (1')~(8')에서 새로운 파라미터가 발생하였는데, 식 (1')~(3')의 n는 수요에 대한 가격 탄성치를 의미한다. 예를 들어, 식 (1')의 $n_{DDi}\left(=\dfrac{\partial X_{Di}^d}{\partial P_{Di}}\dfrac{P_{Di}}{X_{Di}^d}\right)$ 과 $n_{DUi}\left(=\dfrac{\partial X_{Di}^d}{\partial P_{Ui}}\dfrac{P_{Ui}}{X_{Di}^d}\right)$ 은 각각 i 번째 국산 유가공품의 수요에 대한 자체가격탄성치와 교차가격탄성치를 나타낸다. 식 (4')에서의 φ는 전체 국내 수요에 대한 해당 유가공품 수요의 비중을 의미한다. 예를 들어, $\varphi_{Di}\left(=\dfrac{X_{Di}^d}{X_{Ti}^d}\right)$는 i 번째 유가공품의 국내 전체 수요 중 국산 유가공품 수요의 비중이다.

식 (5')에서 $\varepsilon_i\left(=\dfrac{\partial s_{Di}}{\partial P_{Di}}\dfrac{P_{Ui}}{s_{Di}}\right)$는 i 번째 국산 유가공품의 공급탄성치이고, 식 (6')에서 θ는 전체 국내 수요에 대한 해당 유가공품 공급의 비중을 의미한다. 예를 들어, $\theta_{Di}\left(=\dfrac{X_{Di}^d}{X_{Ti}^d}\right)$는 i 번째 유가공품의 국내 전체 수요 중 국산 유가공품 공급의 비중이다.

또한, 식 (8')에서 $\varPhi\left(=\dfrac{\tau_i}{1+\tau_i}=\dfrac{\tau_i}{w_i}\right)$는 관세의 비중을 나타낸 것이다.

이상의 식 (1')~(8')로 변화된 모형을 사용하여 시뮬레이션 분석을 통한 한·미 FTA 체결에 따른 국내 유가공산업의 영향을 분석하였다. 한·미 FTA 체결에 의한 관세율 변화는 식 (8)'의 $E\tau$ 값을 통해 적용된다.

다. 기본 파라미터 값 도출

EDM을 통한 한·미 FTA의 파급효과를 분석하기 위해서는 먼저 관련 파라미터 수치들의 확보가 필요하다. 대표적인 파라미터로는 국산, 미국산, 기타 수입국산 유가공품들의 수요 탄성치들이 있는데, 이에 대한 선행연구 결과가 드물기에 직접 추정하거나 가정할 필요가 있다.

먼저 탄성치 추정을 위한 기초 자료의 수집을 위해 품목별로 가격과 물량 자료를 조사하였다. 국산 유가공품의 가격과 물량 자료는 낙농진흥회, 한국유가공협회, 통계청의 관련 통계자료와 유가공품 생산 업체의 내부 자료 등을 수집하여 활용하였다. 한편, 미국산과 미국 외 기타국산의 가격과 물량 자료는 한국농수산식품유통공사(aT)의 수출입 통계자료 등을 가공하여 사용하였다.

다음으로 시뮬레이션 분석에 사용될 파라미터 값의 선정을 위해 분유, 치즈, 버터, 아이스크림에 대한 자체가격 탄성치와 교차가격 탄성치를 추정하였다.[100] 자체가격 탄성치의 경우 로그함

---

100) 탄성치 추정을 위한 컴퓨터 프로그램 패키지는 SHAZAM을 사용하였다.

수 모형과 LA/AIDS 모형을 월별 자료와 연도별 자료를 가지고 각각 추정한 결과 중 통계적으로 의미가 있는 추정치들의 범위를 선정하였는데, 구체적인 내용은 다음 표와 같다. 추정 결과에서 특기할 만한 것으로는 버터의 수요에 대한 자체가격 탄성치는 추정치의 범위가 다른 경우보다 좁은 것으로 나타나 추정 결과의 신뢰도가 상대적으로 높은 것으로 분석되었다. 또한, 버터의 자체가격 탄성치의 크기가 국산, 미국산, 기타 수입국산의 순으로 나타났다. 따라서, 버터의 경우 국내 시장가격에 대한 수요의 반응이 국산 버터가 가장 민감하고, 미국산과 기타 수입국산이 뒤를 잇는 것으로 판단된다.

표 2-8 유가공품의 수요에 대한 자체가격탄성치

	국산	미국산	미국 외 기타국산
분유	- 1.095~- 0.445	- 0.830~- 0.497	- 0.763~- 0.717
치즈	- 0.881~- 0.214	- 0.939~- 0.428	- 0.771~- 0.711
버터	- 1.369~- 1.067	- 0.817~- 0.798	- 0.796~- 0.773
아이스크림	-	- 0.798	- 0.698

주: 1) 탄성치 추정치들은 10%에서 통계적으로 유의함.
　　 2) 국산 아이스크림의 자체가격탄성치는 통계적으로 유의한 결과가 나오지 못함.

본 연구에서 추정된 자체가격 탄성치 중 국산 유가공품의 자체가격 탄성치 추정결과와 선행연구를 비교해보면, 분유의 경우 송주호 외 (2005)의 -1.8718과는 차이가 있었으나 안병일 (2006)의 -0.512와는 유사성을 보였다. 치즈는 송주호 외 (2005)와 안병일 (2006)의 -0.874는 본 연구에서 추정 결과의 범위에 들어갔으나, 이철현 (1997)의 -1.66과 송과 섬너 (Song and Sumner) (1999)의 -1.44와는 다소 차이가 발생하였다. 끝으로 버터의 경우 송주호 외 (2005)의 -1.844와는 차이를 보였으나 안병일 (2006)의 -1.141과는 유사성을 보였다. 이상의 내용에 근거하여, 시뮬레이션 분석을 위한 자체수요 탄성치의 파라미터 값으로는 표에 제시된 품목별 자체 탄성치 범위의 중간값을 채택하였다.

한편, 분유, 치즈, 버터, 아이스크림에 대한 국산과 미국산, 국산과 기타국산, 미국산과 기타국산에 대한 수요의 교차가격 탄성치는 LA/AIDS 모형을 월별 자료와 연도별 자료를 가지고 각각 추정을 시도하였는데, 추정 결과치가 통계적으로 유의한 경우가 적었다. 따라서, 전체 유가공품에 대한 자료를 가지고 교차가격 탄성치를 추정한 결과 중 통계적으로 유의한 추정치를 가지고 시뮬레이션 분석을 위한 파라미터 값을 설정하였는데, 구체적인 값은 다음 표와 같다. 끝으로 공급 탄성치는 별도로 추정을 하지 않고, 선행연구의 추정 결과치를 그대로 활용하였다. 즉, 송주호 외 (2005)에서 제시된 공급의 가격 탄성치(0.7722)를 본 시뮬레이션 분석을 위한 파라미터 값으로 사용하였다.

표 2-9 유가공품의 수요에 대한 교차가격탄성치

	국산	미국산	미국 외 기타국산
국산	-	0.135	0.149
미국산	0.135	-	0.269
미국 외 기타국산	0.149	0.269	-

주: 탄성치 추정치들은 10%에서 통계적으로 유의함.

라. 분석 시나리오

한·미 FTA 체결이 국내 치즈 및 버터 시장에 미치는 영향을 분석하기 위한 가상의 시나리오는 다음 표와 같다. 즉, 미국산 유가공품의 현행 관세를 FTA 발효와 동시에 즉시 철폐할 경우의 영향을 측정하게 되는데, 이는 외부 충격이 한 시점에 발생할 때의 영향을 분석하는 정태모형의 특성에 따른 것이다. 그러나, 실제 치즈와 버터에 대한 한·미 FTA 합의 내용에는 관세 철폐 로드맵이 관세 철폐를 10년에서 15년에 걸쳐 이행하게 되어 있어, 본 시뮬레이션 분석 결과가 실제와 오차를 보일 가능성이 있다.

구체직인 품목별 현행 관세 기준을 보면, 치즈와 버터의 경우 세부제품에 대한 관세율이 유사하여 대표품목의 관세율을 시뮬레이션 분석을 위한 현행 관세 기준치로 설정하여 시뮬레이션을 실시하였다.

표 2-10 품목별 시나리오

품목	시나리오 내용
치즈	현행 관세(36%)를 즉시 철폐
버터	현행 관세(89%)를 즉시 철폐

마. 분석 결과

한·미 FTA 체결이 우리나라 치즈 시장과 버터 시장에 미치는 영향을 분석한 결과는 다음 표와 같다.[101] 치즈 시장의 경우, 한·미 FTA 체결로 현행 관세가 즉시 철폐될 때 미국산 치즈의 국내 수입가격은 26.5% 하락하여 국내 수요가 17.0% 증가하는 것으로 나타났다. 이에 비해 기타 수입국산 치즈에 대한 관세는 고정되어 국내 수입가격의 변화가 없으므로 기존 거래량의 8.3%가 감소하여 기타 수입국산 치즈 수요의 일부가 미국산 치즈로 대체되는 것으로 분석되었다. 한편, 국산 치즈의 가격은 한·미 FTA 체결 이후 미국산 치즈의 국내 시장 가격 하락의 영향을 받아 7.9% 감소하는 것으로 나타났다. 반면에, 거래량 증가율은 0.8%로 미미하게 증가하는 것으로 제시되었는데, 이는 국산 치즈의 시장 가격 하락에 따른 일부 수요 증가의 결과로 분석된다. 이러한 변화를 통해 발생하는 국내 치즈산업의 매출 감소액은 225억 원으로 집계되었는데, 이는 2006년 매출액의 7.2%에 달하는 것으로 추정되었다.

한편 버터의 경우, 한·미 FTA 체결로 인한 현행 관세의 즉시 철폐 시 미국산 버터의 국내 수입가격은 47.1% 하락하여 국내 수요가 36.8% 증가하는 것으로 나타났다. 이에 비해 기타 수입국산 버터에 대한 관세는 고정되어 국내 수입가격의 변화가 없으므로 기존 거래량의 14.0%가 감소하여 기타 수입국산 버터에 대한 국내 수요의 일부가 미국산 버터로 대체됨을 알 수 있다. 또한, 국산 버터의 가격은 8.9% 감소하고 거래량은 4.5%가 증가하는 것으로 나타났는데, 이러한 변화는 앞서 논의한 치즈의 경우와 같은 이유에서 발생한 것으로 보인다. 국산 버터 가격과 거래량의 변화를 통해 발생하는 국내 버터산업의 매출 감소액은 19억 원인데, 이는 2006년 매출액의 4.8%에 달하는 것으로 추정되었다.

다음 표에 제시된 시뮬레이션 분석 결과를 보면 한·미 FTA 협상 결과가 치즈와 버터에 대한 국내 시장에 상당한 영향을 미치게 될 것임을 보여준다. 즉, 한·미 FTA 체결로 미국산 유가공품의 국내 시장 가격을 하락시키고, 이러한 외생적 충격은 상호 경합관계인 국산과 기타 수입국산 유가공품의 수요 등에 영향을 일으키게 된다. 한·미 FTA 체결이 유가공품 시장에 미치는 파급효과는 궁극적으로 국내 산업에 영향을 미치는 것으로 나타났는데, 시뮬레이션 분석 결과에서는 버터보다 치즈의 파급 효과가 더 큰 것으로 나타났다. 이러한 차이는 여러 가지 요인이 상호 작용한 결과일 것이나, FTA 체결로 철폐되는 관세율의 크기, 유가공품의 탄성치, 국내 유가공품 시장에서 차지하는 미국산 유가공품의 비중 등이 중요한 요인으로 상호 작용하였을 것으로 판단된다.

---

101) 시뮬레이션 분석을 위한 컴퓨터 프로그램 패키지로는 GAMS를 사용하였다.

표 2-11 시뮬레이션 분석 결과

관세 즉시 철폐 시의 영향		치즈	버터
가격변화율	국산	- 7.9%	- 8.9%
	미국산	- 26.5%	- 47.1%
	기타 수입국산	-	-
거래량 변화율	국산	0.8%	4.5%
	미국산	17.0%	36.8%
	기타 수입국산	- 8.3 %	- 14.0%
국내 산업의 출하액 (2006년)[2] (A)		3,118억 원	398억 원
관세 철폐로 인한 매출 감소액 (B)		225억 원	19억 원
(B/A)×100		7.2%	4.8%

주: 1) 본 결과는 FTA 타결 결과가 즉시 이행된 경우 우리나라 치즈 및 버터 시장(2006년 기준)의 영향을 분석한 결과임.

　　2) 국내산업의 출하액은 통계청 자료임(http://www.kosis.kr).

01 마케팅의 정의로는 고객들과 파트너들, 나아가 사회 전반에게 가치 있는 것을 만들고, 알리며, 전달하고, 교환하기 위한 활동과 일련의 제도 및 과정이 주로 사용되는데, 이를 기업의 입장에서 해석하면, 기업이 상품을 더 많이 팔아서 이익을 높이기 위한 일련의 행위로 볼 수 있다.

02 SWOT 분석이란 분석 대상의 내부적인 강점(strengths)과 약점(weakness), 외부적인 기회 요인(opportunities)과 위협 요인(threats)을 각각 분석하여 전략을 수립하는 방법이다.

03 마케팅 전략 수립을 위해서는 시장 세분화, 표적시장, 포지셔닝 등에 대해 이해한 다음, 마케팅 믹스 전략을 수립할 수 있어야 한다.

04 시장 세분화는 전체 시장에서 성향이 유사한 소비자집단을 따로 묶어서 별도의 하위 시장으로 분리하는 것인데, 이를 통해 세분시장이 특정된다. 또한, 시장 세분화를 통해 마케팅 대상으로 선정된 세부 시장을 표적시장이라고 한다.

05 포지셔닝이란 상품의 포지션을 소비자에게 각인시키는 것인데, 여기서 포지션은 소비자가 자사의 상품을 경쟁상품과 비교하여 인식하고 있는 상대적인 위상(위치)이다.

06 마케팅 믹스는 4P라고도 하는데, 상품(product), 가격(price), 장소 또는 유통(place), 촉진(promotion)의 4요소로 구성된다. 이 중 상품전략과 관련하여 상품 수명주기(PLC)의 각 단계별 특성을 이해하여야 한다. 또한, 가격전략 중 심리적 가격전략으로 단수 가격전략, 개수 가격전략, 명성 가격전략, 관습 가격전략 등이 있다.

07 상품의 판매 촉진을 위한 촉진 믹스로는 광고, 홍보 또는 공중 관계, 판매 촉진, 인적 판매, 직접 마케팅 등이 포함된다.

08 브랜드는 상품의 제조자나 판매자가 자신의 상품을 확인하거나 경쟁품과 차별화하기 위해 사용하는 이름, 용어, 표시, 상징, 디자인 또는 이들이 결합인데, 최근 브랜드를 활용한 마케팅의 중요성이 높아지고 있다.

09 마케팅 조사는 상품의 마케팅과 관련된 문제에 대한 정보를 수집·분석·제시하는 작업인데, 크게 기존 자료에 의한 방법과 실제 조사에 의한 방법으로 나뉜다. 또한, 마케팅 조사 분석을 위해 수집되는 자료는 크게 1차 자료와 2차 자료로 구분된다.

10 마케팅 조사를 위한 설문조사는 우편조사, 전화조사, 면접조사, 온라인조사 등의 방법을 적용할 수 있다.

11 소비자가 상품을 구매하는 요인으로는 문화적 요인, 사회적 요인, 인구학적 요인, 심리적 요인 등이 있다. 이중 심리적 요인을 이해하기 위해 매슬로의 5단계 욕구이론을 참고할 필요가 있다.

12 시장분석은 기업 마케팅의 대상인 시장을 분석하는 것으로 상품을 얼마나 효과적으로 파는 것에 대한 답을 찾는 방법론인 기업 마케팅과 차별된다.

13 S-C-P 분석법은 산업 구조(structure), 기업 행위(conduct or behavoir), 산업 성과(performance)를 중심으로 특정 산업을 분석하여 시사점을 도출하는 방법론으로, 산업조직론의 주요한 부분을 차지하고 있다

14 시장을 경제학적으로 분석하기 위해서는 다양한 시장분석 모형을 적용할 수 있는데, 이를 크게 일반균형모형과 부분균형모형으로 구분할 수 있다.

- 마케팅
- SWOT 분석
- 시장 세분화
- 표적시장
- 포지셔닝
- 마케팅 믹스(4P)
- 촉진 믹스
- 브랜드
- 마케팅 조사
- 설문조사
- 상품 구매 요인
- 시장분석
- 산업조직론(S-C-P)
- 부분균형모형

학습문제

01 마케팅의 정의에 대해 설명하라.

02 SWOT 분석의 정의를 설명하고, 실제 사례를 한가지 정해서 SWOT 분석과 전략을 도출하라.

03 마케팅 전략 수립을 위한 주요 개념들을 설명하고, 마케팅 믹스에 대해 구체적인 내용을 제시하라.

04 브랜드의 정의와 종류들을 설명하고, 농산물 브랜드가 필요한 이유를 제시하라.

05 마케팅 조사의 개념과 활용되는 자료의 유형을 구체적으로 설명하라.

06 소비자 행위 분석을 위한 소비자의 구매 행동 결정 요인과 구매의사 결정 과정을 각각 설명하라.

07 기업 마케팅과 시장분석을 비교하여 각각의 정의와 차이점을 설명하라.

08 산업조직론의 정의와 대표적인 방법론인 S-C-P 분석법의 개념을 설명하라.

09 시장분석 모형인 일반균형모형과 부분균형모형을 서로 비교하여 설명하라.

Part 02

현장에서의 농식품 유통

유통거래의 이론과 실제

 개요

이 장에서는 우리나라 농산물 유통 현장에서 일어나고 있는 일을 현물거래와 선물거래로 나누어 관련 실태를 설명하도록 한다. 거래가 성사되는 시점에 상품을 주고받는 현물거래의 경우 도매시장거래와 도매시장 외 거래로 세분하여 각각 설명하되, 현장의 내용도 소개하여 보다 실질적인 공부를 할 수 있도록 하였다. 반면에 미래의 상품에 대한 거래를 지금 진행하는 선물 거래에 대해서는 주요 개념을 중심으로 설명하여, 향후 심화 학습을 위한 디딤돌이 될 수 있도록 하였다. 우리가 지금 공부하고 있는 농식품유통론은 단순한 이론적 담론을 이어가는 것보다는 현장에 직접 적용할 때 학문적 가치가 비로소 발현되는 학문 분야이므로, 이 장에서 다루고 있는 내용의 중요성이 상당히 크다고 할 수 있다.

 주요 학습사항

• 현물거래와 선물거래는 무엇이고, 서로 어떤 차이를 가지는가?

• 시장거래는 무엇이고, 어떠한 거래들이 해당되는가?

• 도매시장과 관련한 거래제도로는 어떤 것들이 있는가?

• 시장 외 거래가 최근에 증가하는 이유는 무엇인가?

• 선물거래에는 어떠한 주요 개념들이 포함되어 있는가?

농산물 유통의 혁신… 온라인 도매시장 출범

우리나라에는 1985년 개장한 서울 가락시장을 포함해 총32개 농산물 공영도매시장이 있다. 이들 시장은 산지에서 수집된 농산물을 집하해 가격을 형성한 다음, 다시 분산하는 도매유통을 담당하고 있다. 우리나라 농산물 유통은 도매시장 이전과 이후로 나눌 만큼 도매시장의 역할이 매우 중요한데, 전국적으로 유통되는 채소와 과일의 50% 이상이 도매시장을 통해 움직인다.

그럼에도 불구하고 도매시장의 여건은 그리 녹록지 않은 게 현실이다. 산지 생산자의 조직화·규모화와 대형 소매업체의 유통 확대, 인터넷 직거래 활성화 등은 농산물을 굳이 도매시장을 통하지 않고 유통하는 방법을 늘렸는데, 특히 코로나19를 기점으로 온라인을 통한 비대면 거래가 일상화돼 도매시장의 유통 비중은 갈수록 줄어들고 있다. 실제로 최근 10년 동안의 도매시장 거래물량 변화를 분석한 결과, 32개 농산물 공영도매시장 중 거래물량이 증가한 시장은 13개 시장에 불과하고 나머지 시장은 거래가 갈수록 위축되고 있다.

이러한 상황에서 농림축산식품부는 오는 11월 농산물 온라인도매시장 개장을 위한 준비에 한창이다. 초기에는 온라인 거래에 적합하고 비대면 대량 거래의 이점을 극대화할 수 있는 품목 중심으로 시작하되 점점 가짓수와 물량을 늘려 2027년까지 농산물 도매거래 금액의 20%를 온라인도매시장이 담당하도록 하는 계획이다. 얼핏 보면 기존 도매시장과 유사한 또 하나의 시장이 만들어지는 것으로 보일 수도 있으나, 온라인 거래와 오프라인 거래의 차이점을 아는 사람들에게는 대학교 농산물 유통 교과서의 한 부분을 다시 써야 할 정도로 혁신적인 시도로 평가된다.

우선, 시간과 공간의 제약이 없는 온라인도매시장의 거래는 이론상 전국의 모든 도매시장법인 등의 판매자와 중도매인 등의 구매자가 모여 24시간 무한경쟁이 가능해 농산물 유통의 효율성을 크게 끌어올릴 수 있는 장점이 있다. 기존 도매시장은 그 지역에서 수집된 농산물을 소수의 중도매인이 모여서 거래하는 제한적 경쟁으로 유통 효율성 개선 및 거래량 증가에 한계가 있다. 이 때문에 인구가 감소하는 지방 도매시장의 유통인에게 온라인도매시장은 농산물 분산의 한계로 수집까지 위축되는 현 상황을 극복할 수 있는 기회가 된다. 두 번째로 그 지역에 없는 농산물을 다른 도매시장에서 이중의 수수료를 물면서 가져오는 전송거래 문제를 해결해 유통비용 절감에 크게 기여하게 된다. 온라인도매시장에서는 내가 소속된 도매시장의 도매시장법인이 수집한 농산물은 물론, 전국의 도매시장법인등이 상장하는 농산물을 모두 구매할 수 있어 도매시장 간 칸막이가 사라지게 된다. 무엇보다도 온라인도매시장은 그동안 여러 이유로 뒤처졌던 농산물의 상류와 물류 혁신을 크게 앞당길 전망이다. 이미 농산물도매시장 바깥에선 일상화된 비대면·견본거래가 온라인 도매시장에서 가능하기에 자체적인 유통 효율화를 달성할 뿐만 아니라, 오프라인 도매시장과 산지 출하자에게도 농산물의 표준화및 등급화, 대량 유통을 위한 물류 시스템 개선을 촉진시킬 것이기 때문이다.

온라인 농산물도매시장의 개장은 그동안 아무도 가보지 않았던 새로운 길이다. 앞으로 크고 작은 문제들이 운영 과정에서 발생할 수도 있다. 하지만 민관이 함께 농산물 유통 혁신을 앞당긴다는 인식을 갖고, 제도가 조기에 안착할 수 있도록 힘을 모아야 할 때다.

<자료: 문화일보, 2023. 10. 12. 기고문>

제1절 ○ 현물거래

1. 거래의 유형

상품에 대한 거래방식은 크게 현물거래(spot trading), 선물거래(futures trading), 옵션거래(option trading)로 구분할 수 있다. 현물거래는 우리가 일상적으로 농산물 구매할 때 사용하는 거래방식으로 현재 시점에 존재하는 상품에 대한 거래를 말한다. 즉, 우리가 사과를 먹고 싶어서 사과 상인에게 돈을 지불하고 사과를 가져오는 것이 바로 현물거래인데, 돈을 나중에 지불하는 외상거래도 현물거래에 포함된다.

선물거래는 미래의 상품을 현재 시점에서 거래하는 것으로 1달, 1년, 5년 후 등 특정한 미래 날짜에 상품과 거래대금을 주고받을 것을 현재 시점에서 정하는 것이다. 이 경우 상품을 파는 사람은 정해진 미래에 상품을 주어야 할 의무와 대금을 받아야 할 권리가 있으며 반면 구매하는 사람은 대금을 주어야 할 의무와 상품을 받아야 할 권리를 갖게 된다. 다시 말해서 거래 쌍방이 권리와 의무를 동시에 갖게 되는 것이다.

옵션거래는 선물거래에서 한 단계 더 나아가서 거래에서 발생하는 의무를 회피할 수 있는 거래이다. 예를 들어, 지금부터 6개월 뒤에 쌀 1톤을 250만 원에 주고받기로 선물거래를 하였다고 가정한다. 그런데 거래하기로 한 날짜에 가까워지면서 현물시장에서 쌀 가격이 250만 원보다 비싸지게(싸게) 되면 판매자(구매자)는 손해를 본다는 생각이 들어 거래를 취소하려고 할 것이다. 이 경우 손해가 예상되는 사람이 거래를 취소할 수 있도록 한 거래가 옵션거래이다. 선물거래에 보험기능을 추가하여 거래를 취소한 사람이 미리 지불한 보험료를 이용해 거래를 취소당한 사람이 입는 손실을 보상해 주는 것이다. 따라서, 옵션거래는 보험기능을 추가하여 권리만 있고 의무가 없는 거래방식이다.

2. 시장과 농산물도매시장

1) 시장의 개념 및 유형

거래는 시장(market)을 통해 이루어지는데, 시장이란 인류의 농산물 재배기술 발달로 자신이 수확한 농산물을 스스로 소비하고 남은 잉여 농산물이 생겨나면서부터 시작되었던 것으로 볼 수 있다. 즉, 초기 원시시대 인간들이 초기 수렵 및 채집생활을 하다가 농경사회로 들어선 이후, 청동기시대인 B.C. 2,000년 이후부터 농산물 재배기술이 발달하여 자신이 먹고 남을 정도로 많은 농산물이 수확되어 다른 사람과 필요한 물품으로 교환을 시작하게 되고 각각 다른 장소보다는 가급적 한 곳에서 교환을 하게 되면 보다 효율적이므로 이에 따라 시장이 생겨난 것이다.

<그림 3-1>은 시장이 어떻게 만들어지고 어떤 역할을 하는지를 보여주는데, 인류가 처음 잉여 농산물을 주고 받는 거래를 할 때에는 시장이 없었다. 첫 번째 그림처럼 농산물의 생산자와 소비자가 서로 만족하는 거래를 하기 위해 각각 서로 찾아가서 협상을 해야하는 번거로움이 생겼다. 그림과 같이 생산자와 소비자가 각각 5명인 경우의 거래 시도 회수를 세어보면 25건의 거래가 시도되는데, 시간과 노력이 많이 소요되는 거래 행태였다. 이러한 불편을 해소하기 위해, 생산자와 소비자는 특정 장소에서 일정한 시간에 서로 한꺼번에 만나서 거래를 하는 방안을 고안했는데, 이것이 시장의 시초이다. 두 번째 그림처럼, 시장에서 거래를 하게 되면 생산자와 소비자가 서로 일일이 찾아다니지 않고, 한 곳에서 쉽게 거래 상대자를 만날 수 있는 장점이 있다.

| 그림 3-1 | 시장의 성립과 역할 |

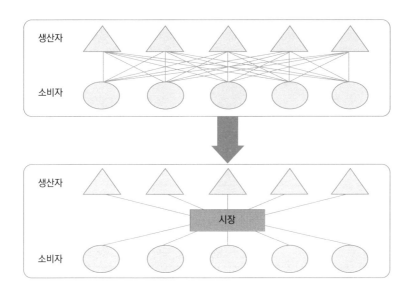

시장은 상품이 서로 거래되는 장소로 정의되는데, 인위적으로 규모를 늘리거나 줄일 수 없는 특성을 가진다.[1] 이는 시장이 상품의 거래를 활발하게 할 수 있는 내부적·외부적 여건을 가지게 되면 자연히 거래자가 더 많이 모이게 되어 시장의 규모가 커지고, 거래되는 상품이 몰리지 않으면 그 시장은 자연스럽게 규모가 줄어들다가 사라지게 되기 때문이다. 실제로 우리 주변을 보면, 과거 규모가 매우 컸던 재래시장이 쇠락하여 겨우 명맥만 유지하는 경우와 온라인 몰이 급속도로 성장하는 경우 등을 쉽게 발견할 수 있다. 이러한 시장의 특성 때문에, 시장은 살아있는 생물 또는 유기체로 보기도 한다.

시장은 여러 기준에 따라 다양하게 구분이 될 수 있는데, 장소, 주거래 품목, 거래주기, 유통단계 등이다. 장소의 경우 시장이 어디에 있는지에 따라 농촌시장, 도시시장 등으로 분류되고, 주거래 품목에 따라 양곡시장, 청과물시장, 수산물시장 등으로 구분되며, 거래주기에 따라 상설시장, 주말시장, 5일장 등으로 나눠진다. 한편, 유통

---

1) 시장에 대한 명칭은 우리말로 "저자"라고 하는데, 우리나라 역사책에는 시(市), 장(場), 시사(市肆), 장시(場市) 등으로 기록되었다. 시장(市場)이라는 용어는 개항 이후에 사용되다가 정착되어 현재까지 주로 쓰이는 용어이다.

단계에 따라 산지시장, 도매시장, 소매시장 등으로 구분되는데, 유통단계로 구분되는 시장의 경우 시장별 유통기능이 서로 다름을 앞에서 배웠다. 즉, 산지시장은 산지 농가들이 생산한 농산물을 수집하여 도매단계로 넘기는 역할을 하는 반면, 도매시장은 각 산지시장에서 수집된 농산물을 소매단계로 분산시키고, 소매시장은 도매시장에서 온 농산물을 소비자에게 최종적으로 분산시키는 역할을 한다.

표 3-1 시장의 구분

기준	사례
장소	농촌시장, 도시시장 등
주거래 품목	양곡시장, 청과물시장, 수산물시장 등
거래 주기	상설시장, 주말시장, 5일장 등
유통단계	산지시장, 도매시장, 소매시장 등

농식품유통에서는 다양한 시장을 다루고 있지만, 그중에서 농산물도매시장을 가장 중요하게 논의하고 있는데, 이는 정부가 농산물 유통 발전을 위해 가장 많은 정책적 자원을 투입하고 있기 때문이다. 특히, 농산물도매시장은 산지에서 수집된 농산물의 가격을 발견한 다음 이를 다시 소비지로 분산하는 중간 허리 역할을 하면서, 우리나라 농산물 유통구조가 도매시장 중심으로 구축됐다. 물론, 최근 다양한 유통경로가 생겨나면서 도매시장을 경유하는 농산물의 비중이 절반 수준으로 떨어졌지만, 산지 또는 소비지시장이 비해 여전히 높은 중요성을 가지고 있다.

2) 농산물도매시장 현황

(1) 공영도매시장과 기타 도매시장

1985년 우리나라 최초의 농수산물 공영도매시장인 가락동 농수산물도매시장이 개장하면서 본격적인 도매시장 정책이 추진되었는데, 이는 농산물 도매상의 폐해가 컸기 때문이다. 1980년대까지만 하더라도 산지에서 생산된 농산물은 주로 철도를 이용하여 수도권 등 대도시로 출하되었는데, 당시 전화 등 통신시설이 열악하여 산지 생산자는 도시 시장의 시세 등의 상황을 알기 어려웠다. 이처럼 유통정보의 불균형은 도매상의 비도덕적인 유통 관행을 만들었는데, 이른바 "칼질"이라는 것이 있었다. 이는 도매상이 산지에서 농산물이 적게 출하될 때는 가격을 높게 잘 쳐주다가, 물량이 많이 몰리는 성출하기에 가격을 매우 낮게 후려친 헐값으로 구매하는 것이다. 산지 출하자는 도시 시장의 시세를 알 수 없어 도매상이 정하는 가격에 농산물을 넘길 수밖에 없기에 상당한 피해를 보아왔다. 이러한 도매가격의 불투명성 문제를 해결하기 위해 공영도매시장이 설립되었다.

정부는 가락동 농수산물도매시장을 개장하여 서울역, 용산역, 청량리역, 남대문 인근 도매상 등을 이전 수용하고, 1980년대 말까지 대전, 대구, 청주 도매시장을 개장하였다. 이어서 1990년대부터 천안, 안양, 안산, 충주 등 인구 20만 명 이상의 중소도시 농수산물도매시장을 개장해 나갔으며, 현재 33개 농수산물 공영도매시장(농산물도매시장은 부산 국제수산물도매시장을 제외한 32개소)이 도매기능을 담당하고 있다.

그림 3-2 농산물 공영도매시장의 분포

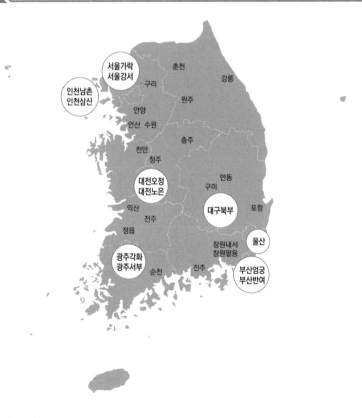

출처: 김성훈 외(2024).

농산물도매시장은 공영도매시장 이외에도 일반 법정 도매시장과 민영 도매시장이 있는데, 도매시장의 투자 및 운영주체에 따라 구분된다. 먼저, 공영도매시장은 중앙 및 지방 정부의 공공투자에 의해 지방자치단체가 개설한 시장인데, 특별시와 광역시에 있는 도매시장 중 규모가 큰 11개 도매시장은 중앙도매시장으로 규정하고, 나머지 도매시장은 지방도매시장으로 분류하고 있다.[2] 일반법정 도매시장은 민간의 투자로 농수산물의 도매거래를 위해 지방자치단체가 개설한 시장으로 전국에 13개 시장이 있고, 민영 도매시장은 민간인 등이 시·도지사의 허가를 받아 개설한 시장으로 전국에 3개 시장이 있다.

표 3-2 농수산물도매시장의 유형별 추이

시장별		1995	2000	2005	2010	2015	2020	2021	2022
계		47	48	51	49	48	49	49	49
공영도매시장		13	23	32	33	33	33	33	33
일반법정 도매시장	소계	34	23	16	13	13	13	13	13
	청과	19	9	5	5	5	5	5	5
	수산	5	3	3	2	2	2	2	2
	축산	8	9	6	4	3	3	3	3
	양곡	1	1	1	1	1	1	1	1
	약용	1	1	1	1	2	2	2	2
민영도매시장		-	2	3	3	3	3	3	3

자료: 농수산물도매시장 통계연보 각 연도

농수산물도매시장의 거래규모를 보면 <표 3-3>과 같은데, 도매시장 전체 물량은 2011년 710만 톤에서 2022년 695만 톤으로 2.0% 감소하여 도매시장 거래 규모가 다소 줄어든 것으로 평가된다. 이를 도매시장 유형별로 보면 공영도매시장은 같은 기간 동안 거래 물량이 소폭 감소하였으나, 일반법정시장은 30%가 넘는 감소세를 보여 농수산물도매시장 중 일반법정시장의 위축이 두드러졌다. 한편 민영도매시장의 거래

---

2) 농수산물도매시장 중 중앙도매시장은 서울가락, 부산엄궁, 부산국제수산, 대구북부, 인천남촌, 인천삼산, 광주각화, 대전오정, 대전노은, 울산, 노량진수산 시장이다.

실적은 2.5배 증가하였으나, 기존 거래물량 자체가 작은 가운데 증가한 결과이다. 한편, 도매시장의 거래금액은 거래물량과 달리 일반법정시장을 제외하고 모두 증가하였는데, 이는 농수산물의 가격 상승에 따른 결과로 생각된다.

보다 구체적으로 도매시장에서 거래되는 청과물의 거래실적 변화를 분석한 <표 3-4>를 보면, 2011년부터 2022년의 기간 동안 도매시장 청과물 거래 물량이 653만 톤에서 652만 톤으로 0.26% 감소한 것으로 나타나 농산물도매시장의 거래가 정체 내지는 위축되고 있음을 알 수 있다.

표 3-3 농수산물도매시장의 유형별 거래실적 추이

단위: 천 톤, 억 원, %

구분	공영		일반법정		민영		총계	
	물량	금액	물량	금액	물량	금액	물량	금액
2011	6,797	106,477	285	9,516	14	233	7,096	116,226
2012	6,819	116,214	294	8,961	12	211	7,125	125,386
2013	7,155	118,859	266	7,170	46	3,427	7,467	129,456
2014	7,518	112,034	247	6,804	48	4,102	7,813	122,940
2015	7,438	121,315	232	6,565	46	3,807	7,716	131,687
2016	7,366	129,675	217	5,985	47	3,702	7,630	139,362
2017	7,343	127,868	203	6,086	41	3,448	7,587	137,402
2018	7,163	129,233	194	6,017	37	3,536	7,394	138,786
2019	7,219	124,863	197	5,817	37	3,579	7,453	134,259
2020	6,916	138,582	183	6,000	36	4,099	7,135	148,681
2021	6,816	145,285	192	6,468	35	4,471	7,043	156,224
2022	6,721	151,057	196	6,832	35	4,562	6,952	162,450
증감률	-1.1	41.9	-31.2	-28.2	150.0	1857.9	-2.0	39.8

자료: 농수산물도매시장 통계연보 각 연도

표 3-4 농산물도매시장의 청과부류 거래실적 추이

단위: 천 톤, 억 원, %

구분	거래물량	거래금액
2011	6,532	95,609
2012	6,557	107,112
2013	6,916	110,296
2014	7,278	102,437
2015	7,178	111,798
2016	7,088	119,140
2017	7,064	116,068
2018	6,888	118,041
2019	6,994	114,033
2020	6,699	127,250
2021	6,574	133,578
2022	6,515	139,690
증감률	-0.26	46.11

자료: 농수산물도매시장 통계연보 각 연도

이와 같은 농산물도매시장의 거래 정체 또는 위축 현상은 과거 도매시장 중심의 농산물 유통이 유통경로의 다변화를 통해 변화하고 있음을 보여준다. 실제 관련 통계를 보면, 우리나라에서 생산되는 농산물 중 공영도매시장을 통해 유통되는 비중이 2011년 44.6%에서 2016년 60.3%로 증가하였으나 이후 감소하여 2022년 55.4%로 추정되는 등 도매시장 중심의 농산물 유통구조가 변화하고 있음을 알 수 있다.[3]

도매시장의 유통비중 감소는 도매시장 자체의 위축을 가져올 뿐만 아니라, 도매시장의 거래가격을 기준가격으로 활용하고 있는 우리나라 도매유통 시스템의 변화

---

3) 도매시장의 거래규모 감소는 도매시장의 얇은 시장(thin market) 문제를 야기하게 된다. 얇은 시장이란 상품에 대한 공급자와 수요자의 수가 상대적으로 적고 거래량이 적은 시장으로, 시장 가격의 변동성이 커지고 거래 가격의 대표성이 떨어지게 된다.

를 유발하게 된다. 대형소매점이나 친환경 농산물 유통업체의 경우 산지 생산자와의 구매가격 협상에 가락동 농수산물도매시장의 경락가격을 기준으로 활용하고 있는데, 도매시장의 유통비중이 줄어들면 경락가격의 대표성이 떨어져 문제가 된다.

표 3-5 농산물 유통에서의 도매시장 비중

단위: 천 톤, %

구분	국내 총 생산량 (A)	공영도매시장 국내산 거래물량 (B)	도매시장 경유율 (B/A)
2011	12,526	5,581	44.6
2012	10,824	5,770	53.3
2013	11,778	5,820	49.4
2014	12,493	6,755	54.1
2015	11,238	6,564	58.4
2016	10,747	6,478	60.3
2017	11,219	6,389	56.9
2018	11,623	6,262	53.9
2019	11,364	6,432	56.6
2020	10,764	6,146	57.1
2021	11,202	6,040	53.9
2022	10,816	5,993	55.4
증감률	-6.9	-4.3	2.9

자료: 통계청 농작물·임산물 생산조사, 농수산물도매시장 통계연보 각 연도

우리나라 농산물 공영도매시장은 농산물의 수집기능과 분산기능을 동시에 하고 있는데, 관련 연구에 따르면 시장 여건과 역량에 따라 산지 거점형 및 산지 위성형, 소비지 거점형 및 소비지 위성형으로 구분할 수 있다. 산지 거점형 도매시장은 주산지에 위치하여 산지 농산물의 수집 기능이 특화되어 전국 또는 권역별 수집 거점의 역할을 하는 시장이고, 산지 위성형 도매시장은 산지에 위치하고 있으나 거점형 시장 인근에 위치하여 수집 기능을 보조적으로 하는 시장이다. 소비지 거점형 도매시장은 대도시에 위치하여 전국 및 권역별 분산 거점의 역할을 하는 시장이고, 소비지 위성형 도매시장은 중소도시에 위치하여 나름의 분산기능을 하는 시장이다.

이를 기준으로 전국 32개 농산물 공영도매시장의 유형을 구분하여 보면 다음 그림과 같은데, 서울 가락시장은 대표적인 소비지 거점형 도매시장이고, 안동시장은 대표적인 산지 거점형 도매시장이다. 특히, 안동시장의 경우 사과 수집기능에 특화되어 안동을 포함한 경북지역은 물론 강원지역의 사과를 수집하여 전국적으로 분산하고 있다.

반면에 소비지 또는 산지의 위성형 도매시장은 거점형 도매시장과의 상권 경쟁에서 밀려나는 등 어려움을 겪고 있다. 특히, 교통수단의 발달로 인해 위성형 도매시장으로 농산물을 출하하는 생산자나 구매하는 소매업체 등은 보다 농산물의 구색이 다양하고 품질이 좋은 거점형 시장과 거래하기 쉬워지고 있어, 일부 위성형 도매시장은 존립의 위기까지 겪고 있는 상황이다.

그림 3-3   농산물 공영도매시장의 분포

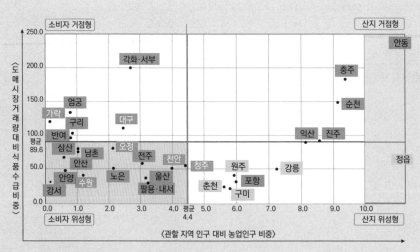

출처: 김성훈 외(2023).

(2) 온라인도매시장

2023년 11월 30일에 개장된 농산물 온라인도매시장(Korea On-line Wholesale Produce Market)은 세계 최초로 온라인으로 농산물의 도매거래를 진행하는 공영시장인데, 기존 오프라인 농산물 공영도매시장과 달리 도매시장의 공간적 제약과 시간적 제약이 없는 온라인 플랫폼에서 전국의 거래자가 함께 농산물 도매거래에 참여하는 시장이다. 즉, 기존의 32개 농산물 공영도매시장은 각각의 도매시장에 소속된 도매시장법인, 중도매인, 매매참가인 등이 해당 시장 안에서 농산물 도매거래를 진행하는 반면, 농산물 온라인도매시장은 전국의 산지 출하조직, 도매시장법인, 중도매인, 대량구매자 등이 하나의 온라인시장에서 농산물의 판매 및 구매 행위를 하게 된다.

그림 3-4 기존 도매시장과 농산물 온라인도매시장의 시장 형태

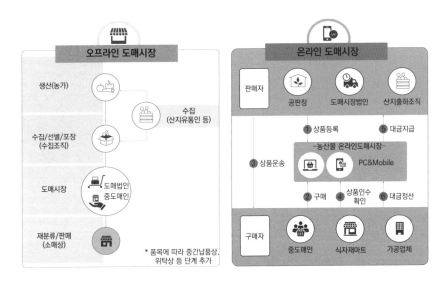

자료: 농림축산식품부

특히, 「농수산물 유통 및 가격안정에 관한 법률(농안법)」의 규제를 받아 도매시장법인과 중도매인(매매참가인)간의 거래만 가능한 기존 공영도매시장과 달리, 농산물 온라인도매시장은 산지조직과 도매시장법인 등이 농산물의 직접 판매자로 참여할 수 있고 소비지의 대량수요자가 직접 구매자로 참여할 수 있어, 농산물 도매의 유통단계를 줄이고 다양한 거래 형태를 창출하는 장점을 가지고 있다.[4] 또한, 디지털 기반 전국 단위 거래가 가능하여 특정 도매시장 안에서만 거래가 진행되는 기존 공영도매시장의 한계를 넘어 보다 많은 거래 상대자를 대상으로 높은 수준의 경쟁을 하게 되어 상류의 효율성을 높일 수 있고, 거래 단계마다 농산물이 이동하는 기존 도매시장과 달리 거래가 완료된 후 농산물이 이동되는 상물분리형 거래가 가능하여 물류 효율성도 높아지게 된다.

그림 3-5 기존 도매시장과 농산물 온라인도매시장 비교

오프라인 도매시장		온라인 도매시장	
상품이동	거래단계마다 상품 이동(상물일치) 수도권 집중 및 지방재분산	상품이동	거래 후 상품이동(상물분리) 물류 최적화
공간적 지약	개설시장 내에서만 거래	공간적 지약	디지털 기반 전국단위 거래
거래주체	산지조직은 출하자의 역할 도매시장 법인↔중도매인 간 거래만 가능 도매법인 제3자 판매 금지 중도매인 산지 직접집하 금지	거래주체	산지조직이 직접 판매자로 참여 소비자 대량수요처가 직접 구매자로 참여 ① 산지조직 ↔ 직접구매자 ② 산지조직 ↔ 중도매인 ③ 도매시장법인 ↔ 직접구매자
정산	대부분 도매법인이 중도매인에게 별도여신 제공 후 개별 정산	정산	①, ②, ③ 모두 이용 가능

자료: 농림축산식품부

농산물 온라인도매시장은 거래비중이 줄어들고 있는 공영도매시장의 생태계를 바꾸는 일종의 게임 체인저(game changer)가 될 것으로 기대된다. 첫 번째, 기존 「농수산물 유통 및 가격안정에 관한 법률(농안법)」의 테두리 안에서 경쟁이 제한됨과 상류와 물류가 동시 진행됨에 따라 발생하는 유통 비효율을 상당 부분 줄여 산지 농가수취가

---

4) 기존 공영도매시장에서는 도매시장법인의 제3자 판매와 중도매인의 산지 직접 집하가 금지되고 있어, 도매시장법인은 산지에서 수집되어 도매시장으로 반입되는 농산물의 상장 및 경매 진행 업무만 담당하여 중도매인 외 제3자에게 농산물을 판매하지 못하고, 중도매인은 상장된 농산물의 경매의 참여만 가능하여 산지에서 직접 농산물을 수집하여 도매시장에 반입하지 못한다.

격과 소비자 판매가격의 격차를 줄이는 데 기여할 수 있다.[5] 두 번째, 중도매인의 분산 기능이 약한 도매시장의 도매시장법인이 소속된 중도매인 외 전국의 농산물 구매자를 대상으로 수집한 농산물을 판매할 수 있게 되어, 도매시장법인 간 경쟁이 강화되어 보다 우수한 도매시장법인이 거래를 주도하게 된다. 세 번째, 수집 기능이 약한 도매시장법인을 가진 중도매인의 경우 필요한 농산물을 전송거래를 통해 확보하는 대신 직접 다른 도매시장의 도매시장법인에서 구매하게 되어 지역의 한계를 극복하고 전송거래로 발생하는 이중 수수료를 절감하게 된다.[6] 네 번째, 농산물 온라인도매시장에서는 도매시장법인의 중도매인 외의 제3자 판매가 가능하여 도매시장법인이 직접 대형소매업체나 수출시장 등에 농산물을 판매할 수 있고 중도매인 또한 산지 직접 집하가 가능하여 칸막이 없는 무한경쟁을 통해 효율성을 가진 유통주체만 살아남게 되는 유통 생태계를 갖추게 되는데, 이는 결국 농산물 도매유통의 효율성 극대화를 통한 유통비용 절감을 창출하게 된다. 다섯 번째, 농산물 온라인도매시장은 전국에 산재되어 있는 32개 농산물 도매시장 간 경쟁을 강화하여 경쟁에 뒤처지는 도매시장은 폐장 또는 용도 전환을 하게 되어 그동안 공고하게 유지되었던 농산물 공영도매시장의 혁신을 유발할 것으로 기대된다.

다만, 농산물 온라인도매시장이 제 역할을 하기 위해서는 거래규모를 단기간에 끌어올려 기존 도매시장 거래자들이 온라인도매시장 거래에 참여하도록 유도하여야 한다. 이를 위해서는 온라인 비대면 거래 활성화를 위한 농산물의 표준화 및 등급화, 물류 효율성 제고를 위한 팰릿단위 물류 및 기계화 정착, 거래 분쟁의 적절한 대응, 기존 거래에 익숙한 산지 출하자 및 유통인의 인식 전환 등이 요구된다.

---

5) 농산물 온라인도매시장의 경우, 산지에서 수집한 농산물을 도매시장에 반입하지 않고 거래를 진행할 수 있어 상황에 따라 물류단계를 줄일 수 있다.
6) 전송거래는 다른 도매시장에서 수집된 농산물을 가져오는 것으로 도매시장법인 간 농산물을 전송하는 거래이다. 이 경우 산지 농산물을 수집한 도매시장의 법인 수수료와 중도매인이 속한 도매시장의 법인 수수료를 각각 부담해야 해서 이중 수수료 부담 문제가 발생한다.

3. 도매시장 거래

1) 거래제도

(1) 거래제도 비교

농산물 공영도매시장의 거래제도는 경매, 정가·수의거래, 상장예외품목 거래, 시장도매인의 수의거래(상대거래)로 구분된다. 경매는 도매시장법인이 산지 출하자로부터 수탁받은 농산물을 상장(上場)하여 진행하는 거래로 중도매인과 매매참가인이 참여하여 경쟁입찰의 방식으로 가격을 발견하는 거래제도로 모든 농산물 공영도매시장에서 진행되고 있다. 정가·수의거래는 산지 출하자와 도매시장법인의 경매사가 사전에 가격을 협의하여 정하는 거래제도이고, 상장예외품목 거래는 도매시장의 반입 물량 비중이 작거나 취급 중도매인의 수가 작은 등의 특성으로 도매시장에 상장하여 거래하는 것이 불가한 품목에 대한 거래로 중도매인이 산지에서 수집된 농산물을 직접 구매하는 거래제도이다.[7] 한편, 시장도매인은 수의거래 또는 상대거래를 통해 산지 출하자의 농산물을 구매하는데, 도매시장법인과 중도매인이 거래하는 경매나 정가·수의거래보다 단순한 거래형태를 가진다.

도매시장 거래제도를 상호 비교한 결과가 <표 3-6>과 같다. 먼저, 경매와 정가·수의거래의 거래주체는 도매시장법인(경매사)과 중도매인인 반면, 상장예외품목과 시장도매인의 거래주체는 각각 중도매인과 시장도매인으로 단순하다. 그 결과 경매와 정가·수의거래의 유통마진은 도매시장법인의 위탁수수료와 중도매인 마진의 합인 반면, 상장예외품목과 시장도매인 거래의 유통마진은 중도매인 또는 시장도매인의 매수 마진 또는 위탁 수수료만으로 구성된다.

---

7) 상장예외품목에 대한 규정은 「농수산물 유통 및 가격안정에 관한 법률(농안법)」 시행규칙에 다음과 같이 규정된다.
제27조(상장되지 아니한 농수산물의 거래허가) 법 제31조 제2항 단서에 따라 중도매인이 도매시장의 개설자의 허가를 받아 도매시장법인이 상장하지 아니한 농수산물을 거래할 수 있는 품목은 다음 각 호와 같다. 이 경우 도매시장개설자는 법 제78조 제3항에 따른 시장관리운영위원회의 심의를 거쳐 허가하여야 한다.
1. 영 제2조 각 호의 부류를 기준으로 연간 반입물량 누적비율이 하위 3퍼센트 미만에 해당하는 소량 품목
2. 품목의 특성으로 인하여 해당 품목을 취급하는 중도매인이 소수인 품목
3. 그 밖에 상장거래에 의하여 중도매인이 해당 농수산물을 매입하는 것이 현저히 곤란하다고 도매시장 개설자가 인정하는 품목

도매시장 거래제도별 가격발견 방식도 차이가 있는데, 경매제도는 경쟁입찰방식
인 반면, 나머지 거래제도는 출하자와의 협의방식이다. 거래된 농산물에 대한 정산
책임은 경매와 정가·수의거래의 경우 도매시장법인이 담당하나, 상장예외품목과 시
장도매인의 거래에서는 각각 중도매인과 시장도매인이 지게 된다.

거래제도별 거래 품목은 특정 농산물을 지정하여 진행되는 상장예외품목 거래를
제외하고는 모든 품목을 거래하도록 하고 있다.

표 3-6 도매시장 거래제도 비교

구분	경매	정가 · 수의거래	상장예외	시장도매인 (수의 · 상대거래)
거래 주체	도매시장법인(경매사), 중도매인		중도매인	시장도매인
유통마진	법인 위탁수수료 및 중도매인 마진		매수 마진 또는 위탁 수수료	
가격 발견 방식	경쟁입찰	출하자와 협의		
정산 책임	도매시장법인		중도매인	시장도매인
거래 품목	모든 품목		지정 품목	모든 품목

도매시장 거래제도의 변화를 살펴보도록 한다. 1976년「농수산물 유통 및 가격안
정에 관한 법률(농안법)」이 제정된 이후 1985년 가락동 농수산물도매시장을 포함한 공
영도매시장이 개장되면서 경매를 통한 도매시장거래를 원칙으로 하였다. 이후 1994
년 중매인의 도매행위를 금지하는 조항 개정으로 농안법 파동이 발생하여 사회적 혼
란을 겪었다.[8] 1994년 농안법 파동의 대책으로 재개정된 농안법은 중매인 명칭을 중
도매인으로 개정하여 중도매인의 도매행위를 허용하였고, 2000년 개정된 농안법에
시장도매인제도가 명시되었다. 이후 2004년 개장된 서울 강서 농수산물도매시장에
시장도매인이 유통주체로 참여하면서 본격적인 시장도매인 거래가 현재까지 진행되

---

8) 1994년 중도매인(중매인)의 도매행위를 금지하는 조항이 포함된 농안법 개정안이 공표되었다.
이는 중도매인이 경매에 참가하여 농산물을 낙찰 받아 다음 단계 유통상인에게 전달만 하도록 하
는 조항으로 경매 참가와 농산물 도매행위를 병행하고 있던 도매시장 중도매인의 현실을 반영하
지 못한 조항이었다. 이에 따라, 다음 단계의 도매상인 등을 위해 경매를 대행하고 일정 수수료만
받을 수밖에 없어진 가락시장 중도매인들이 거래를 중단하여 서울을 포함한 수도권의 농산물 도
매거래가 마비되는 등의 사회적 혼란이 발생하였던 사태였다. 농안법 파동에 대해서는 제7장 제1
절에 있는 "2. 우리나라 유통정책의 변화과정"에서 보다 자세히 알아보도록 한다.

고 있다. 또한, 2012년 농안법 개정을 통해 정가·수의거래를 경매와 동등하게 인정하게 되었다.

그림 3-6 **도매시장 거래제도의 변천**

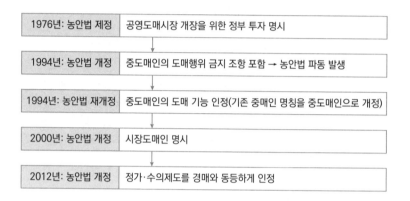

1976년: 농안법 제정	공영도매시장 개장을 위한 정부 투자 명시
1994년: 농안법 개정	중도매인의 도매행위 금지 조항 포함 → 농안법 파동 발생
1994년: 농안법 재개정	중도매인의 도매 기능 인정(기존 중매인 명칭을 중도매인으로 개정)
2000년: 농안법 개정	시장도매인 명시
2012년: 농안법 개정	정가·수의제도를 경매와 동등하게 인정

도매시장 거래제도의 두 축을 차지하는 경매와 시장도매인의 수의·상대거래는 매우 다른 구조를 가지고 있다. <그림 3-7>과 같이, 경매제에서는 도매시장법인과 중도매인·매매참가인이 경매를 통해서 반입된 농산물을 다음 단계로 넘기는 반면, 시장도매인은 이 둘의 역할을 한꺼번에 처리하는 차이가 있다. 다시 설명하면, 경매제에서는 농산물의 수집과 가격발견 기능을 도매시장법인이 담당하고 분산기능을 중도매인 등이 담당하는 반면, 시장도매인은 이러한 기능을 모두 담당하고 있는 것이다.

그림 3-7 **경매와 시장도매인 거래 비교**

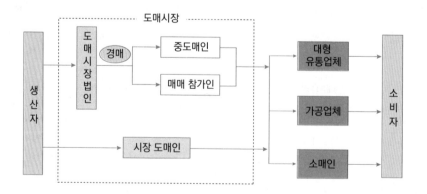

경매와 시장도매인의 거래는 장단점에서 서로 극명한 차이를 가진다. 먼저 경매의 경우, 공개적인 장소에서 규정된 방법으로 거래가 진행되므로 거래의 투명성이 높아지고, 거래의 공정성이 향상되며, 출하되는 농산물을 모두 경매하기에 생산자의 시장 참여기회를 확대시키는 장점이 있다.[9] 또한, 전자경매를 통해 실시간으로 수집되는 경락가격을 통해 대표가격을 형성하여 유사도매시장의 횡포를 견제하는 등의 장점을 가진다.[10]

반면에, 매 상황에 따라 경락가격이 결정되는 경매의 특성으로 가격의 변동폭이 큰 불안정성을 가지고,[11] 경매를 진행되는 동안 농산물을 상온에 대기하여 신선도 저하 및 유통비용 상승을 유발하는 단점이 있다.[12] 경매를 단위별로 각각 진행하게 되어 대량유통에 불리하고,[13] 중도매인 등의 담합 가능성이 있으며,[14] 매번 경매되는 농산물의 물량과 품질이 달라 구매 수요자가 어려움을 겪는 단점이 있다.

---

9) 농안법에는 도매법인이 출하자가 위탁하는 농산물의 수탁을 특정 상황을 제외하고는 거부할 수 없도록 하고 있어, 출하자의 농산물을 무조건 수탁하는 원칙이 있다. 구체적인 조항은 다음과 같다. 제38조(수탁의 거부금지 등) 도매시장법인 또는 시장도매인은 그 업무를 수행할 때에 다음 각 호의 어느 하나에 해당하는 경우를 제외하고는 입하된 농수산물의 수탁을 거부·기피하거나 위탁받은 농수산물의 판매를 거부·기피하거나, 거래 관계인에게 부당한 차별대우를 하여서는 아니 된다.
1. 제10조 제2항에 따른 유통명령을 위반하여 출하하는 경우
2. 제30조에 따른 출하자 신고를 하지 아니하고 출하하는 경우
3. 제38조의2에 따른 안전성 검사 결과 그 기준에 미달되는 경우
4. 도매시장 개설자가 업무규정으로 정하는 최소출하량의 기준에 미달되는 경우
5. 그 밖에 환경 개선 및 규격출하 촉진 등을 위하여 대통령령으로 정하는 경우
10) 요즘 공영도매시장에서 진행되는 경매는 전자경매로 경매 결과가 실시간으로 도매시장 관리공사(사무소)로 전송되어 전국에서 쉽게 확인할 수 있다.
11) 경매에 참여하는 중도매인은 시장 반입량 현황과 산지 작황 등에 따라 시장 물량이 줄어들 것으로 예상되는 경우 경쟁적으로 경매에 참여하여 경락 가격의 급격한 상승을 유발하고, 반대의 경우 경매에 수동적으로 참여하거나 유찰시키는 행위를 하여 경락 가격의 급격한 하락을 유발하게 된다. 이러한 중도매인의 움직임에 따라 경매의 가격 변동폭이 큰 경우가 많다.
12) 일반적으로 도매시장에 반입된 농산물이 경매를 거쳐서 중도매인 등에게 전달되는 데 반나절이 걸리는데, 이때 상온이 그대로 노출되어 신선도 저하를 가져온다. 또한, 이러한 과정에서 별도의 장소와 비용이 발생하여 유통비용의 증가를 야기한다.
13) 일례로 한번의 10 트럭의 배추를 거래할 때 시장도매인의 경우 한번에 거래가 끝나지만, 경매는 트럭마다 경매를 거치게 된다.
14) 일반적으로 경매에 참여하는 중도매인의 수가 10여 명 정도인데, 일부 도매시장의 품목에서는 5명 이하의 중도매인이 경매애 참여하여 담합 가능성이 있다. 또한, 특정 농산물의 경매에 참여하는 중도매인이 정해져 있어 오랜 기간 같이 경매에 참여하면서 상호간 담합 가능성이 더욱 높아진다.

표 3-7 경매제도의 장단점

장점	단점
• 공개 판매로 거래투명성 제고 • 거래의 공정성 향상 • 생산자의 시장 참여기회 확대 • 대표가격 형성 및 거래정보 분산으로 유사도매 시장의 횡포 견제	• 가격의 불안정성 내포 • 신선도 저하 및 유통비용 상승 • 대량유통에 불리 • 경매참여자의 담합 가능성 • 거래량과 품질 불안정성으로 구매수요의 어려움 증가

　　다음으로 시장도매인의 수의·상대거래의 장점을 보면, 도매시장법인과 중도매인이 하는 역할을 시장도매인이 모두 담당하여 유통 및 거래비용을 절감할 수 있고, 경매를 진행하기 위한 별도의 시간이 필요없어 신속한 거래와 신선도 유지가 가능하다. 일반적으로 시장도매인은 산지 출하자와 오랜 거래 관계를 유지하기에 상호 협의로 결정되는 거래가격이 경락가격보다 안정적이다.[15] 또한, 경매 등의 절차를 거치지 않는 개인거래로 인해 비규격 농산물 등의 다양한 품목의 취급이 가능한 장점도 있다.

　　반면에, 개인 간 거래로 결정된 가격을 사후에 보고하는 구조로 인해 가격 투명성이 미흡하고, 기준가격 형성이 어려운 단점이 있다. 시장도매인이 원하지 않는 농산물을 출하자가 거래하기 어렵고, 시장도매인의 규모가 작아 상품 표준화나 공동출하를 통한 대규모 거래가 어려운 한계가 있다.

표 3-8 시장도매인제의 장단점

장점	단점
• 유통 및 거래비용 감소 • 신속한 거래 및 신선도 유지 가능 • 거래가격의 안정화 도모 • 비규격 농산물을 포함한 다양한 품목 취급 가능	• 개인 간 거래에 따른 투명성 미흡 • 기준(대표)가격 형성 한계 • 출하자 보호 기능(출하 선택권) 취약 • 상품표준화 및 공동출하 거래 제약

---

15) 농산물이 가격이 폭등하는 경우, 시장도매인은 산지 출하자에게 어려움을 호소하여 다소 낮은 가격으로 농산물을 가져와서 경매가보다 낮은 가격을 형성할 수 있다. 반면에 가격이 폭락하는 경우 출하자의 손해를 감안하여 다소 높은 가격으로 농산물을 가져와서 경매가보다 높은 가격을 형성할 수 있다.

(2) 경매 실태

가. 경매 시간 및 유형

농산물 공영도매시장에서 진행되는 경매는 대부분 오후부터 다음날 오전까지 진행되는데, 이는 상대적으로 기온이 낮고 일반인의 이동이 드문 시간에 경매를 진행하여 농산물의 신선도를 유지하고 도매시장의 복잡함을 최소화하기 위함이다.

경매 방법은 몇 가지 기준에 따라 구분할 수 있는데, 가격발견 방법, 경매응찰 방법, 경매진행 방법 등이 대표적이다. 먼저, 가격 발견 방법에 따라 상향식(영국식: English auction), 하향식(네덜란드식: Dutch auction), 동시호가식(simultaneous auction)으로 구분하고, 경매응찰방법에 따라 수지식(手指式), 표찰식(標札式), 전자식으로 구분하며, 경매진행 방법에 따라 이동식과 고정식으로 구분할 수 있다.

표 3-9 경매 방법의 유형

기준	경매 방법
가격발견 방법	상향식, 하향식, 동시호가식
경매응찰 방법	수지식, 표찰식, 전자식
경매진행 방법	이동식, 고정식

첫 번째로 경매를 통해 경락가격을 발견하는 방법에 따라 상향식, 하향식, 동시호가식으로 구분되는데, 상향식 경매는 매수 희망가격을 낮은 가격부터 계속해서 높은 가격으로 호가를 받다가 더 이상 더 높은 가격을 제시하는 매수 희망자가 나타나지 않을 때 경락가격을 결장하는 방식이다. 상향식 경매는 골동품 등을 포함한 다양한 상품 경매가 적용되고 있다. 하향식 경매는 상향식 경매와 반대로 판매인측이 제시한 가격을 최고가격으로 설정하고 처음으로 구매자가 나타날 때까지 가격을 조금씩 낮춰가는 방식이다. 하향식 경매는 일반 농산물에 비해 선선도 유지 기간이 짧은 꽃을 거래하는 화훼도매시장 등에서 사용되고 있는데, 상향식 경매와는 달리 경매 소요시간이 상대적으로 짧은 장점이 있다. 또한, 구매자 입장에서는 하향식 경매 시 상품을 확보하는데 심리적으로 압박감을 느끼게 되어 상향식에 비해 다소 높은 경락가격이 형성되는 경향이 있다. 동시호가식은 매수 희망자들이 동시에 자신이 구매하고자 하는 가격을 제시하여 그중 가장 높은 가격을 제시한 매수 희망자에게 경매 대상품이 낙찰되는 방식이다. 이처럼 동시호가식은 단 한 번의 가격 비교로 바로 낙찰자

가 결정되므로 상향식이나 하향식보다 경매 소요 시간이 매우 짧은 특성이 있어 신선도가 생명이라고 할 수 있는 수산물 경매 등에 적합하다.

| 그림 3-8 | 화훼공판장의 하향식 경매 |

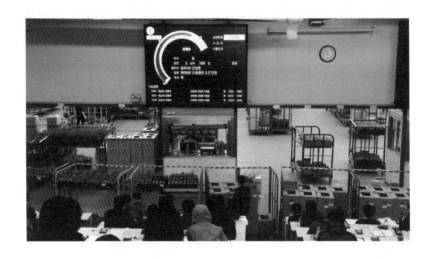

다음으로 경매응찰방법에 따라 수지식, 표찰식, 전자식으로 구분된다. 수지식 경매는 손가락을 이용하여 매수 희망자들이 경매사에게 자신의 가격을 제시하는 것으로 과거 농수산물도매시장이나 항구의 수산물 공판장 등에서 사용되고 있다. 수지식 경매는 별도의 장비가 필요 없고 간편한 장점이 있지만, 경매과정에 경매사의 부정이 발생할 수 있거나 제시 가격정보가 제대로 경매사에게 전달되지 못할 수가 있어 사용하는 경우가 줄고 있다.[16] 표찰식 경매는 흑판(칠판)모양의 표찰에 가격을 제시하여 경매사에게 보여주는 방식으로 항구의 수산시장 등에서 사용되고 있는 방식이고, 전자식 경매는 공영도매시장에서 적용하는 방식으로 매수 희망자가 무선 응찰기를 통해 자신의 구매가격을 입력하면 해당 정보를 경매사의 휴대용 컴퓨터가 정보를 수신하여 최고가를 결정하는 방식이다.

---

16) 수지식 경매의 경우 오로지 경매사만이 매수 희망자 개개인의 가격을 모두 다 확인하고 그중에서 가장 높은 가격을 제시한 매수 희망자에게 경매 대상품을 낙찰시킬 수 있기에 경매사가 마음만 먹으면 가장 높은 가격을 제시하지 않은 매수 희망자를 최고가 제시자로 결정해버릴 수 있다. 또한, 경매 참여자가 손 모양으로 다른 매수 희망자들이 볼 수 없도록 경매사에게 매수 희망 가격을 제시하는 과정에서 혼선이나 착각이 일어날 수도 있다.

| 그림 3-9 | 수지식 경매와 무선응찰 경매 모습 |

자료: 서울청과

끝으로 경매진행 방법에 따라서 이동식과 고정식으로 구분된다. 이동식 경매는 경매 대상품은 그대로 진열해두고 경매사와 경매 참여자가 자리를 옮겨 다니면서 하는 경매방법으로 부피가 커서 이동이 쉽지 않는 경우에 자주 사용된다. 이 경우 농산물을 여기저기로 옮기지 않아 추가적인 노동력이 들지 않고 농산물에 손상이 가지 않는 장점이 있으나, 경매 장소를 이동하면서 많은 사람들이 움직이게 되므로 혼잡 문제가 발생할 수 있다. 고정식 경매는 한 곳에서 경매를 진행하는 것으로 경매사와 경매 참여자는 경매장에 모여 있고 경매 대상품들이 경매장으로 들어오게 되는데, 경매 후 다시 낙찰자에게 이동되는 방법으로 부피가 작은 꽃이나 과일 등의 경매에서 주로 사용된다. 고정식 경매는 사람들의 동선을 제한하여 혼잡도를 줄이고 물류의 효율성을 높이는 장점이 있으나, 추가적인 관련 시설과 공간이 필요한 문제도 있다.

그림 3-10 고정식 경매와 이동식 경매

나. 경매 절차

농산물의 도매시장 경매는 산지 출하자의 경매 의뢰, 농산물의 도매시장 반입 및 하역, 경매사의 송품장 확인 및 판매원표 작성, 경매사와 매수 희망자 간의 경매 진행, 낙찰자 결정 및 낙찰서 전달, 하역노조의 낙찰 상품의 점포 이동, 도매시장법인의 경락대금 정산 및 산지 출하자 송금 등의 과정으로 진행된다.

그림 3-11 도매시장 경매 절차

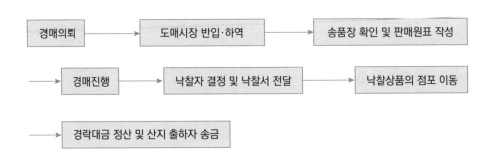

농산물의 도매시장 경매는 산지 출하자가 자신의 농산물을 도매시장으로 보내면서 시작된다. 도매시장에 출하자가 처음으로 출하할 때 출하자 등록신청서를 작성하

여 제출하면 경매 담당자가 접수 후 출하자 코드를 부여하게 되는데, 출하자 코드를 가진 산지 출하자는 자신의 농산물을 경매해 줄 도매시장법인에게 송품장(송장)을 보내면서 판매 의뢰를 하게 된다. 송품장은 표준송품장 양식을 주로 이용하는데, 표준송품장에는 출하일시, 거래형태, 매매방법, 출하내역 등을 기재한다. 다만, 최근에는 전자송품장을 도입하여 산지에서 기입하는 정보를 도매시장 등에서 실시간으로 파악하도록 하고 있다.

농산물이 도매시장에 반입되면 하역노조가 농산물을 트럭에서 내리는 하역작업을 하고 농산물이 송품장과 일치하는지를 확인한다. 또한, 트럭에서 하차된 농산물을 도매시장에 반입된 순서에 따라 상장(경매)번호를 발급받은 후 경매장 또는 인근으로 이동하는데, 품목별, 출하주별 등으로 분류하여 경매장에 진열하여 경매 준비를 한다. 도매시장법인은 시장에 반입된 농산물이 송품장과 일치하는지 확인되면, 출하자에게 수탁증을 발부한다.

경매사는 도매시장법인으로 들어온 송품장을 가지고 경매장으로 나가 경매대상 농산물을 점검하여 등급을 판정한다. 또한, 경매사는 판매원표를 경매시작 전에 작성하는데, 일련번호, 생산자명, 품명, 수량 등을 기재하게 된다. 비슷한 시기에 중도매인과 매매참가인은 경매가 시작되기 전에 진열된 상품의 품질 등을 사전에 확인하여 실제 경매가 진행될 때 얼마의 가격을 제시할 것인지 등을 결정하고, 부여받은 무선 응찰기에 자신의 식별번호와 경매장 번호 등의 필요 내용을 입력하여 경매를 준비한다.

경매는 사전에 지정된 시간에 판매원표상의 순서에 따라 진행되는데, 경매사는 경매 대상 농산물의 경매번호, 출하자 이름, 품목, 등급, 수량 등의 정보를 전광판을 통해 경매 참가자에게 제공한다. 중도매인 또는 매매참가인은 본인의 응찰기로 단위당 가격을 입력하고 그 중 최고가를 제시한 경매 참여자에게 상품을 낙찰시키게 된다.

낙찰된 농산물에 대해 낙찰서가 발부되는데, 경매사를 보조하는 경매사보(기록수)가 경락단가와 낙찰자의 등록번호를 판매원표에 기재하고 낙찰서를 작성하여 낙찰자에게 전달하게 된다.[17] 낙찰된 상품은 하역노조원이 관련 사항을 기록한 다음 낙찰자의 점포로 이동시켜 준다.

---

17) 최근에는 전자식 경매의 시행으로 인해, 경매 및 낙찰과정을 사람이 아닌 컴퓨터가 대신하고 있다.

그림 3-12 낙찰된 농산물을 이동하는 하역노조

경매가 끝난 후 정산이 진행되는데, 경매사가 경락 상황을 송품장과 판매원표 등의 관련 서류를 도매시장법인의 경리담당부서로 보낸다. 도매시장법인은 산지 출하자에게 경락 결과와 수탁판매정산서 등을 팩스(FAX) 등의 방법을 통해 전송한다. 도매시장법인의 경리담당부서는 경매 상품을 낙찰받은 중도매인 또는 매매참가인에게 판매 대금을 정산 받은 후, 여기에 일정 수수료를 제한 금액을 산지 출하자에게 송금하여 경매를 마무리한다.

추가적으로, 경매에 올려진 상품의 가격이 매우 낮아서 산지 출하자가 경락을 취소하면 다음날 재상장하여 다시 경매를 진행하기도 하는데, 이 경우 다음날까지 경매를 기다리는 동안 농산물의 신선도가 저하되어 손해를 보는 경우가 많다. 또한, 산지 출하자가 자신의 농산물의 경매 가격의 최저한도를 설정하고 싶은 경우에는 거래성립 최저가격신청서를 도매시장 출하 시에 도매시장법인에게 제출하기도 한다.

2) 유통기구 및 거래주체

농산물 공영도매시장에는 많은 유통기구가 각자의 역할을 하고 있는데, 역할에 따라 시장관리자, 도매 유통업자, 기타업자로 구분할 수 있다.

첫 번째, 시장 관리자는 도매시장을 관리하는 유통기구로 도매시장 개설자인 지방자치단체가 별도로 설치한 관리공사 또는 관리사무소가 해당된다. 관리공사는 서울특별시, 대구광역시, 구리시에서 각각 운영하고 있고 나머지 지자체는 관리사무소를 운영하여, 도매시장 내 유통주체의 업무 허가 및 관리, 도매시장 시설 정비 및 유지 등을 담당하고 있다.

두 번째, 도매유통업자는 도매시장의 거래 주체인 도매시장법인, 중도매인, 매매참가인, 시장도매인 등이 있는데, 개설자의 지정 또는 허가 등을 받아서 유통 업무를 담당하고 있다. 앞에서도 설명하였지만, 도매시장법인은 산지 출하자들이 보낸 농산물을 위탁받아서 중도매인 또는 매매참가인을 대상으로 경매를 진행하고 낙찰된 농산물의 대금을 산지 출하자 대신 받아서 상장수수료를 제한 금액을 출하자에게 정산해주는 기능을 한다. 도매시장법인은 경매 진행 외에도 산지 농산물 중 경매가 가능한 상품을 개발하고, 필요시 선대자금이나 외상을 제공하는 농업금융 기능도 일부 담당하며, 경매 결과를 시장 관리주체에 보고하여 경매거래 관련 유통정보를 생성하는 역할도 하고 있다.

경매사는 도매시장법인에 소속된 직원으로 자격시험에 합격한 전문인이다. 경매사의 주업무는 소속된 도매시장법인이 상장한 농산물의 경매를 주관하여 경매 우선순위 결정, 가격 평가, 경락자 결정의 업무를 주로 하는데, 도매시장법인이 상장한 농산물의 정가·수의매매에 대한 협상 및 중재 역할도 한다.

중도매인은 도매시장법인이 진행하는 경매에 참여하여 농산물을 구입하고, 여기에 유통마진을 더하여 다음 단계 유통인에게 판매하는 역할을 한다. 기본적으로 중도매인들은 경매에 참여하여 필요한 농산물을 확보하는데, 일부는 상장예외품목을 중심으로 산지에서 직접 농산물을 수집하기도 한다. 중도매인은 경매사와는 달리 도매시장법인에 소속되어 있는 것은 아니지만 각각의 도매시장법인이 중도매인에 대해 거래보증금을 요구하고 있어 중도매인이 여러 개 도매시장법인의 경매에 참여하는 것이 현실적으로 쉽지 않다.

매매참가인은 농산물 대량수요자(대형소매업체, 백화점, 가공업체, 외식업체 등)로 중도매인으로부터 농산물을 구매하는 대신 직접 경매에 참여하여 유통마진을 줄이려고 하는 유통주체이다.

시장도매인은 개설자로부터 지정을 받은 유통인으로, 농수산물을 직접 매수하여 판매하거나 산지 출하자로부터 위탁받아 매매를 중개하는 역할을 한다. 시장도매인은 도매시장법인과 중도매인의 역할을 다함께 처리하여 유통단계를 줄인다는 평가를 받고 있다.

세 번째, 기타 업무를 담당하는 도매시장 유통기구로는 직판 상인, 소매업체 사무소, 관련 사업자 등이 있다. 직판상인은 중도매인으로부터 농산물을 구입하여 도매시장 내 일반 소비자 등을 대상으로 소매를 하는 상인인데, 도매시장 자체가 도매기능을 하도록 되어 있으나 도매거래 후 남은 농산물의 처리 등을 위해 직판상인의 유통행위가 허용되고 있다.

기타 관련 사업자는 도매시장에서 영업을 하거나 도매 거래를 지원하는 기구로 운송업자, 하역노조, 식재료 상인, 식당과 약국 등의 편의시설 운영자, 은행 등이 해당된다.

표 3-10 도매시장 유통기구

기능	유통기구
시장 관리	시장 개설자(관리공사, 관리사무소)
도매 유통업	도매시장법인, 중도매인, 매매참가인, 시장도매인
기타 업무	직판상인, 관련 사업자

4. 도매시장 외 거래

1) 개념과 배경

우리나라 농산물 유통은 도매시장을 중심으로 진행되고 있으나, 도매시장을 경유하지 않는 유통경로가 늘어나고 있다. 특히, 한 번에 많은 농산물을 유통하는 대형소매업체나 외식업체·가공식품업체는 산지 생산자와 직거래하는 등 유통단계를 줄이고 있다. 이는 기존의 도매시장을 중심으로 하는 집중적 유통 시스템(centralized marketing system)이 분산적 유통 시스템(decentralized marketing system)으로 전환됨을 의미하는데, 특히, 정보통신기술(ICT)과 물류 인프라의 발달로 변화 속도가 빨라지고 있다. 이러한 도매시장 외 거래의 성장으로 도매시장을 경유하여 유통되는 농산물의 비중이 지속적으로 낮아졌고, 그 결과 도매시장 경락가격의 대표성이 약화되고 있다.

도매시장 외 거래는 산지 생산자와 소비자 사이에 진행되는 직거래, 대형소매업체의 산지 직구입, 생산자와 구매자의 계약재배 등이 대표적인데, 산지 조직화를 전제로 한다. 이에 대해 보다 구체적으로 알아보기로 한다.

2) 주요 거래 실태

(1) 직거래

가. 생산자와 소비자의 직거래

도매와 소매단계에서 발생하는 유통마진을 줄여 농가의 수취가격을 올리고 소비자의 지불가격을 내리기 위해 산지 생산자와 소비자는 중간 유통단계 없는 직거래를 위한 다양한 시도를 하고 있는데, 농민시장(farmers market)·직거래 장터·로컬푸드(local food) 직매장, 온라인을 통한 직거래 등이 대표적이다.

농민시장은 주로 생산자가 자신의 농장에서 차로 1시간 이내에 도달할 수 있는 도시지역에 개설이 되는데, 주로 공공 주차장·공원·학교 등의 공공 부지에 열린다. 시장 수요 정도에 따라 매일 또는 일주일에 한두 번씩 개설되는데, 개설 시간은 주로 이른 아침이지만 수요와 장소 여건 등에 따라 하루 종일 열리는 경우도 있다. 농민시장은 지역 농민이 자신이 직접 재배한 농산물을 가져와서 저렴하게 파는 시장으로, 소비자 입장에서는 생산자를 확인하고 가격 흥정을 할 수 있어 인기가 높다.

그림 3-13 농민시장

직거래 장터는 농민시장과 비슷하나, 주로 설과 추석 등 명절이나 김장철 등 농산물 수요가 증가하는 특별한 시기에 한시적으로 열리는 경우가 많다. 직거래 장터는 대도시의 지방자치단체, 공공기관, 소비자 단체 등이 산지와 자매결연 등을 맺어서 주기적으로 개설하는 경우가 많지만, 그 형태가 다양하다.

인터넷을 이용한 온라인 거래에 익숙한 생산자는 자기 홈페이지나 온라인 몰 등을 이용한 직거래를 진행하는데, 농산물 온라인 거래 여건이 발전함에 따라 최근 크게 성장하고 있다. 산지 생산자는 인터넷을 통해 받은 농산물을 택배 등으로 보내는데, 중간 유통단계 없이 직거래함에 따라 다른 유통경로에 비해 농가 수취가격이 높은 편이다. 다만, 생산자가 직접 상품 사진 등을 올리고, 주문을 받아 농산물을 포장하여 발송하며, 사후 소비자 관리를 하는 등 업무가 많아 힘들어하는 경우가 있다. 이에 따라, 최근에는 중간에서 생산자의 상품 홍보를 하고 주문을 대신 받아주고 수수료를 가져가는 온라인 중간업자가 새로운 영역을 가져가고 있다.

나. 생산자조직 또는 소비자조직의 직거래

개별 생산자나 소비자가 아닌 관련 조직이 주도하는 직거래도 많이 진행되고 있는데, 먼저 생산자조직의 경우 농협, 작목반, 마을 조직이 대표적이다. 특히, 지역농협의 경우 농협중앙회와 연계하여 직거래 사업을 추진하거나 독자적인 사업을 도시지역 지방자치단체나 기관, 민간단체 등과 연합하여 진행하고 있다.

최근 로컬푸드 운동이 확산됨에 따라 지자체나 생산자 단체가 로컬푸드 직매장을 설치하여 상설 판매를 하는 사례도 늘고 있다. 로컬푸드 운동은 지역에서 생산된 농산물을 그 지역 소비자가 소비하는 운동으로 일본에서는 지산지소(地産地消) 운동으로 진행되고 있다. 로컬푸드 운동은 지역 생산자와 소비자가 하나의 공동체를 이루어 상생하는 운동으로, 멀리서 생산된 농산물을 가져올 때 발생하는 탄소 소비량을 줄이는데 기여하기에 전 세계적으로 확산되고 있다.[18] 로컬푸드 직매장은 농협 등의 생산자 조직과 지자체가 중심이 되어 설립하고 있는데, 농민장터나 직거래장터보다 체계적이고 전문적인 판매장을 갖추어 성과를 내고 있다. 로컬푸드 직매장의 가격은 출하 농민이 자의적으로 결정하도록 하고 있는데, 높은 가격을 제시하는 경우 상품이 잘

---

18) 우리가 멀리서 생산된 농산물을 소비하기 위해서는 트럭 등의 운송수단을 이용하게 되는데, 이는 석유 등 자원의 사용과 이산화탄소 등 온실가스의 발생을 유발한다. 이는 지구 환경에 악영향을 미치는 것으로 가급적 농산물 생산지와 소비지의 거리를 줄이는 로컬푸드 운동이 필요하다.

안 팔리기 때문에 주변의 소비자 가격 시세를 참고는 경우가 많다. 로컬푸드 직매장 운영의 핵심적인 성공요인은 소비자 니즈에 걸맞도록 다양한 품목을 생산하는 농민을 여하히 조직화하여 계획적으로 생산하게 하느냐에 달려 있다.

그림 3-14 로컬푸드 직매장

한편, 소비자 조직인 소비자생활협동조합(생협)이 농업을 살리고 안전하고 건강한 먹거리를 소비하기 위해 산지 농가나 조직과 연계하여 다양한 직거래 사업을 진행하고 있다.[19] 우리나라의 생협은 한살림, 아이쿱 생협 등 전국에 매장을 운영하는 대형 생협과 지역 중심의 중소 생협으로 구성되는데, 생협 회원을 대상으로 산지 농산물을 유통하여 우리나라 농산물 직거래의 한 축을 담당하고 있다.

다. 대형소매업체의 산지 직구입

대형 할인점 등 소매업체의 산지 직구입은 엄밀한 의미(또는 협의)의 직거래라기보다는 광의의 직거래에 해당하는데, 도매시장을 경유하지 않고 산지에서 직접 농산물을

---

19) 소비자생활협동조합에 대해서는 제5장의 "제2절 소비자생활협동조합"에서 보다 자세히 알아보도록 한다.

구매하여 소비자에게 판매함으로써 유통단계를 축소하고 있다. 대형소매업체는 주로
산지의 생산자 또는 생산자조직, 산지유통인 등과 수의거래[20]를 통해 가격과 물량을
사전에 협의한 후 산지에서 직접 가져오는 방식을 사용하는데, 구매 가격은 대체로
도매시장 경락가격에 일정 금액을 조정하여 결정한다.

　　대형소매업체는 이마트, 롯데마트 등의 오프라인 대형 할인점과 백화점 등과 온
라인 소매업체로 구분되는데, 시간과 공간의 제약이 적고 별도의 매장을 운영하지 않
아 비용을 줄일 수 있는 온라인 소매업체의 비중이 커지고 있어 농산물 소매업의 구
조가 변화하고 있다.

(2) 계약재배

가. 개념 및 유형

　　계약재배란 생산자와 계약사업자(contractor)가 미래에 주고받을 농산물에 대해 현재
시점에 미리 계약을 체결하고 생산하고 수확된 농산물을 인도하며 대가를 지불하는
거래방식이다. 이러한 계약재배는 사전 계약 체결 이후, 보증금 지불, 농산물 재배 및
관리, 생산물 인도, 잔금 정산 등 일련의 과정을 거치게 되게 된다.

그림 3-15 　계약재배의 절차 및 단계

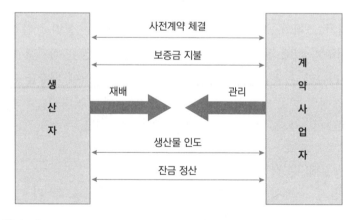

자료: 이용선 외(2015)

---

20) 거래 당사자가 협의하여 가격과 물량 등의 매매 내용을 결정하는 거래이다.

계약재배의 역할로는 농가에게 위험 회피 및 소득 안정을 위한 수단이 되는 점, 농산물 유통의 효율성을 높이는 점, 농산물 수급의 불안정성을 완화하는 점 등을 들 수 있다. 첫 번째, 계약재배의 농가 위험 회피 및 소득 안정 기능은 농가가 시장에 직접 농산물을 판매할 경우 농산물의 재배과정이나 시장 가격 등에서 발생하게 되는 불확실성으로 예상하지 못한 어려움에 처할 수 있는데, 이를 계약을 통해 안정된 가격과 물량을 사전에 확정하여 피해가도록 하는 것이다.

두 번째, 계약재배는 농산물의 유통 효율성을 높여주는데, 계약을 통해 계약 당사자가 거래비용(transaction cost)을 줄일 수 있기 때문이다.[21] 특히, 계약기간이 길수록 거래비용이 크게 감소하는데, 이는 계약을 통해 안정적인 원료 조달이 가능하게 되면 계약사업자인 유통업체나 식품업체가 보다 효율적인 원료 구매 관리가 가능해지기 때문이다.[22]

세 번째, 계약재배는 농산물의 수급 불안정성을 완화시키는데, 농산물의 계약재배가 활성화될 경우 해당 농산물의 생산과 공급에 대한 정보를 사전에 파악하여 계획적으로 관리할 수 있기 때문이다.

농산물의 계약재배는 크게 판매계약(marketing contract), 생산계약(production contract), 자원공급계약(resource-providing contract)으로 구분된다. 먼저, 판매계약은 상품의 종류, 전달 시점, 수량, 전달 장소 등의 판매 조건을 계약으로 명시하여 확정하고 상품의 최종 인도 시점에 결제가 이루어지는 계약거래로 기본적인 계약 유형이다. 생산계약은 판매계약에 생산에 필요한 투입재를 계약으로 지정하고 생산과정에 발생하는 위험 일부를 계약업자(구매자)가 부담하는 것으로 판매계약보다 더 많은 조건이 사전에 정해지는 유형이다. 자원공급계약은 생산계약에서 한 단계 더 나아간 계약으로, 계약업자가 생산자에 생산 투입재를 공급하고 생산 방식까지 계약으로 지정하여 생산 및 가격에 대한 위험을 모두 부담하는 유형이다. 농산물은 주로 판매계약으로 거래가 진행되는 반면, 축산물은 생산계약 또는 자원공급계약으로 거래가 많이 진행된다. 특히, 축산 계열화가 완성된 육계의 경우 자원공급계약이 주로 진행되어, 육계 사육 농가는 계약업자인 닭고기 가공업체가 공급하는 병아리, 사료 약품 등을 사용하고 미리 정해진 사

---

21) 거래비용(transaction cost)은 농산물 거래 과정에서 발생하는 협상, 배송, 검사, 품질보증 등의 다양한 비용들이다.
22) 농산물 구매 업체들의 안정적인 계약 시스템은 공급망 관리(SCM: supply chain management)로 발전하게 된다.

육 방식으로 닭을 키워서 업체에 공급한 다음, 정해진 사육수수료를 받는다. 이 경우 육계사육 농가는 항상 고정적으로 안정된 수입을 얻을 수 있으나 가축 사육에 독립적인 의사결정을 할 수 없어, 축산 농가라기보다는 육계사육 노동자에 가깝다는 평을 받는다.

한편, 농산물의 계약은 수량계약과 면적계약으로도 구분된다. 먼저, 수량계약은 생산된 농산물의 수량을 미리 정하여 체결하는 계약으로 대부분의 농산물 계약이 이에 해당된다. 면적계약은 특정 재배 면적을 기준으로 체결하는 계약으로 실제 생산되는 수량과 관계없이 해당 면적에 생산되는 농산물을 모두 가져가는 계약으로, 산지유통인의 포전매매가 대표적이다. 이들 계약을 농산물 생산 과정에서 발생하는 위험의 부담을 기준으로 구분하여 보면, 수량계약은 생산 위험을 생산자가 부담하는 반면 면적계약은 계약업체가 부담하는 차이가 있다.

나. 계약재배 사업

우리나라의 계약재배는 주로 농업법인, 생협, 식품기업 등의 민간 부문과 농협으로 대표되는 공공 부문에서 각각 진행되고 있다. 이 중 민간 부문의 계약재배는 안정적인 농산물을 확보하려는 계약업자와 안정된 소득을 유지하기 위한 농가의 이해관계가 일치하여 진행되는 반면, 공공 부문의 계약재배는 농산물 수급의 안정적 관리와 산지 생산자의 소득 안정화를 위한 목적을 가진다.

농림축산식품부는 다양한 계약재배 사업을 진행하고 있는데, 특히 재배면적의 변화가 심하고 기상 여건에 따른 수확량 변화가 심한 채소에 대한 계약재배 사업에 중점을 두고 있다. 정부의 계약재배사업은 일반적으로 대상 농산물의 가격과 물량 계약을 농산물 파종기(정식기)에 농가와 체결하는데, 계약 시점에 계약보증금을 농가에 지원한다. 이후 필요한 경우 중도금을 추가로 농가에 지원하고, 농산물이 수확된 다음 농산물과 잔금 등에 대한 정산을 완료하는 구조를 가진다.

(3) 산지조직의 거래

가. 산지조직화의 개념 및 역할

농산물 구매자인 유통업체나 식품업체보다 상대적 약자인 산지 생산자는 조직화를 통해 농산물 거래에서 우위를 점하려고 한다. 산지조직화는 말 그대로 산지 생산자들이 하나의 대표 조직으로 뭉치는 것인데, 우리나라의 산지조직화는 농업협동조합, 영농조합법인과 농업회사법인 등의 민간 생산조직, 품목별 조직인 자조금조직 등을 통해 진행되고 있다.[23]

산지조직은 거래교섭력 제고, 규모의 경제 달성, 시장 여건 변화에 능동적 대응 등의 역할을 한다. 먼저, 거래교섭력 제고는 산지 생산자가 산지조직을 통해 단일 창구를 통한 거래를 하게 되면 개개인이 유통업체를 대할 때보다 거래교섭력이 커지게 되어 보다 유리한 조건의 거래가 가능하게 되는 것인데, 이를 통해 보다 높은 농가 소득을 구할 수 있다.

규모의 경제 달성은 산지조직이 개별 농가보다 큰 규모로 농산물의 생산, 저장, 유통 등을 하게 되어 규모의 경제를 통한 비용 절감과 효율성 증대를 꾀할 수 있다. 일례로 개별 농가가 각각 값비싼 농기계를 각각 구매하는 대신 산지조직이 구매한 농기계를 같이 사용하는 경우, 수확한 농산물을 저장고에 공동으로 저장하는 경우, 농산물을 공동으로 수송하는 경우에 단위당 비용이 절감되게 된다. 나아가 산지조직의 조직원이 생산한 농산물을 공동으로 선별하고 수확 후 관리기술을 적용하여 공동판매를 하는 경우, 보다 높은 소득을 올릴 수 있게 된다.

끝으로 시장여건 변화에 능동적인 대응 기능은 산지조직은 자체 전문인력과 시스템을 갖추어 개별 생산자와 달리 시장의 상황에 적극적인 대응을 할 수 있음을 의미한다. 예를 들어, 산지 농가 비슷한 시기에 농산물을 수확하여 각각 시장에 내다팔 경우 시장 공급량이 많아져 가격이 하락하게 되지만, 산지조직은 조직 농가가 수확한 농산물을 일단 저장한 후 시장 상황을 분석하여 판매 물량을 조절하는 등의 대응을 할 수 있다.

나. 공동판매의 원칙과 형태

공동판매란 산지조직 농가들이 공동으로 농산물을 판매하는 것으로 산지조직의 중요한 업무이다. 산지조직의 농산물 공동판매가 성공하기 위해서는 무조건 위탁, 평균 판매, 공동계산(pooling)의 3가지 원칙이 지켜져야 한다. 첫 번째, 무조건 위탁 원칙은 공동판매 참여 생산자들은 공동판매조직에 판매시기, 판매처, 판매량을 묻지 말고 무조건 자신이 수확한 농산물을 모두 위탁하여야 한다. 이른바 3가지(언제? 어디에? 얼마나?)를 묻지도 따지지도 않고 그냥 맡긴다는 "3무(三無)"가 달성되어야 한다는 것으로,

---

23) 농업협동조합에 대해서는 제5장의 "제1절 농업협동조합과 유통"에서 보다 자세히 알아보도록 하고, 자조금에 대해서는 제7장 제2절의 "2. 생산자 조직화"에서 보다 자세히 알아보도록 한다.

생산자가 유통에 대한 모든 권한을 위임하여야만 공동판매조직이 급변하는 시장 환경에 효과적으로 대응할 수 있기 때문이다. 두 번째, 평균 판매원칙은 공동판매조직이 조직 농가가 맡긴 농산물의 출하시기 등을 독자적으로 정하여 적절한 시점에서 판매한 후, 전체 판매액을 평균하여 참여 농가에 정산하는 원칙이다. 개별 농가의 입장에서는 자신의 농산물이 보다 좋은 시기에 판매되어 높은 가격을 받기를 원하지만 산지조직의 입장에서는 모든 농가의 요구를 들어줄 수 없기에, 조직 농가의 농산물을 상황에 맞게 서로 다른 시기와 가격에 판매한 다음 이를 평균적으로 정산하여야 한다. 세 번째, 공동계산은 조직 농가별로 출하 물량과 등급을 구분한 다음, 전체 농산물을 판매한 다음 출하 농가의 출하등급과 물량에 따라 대금을 정산해 주는 원칙이다. 이는 평균 판매원칙에서 전체 농산물을 판매한 금액을 평균하여 정산하되, 개별 농가의 농산물 출하 물량과 등급을 반영하여 정산하는 것이다. 이는 보다 우수한 품질의 농산물을 공급한 농가에 보다 높은 금액을 정산해주어 공동판매조직이 판매하는 농산물의 경쟁력을 높이기 위함이다.

농산물의 공동판매는 생산자가 작목반, 농협, 영농법인 등의 조직을 결성하여 공동판매사업을 추진하는 것이 일반적인데, 처음에는 운송비를 절약하기 위한 공동수송부터 사업을 시작하다가 차츰 공동선별로 진행된 다음 공동계산까지 발전하게 된다.

공동판매를 위한 산지조직은 사업이 확대됨에 따라 규모를 계속해서 키우게 되는데, 농협의 경우 마을 또는 읍·면 단위의 지역 농협에서 시·군 단위 공동판매사업을 위한 연합사업단 또는 조합공동사업법인, 광역 농협으로 성장하게 된다. 한편, 지역 단위 공동판매의 연합으로 릴레이 마케팅(relay marketing)이라는 것도 있다. 릴레이 마케팅은 릴레이 경주에서 주자가 서로 돌아가면서 달리기를 하는 것처럼, 시기별로 주산지가 달라지는 농산물의 경우 서로 흩어져 있는 주산지의 사업단이 서로 연합하여 돌아가면서 공동판매를 하는 방법이다. 이는 채소 등의 농산물의 경우 시기별로 주산지가 달라지지만 소비자는 연중 소비를 원하므로 서로 연합하여 해당 농산물의 연중 공급을 통해 시너지 효과(synergy effect)를 얻을 수 있다.

끝으로 공동판매사업이 어느 정도 궤도에 오르게 되면, APC 또는 RPC를 운영하게 된다. APC는 산지에서 수확된 농산물을 한 곳으로 수집하여, 선별한 다음, 이를 저장하고 포장하여 상품 가치를 높인 후 소비지에 판매하는 역할을 하는 곳인데, 청과물 산지유통의 거의 모든 것을 APC가 담당하고 있어 오늘날 공동판매의 중심 거점이 되고 있다.

다. 수확 후 관리

산지조직은 공동판매하는 농산물의 가격을 보다 높게 받기 위해 수확 후 관리기술을 적용하고 있다. 수확 후 관리기술은 수확이후 단계에서 농산물의 상품성을 유지하거나 높이기 위해 적용되는 기술로, 농산물 신선도 등의 상품성을 최대한 유지하는 기술(큐어링: curing, 예냉: precooling, 저온저장: cold storage, CA: controlled atmosphere 관리, 포장 등)과 상품성 또는 부가가치를 높이는 기술(선별, 신선편이 가공(전처리 가공)) 등이 해당된다.

먼저 농산물의 신선도 유지기술 중 큐어링은 숙성과정에서 슈베린 조직을 생성하는 고구마, 감자, 양파 등에 적용하는 기술로 수확된 농산물을 상온 또는 열풍으로 건조하는 방식으로 진행된다. 수확된 농산물에 큐어링 처리를 하게 되면, 표피의 상처가 치유되는 등의 효과가 발생하여 농산물의 상품성이 높아지게 된다. 기술적으로 품목에 따라 적절한 온도와 습도, 큐어링 소요 시간이 다르기에 전문가의 관리가 필요하다.

그림 3-16 **양파 큐어링 현장**

예냉은 저온저장 전에 적용되는 기술로 농산물의 자체 온도인 품온(品溫)을 급격하게 낮추는 역할을 한다. 생물은 농산물은 수확하는 순간부터 숙성되기 시작하는데, 자체 호흡·수분 발산·에틸렌 가스 발생 등을 통해 성분 분해·노화·부패 등이 진행되어 신선도 및 상품성이 지속적으로 낮아지게 된다. 이를 막기 위해, 저온저장으로 농산물의 품온을 낮추어 농산물의 숙성과정을 낮춘다. 다만, 저온저장으로 농산물의 품온을 낮추는 시간을 줄여서 효과를 더 높이는 기술이 적용되는데, 이것을 예냉이라고 한다. 예냉기술은 품목과 경제성에 따라 차압식(공랭식)·수냉식·빙냉식·진공식 예냉으로 구분되는데, 차압식은 강력한 냉풍기를 가동하여 대류순환을 통해 예냉을 하는 방식이고, 수냉식과 빙냉식은 각각 차가운 물과 얼음에 농산물을 담궈서 품온을 낮추는 방식이며, 진공식은 농산물이 들어간 챔버를 진공으로 만들면서 기온을 급격히 낮추는 방식인데, 농산물에 범용으로 사용 가능하고 설치 및 운영비용이 상대적으로 저렴한 차압식 예냉이 주로 사용된다.[24]

저온저장은 농산물을 저온으로 저장하는 기술로 일반 가정에 있는 냉장고를 생각하면 이해가 쉬울 것이다. 상온으로 유통되는 농산물에 비해 예냉 및 저온저장을 거치는 농산물은 신선도가 유지되는 기간이 품목에 따라 2배~7배 길어지므로 대부분의 산지 유통시설에서 예냉과 저온저장 기술을 적용하고 있다. 저온저장은 저장온도와 수분의 유지가 중요한데, 잘못 관리하게 되면 농산물에 냉해가 발생하거나 부패하기에 품목 및 품종마다 적정 온도와 수분을 찾는 연구가 지속되고 있다. 또한, 산지에서 수확한 농산물이 이후 상온에 노출되면 신선도가 급격하게 떨어질 수 있어 예냉과 저온저장 이후 최종 소비지까지 저온을 유지하는 기술도 같이 적용되고 있는데 이를 콜드체인 시스템(cold chain system)이라고 한다.

---

24) 차압식 예냉은 강력한 냉풍기가 달린 저온저장고로 생각하면 되는데, 기존 저온저장고를 이용할 수 있고 상황에 따라 예냉실을 저온저장실로 사용할 수 있어 가장 많이 사용된다. 수냉식 예냉은 우리가 한여름에 차가운 계곡물에 수박을 담가두면 수박이 시원해지는 원리와 같은데, 예냉과 함께 농산물 세척을 병행할 수 있는 장점이 있으나 세척으로 오염된 물 관리 등 추가 설비가 필요하다. 빙냉식은 수확한 농산물에 얼음을 채우는 방식으로 우리나라에서는 거의 사용하지 않지만, 미국처럼 농장이 매우 커서 수확한 농산물을 저장고로 가져올 때까지 시간이 많이 걸리는 경우 임시방편으로 사용한다. 진공식은 농산물을 챔버에 넣은 후 챔버의 공기를 빼서 진공으로 만드는 방식으로 가장 빠른 시간에 품온을 낮추고 농산물의 손상을 최소화하는 장점이 있으나 설비 도입 및 운영에 매우 큰 비용이 발생하여 엽채류 생산조직 일부에서 사용하였다.

그림 3-17　차압식 예냉시설과 저온저장고

　농산물의 신선도 유지 기간을 늘리기 위해 적용되는 기술인 CA 관리는 농산물 주변의 가스 성분을 조절하여 농산물의 숙성을 늦추는 기술이다. 농산물은 수확 후 호흡작용을 통해 저장된 양분을 소비하면서 산소를 흡수하고 이산화탄소와 열을 발산하는데, 농산물 주변 공기에서 산소 농도를 줄이고 이산화탄소 농도를 높이면 농산물의 대사작용을 늦출 수 있다. 또한, 농산물에서 발생하는 에틸렌 가스(ethylene gas)가 농산물 숙성을 촉진시키기에 에틸렌가스를 흡수하여 제거하는 기술도 적용되고 있다.

　농산물의 포장은 수확된 농산물의 저장 및 운송과정에서 서로 부딪히거나 충격을 받아 농산물이 상하지 않도록 보호하기 위한 기술이다. 주로 종이상자에 담아서 외부 충격을 줄이고, 계란판과 비슷한 난좌에 농산물을 하나씩 올려두거나 스티로폼 등으로 싸서 포장된 농산물끼리 서로 부딪히지 않도록 한다. 농산물 포장기술은 기본적으로 농산물의 손상을 방지하는 기술이지만, 소비자의 구매욕구를 높이기 위한 디자인 기술도 적용하고 있다. 일례로 화려한 디자인을 적용하고, 포장 상자 일부를 제거하고 비닐을 덮어 상자안의 농산물이 쉽게 보이도록 하는 기술이 대표적이다.

그림 3-18 포장상자와 난좌

포장된 농산물을 보다 효율적으로 저장하거나 운송하기 위해 팰릿(pallet)에 적재하는 경우가 많은데, 물류 효율성을 높여서 비용을 절감하기 위한 기술이다. 일반적으로 포장된 상자를 팰릿 위에 적재한 다음 비닐 랩으로 감싸서 상자자 무너지는 것을 막아서 운송하게 된다.

그림 3-19 팰릿에 담은 상자와 비닐 랩핑기

다음으로, 상품성 또는 부가가치를 높이는 기술 중 선별기술은 농산물을 사전에 정해진 등급으로 구분하여 각각 포장하는 기술로 먹어보기 전에는 농산물의 품질을 알 수 없는 소비자의 어려움을 줄여서 보다 높은 가격을 받을 수 있도록 한다. 농산물의 선별은 크기, 무게, 색상 등 외형적 기준을 중심으로 진행되다가 센서를 이용한 당도 선별로 발전하였다. 특히, 당도 선별의 경우 소비자에게 일정 수준 이상의 당도를 보장하는 농산물을 별도로 판매할 수 있어 소비자로부터 높은 가격을 받을 수 있다.

그림 3-20 선별시설과 선별 컴퓨터 화면

 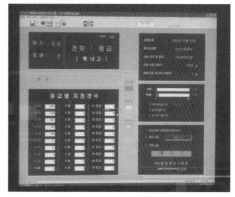

신선편이 가공(전처리 가공) 기술은 수확된 농산물에 세척, 다듬기, 껍질 벗기기, 절단 등의 단순 가공하여 상품성을 높이는 기술인데, 1인 가구가 늘어나고 집에서 농산물을 다듬어 요리하는 것에 불편함을 느끼는 소비자에게 큰 호응을 얻고 있다. 외식업체에 공급하는 식재료 농산물도 산지에서 미리 다듬어서 공급하면 구매업체가 추가작업이 줄어들고 음식물쓰레기도 감소하여 상대적으로 높은 가격을 지불하면서 구매하려고 한다. 이에 산지 APC 등에서는 농산물의 신선편이 가공사업을 도입하여 수확한 농산물의 부가가치를 높이는 경우가 많아지고 있다.

그림 3-21　신선편이 가공 시설

1. 개념 및 필요성

1) 선물거래와 선도거래

구매자가 판매자와 상품 가격을 흥정한 후 돈을 주고 상품을 가져오는 현물거래는 흔한 거래방식이지만, 상품 거래자에 경제적 위험을 가져올 수 있다. 예를 들어, 쌀 가공업자가 원료용 쌀을 kg당 2천 원의 가격으로 10톤을 구매하여 2천만 원을 지불하였는데, 쌀 구입 후 쌀 가격이 절반으로 급락한다면 쌀 구입 대금의 상당 부분을 절약할 기회를 놓치게 된다. 반면에, 지금 쌀 가격이 kg당 1천 5백 원인데 가격이 좀 더 내려갈 것을 기대하여 쌀 구입 시기를 늦추었는데, 다시 쌀 가격이 kg당 3천 원으로 급등한다면 추가 구입비용이 발생하게 된다. 이러한 농산물 가격의 변동성은 판매자에도 위험을 주는데, 배추 농가가 작년의 배추 시세가 좋아 금년의 재배 면적을 두 배로 늘렸는데, 막상 수확기에 들어가니 배추 가격이 폭락하게 되어 큰 손해를 입는 사례가 대표적이다. 이와 같은 현물거래의 위험에 따라 미래에 거래될 상품의 가격을 현재 시점에 결정하는 선물거래가 나타나게 되었다.

한편, 선도거래를 선물거래와 혼동하는 경우가 있는데, 선도거래와 선물거래 모두 미래의 상품 거래를 현재 계약으로 체결하는 점에서는 서로 같지만, 공공 거래소에서 여러명이 모여서 거래가 진행되는 선물거래와는 달리 거래 당사자끼리 자유롭게 거래를 진행하는 선도거래는 차이를 가진다. 예를 들어, 산지유통인이 배추 농가가 재배하고 있는 배추를 수확하기 전에 미리 계약을 맺는 포전거래(밭떼기 거래)는 선도거래이고, 농산물선물 거래소에서 옥수수의 사전 구매 계약을 체결하는 경우는 선물거래이다. 또한, 선물거래는 거래 방법, 계약 단위, 계약 기간 등의 거래 조건이 표준화되어 있고, 거래소를 통해 간접적으로 거래가 진행되며, 정산소에서 계약에 따른 대금 결제 등의 후속 과정이 보증되는 반면, 선도거래는 거래 당사자들이 자유롭게 상대방에 대한 신뢰에 의존하여 개별 협상을 하여 차이가 난다.

표 3-11 선물거래와 선도거래의 차이점

기준	선물거래	선도거래
거래 장소	공식 거래소	개별 협의장소
거래 조건	표준화된 조건	협의에 따른 다양한 조건
거래 방식	거래소 경유 간접 거래	당사자 간 직접 거래
대금 정산	정산소 보증	개별 신용도에 의존

2) 필요성 및 역할

농식품유통에서 선물거래가 필요한 이유는 앞서 언급한 미래 가격의 불확실에 따른 위험 감소 때문으로, 선물거래로 농산물 가격의 불안정성이 줄어들면 유통 효율성이 높아지게 된다. 이러한 선물거래를 농산물에 도입하기 위해서는 몇 가지 조건이 필요하다. 첫째, 거래 대상 농산물이 충분히 많이 생산되고 거래되는 현물거래의 시장 규모가 커야 한다. 둘째, 농산물의 표준화 및 규격화가 잘 되어 있어, 거래할 농산물을 직접 확인하지 않고도 거래가 가능해야 한다. 셋째, 농산물의 시장 가격에 변동성이 충분히 있어 선물거래를 통한 가격 위험 완화의 필요성이 있어야 한다. 넷째, 정부의 시장 개입 등으로 인한 인위적인 가격 조정이 없어야 한다.

이상의 조건을 갖춘 농산물을 대상으로 선물거래를 시작할 경우 다음과 같은 역할을 수행하게 된다. 첫 번째로, 미래 가격의 불확실한 변동에 따른 위험을 다른 주체에게 전가하도록 한다. 우리가 흔히 헤져(hedger)라고 불리는 선물거래 참여자는 현물시장에서 발생할 수 있는 가격 위험을 남에게 전가하기 위해 선물계약을 체결하는데, 이들 위험을 투기자(speculator)가 떠안는다. 투기자는 헤져가 제시하는 계약에 응하는 대신, 낮은 확률로 고수익이 발생할 수 있는 기회를 노리는 것이다.

두 번째, 선물거래는 가격 예시 기능을 가진다. 선물거래에서 발견되는 가격은 미래 시점에 대한 가격으로, 실제 선물시장에서 형성되는 가격을 통해 미래 가격을 가늠하게 된다. 즉, 선물거래 주체들이 자신들의 계약 가격을 결정할 때 다양한 미래 가격 결정 요인들을 반영하게 되므로, 이러한 과정을 거쳐서 형성된 선물거래 가격은 현물거래에 응하는 주체들에게 미래 가격을 예측할 수 있는 참고자료의 역할을 한다.

세 번째, 선물거래는 재고의 배분 기능이 있다. 이는 선물거래가 저장업자들의 농산물 재고 유지로 인해 발생할 수 있는 위험을 줄여주어 가지고 있는 저장 농산물의 재고를 위험도와 상관없이 배분할 수 있게 해주는 것이다.

끝으로, 선물거래는 자본 형성의 기능이 있다. 선물거래소가 생겨서 선물거래의 장이 마련되면, 투기자들이 자신의 자본을 선물거래에 투입하게 되므로 새로운 금융 시장이 형성되게 되는 것이다.

2. 헷징

가격변화에 따른 위험을 줄이기 위해 사용되는 헷징(hedging)은 현물시장에서 발생하는 가격 변동의 위험을 선물시장의 가격 변동을 통해서 상쇄하는 선물거래 기법이다. 이를 사과 농가의 사례를 가지고 구체적으로 이해하도록 한다. 사과 농가는 8월 시세가 상자당 5,000원을 달하고 있지만 사과를 수확하여 출하할 11월에는 시세가 하락하여 손해가 발생할 것을 걱정하게 되었다. 이러한 가격 변동에 따른 손해를 상쇄하기 위해 상자당 5,000원에 선물 매도 계약을 10건(계약 1건의 거래 단위는 1,000상자로 가정) 체결하려고 한다. 이후 11월에 사과 가격에 변동이 발생하였는데, 두 가지 경우를 가정하자.

첫 번째로 11월 사과 가격이 상자당 4,500원으로 하락한 경우인데, 구체적인 내용이 다음 표와 같다. 표에 있는 것처럼 현물시장에서는 1,000상자의 사과를 8월보다 떨어진 시세로 11월에 실제 시장에서 판매하여 4,500만 원의 수익이 발생하였는데, 이는 8월에 기대한 수익인 5,000만 원에서 500만 원이 부족한 금액이다. 즉, 사과 농가가 선물거래 없이 현물시장에서만 거래하는 경우 8월보다 500만 원을 손해 보게 되는 것이다. 그런데, 이 농가는 8월 당시에 선물시장에 농산물의 매도 계약 10건을 5,000원/상자에 제시하였고, 누군가가 그 계약에 응하여 체결이 되었다.[25] 이후 11월에 사과를 하락한 시세인 4,500원/상자의 가격으로 사과 10,000상자(1,000 상자 X 10 계약)를 구하여 매도 계약에 응한 사람에게 넘기면 그 사람은 선물거래 계약 당시의 시세인 5,000원/상자의 가격에 따른 구입 금액(5,000만 원)을 사과 농가에게 지불하기에, 사

---

25) 선물시장에서 선물 매도자는 계약을 약속된 시간에 반드시 해당 상품을 계약 당시 금액에 팔아야 하고, 선물 매수자는 그 상품을 계약 당시 금액으로 사야만 한다.

과 농가는 4,500만 원의 사과 비용을 제하고도 500만 원의 이득을 보게 된다. 결과적으로 11월 현물시장에서 발생한 500만 원의 손해를 선물거래로 얻은 500만 원의 이익으로 상쇄하게 된다.

표 3-12 선물거래의 효과: 11월 가격이 4,500원으로 하락한 경우

	현물 시장	선물 시장
8월 계약 체결 당시	가격: 5,000원/상자	선물 계약을 5,000원에 매도
11월 계약 완료 시	가격: 4,500원/상자	계약을 4,500원에 정산
결과	현물 판매 수익 발생: 4,500만 원 4,500원 × 1,000 상자 × 10 계약	선물 거래 이익 발생 500만 원 (5,000원 − 4,500원) × 1,000 상자 × 10 계약

두 번째로 11월 사과 가격이 상자당 5,500원으로 상승한 경우인데, 마찬가지로 구체적인 내용이 다음 표와 같이 정리되어 있다. 표에 있는 것처럼 현물시장에서는 1,000상자의 사과를 8월보다 올라간 시세로 11월에 실제 시장에서 판매하여 5,500만 원의 수익이 발생하였는데, 이는 8월에 기대한 수익인 5,000만 원에서 500만 원이 남는 금액이다. 즉, 사과 농가가 선물거래 없이 현물 시장에서만 거래하는 경우 8월보다 500만 원을 추가로 이익 보게 되는 것이다. 그런데, 이 농가는 8월 당시 선물시장에 농산물을 팔겠다는 매도 계약을 5,000원/상자에 제시하였고, 누군가가 그 계약에 응하여 체결이 되었다. 이후 11월에 사과를 하락한 시세인 5,500원/상자의 가격으로 사과 10,000상자(1,000 상자 X 10 계약)를 구하여 매도 계약에 응한 사람에게 넘기면 그 사람은 선물거래 계약 당시의 시세인 5,000원/상자의 가격에 따른 구입 금액(5,000만 원)을 사과 농가에게 지불하기에, 사과 농가는 사과를 구하는 데 소요된 비용인 5,500만 원에서 500만 원의 손해를 보게 된다. 결과적으로, 11월 현물시장에서 발생한 500만 원의 이익이 선물거래를 통해 얻은 500만 원의 손해로 상쇄되는 것이다.

표 3-13 선물거래의 효과: 11월 가격이 5,500원으로 상승한 경우

	현물 시장	선물 시장
8월 계약 체결 당시	가격: 5,000원/상자	선물 계약을 5,000원에 매도
11월 계약 완료 시	가격: 5,500 원/상자	계약을 5,500원에 정산
결과	현물 판매 수익 발생: 5,500만 원 5,500원 × 1,000 상자 × 10 계약	선물 거래 손해 발생 500만 원 (5,000원 − 5,500원) × 1,000 상자 × 10 계약

이처럼 선물거래는 매도자 입장에서 볼 때 현물가격이 나중에 하락하면 애초에 계약 체결된 가격보다 낮아지는 현물 시세로 인해 이득을 보게 되고, 현물가격이 나중에 상승하면 계약 체결 당시 가격보다 높아지는 현물 시세로 인해 손해를 보게 된다. 이를 농가의 입장에서는 수확기의 가격 하락으로 발생할 수 있는 손해를 상쇄하는 방법이기에, 선물거래의 유용성이 있는 것이다. 다만, 현실에서는 이처럼 현물시장에서의 손해나 이익을 완벽하게 상쇄해주는 완전 헷징(perfect hedging)은 거의 없는데, 그 이유는 선물시장의 거래 가격이 현물 시장의 가격 추세를 따라가지만 완벽하게 동일한 움직임을 보이지 않기 때문이다.

01 상품에 대한 거래방식은 크게 현물거래, 선물거래, 옵션거래로 구분되는데, 현물거래는 현재 시점에 존재하는 상품에 대한 거래이고, 선물거래는 미래의 상품을 현재 시점에서 거래하는 것이며, 옵션거래는 선물거래에서 발생하는 의무를 회피할 수 있는 거래이다.

02 농산물의 거래는 크게 도매시장거래와 도매시장 외 거래로 구분되는데, 도매시장을 거치지 않고 농산물 매매가 이루어지는 도매시장 외 거래의 비중이 지속적으로 높아지고 있다.

03 2023년에 농산물 온라인도매시장이 개장하였는데, 기존 도매시장과 달리 시장의 공간적 제약과 시간적 제약이 없는 온라인 플랫폼에서 전국의 거래자가 함께 농산물 도매거래에 참여하는 시장이다.

04 농산물 공영도매시장의 거래제도는 경매, 정가·수의거래, 상장예외품목 거래, 시장도매인의 수의거래(상대거래)로 구분된다. 경매는 도매시장법인이 산지 출하자로부터 수탁받은 농산물을 상장(上場)하여 진행하는 거래로 중도매인과 매매참가인이 참여하여 경쟁입찰의 방식으로 가격을 발견하는 거래제도이고, 정가·수의거래는 산지 출하자와 도매시장법인의 경매사가 사전에 가격을 협의하여 정하는 거래제도이며, 상장예외품목 거래는 도매시장 상장이 어려운 품목을 대상으로 중도매인이 산지에서 수집된 농산물을 직접 구매하는 거래제도이다. 시장도매인은 수의거래 또는 상대거래를 하는데, 도매시장에서의 도매 기능(수집, 가격 발견, 분산기능) 모두를 담당한다.

05 경매제도의 장점으로는 공개 판매로 거래투명성 제고, 거래의 공정성 향상, 생산자의 시장 참여기회 확대, 대표가격 형성 및 거래정보 분산으로 유사도매시장의 횡포 견제 등이 있으나, 단점으로 불안정한 가격형성, 신선도 저하 및 유통비용 상승, 대량유통에 불리, 경매참여자의 담합 가능성, 거래량과 품질 불안정성으로 구매수요 대응의 어려움 증가 등도 있다.

06 시장도매인제도의 장점으로 유통 및 거래비용 감소, 신속한 거래 및 신선도 유지 가능, 거래가격의 안정화 도모, 비규격 농산물을 포함한 다양한 품목 취급 가능 등이 있으나, 단점으로 개인 간 거래에 따른 투명성 미흡, 기준(대표)가격 형성 한계, 출하자 보호 기능 취약, 상품표준화 및 공동출하 제약 등을 들 수 있다.

07 농산물의 도매시장 경매는 산치 출하자의 경매 의뢰, 농산물의 도매시장 반입 및 하역, 경매사의 송품장 확인 및 판매원표 작성, 경매사와 매수 희망자간의 경매 진행, 낙찰자 결정 및 낙찰서 전달, 하역노조의 낙찰 상품의 점포 이동, 도매시장법인의 경락대금 정산 및 산지 출하자 송금 등의 과정으로 진행된다.

08 도매시장을 경유하지 않고 농산물이 거래되는 도매시장 외 거래로는 직거래, 계약재배, 산지조직의 공동 판매 등이 있다. 이 중 농산물의 계약재배는 크게 판매계약, 생산계약, 자원공급계약으로 구분된다.

09 산지조직은 거래교섭력 제고, 규모의 경제 달성, 시장 여건 변화에 능동적 대응 등의 역할을 한다. 산지조직의 공동판매는 무조건 위탁, 평균 판매, 공동계산의 3가지 원칙이 지켜져야 한다.

10 수확 후 관리기술은 농산물의 상품성을 유지하거나 높이기 위해 수확 이후 단계에 적용되는 기술로, 농산물 신선도 등의 상품성을 최대한 유지하는 기술(큐어링, 예냉, 저온저장, CA관리, 포장 등)과 상품성 또는 부가가치를 높이는 기술(선별, 신선편이 가공(전처리 가공)) 등이 있다.

11 선도거래를 선물거래와 혼동하는 경우가 있는데, 선도거래는 현재 거래 계약을 체결한 다음 미래의 특정 시점에 대상 상품의 거래를 완료한다는 점에서는 선물거래와 유사하지만, 정부가 허가한 거래소에서 거래가 진행되는 선물거래와는 달리 거래 당사자끼리 자유롭게 거래를 진행하는 점에서 차이가 있다.

12 농산물은 가격이 불안정하기에 선물거래를 이용하여 가격 위험을 줄일 수 있는데, 여기에 적용되는 거래기법이 헷징이다.

- 현물거래
- 농산물 온라인도매시장
- 상장예외품목 거래
- 직거래
- 공동판매 3원칙

- 선물거래
- 경매
- 시장도매인
- 계약재배
- 선도거래

- 옵션거래
- 정가·수의거래
- 도매시장 외 거래
- 산지조직의 공동 판매
- 헷징

01 상품의 거래방식 3가지를 각각 설명하라.

02 도매시장거래와 도매시장 외 거래가 무엇인지 각각 기술하고, 최근 변화를 설명하라.

03 농산물 온라인도매시장의 특성과 장점을 각각 기술하라.

04 농산물 공영도매시장의 거래제도를 제시하고, 각 거래제도별 특성을 설명하라.

05 경매와 시장도매인의 수의거래(상대거래)의 장단점을 각각 비교하여 기술하라.

06 농산물의 도매시장 경매단계를 구체적으로 기술하라.

07 농산물 계약재배의 유형을 각각 설명하라.

08 산지조직의 기능과 산지조직의 공동판매 성공을 위한 원칙을 각각 설명하라.

09 선도거래와 선물거래의 차이를 구체적으로 기술하라.

10 선물거래의 헷징 기법을 구체적인 예시를 들어서 설명하라.

04

온라인 유통과 농산물 수출유통

 개요

이 장에서는 중요성이 높아지고 있는 온라인 유통과 농산물 수출유통에 대해서 각각 공부하기로 한다. 온라인 유통의 개념과 현황을 조망하고, 온라인 유통에 참여하기 위한 전자상거래의 운영 방안을 구체적으로 설명한다. 농산물 수출유통은 농산물 수출의 필요성과 수출 현황을 살펴본 다음, 구체적인 수출유통 실태를 설명하여 기본적인 수출 실무를 이해하도록 한다. 우리나라의 온라인 유통비중이 계속해서 높아지고, 정부의 농식품 수출 육성을 위한 정책이 강화되고 있는 상황에서 관련 이해와 기본적인 실무 파악이 중요해지고 있다. 따라서, 이 장에서 다루고 있는 내용을 잘 숙지하여 다양한 방법으로 활용할 수 있어야 할 것이다.

주요 학습사항

• 온라인 유통은 무엇이고, 우리나라 농산물 온라인 유통은 어떻게 진행되는가?
• 전자상거래의 운영 전략과 단계별 추진 방안은 무엇인가?
• 농산물 수출은 왜 필요하고, 어떻게 진행되고 있는가?
• 농산물 수출에 대한 유통 실태는 어떻게 진행되는가?

읽을거리

마케팅 정보의 바다

요즘은 듣고 싶은 음악이 있을 때 인터넷 음원사이트에서 파일을 내려받거나 스트리밍 (streaming) 서비스로 듣는 경우가 많은데 해당 사이트에서 음악을 1분 동안 무료로 들을 수 있는 서비스가 제공된다. 이를 통해 구매자들은 모든 음악의 도입부를 감상할 수 있는데 이렇게 서비스에 시간제약을 두는 것은 저작권을 침해하지 않기 위함이지만 워낙 많은 음악상품이 공급돼 구매자들이 일일이 감상하고 평가할 여유가 없기 때문이기도 하다. 인터넷 동영상이나 공중파 방송 중간에 삽입되는 광고 또한 마찬가지인데 시청자들에게 수십 초에서 수 분의 짧은 시간 동안 마케팅 메시지를 효과적으로 전달하기 위해 여러 가지 노력을 하고 있다. 더 나아가 컴퓨터로 인터넷창을 하나만 열어도 상하좌우에 광고 배너창이 같이 생성돼 다양한 상품정보를 보여준다. 이렇게 짧은 시간에 단편적인 마케팅정보가 최대한 많이 공급되는 시스템이 도입됨에 따라 소비자들이 하루에 접하는 상품 관련 정보의 가짓수가 기하급수적으로 늘고 있다.

이처럼 마케팅정보가 넘쳐나는 상황에서 소비자는 찰나의 시간 동안 흥미를 끌지 못하는 것은 바로 무시해버리고 다음 정보로 넘어가곤 한다. 시간을 두고 고민해 선택하기보다 직관적이고 수동적으로 의사결정을 하는 빈도가 높아지는 사이에 소비자는 정보의 바다에서 '풍요 속의 빈곤'을 느끼게 된다. 나에게 다가오는 정보는 차고 넘치게 많지만 이들을 즉흥적으로 검토하다 보니 머리에 남는 것은 별로 없고 나중에 내가 잘 구매했는지에 대한 확신도 들지 않는다. 그냥 정보 사이에서 허우적대다 대충 하나 골라잡은 느낌도 든다. 그러다 보니 상당수 소비자는 주위 사람들이 어떻게 하는지 눈치를 살피고 그냥 유행을 따라가는 것이 안전하다고 여기기도 하는데 SNS에서 수만 명의 팔로워(follower)를 둔 인플루언서(influencer)의 영향력이 막강해진 이유이기도 하다. 특히, '라방'으로 불리는 라이브커머스(live commerce)에서 상품에 대한 유명 인플루언서의 설명이 끝나기도 전에 완판되는 사례가 종종 생겨날 정도로 폭발적인 구매가 진행되는 것을 보면 줏대 없이 얇은 귀를 가진 소비자가 나만은 아닌 것 같다.

이와 같은 단편적인 마케팅정보의 대량공급현상은 우리를 둘러싼 삶이 오프라인 중심에서 온라인중심으로 전환된 데 따른 결과로 보기도 한다. 과거 인터넷으로 지칭되는 ICT(정보통신기술)가 물건을 사고파는 데 별로 개입하지 않던 시절에는 구매자나 판매자 모두 시간을 들이고 발품을 팔아가며 상품정보를 주고받았는데 현재는 스마트폰 앱에 손가락을 가져다 대기만 하면 거의 무한한 정보가 쏟아져 들어온다. 갑자기 시냇물이 졸졸 흐르는 곳에서 손으로 물을 떠마시다가 바다에 풍덩 빠져버린 느낌이다.

어떤 것이 옳은 소비방식인지에 대한 답은 없다. 상품구매의 궁극적인 목적은 자기만족이므로 그저 각자가 하고자 하는 것을 하면 되는 것이다. 다만, 최소한 내가 제대로 맞게 하고 있는지 정도는 한 번씩 고개를 들어 살펴야 하지 않을까.

<자료: 머니투데이, 2022. 5. 4. 기고문>

1. 온라인 유통의 현황

1) 개념과 현황

온라인 유통은 전자상거래를 통해 가상의 사이버 공간에서 진행되는 유통을 의미한다. 여기서 전자상거래는 정보 통신망을 활용하여 상품을 매매하는 것으로, 거래의 과정(입찰, 주문, 계약 등)중 하나 이상이 컴퓨터 네트워크상에서 이루어지는 거래이다. 온라인 유통은 일반 공산품은 물론 농산물의 유통에도 큰 변화를 가져오고 있는데, 우리나라 온라인 쇼핑몰 거래액이 2011년 29조 원에서 2023년 227조 원으로 7.8배 증가한 반면, 농축수산물 거래액은 같은 기간 동안 8천억 원에서 7조 원으로 8.7배 증가하여 농축수산물의 온라인 거래가 빠르게 성장하고 있음을 알 수 있다.

표 4-1 온라인 쇼핑몰의 거래액 추이

단위: 십억 원, %

연도	전체 거래액(A)	농축수산물 거래액(B)	비중(B/A)
2011	29,072	821	2.8
2013	38,497	1,132	2.9
2015	54,056	1,434	2.7
2017	94,186	2,065	2.2
2019	136,601	3,723	2.7
2020	158,284	6,561	4.1
2021	190,223	8,333	4.4
2022	209,879	9,461	4.5
2023	227,347	7,124	3.1
증감률	682.0	767.7	11.9

자료: 통계청, 온라인 쇼핑몰 동향조사

온라인 유통에서 진행되는 전자상거래는 인터넷이라는 24시간 개방된 가상의 공간에서 상거래가 진행되므로 현실에서 진행되는 일반 상거래와 차이를 가진다. 먼저, 전자상거래는 시간과 공간 제약이 없어 일반 상거래와는 달리 거래의 한계가 없다는 강점이 있다. 또한, 주로 판매자와 구매자 간의 직거래가 이루어지므로 중간 유통주체가 개입하지 않아 각종 유통비용을 절감할 수 있다. 영업을 위한 사무실이나 진열 공간 등이 필요하지 않고, 추가적인 거래 관련 인력을 줄일 수 있어 초기 사업에 투입되는 자본이 상대적으로 적은 장점도 있다. 전자상거래의 특성상 판매제품에 대한 소비자 반응을 빠른 시간에 확인할 수 있어 고개 관리에 유리한 측면이 있고, 거래할 수 있는 상품에 대한 제약도 거의 없다.

반면, 전자상거래는 인터넷을 통해서만 고객을 접할 수 있기에 대면접촉을 포함한 다양한 방법으로 고객의 신뢰도를 확보할 수 있는 일반 상거래보다 제약이 많다. 또한, 일반 상거래는 상품을 직접 확인할 수 있는 데 반해 전자상거래는 상품을 직접 보지 않고 거래하기 때문에 상품의 관리가 쉽지 않은데, 특히 신선도가 시시각각 변하는 농산물과 같이 견본(sample)과 동일한 품질을 유지하지 힘든 상품을 거래하는 데 어려움이 있다. 전자상거래의 대금 결제는 신용카드나 인터넷 뱅킹 등의 방법에 의존하므로 해킹 등 보안사고가 발생하면 상당히 큰 문제가 되고, 상품 배송에 택배 등을 이용해 주문자에게 일일이 물품을 전달해야 하므로 대량 유통에 비해 추가적인 물류비용이 발생한다. 한편, 전자상거래의 경우 거래 방식이 도입된 역사가 길지 않아서 거래 관련 제도나 법이 아직 완전히 정비되지 못하여 정책적 시행착오를 경험할 가능성도 있다.

표 4-2 전자상거래와 일반 상거래의 비교

구분	전자상거래	일반상거래
시간 제약	없음	영업시간 내 거래
공간 제약	없음	물리적 거리 제한 존재
유통경로	직거래로 단순	중간 유통을 대부분 경유
자본 투입	소규모 가능	상대적 대규모
고객 관리	즉각 대응 가능	물리적·시간적 제약
거래 상품	거의 무제한	제한적
고객 신뢰도 확보 방법	인터넷으로만 확보 가능	대면접촉 등 다양한 수단 활용
상품 관리	견본(sample) 및 표준화로 관리	실제 상품 확인 및 관리 가능
대금 결제	신용카드 및 인터넷 송금	현금 포함 다양한 대금 결제 가능
상품 배송	택배로 추가 물류비용 발생	다양한 배송 수단 사용
관련 제도	제도 도입기로 미완성	제도의 수정·보완 진행

2) 유형별 특성

(1) 거래 대상자에 따른 유형

온라인 유통에서 진행되는 전자상거래는 거래 대상자에 따라 크게 기업과 소비자 간 거래(B2C: business to consumer), 기업 간 거래(B2B: business to business), 기업과 정부 간 거래(B2G: business to government), 소비자 간 거래(C2C: consumers to consumer)로 구분할 수 있다.

먼저, B2C는 기업과 소비자 간의 거래로 기업체가 인터넷 가상공간에 상품이나 서비스를 판매하는 상점을 개설하여 소비자에게 판매하는 거래로 대부분의 농산물 전자상거래가 여기에 해당된다. 기업과 소비자 간 거래는 인터넷 쇼핑몰(사이버쇼핑몰)을 통해 거래가 진행되는데, 최근 소매유통에서의 비중이 크게 증가하여 오프라인 소매 업체를 위협하고 있다.

B2B는 기업 간 거래로 원료 조달 및 도매와 소매업체 간의 거래가 상당 부분을 차지하고 있다. 기업 간 거래는 공산품이나 서비스 중심으로 이루어지고 있으나, 2023년 11월 30일 농산물 온라인도매시장이 개장하여 농산물의 B2B 거래가 크게 증가하고 있다.

그림 4-1	농산물 온라인도매시장 홈페이지

자료: 농산물 온라인도매시장(https://kafb2b.or.kr/)

B2G는 기업과 정부 간 거래로 공공기관이 필요한 물품을 전자상거래로 구매하는 것으로 거래의 효율성과 투명성을 높이기 위해 사용하고 있다. 정부는 나라장터라는 사이버 거래시스템을 사용하고 있는데, 물품 구매의 편의성을 대폭 높일 뿐만 아니라 중소기업의 상품을 우선 구매하도록 하여 중소기업 육성에도 기여하고 있다.

C2C는 소비자 간 거래로 상품의 소유권이나 가격 결정권이 사이버 거래소 운영자가 아닌 거래 당사자가 각각 가지는 거래이다. C2C는 온라인 쇼핑몰의 오픈마켓(open market)이 대표적인데, 오픈마켓이란 마켓 운영자가 거래에 개입하지 않고 개인이나 소규모 업체들이 온라인상에서 서로 자유롭게 거래하는 인터넷 벼룩시장으로 이해할 수 있다.

(2) 새로운 유형

최근, 온라인 유통시장이 성장함에 따라 다양한 전자상거래가 새로 등장하고 있는데, 모바일 커머스(mobile commerce), 소셜 커머스(social commerce), 라이브 커머스(live commerce)가 대표적이다.

모바일 커머스는 모바일 기기를 이용하여 상품이나 서비스를 거래하는 전자상거래로 스마트폰의 보급으로 크게 성장하고 있다. 한편, 소셜 커머스는 소셜 미디어와 온라인 미디어를 활용하는 전자상거래로, 전자상거래를 통한 매매 과정에서 SNS(social network service)를 활용하는 것이다. 소셜 커머스는 모바일 커머스의 한 부류로, 소셜 채널을 통한 판매를 뜻한다.

라이브 커머스는 라이브 스트리밍(live streaming)과 전자상거래(EC: electronic commerce)의 합성어로, 온라인상에서 실시간으로 상호 소통하며 쇼핑을 하는 서비스이다. 라이브 커머스는 라이브 방송(라방)으로도 불리는데, 생방송으로 구매자와 판매자가 서로 소통하면서 상품에 대해 다양한 정보를 제공하여 비대면 온라인 쇼핑의 단점을 극복하고 있다.

2. 전자상거래의 운영 방안

1) 운영 전략

전자상거래의 성공을 위해서는 일반 마케팅 전략에 전자상거래의 특성에 따른 운영 전략을 추가하여야 하는데, 표준화·규격화 강화, 물류 효율성 제고, 고객 관계 강화, 인터넷 쇼핑몰 개선, 다양한 홍보 수단 적용 등이 포함된다.

첫째, 표준화·규격화 강화는 거래 상품의 표준화 및 규격화를 통해 견본과 실제 판매 상품 간의 격차를 줄여야 함을 의미한다. 특히, 농산물의 경우 동일한 생산자가 동일한 곳에서 생산하여도 상품의 품질이 서로 다르므로, 선별 기능을 강화하여 상품의 표준화와 규격화에 최대한 도달할 수 있도록 하여야 한다.

둘째, 물류 효율성 제고는 상품 배송에 소요되는 비용을 최대한 절감해야 함을 의미한다. 다만, 비용 절감에만 집중하다 보면 상품 배송기간이 길어지거나 배송 상품의 손상이 발생할 수 있기에, 물류 효율성 제고와 소비자 만족도 간의 균형점을 찾아야 한다. 특히, 농산물의 경우 배송과정상의 품질저하를 막기 위해 저온유통시스템을 적용하여야 하는 경우가 많다.

셋째, 고객 관계 강화는 고객의 요구사항에 즉각 대응하고, 상품 구매자의 커뮤니티를 형성하는 등 관계강화를 해야 함을 말한다. 이는 전자상거래 사업자가 오로지 온라인이나 전화 등의 간접적인 방법으로만 고객을 접하게 되는 전자상거래의 한계를 보완하기 위한 것이다. 최근, 사회적 관계망 서비스(SNS)를 통한 사이버 커뮤니티 형성이 활발한 상황에서, 전자상거래 사업자가 블로그(blog)운영 등을 통해 다양한 온라인 커뮤니티 형성을 도모할 필요가 있다.

넷째, 인터넷 쇼핑몰 개선은 전자상거래의 기반인 쇼핑몰의 기능을 개선하여 고객들의 상품 검색이나 주문 등 주요 기능에 대한 접근성과 편의성을 높임과 동시에 결제나 고객 개인 정보 등에 대한 보안을 강화하여 사고가 발생하지 않도록 관리함을 의미한다. 다만, 이를 위해서는 상당한 비용이 발생하므로 공공기관의 관련 지원 사업을 활용하거나 전자상거래 사업자들이 연합하여 공동으로 인터넷 쇼핑몰 개선을 시도할 수 있다.

마지막으로, 다양한 홍보 수단 적용은 전자상거래 사업자는 거래가 진행되는 온라인 및 오프라인에서 다양한 홍보 수단을 적용하여 거래 상품에 대한 홍보를 강화해야 함을 말한다. 특히, 대면접촉이나 오프라인 매장의 상품 진열 등의 홍보 전략을 적용할 수 없는 전자상거래 사업자는 기존의 온라인 홍보수단 이외에도 다양한 전략을 마련할 필요가 있다.

표 4-3 전자상거래의 성공 전략

구분	주요 내용
표준화 · 규격화 강화	- 표준화 및 규격화를 통한 일정한 수준의 품질 유지 - 견본과 실제 판매 상품 간의 차이를 축소
물류 효율성 제고	- 상품 배송 비용 절감 - 상품 배송과정에서 품질저하 예방 및 사후 관리 강화
고객 관계 강화	- 고객의 요구사항 즉각 대응 - 상품 구매자의 커뮤니티 형성
인터넷 쇼핑몰 개선	- 상품 검색 및 주문 등 주요 기능의 편의성 제고 - 결제, 개인정보 등 인터넷 보안 시스템 강화
다양한 홍보 수단 적용	- 온 · 오프라인 홍보 수단 사용 - 독특하고 눈길을 끄는 아이디어 적용

2) 단계별 추진 방안

전자상거래를 실제 시작하기 위해서는 일반적으로 거래 상품 선정, 쇼핑몰 웹사이트 준비, 사업자 등록 및 각종 신고, 지불중개업체 선정, 쇼핑몰 제작 및 전자상거래 시작의 과정을 거친다.

첫 번째, 거래상품 선정 단계는 전자상거래에서 거래할 상품, 즉 아이템(item)을 선정하는 단계이다. 전자상거래 사업자는 사업성 분석을 통해 자신의 역량을 최대한 발휘할 수 있으면서 수요 확대가 예상되어 향후 사업 전망이 밝은 상품을 선정해야 한다. 특히, 농산물의 경우 공산품과 달리 부피에 비해 가치가 낮고 거래 중에 감모나 손실이 많은데, 이러한 문제점을 최소화하면서 거래 전망이 높은 상품을 선정하여야 한다.

다음으로, 쇼핑몰 웹사이트 준비 단계는 인터넷 쇼핑몰을 설치하기 위한 웹사이트의 도메인(domain)[26]을 준비하고, 웹사이트 운영을 하기 위한 서버(server)[27]를 확보하는 단계이다. 서버는 일반적으로 EC 호스팅(hosting[28])을 통해 서버 공간 일부를 임대하는데, 사용료가 너무 비싸지 않으면서도 서비스 장애가 없는 서버를 임대할 수 있도록 한다. 특히, 저가의 서버를 임대할 경우 자주 서버 문제로 인터넷 쇼핑몰의 기능이 정지되거나 한 번에 많은 사용자가 몰려서 서비스 장애가 생길 수 있으므로 주의가 필요하다.

사업자 등록 및 각종 신고 단계는 본격적인 사업을 시작하기 위해 관할 세무서에 사업자 등록과 부가통신사업자 신고 등을 하는 단계이다. 이를 위해 사전에 전문가의 도움을 받을 수도 있으나 제반 비용이 발생하므로 스스로 관련 지식을 쌓아서 대처하거나, 창업 지원 관련 기관의 도움을 받는 것이 좋다.

지불중개업체 선정 단계는 결제를 대행하는 지불중개업체를 정하는 단계이다. 이는 전자상거래가 현금을 주고받지 않고 오로지 인터넷을 통한 온라인 결제 시스템을

---

26) 도메인(domain)이란, 숫자로 이루어진 인터넷 주소를 알기 쉬운 영문으로 표현한 것을 의미한다. 도메인은 시스템, 조직, 조직의 종류, 국가 이름순으로 구분되며, 흔히 말하는 홈페이지 주소, URL은 모두 도메인을 뜻한다.

27) 서버(server)란, 컴퓨터 네트워크에서 다른 컴퓨터에 서비스를 제공하기 위한 컴퓨터 또는 소프트웨어로 시스템에서 각종 자원(파일, 프린터, 통신회선 등)들을 제공하는 장치이다.

28) 호스팅(hosting)이란, 웹사이트를 운영하기 위해 필요한 공간인데, 데이터를 보관하고 제공하는 서버(server), 서버를 인터넷에 연결해주는 회선(network), 서버를 보관하는 공간인 상면(rack)으로 구성된다.

이용하는 특성으로 필요한 단계이다. 우리나라 전자상거래 업체들은 보통 신용카드 회사 등을 지불중개업체로 선정하고 있는데, 전자상거래 소비자 대부분이 신용카드를 지불 수단으로 많이 사용하기 때문이다.

　마지막, 쇼핑몰 제작 및 전자상거래 시작 단계는 전자상거래를 위한 인터넷 쇼핑몰을 제작하여 거래를 시작하는 단계이다. 인터넷 쇼핑몰은 고객이 온라인으로 방문하여 상품 등을 둘러보고 주문을 하는 공간으로, 기능적인 편의성뿐만 아니라 시각적인 디자인이 중요하다. 우수한 인터넷 쇼핑몰을 제작하기 위해 상당한 비용을 들여서 전문 업체에 의뢰하기도 하지만, 산지 생산자가 생산한 농산물을 판매하는 단순한 전자상거래를 할 경우에는 제작비용을 최대한 절약하는 것이 좋다.

　이상의 작업이 마무리되면 전자상거래 사업을 실제로 시작하게 된다. 전자상거래는 오프라인 상거래에 비해 적은 자본과 시간으로 사업이 가능하지만, 누구나 쉽게 사업에 뛰어들 수 있을 정도로 진입장벽이 낮아 경쟁이 매우 치열하다. 따라서, 나만의 독특한 상품 아이템과 사업 운영 노하우(know-how), 우수한 고객에 대한 지속적인 관리 등 충분한 준비와 끈기 있는 사업 운영이 필요하다.

그림 4-2　전자상거래의 단계별 추진 내용

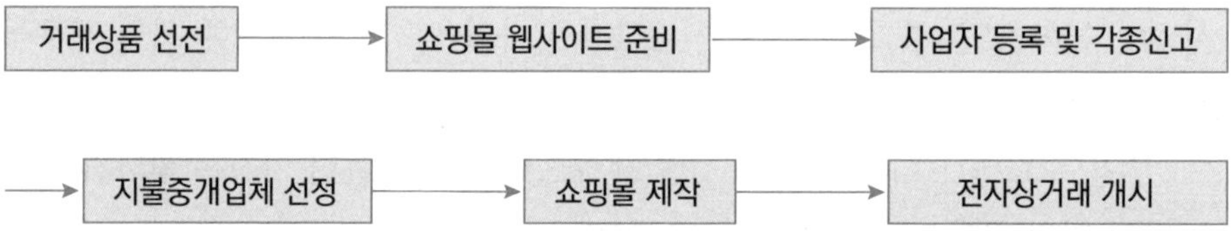

거래상품 선전 → 쇼핑몰 웹사이트 준비 → 사업자 등록 및 각종신고

→ 지불중개업체 선정 → 쇼핑몰 제작 → 전자상거래 개시

1. 수출 필요성과 현황

유통은 대상 시장을 가리지 않기에 농산물 유통은 해외 소비시장과 수출 농산물 물류에 대한 수출유통까지 포함하여 진행된다. 우리나라의 농산물 수출은 한정된 국내 소비시장의 한계를 극복하는 중요한 유통사업으로 인정받아 왔는데, 특히 2020년 5,184만 명을 정점으로 계속해서 감소하고 있는 우리나라 인구는 국내 농산물 소비시장의 위축을 가속화하고 있어 해외 수출을 위한 수출유통의 중요성이 더욱 높아지고 있다.

또한, 농산물 수출은 국내 시장 외 추가적인 해외시장을 확보하게 하여 국내 시장에서 발생하는 가격 변동성을 완화할 수 있는 대체시장을 제공하는 역할도 하고 있다. 일례로 우리나라 화훼산업의 경우 국내 소비가 입학식과 졸업식 등 특정 시기에 한정되어 있어 가격의 계절적 변동성이 크지만, 해외시장에 꽃을 수출하여 이를 완화하고 있다.

그림 4-3 **우리나라 인구수 및 인구성장률 추이**

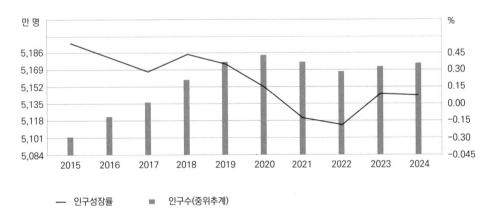

자료: KOSIS(통계청, 장래인구추계)

우리나라 농식품 수출은 2008년 MB정부에서 농식품 수출 100억 달러 달성 목표를 설정하고 집중적인 수출 촉진정책을 추진하면서 본격화되었다. 그 결과, 2008년부터 2023년까지의 기간 동안 농식품 수출액이 30억 달러에서 91억 달러로 3배 증가하였고, 농산물 수출액 또한 같은 기간 동안 27억 달러에서 80억 달러로 2.9배 증가하였다.

농식품부는 수출지원사업을 진행하는 한국농수산식품유통공사(aT)와 함께 농식품 수출 확대를 위해 다양한 정책 사업을 추진하고 있는데, 수출 경쟁력 제고와 해외 시장 확대에 초점을 두고 있다.

표 4-4 농림축산식품 수출입 추이

단위: 백만 달러

연도	수출		수입		무역수지	
	소계	농산물	소계	농산물	소계	농산물
2008	3,049	2,715	20,121	13,905	- 17,072	- 11,190
2009	3,299	2,991	18,347	11,754	- 15,048	- 8,763
2010	4,082	3,722	22,330	13,988	- 18,248	- 10,266
2011	5,383	4,941	28,994	18,362	- 23,611	- 13,421
2012	5,645	4,785	29,448	18,717	- 23,803	- 13,932
2013	5,725	4,741	30,300	19,106	- 24,575	- 14,365
2014	6,183	5,224	31,635	19,308	- 25,453	- 14,084
2015	6,104	5,221	30,221	17,902	- 24,117	- 12,681
2016	6,465	5,581	29,673	17,666	- 23,208	- 12,085
2017	6,827	6,047	32,294	18,594	- 25,467	- 12,547
2018	6,926	5,985	35,302	19,903	- 28,376	- 13,918
2019	7,025	6,146	34,304	19,876	- 27,279	- 13,730
2020	7,564	6,675	34,279	20,669	- 26,715	- 13,994
2021	8,558	7,543	41,905	25,289	- 33,346	- 17,746
2022	8,824	7,714	48,571	29,764	- 39,747	- 22,050
2023	9,157	7,994	43,816	27,288	- 34,659	- 19,294
증감률	200.3	194.4	117.8	96.2	103.0	72.4

자료: 농수산물유통공사 수출입 정보(KATI)

2. 수출유통 절차 및 인터넷 무역

농산물을 수출하기 위해서는 수출시장을 개척하여 현지 수입업체를 발굴한 다음, 수출 계약 체결, 신용장 내도, 수출 승인, 수출보험 가입, 수출 물품 확보, 수출 검사, 운송 준비 및 적하보험 가입, 수출 통관과 선적, 수출대금 회수 및 사후 관리의 절차를 거치게 된다.

수입업체 발굴 단계는 농산물을 수출할 대상을 찾는 단계로 수출업체의 전문성이 요구된다. 보다 유망한 수입업체를 찾기 위해서는 자체적인 정보와 네트워크를 활용하는 것 외에 정부 지원 프로그램을 적극 활용하여야 한다. 특히, 한국농수산식품유통공사는 해외시장 개척에 필요한 현지 시장 및 업체 정보를 제공하고 해외 박람회 행사를 주기적으로 개최하고 있기에, 많은 도움을 받을 수 있다.

수출 계약 체결 단계는 수출을 하기 위한 계약을 체결하는 단계로 수출업자가 수입업자에게 제시한 거래 조건에 대해 수입업자가 동의하거나, 수출업자가 수입업자의 주문을 받아들이는 방식으로 계약이 체결된다. 수출 계약은 수출업자가 선정된 외국의 수입업자에게 물품 인도와 소유권을 양도할 것을 약정하고, 수입업자는 물품을 인도받고 그에 상응하는 대금을 지급할 것을 약정하는 계약이다.

신용장 내도 단계는 수출 계약을 체결한 후 선수금이나 신용장(L/C: letter of credit) 등 안전장치를 받는 단계이다. 신용장은 수출업자가 계약을 이행했다는 증서인데, 신용장에 명기된 서류를 제시하면 수입업자의 거래 은행인 신용장 개설 은행이 대금 결제를 보증하게 된다.[29]

수출 승인 단계는 수출하고자 하는 품목이 수출입 공고상의 수출 제한 품목인 경우에 적용되는 단계이다. 즉, 수출 품목이 「마약법」, 「약사법」, 「검역법」, 「문화재보호법」 등 해당 품목을 관장하는 특별법의 적용을 받는 통합 공고 대상인 경우, 공고에서 규정하는 대로 사전 수출 허가나 신고 또는 추천 절차를 거쳐야 한다.

수출보험 가입 단계는 수출 과정에 발생하는 위험을 회피하기 위한 보험을 가입하는 단계이다. 수출업자가 수출보험을 가입하면, 수입국의 외환 거래 제한이나 금지, 전쟁과 같은 비상 위험, 거래 상대방의 파산 또는 지급 불능 등의 위험을 피할 수 있게 된다.

---

[29] 신용장은 은행이 거래처의 요청으로 신용을 보증하기 위하여 발행하는 증서이다.

수출 물품 확보 단계는 수출하기 위한 농산물을 준비하는 단계이다. 수출 농산물을 자체 생산하는 농가의 경우 해당 농산물이 수출 가능하도록 준비해야 하고, 수출업자가 수출 농산물을 구매하거나 대신 수출해주는 경우, 관련 작업을 완료하여야 한다.

수출 검사 단계는 준비한 수출품을 관련 법규에 따라 검사 기관의 수출 검사를 받는 단계이다. 식물의 경우 당해 식물이 수입국의 요구 조건에 적합한지 식물 방역관의 검사를 통과하여야 한다. 다만, 우편물로 수출하는 식물과 수입국에서 검사 증명서를 요구하지 않는 식물, 가공 및 냉동 처리하여 병해충이 사멸된 식물 등은 검사를 할 필요가 없다.

운송 준비 및 적하보험 가입 단계는 수출 운송을 준비하고 관련 보험을 가입하는 단계이다. 수출업자는 수출 농산물의 수출 검사가 완료되면 계약서에 정해진 선적 일자에 맞는 일정을 가진 회사와 해상 또는 항공 운송 계약을 체결한다. 수출업자가 보험료를 부담하는 경우, 운송 도중에 수출 물품을 잃어버리거나 손상되는 것에 대비한 적하보험에 가입한다.[30]

수출 통관과 선적 단계는 수출 농산물을 보세 구역에 반입한 후 통관을 진행하는 단계이다. 수출업자는 보세구역에 반입한 농산물을 세관장에게 수출 신고를 하는데, 세관에서는 구비 서류 및 기재 사항 누락 여부, 수출 승인 조건과 수출 신고 내용의 일치 여부 등을 심사한 후 수출신고필증을 교부한다. 수출업자가 수출신고필증을 받으면 농산물을 선박에 선적할 수 있다. 수출 통관은 선적지의 세관 또는 수출 생산지에 있는 내륙 세관에서 할 수 있다.

수출대금 회수 및 사후 관리 단계는 농산물 수출이 완료된 다음 대금을 받고, 이후 관리를 하는 단계이다. 수출 물품 선적을 끝낸 수출업자는 제반 선적 서류를 갖추어 거래 외국환은행에 환어음을 제시하는 매입 질자를 거쳐 수출 대금을 회수한다. 여기서, 환어음 매입 은행이 서류를 개설 은행에 보내 수출 대금을 받으면 대금에 대한 영수 절차가 마무리된다. 모든 수출 절차가 완료되면 수출 신고 승인일로부터 2년 이내에 환급을 신청하여, 이미 납부한 관세를 세관이나 외국환은행으로부터 환급받을 수 있다. 한편, 사후 관리는 수출 승인을 받은 대로 수출이 완료되었는지의 여부를 심사하는 것인데, 수출 승인 기관의 장은 수출 승인 유효 기간 내에 수출을 이행하고

---

30) 적하보험은 선박이나 항공기로 운송되는 화물이 도중에 발생한 사고로 피해를 입는 경우, 해당 손해를 보상하는 보험이다.

대금을 회수하였는지를 검토한다.

그림 4-4 **농산물 수출 절차**

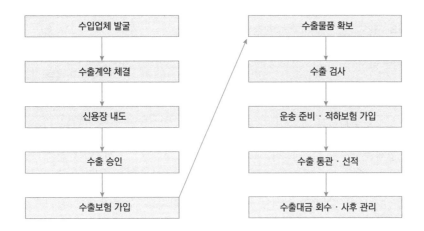

최근에, 기존의 신용장을 통한 전통적 무역방식보다 인터넷 무역방식이 활성화되고 있는데, 인터넷 무역은 인터넷을 이용하여 수출입 거래 및 알선 관계를 만들고, 이 과정에 발생하는 대금 결제와 선적, 보험 및 통관 등의 절차를 전자 문서 교환 시스템(EDI: electronic data interchange)을 통해 진행하는 무역 거래이다. 인터넷 무역은 다른 온라인 유통과 같이 시간과 공간의 제약이 없고, 중간 업자의 개입 없이 수출업자와 구매업자간의 소통이 간편하며, 무역 거래 관련 비용이 절감되는 장점을 가지고 있다. 반면에, 수출시장의 현지 상황이나 돌발적인 문제에 집적적으로 대응하는 것에 한계를 가지기에 주의가 필요하다.

표 4-5 전통 무역과 인터넷 무역 비교

구분	전통 무역	인터넷 무역
무역 방식	수출업자를 통한 간접 무역	수출입 거래자간 직접 무역
거래 대상 시장	제한된 지역	전 세계 지역
거래 시간	한정된 업무 시간	24시간
마케팅 방식	바이어 의사가 일부 반영되는 마케팅 진행	쌍방향 통신을 통한 직접 마케팅 진행
판매 장소	물리적 시장	가상 사이버 공간
통관 등 수출입 절차	종이 문서	전자 문서
대금 결제 수단	신용장, 환어음, 현금, 수표 등	전자화폐, 전자 자금 등

정보통신기술의 발달로 인터넷을 통한 수출업자와 수입업자의 접근성이 개선되고, 전자자금 등을 통한 결제 인프라가 확대되면서 인터넷 무역을 통한 농산물 수출 여건이 나아지고 있다. 특히, 우수한 농산물을 재배하는 생산자나 전문성을 갖춘 무역업자가 다양한 해외 바이어와 보다 많이 접촉할 수 있고 수출 관련 절차를 온라인으로 쉽게 처리할 수 있게 되어, 인터넷 무역을 통한 농산물 수출이 증가할 것으로 전망된다.

01 　온라인 유통은 전자상거래를 통해 가상의 사이버 공간에서 진행되는 유통으로 시간과 공간 제약이 없어 일반 상거래와는 달리 거래의 한계가 적고, 유통 비용을 절감할 수 있으며, 소비자 반응에 빠르게 대응하 수 있다. 반면에, 비대면 거래의 한계를 가지고 있어 농산물의 표준화 acl 등급화가 중요하고, 해킹 등의 보안사고에 주의하여야 한다.

02 　온라인 유통에서 진행되는 전자상거래는 거래 대상자에 따라 크게 기업과 소비자 간 거래(B2C), 기업 간 거래(B2B), 기업과 정부 간 거래(B2G), 소비자 간 거래(C2C)로 구분된다. 또한, 모바일 커머스, 소셜 커머스, 라이브 커머스 등의 형태도 등장하고 있다.

03 　전자상거래의 성공을 위해서는 표준화·규격화 강화, 물류 효율성 제고, 고객 관계 강화, 인터넷 쇼핑몰 개선, 다양한 홍보 수단 적용 등의 전략이 요구된다.

04 　전자상거래를 시작하기 위해서는 거래 상품 선정, 쇼핑몰 웹사이트 준비, 사업자 등록 및 각종 신고, 지불중개업체 선정, 쇼핑몰 제작 및 전자상거래 시작의 과정을 거친다.

05 　농산물 수출은 인구 감소 등으로 위축되는 국내 시장 외 추가적인 해외시장을 확보하게 하고, 국내 시장에서 발생하는 가격 변동성을 완화할 수 있는 대체시장을 가질 수 있도록 한다.

06 　농산물을 수출하기 위해서는 수입업체 발굴, 수출 계약 체결, 신용장 내도, 수출 승인, 수출보험 가입, 수출 물품 확보, 수출 검사, 운송 준비 및 적하보험 가입, 수출 통관과 선적, 수출대금 회수 및 사후 관리의 절차를 거치게 된다.

07 　인터넷 무역은 인터넷을 이용하여 수출입 거래 및 알선 관계를 만들고, 이 과정에 발생하는 대금 결제와 선적, 보험 및 통관 등의 절차를 전자 문서 교환 시스템(EDI)을 통해 진행하는 무역 거래이다.

- 온라인 유통
- 전자상거래
- 농산물 수출
- 인터넷 무역

학습문제

01   온라인 유통의 정의와 장단점을 각각 기술하라.

02   온라인 유통의 유형을 거래대상자를 기준으로 설명하라.

03   성공적인 전자상거래 운영을 위한 전략을 설명하라.

04   전자상거래를 진행하기 위한 단계를 각각 구체적으로 기술하라.

05   농산물 수출을 위한 절차를 각각 구체적으로 기술하라.

06   인터넷 무역의 정의와 장단점을 각각 설명하라.

Chapter

05

협동조합과 유통

 개요

이 장에서는 농산물 생산과 유통의 중요한 역할을 하는 협동조합에 대해 공부하도록 한다. 먼저 협동조합의 개념과 유형 등에 대해 살펴보고, 우리나라 농업협동조합의 역사를 단계별로 설명한다. 이어서 역할이 확대되고 있는 소비자생활협동조합(생협)의 현황에 대해 정리하였다. 그동안 우리나라 농산물 유통의 여건이 크게 변화하고 유통업체 및 가공업체의 시장 영향력이 확대되고 있는 상황에서, 생산자 조직인 농업협동조합과 소비자 조직인 소바자협동조합의 기능이 중요시됨에 따라 이 장에서 다루고 있는 내용을 세심하게 살펴볼 필요가 있다.

 주요 학습사항

- 협동조합이란 무엇이고, 어떤 역할을 하고 있는가?
- 우리나라 농업협동조합은 어떻게 발전하여 왔는가?
- 소비자생활협동조합이란 무엇이고, 어떤 역할을 하고 있는가?

읽을거리

농민과 농업 노동자

일반적으로 특정산업에 자본이 들어가면 그 산업의 효율성을 끌어올리기 위한 시스템화가 진행된다. 일례로 영화산업의 경우 2000년대부터 대기업을 비롯한 거대자본이 영화투자·배급사업 등에 진입하면서 투자금 및 제작비용의 회계처리, 영화종사자에게 4대보험 적용 등 영화산업에는 다소 생소한 시스템이 정착되기 시작했다. 또한, 자본이 잠재력을 가진 영화에 집중적으로 투자돼 한국 영화의 글로벌 경쟁력을 높였다는 평가도 받는다. 물론 독립영화가 설 땅이 줄어들었고 창작의 자유가 자본에 예속됐다는 비판도 있지만 영화산업의 자본화는 현재도 진행형이다.

농업도 자본화가 진행된다. 특히, 축산업에서는 대표적 육계업체인 하림의 매출액이 1조 원을 넘어서는 등 도축·가공업체의 자본규모가 크게 성장했다. 이러한 축산업체들은 농장에서 공급받은 원료 축산물의 품질 및 가격 경쟁력을 높이기 위해 계열화 시스템을 도입했는데 참여농가가 생산한 축산물을 일정한 가격으로 지속 구매하는 대신 가축 사육에 대한 관리에 직접개입한다. 즉, 축산업체는 거래상품의 판매조건만 따지는 판매계약이 아닌 생산과정의 결정사항까지 미리 정하는 생산계약을 농가와 체결해 계약농가들이 축산업체가 선정한 병아리나새끼 돼지만 키우도록 하고 특정 사료와 약제를 매뉴얼에 따라 투여하도록 의무화한다. 이는대량으로 생산되는 축산가공식품의 품질을 일정하게 유지하고 원료 축산물의 물량을 안정적으로 확보하기 위한 시스템으로 축산물의 태생적 품질과 공급물량 불확실성을 최소화하는 방법이다.

원예산업도 유사한 상황이다. 이미 계열화가 거의 완성된 축산업의 수준까지는 아니지만 유통업체가 생산농가에 특정 품종의 재배를 권유하고 수확한 농작물을 선별해 일정한 규격과 품질을 유지하면 더 높은 가격과 지속적인 판매기회를 제공하겠다는 제안을 한다. 즉, 원예농가들이 '시장지향적 영농'을 하도록 하는 것인데 이는 전문가들도 농가에 "자기에게 최고인 농산물을 생산할 생각을 하지 말고 구매자에게 필요한 농산물을 꾸준히 생산하기 위해 노력해야 한다."고 교육하는 부분이다.

이처럼 농업의 자본화 및 시스템화는 필연적인 진행과정으로 앞으로 이러한 변화가 지속될 것으로 보인다. 스마트팜 등 원예작물의 환경제어와 재배관리를 보다 정밀하게 할 수 있는 기술이 보급됨에 따라 '자연이 알아서 하는 영역'이 상당부분 '인간이 관리 가능한 영역'으로 넘어오기에 자본과 시스템이 생산자의 의사결정에 개입할 여지가 더욱 높아진다.

이를 통해 농민 소득의 수준 향상 및 안정화는 상당한 진척이 있을 것으로 보인다. 그러나, 한편에서는 "그러면 앞으로 농민이 자신의 농사에서 스스로 할 수 있는 것이 과연 무엇인가"라는 질문이 생긴다. 앞서 언급된 축산농가가 계약업체가 직접 공급하는 병아리나 새끼 돼지를 받아 업체가 지정한 사료와 약품을 매뉴얼대로만 투입하고 관리하는 시스템이라면 해당 농가는 단순한 가축사육 노동자에 지나지 않다는 지적이다.

아직은 농민의 안정적인 소득증대에 초점을 맞추는 상황이기는 하지만 전통적 농민과 농업 노동자에 대한 고민이 시작됐다.

<자료: 머니투데이, 2022. 12. 19. 기고문>

1. 개념과 유형

1) 개념과 역할

협동조합이란 조합원이 서로 협동하여 상품이나 서비스를 생산·구매·판매·제공하여 조합원들의 권익을 향상하는 것을 목적으로 하는 조직인데, 국제협동조합연맹(ICA: international cooperative alliance)에서는 협동조합을 "공동으로 소유되고 민주적으로 운영되는 사업체를 통하여 공통의 경제적·사회적·문화적 필요와 욕구를 충족시키고자하는 사람들이 자발적으로 결성한 자율적인 조직"으로 정의하고 있다.[31] 협동조합의 특성은 <표 5-1>과 같이 정리되는데, 먼저 협동조합은 공동의 목적을 가진 5인 이상 모여서 조직한 사업체이다. 보유한 주식의 비중만큼 기업 의사결정에 대한 결정권을 가지는 주식회사와 달리, 협동조합은 출자 규모와 무관하게 1인 1표의 의결권을 가진다. 또한, 협동조합은 조합원의 출자 자산에 한정한 유한한 책임만 지게 되고, 조합의 가입과 탈퇴가 자유로운 특성을 가진다.

표 5-1 협동조합의 특성

구분	주요 특성
조직 구성	5인 이상의 조합원 자격을 가진 자가 발기인이 되어 정관을 작성하고 창립총회의 의결을 통해 설립
의결권	조합원의 출자 규모와 무관하게 1인 1표의 의결권 행사
책임 범위	조합원의 출자 자산에 한정한 유한 책임 보유
가입 및 탈퇴	개인의 의사에 따라 자유롭게 가입 또는 탈퇴 가능

---

31) 「협동조합 기본법」에서는 협동조합을 "재화 또는 용역의 구매·생산·판매·제공 등을 협동으로 영위함으로써 조합원의 권익을 향상하고 지역 사회에 공헌하고자 하는 사업조직"으로 정의하고 있다.

협동조합은 기본적으로 여러 사람이 모여서 경제활동을 같이 하는 조직으로, 시장경제이론의 관점에서는 생산자나 소비자가 담합을 통해 불공정행위를 하는 것으로 볼 수도 있다. 하지만, 우리나라를 포함한 대부분의 국가들은 협동조합의 정당성을 인정할 뿐만 아니라 육성을 위해 정책적 지원을 아끼지 않는데, 이는 협동조합을 구성하는 조합원들이 접하는 시장이 완전경쟁시장이 아니기 때문이다. 즉, 협동조합의 조합원들이 거래 상대자보다 수가 많고 개별 규모가 작아 불평등한 거래로 인해 불이익을 보기 때문에 정부는 협동조합을 육성하여 이들의 힘을 키워주는 것이다.[32]

생산자인 농민이 구성하는 농업협동조합의 역할은 거래교섭력(bargaining power) 강화, 규모의 경제(economy of scale) 확대, 거래비용(transaction cost) 절감, 유통 및 가공업체에 대한 견제 등으로 구분된다. 첫째, 거래교섭력 강화는 농민이 조합을 통해 농산물 생산에 필요한 농자재를 공동으로 구매하거나 생산한 농산물을 공동으로 판매하여 보다 유리한 거래를 할 수 있게 한다. 특히, 농산물 공동 판매를 통한 거래교섭력 강화는 시장의 독과점화로 해석될 수 있지만, 상대적으로 약자의 위치에 있는 개별 농민의 판매 소득을 높여주는 기능을 한다.

둘째, 규모의 경제 확대 역할은 농민의 조직화를 통해 생산이나 유통 규모를 키워서 효율성을 높이는 것이다. 일례로, 농민이 개별적으로 필요한 농자재를 구매하는 대신 단체로 많은 물량을 주문하면 개당 가격을 절감할 수 있고, 개별적으로 구매가 힘들 정도로 가격이 비싼 농자재를 공동으로 구매하여 같이 사용할 수 있다. 농산물 재배에서도 동일한 작물을 재배하여 생산의 규모화를 달성하여 생산성을 높이고 생산비용을 낮출 수 있다. 또한, 선별·저장·포장 등의 시설도 조직화를 통해 공동으로 사용함으로써 비용을 절감할 수 있다.

셋째, 거래비용 절감은 농업협동조합이 유통단계를 아우르는 수직결합을 통해서 얻을 수 있는데, 산지 생산단계에서 도매나 소매 단계로 영역을 확대하여 시너지 효과(synergy effect)를 얻는 경우가 대표적이다.[33] 즉, 농업협동조합이 도매물류센터를 설립하거나 소매 매장을 개설하여 유통단계 간 거래를 내부화하여 거래비용을 절감하고 효율성을 높일 수 있게 된다.

마지막으로, 유통 및 가공업체에 대한 견제는 농업협동조합이 농산물 유통 또는

---

32) 따라서, 대기업이 자신들만의 협동조합을 구성하여 담합을 하는 것은 용납이 되지 않는다.
33) 수직결합 등에 대해서는 제2장 제2절 2. 산업조직론에 있는 "2) S−C−P 분석"에서 보다 자세히 알아보도록 한다.

가공산업에 진출하여 경쟁관계에 있는 민간업체의 전횡을 견제하는 것이다. 예를 들어, 농업협동조합이 농산물 가공공장을 운영할 경우, 기존의 가공공장업체가 원료 농산물의 구입 가격을 낮추거나 상품의 판매가격을 높이면 경쟁자가 된 농업협동조합 가공공장에게 원료 공급자나 상품 구매자를 뺏기기에 그렇게 하지 못하게 된다.

그림 5-1 농업협동조합의 역할

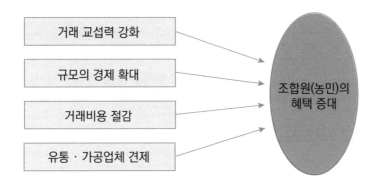

2) 유형

농업협동조합은 기능에 따라 공동판매조합, 공동구매조합, 농업관련 서비스조합으로 구분되는데, 우리나라 농업협동조합은 이 세 가지 기능을 동시에 담당하는 종합농협으로 분류된다.

첫 번째, 농산물 공동판매조합은 조합원이 생산한 농산물을 공동으로 판매하기 위해 조직된 조합으로 유통업체나 가공·외식업체에 대항하는 거래교섭력을 강화시키는 역할을 한다. 기본적으로 공동판매조합은 조합원으로부터 수집한 농산물을 모아서 산지 상인에게 판매하거나 도매시장 등에 출하하는데, 수집된 농산물에 대한 선별·포장·저장 기능을 추가하여 출하 시기나 판매 대상을 조정하는 일까지 추가로 한다. 따라서, 공동판매조합은 개별 조합원의 거래교섭력을 강화시켜줄 뿐만 아니라, 조합원 농산물의 부가가치를 높여 소득 증대에 기여한다.

두 번째, 농자재 공동구매조합은 조합원이 필요로 하는 농자재를 공동으로 구매하여 농자재 판매업체에 대한 농가 거래교섭력을 강화하고, 대량의 농자재를 한 번에 구매하여 보다 저렴한 가격에 구매를 할 수 있게 한다. 일반적으로 농자재 공동구매 조합은 농자재 유통업자를 경유하지 않고 농자재 생산업체로부터 직접 구매하여 유통마진을 줄이고 있다. 나아가 비료 등의 주요 농자재를 직접 생산하여 조합원들에게 판매하는 수직결합까지 진행하는 등 농자재 공공구매조합의 역할이 강화되고 있다.

세 번째, 농업관련 서비스조합은 농업과 관련되는 각종 서비스를 조합원에게 제공하는 역할을 한다. 농업금융 서비스 제공이 대표적인데, 구체적으로는 조합원의 예금을 모아서 운용하고 조합원에게 저렴한 금리로 자금을 융통해주거나(상호금융 사업), 관련 보험 상품을 판매(공제 사업)하는 등의 역할을 한다. 특히, 우리나라 농업협동조합의 경우 경제(판매 및 구매)사업이나 지도사업에 소요되는 자금 일부를 농업금융 사업을 통해서 창출되는 이익으로 보충하는 구조를 취하여 왔다. 다만, 최근 농업협동조합의 신용사업과 경제사업을 분리하면서 경제사업의 활성화를 통해 홀로서기를 하고 있다.

그림 5-2 **농업협동조합의 유형**

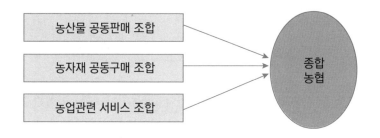

2. 농업협동조합의 역사

1) 생성 및 기반 구축

우리나라에서 농업협동조합을 설립하려는 시도는 해방 이전부터 있었으나, 본격적인 설립 노력은 1950년대 후반부터 진행되었다. 당시 농림부는 농업협동조합을 구매·판매·신용사업을 겸하는 종합농업협동조합으로 설립하려고 하였으나, 타 부처의 반대로 1958년에 농업협동조합과 농업은행이 각각 설립되어 구매·판매사업과 신용사업을 분리하여 담당하였다. 농업협동조합의 중앙회와 시·군 조합은 비료, 농약, 농기구 등의 농자재 구매사업과 농산물 판매사업을 시작하였다. 다만, 지역의 단위조합인 리동(里洞)조합은 제 기능을 거의 하지 못하였는데, 이는 농업은행의 자금 지원이 원활하지 못하였기 때문이었다.[34]

1961년 군사정부는 기존의 농업협동조합법과 농업은행법을 폐지하고, 새로운 농업협동조합법 제정을 통해 농업협동조합과 농업은행을 통합시킨 농업협동조합을 탄생시켰다. 새로운 농업협동조합은 지도 및 경제사업과 신용사업을 모두 담당하는 종합농협으로 리동조합(현재의 지역조합), 군 농협 및 특수농협, 중앙회의 3단계 구조를 가지고 다양한 사업을 추진하였다. 특히, 그동안 활동이 미약하였던 지역 리동조합의 역량과 실적을 강화하기 위해 대대적인 단위조합가입운동을 벌려 1962년 말에 21,518개소의 리동조합이 설립되어 전체 농가의 90% 이상이 조합원으로 가입하게 되었다. 그럼에도 불구하고 1960년대 초 리동조합당 평균 조합원수가 100여 명에 그칠 정도로 규모화가 부진하여 사업 추진에 한계를 가졌다.

2) 성장

리동조합의 조합원 수 확대에 집중하던 정부는 보다 큰 행정구역을 대상으로 하는 읍(邑)·면(面) 단위의 조합 통합을 유도하여 규모화를 통한 단위조합의 실질적인 사업 능력 강화에 초점을 두기 시작하였다. 그 결과, 1962년 21,518개소인 리동조합 수가 1972년에는 14분의 1수준인 1,567개소로 대폭 줄었고, 조합당 조합원 수는 1962년 101명에서 1972년 1,393명으로 14배 증가하였다. 비로소 지역 단위조합의 사업 시행 능력이 생긴 농업협동조합은 본연의 구매·판매·신용사업을 시작하였는데, 현재까지 이러한 구조가 이어지고 있다.

1970년대 농업협동조합은 주로 식량증산을 위한 비료와 농약 등의 농자재 공급과 쌀과 보리의 정부수매 및 보관 업무를 주로 담당하였다. 또한, 농업협동조합은 새마을운동 지도자 양성, 마을 환경개선 사업과 새마을 종합소득 개발사업 추진 등을 통해 농촌 운동인 새마을운동 추진에도 중심적인 역할을 담당하였다. 또한, 1972년부터 농민의 자발적인 생산조직인 농축산물 작목반을 조직하여 공동생산과 공동출하의 기틀을 만들었고, 소비지에 공판장 시설 확충 및 농산물 슈퍼마켓 설립 등을 통해 판매 사업을 강화하였다. 이와 같은 단위조합의 사업 확대는 농업자본의 축적으로 이어졌으며, 신용사업의 수익으로 경제사업을 지원하는 선순환 구조가 만들어지었다.

---

34) 마을의 기초 단위 조합으로 읍(邑), 면(面), 리(里), 동(洞)에서 리와 동 단위의 조합이다.

1977년 쌀 자급 달성과 농촌의 잠재실업 해소 등을 계기로 1980년대부터 농업협동조합의 개혁이 진행되었다. 구체적으로는 단위조합의 기능을 강화함과 동시에 농협에서 축산협동조합을 분리하여 전문성을 살리도록 하였다. 특히, 그동안 시군조합이 담당하던 농기구 서비스, 농산물 판매 등의 기능을 읍면조합으로 이양하는 등 지역 단위조합을 농협의 각종 사업을 추진하는 중심체로 자리매김하고, 중앙회는 종합 기획 및 지도교육을 전담하도록 하였다.

또한, 1980년대에는 농협이 충분히 경쟁력을 가졌다는 판단으로 그동안 농협이 독점하던 비료, 농약, 농기계 등에 대한 정책대행사업의 독점을 해제하여 시장 효율성을 높였다. 그럼에도 농협은 다양한 사업을 확충하여 성장을 계속하였는데, 농산물 유통개선사업, 농촌지역 유류공급사업, 신용사업 확장 등이 대표적이다. 또한, 1988년 농업중앙회장을 대통령 임명제에서 직선제로 전환하는 등 민주화를 달성하였다.

2000년에는 1997년 외환위기에 따른 산업효율화를 위해 농업협동조합, 축산협동조합, 인삼협동조합의 통합이 진행되어 다시 한번 구조조정이 있었고, 2012년에는 농협중앙회의 신용과 경제사업의 전문성 강화를 위해 신용사업과 경제사업을 금융지주회사와 경제지주회사 형태로 완전히 분리하였다.

1. 개념과 현황

농민이 구성하는 농업협동조합과 달리 소비자생활협동조합(생협)은 소비자가 조합원이 되어 필요한 상품을 구매하기 위해 설립된 조합이다. 우리나라의 소비자생활협동조합은 2011년 제정된 협동조합기본법으로 인해 보다 쉽게 협동조합을 설립할 수 있게 되었는데, 기존 3억 원 이상이던 출자금 제한이 없어지고, 200명 이상이던 설립 동의자를 5명으로 줄이게 되어 5인 이상 조합원만 모으면 금융·보험업을 제외한 모든 분야에서 조합 설립이 가능하게 되었다.

소비자생활협동조합은 농산물 직거래 확대 등을 목적으로 하는 정부의 지원을 통해 2009년 223개 조합에서 3배 이상 증가하였는데, 조합원 수 1백만 명을 넘길 정도로 규모가 확대되고 있다. 농산물 유통과 관련한 소비자생활협동조합의 역할은 산지 생산자와의 직접 거래를 통한 농가 수취가격 증대와 소비자 구매 가격 인하, 보다 안심하고 소비할 수 있는 농식품 구매, 농촌환경 및 지구 환경 보호 등인데, 조합원인 소비자는 안전하고 믿을 수 있는 농산물을 구매할 수 있는 것에 만족하고 있다. 특히, 가족의 먹거리 안전에 민감한 소비자는 소비자생활협동조합에서 판매하는 농식품이 대형할인점보다 비싸더라도 기꺼이 그 값을 지불할 정도로 농산물의 가격 경쟁력보다 품질 경쟁력을 우선하는 경향이 있다.

2. 주요 소비자생활협동조합

1) 아이쿱(iCOOP)

"내 가족의 건강을 지킨다."라고 하는 식품안전 운동에서 출발하여 1997년에 사업을 시작한 아이쿱 생협은 윤리적 소비를 통해 자신·이웃·지구를 살리고, 안전한 식품·친환경 유기농산물·공정무역을 이용하는 것을 목적으로 하고 있다. 자연드림 브랜드로 50만 명이 넘는 조합원과 250여 개 매장을 운영 중인 아이쿱 생협은 전국에 물류센터 5곳과 배송센터 10곳을 운영할 정도로 큰 규모를 가지고 있는데, 친환경 농산물과 유기가공식품 등을 주로 공급하고 있다.

아이쿱 생협은 구례와 괴산에 자연드림파크를 건설하여 조합원을 위한 고급 생활재를 생산할 뿐만 아니라 테마파크로도 운영하고 있는데, 구례의 자연드림파크의 경우 다양한 식품제조 공방을 견학 코스로 활용하고 게스트 하우스 등을 통해 방문객들이 숙식을 해결하면서 영화 관람 등의 문화 활동과 체험관광을 할 수 있도록 하고 있다.

그림 5-3 구례 자연드림파크 시설 배치도

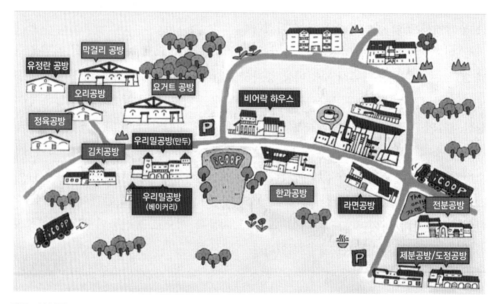

자료: 아이쿱

2) 한살림

1986년부터 직거래 운동과 지역살림 운동을 전개해온 한살림은 "사람과 자연, 도시와 농촌이 생명의 끈으로 이어져 있다."라는 생각에서 자연을 지키고 생명을 살리는 마음으로 농사를 짓는 생산자들과 이들의 물품을 믿고 이용하는 소비자들이 함께 결성한 생협이다. 밥상살림, 농업살림, 생명살림의 3가지를 기본으로 하는 한살림은 자연생태계와의 조화를 이루는 먹을거리를 생산하고, 농업과 농촌 공동체가 지속되게 하며, 생명 평화를 실천하기 위한 교육·연구·출판 사업을 지속하고 있다.

이처럼 다른 생협에 비해 상대적으로 운동체적인 모습이 강한 한살림은 농산물 직거래 외에도 다양한 활동을 펼치고 있어 사회 참여적인 성격이 강조되고 있다. 전국적으로 90만 명의 조합원이 참여하고 250여 개 매장이 운영 중인 한살림은 유기농산물이 상대적으로 우위를 점하고 있다. 특히, 한살림은 지속가능 농업기반 확대, 기후위기 대응 등 농업 생산과 환경 문제에 초점을 두어 다양한 활동을 하고 있다.

3) 두레 생협

우리나라의 전통적인 협동 방식인 "두레"를 기본 철학으로 1996년 설립된 두레 생협은 공동 구매와 공동 물류를 통해 합리적인 가격으로 농산물 및 생활상품들을 제공하는 데 주력하고 있다. 24개 회원 생협이 상호 협력하여 100여 개 매장을 운영 중인데, 24만 명의 조합원이 참여하고 있다. 두레생협의 대표상품은 생산 이력을 확인할 수 있는 두레한우인데, 다른 생협에 비해 젓갈이나 대게 등 토속상품이 많은 특성을 보인다.

4) 행복중심 생협

1989년 여성민우회 생협으로 출발해 먹을거리를 통한 여성문제 해결에 집중해온 행복중심 생협은 생산자 및 원재료와 부재료, 생산 방식을 투명하게 공개하는 것을 강조하고 있다. 또한, 여성 농민이 주축이 되어 진행하고 있는 토종씨앗 지키기 운동은 대파, 오이, 감자, 콩, 팥, 수수 등 품질이 우수한 토종 농산물을 확산시키는 데에 상당한 기여를 하고 있다. 13개 지역 회원 생협과 함께 활발한 활동을 진행하고 있는 행복중심 생협의 대표 상품은 유기농 전병, 쌀 모둠 파이 등 수제 간식과 간편 한상 재료 등으로 소비자들에게 꾸준한 인기를 끌고 있다.

01 협동조합은 조합원이 서로 협동하여 상품이나 서비스를 생산·구매·판매·제공하여 조합원들의 권익을 향상하는 것을 목적으로 하는 조직으로 농업협동조합과 소비자생활협동조합이 대표적이다.

02 농민이 구성하는 농업협동조합의 역할로는 거래교섭력 강화, 규모의 경제 확대, 거래비용 절감, 유통 및 가공업체에 대한 견제 등이 해당되다.

03 농업협동조합은 기능에 따라 공동판매조합, 농자재 공동구매조합, 농업관련 서비스조합으로 구분할 수 있는데, 우리나라 대부분의 농업협동조합은 이 세 가지 기능을 동시에 담당하는 종합농협 형태를 유지하고 있다.

04 우리나라의 농업협동조합은 정부 주도로 빠른 시간에 성장을 거듭하여 왔는데, 지역 조합의 규모화와 신용사업과 경제사업 분리 등의 구조 변화를 거쳐왔다.

05 소비자생활협동조합은 소비자들이 조합원이 되어 자신들이 필요한 상품을 구매하기 위해 설립된 조합으로 소비자생활협동조합 또는 생협으로 대표되고 있는데, 2011년 제정된 협동조합기본법으로 인해 보다 쉽게 협동조합을 설립할 수 있게 되었다.

06 우리나라의 주요 생협으로는 아이쿱(iCOOP), 한살림, 두레 생협, 행복중심 생협 등이 있다.

- 협동조합
- 농업협동조합
- 소비자생활협동조합

01   협동조합의 정의에 대해 설명하라.

02   농업협동조합의 역할과 유형에 대해 각각 기술하라.

03   소비자생활협동조합의 정의와 기능을 설명하라.

04   우리나라 주요 생협에는 무엇이 있는지 각각 설명하라.

06

주요 농축산물의 유통

 개요

이 장에서는 앞에서 공부한 유통 이론과 실제가 품목별로 어떻게 적용되는지를 살펴보도록 한다. 주요 농축산물로는 양곡의 대표 품목인 쌀, 청과물의 사과와 배추, 화훼의 대표 품목인 장미, 친환경 농산물과 축산물을 각각 선정하여 품목별 유통구조와 유통실태를 정리하였다. 최근들어 주요 농축산물별 유통 여건과 구조의 변화가 각각 다르게 진행되고 있기에, 하나의 유통이론이 품목별로 다르게 적용되는 경우가 증가하고 있다. 이러한 상황에서 주요 농축산물의 품목별 유통을 충실하게 이해할 필요성이 있다.

 주요 학습사항

- 양곡 유통은 어떠한 특성을 가지고 있는가?
- 청과물 유통은 어떻게 진행되고 있는가?
- 화훼류의 유통 특성은 무엇인가?
- 친환경 농산물은 무엇이고, 어떠한 유통 특성을 가지고 있는가?
- 축산물의 유통은 어떻게 진행되고 있는가?

읽을거리

샤인머스켓의 몰락

평소 과일을 좋아하는 사람들은 샤인머스켓이라는 포도를 익히 알고 있을 것이다. 일본에서 만든 청포도로 우리나라에는 2006년에 처음 선을 보인 후, 최근 고급포도로 인기가 매우 높다. 특히, 캠벨 등 우리가 흔히 접해왔던 포도에 비해 당도가 매우 높고 껍질째 먹을 수 있을 뿐만 아니라, 유럽 포도 특유의 머스켓 향이 강하여 포도알을 씹을수록 망고 향이 나서 비싼 가격에도 소비자들이 많이 찾고 있다.

이른바 '명품 과일'인 샤인머스켓 포도의 분위기가 요즘 심상치 않다. 서울 가락시장에서 거래되던 샤인머스켓 포도 상(上)품 등급 2kg의 10월 평균 가격이 1만 2,107원이었는데, 이는 작년 10월 평균 가격에서 41%나 하락한 수치이다. 백화점이나 마트 가격의 상황은 더 심각한데, 샤인머스켓 포도 한 송이에 3만 원이 넘어가던 것이 이제는 절반 값으로 할인해도 소비자의 눈길을 쉽게 끌지 못하고 있다. 이와 같은 가격 급락의 첫 번째 원인은 포도 농가의 작목 전환 등으로 샤인머스켓 재배면적이 크게 늘어나 공급물량이 증가하였기 때문이다. 관련 자료를 보면, 우리나라 샤인머스켓 포도의 현재 재배면적은 4,000ha에 달하는데, 이는 2016년의 재배면적의 240ha의 17배에 육박하는 수치이다.

농산물의 생산이 늘어나면 공급이 많아져서 가격이 일정 수준 하락하는 것은 당연한 결과지만, 가격이 거의 절반으로 떨어져도 소비자가 구매하기를 꺼린다는 것은 더 중요한 문제가 있음 의미한다. 바로 품질 문제인데, 요즘 사먹는 샤인머스켓 포도가 예전만 하지 못하다는 불만이 늘어나고 있다. 실제로 시중에 유통되는 상당량의 샤인머스켓 포도의 당도가 16~17브릭스에 불과한 C급 포도로, 맛있는 샤인머스켓 포도의 당도 기준인 20브릭스에 크게 미치지 못하고 있다. 특히, 추석의 성출하기에 마음이 급한 일부 농가들이 충분히 키우지 못한 미숙과를 시장에 출하하여 시장을 선점하려고 한 것이 샤인머스켓 포도의 품질 논란을 부채질했다는 지적이 많이 제기되고 있다.

이러한 샤인머스켓 포도의 몰락은 이미 작년부터 예견되어, 정부와 관련 연구기관에서 포도 농가에 여러 차례 경고음을 보내고 대책을 고심한 바 있다. 필자도 연구를 통해 샤인머스켓의 과잉 생산과 품질 저하가 현실화되면, 국산 샤인머스켓 포도의 가격이 최소 30% 이상 하락할 뿐만 아니라 국산 포도에 대한 소비가 수입산 포도나 다른 과일 등으로 대체되어 우리나라 포도산업에 상당한 부담으로 작용할 수 있음을 주장했었다. 그럼에도 포도 산지에서는 아직도 자율적인 생산 및 품질관리 움직임이 그리 활발하지 못한 상황이다.

'물 들어올 때, 노를 저어라'라는 말이 있듯이, 생산지나 소비지의 트렌드 변화를 읽고 발 빠르게 대응하는 것은 시장참여자의 기본으로 산지 농가에게도 필수적인 농업의 경영 마인드이다. 그러나, 주위를 돌아보지 않고 달려드는 것에 대한 경고음에 귀를 닫고, 상품의 품질관리라는 기본 중의 기본을 무시한 결과는 되돌이킬 수 없을 수 있다. 개별 포도 농가들이 주저하고 있다면, 산지 조직이 더 적극적으로 움직여야 할 시점이다.

<자료: 머니투데이, 2022. 11. 15. 기고문>

제1절 ○ 양곡

1. 개념과 동향

우리 국민의 식량으로 소비되는 양곡은 쌀, 보리, 밀, 옥수수, 콩 등인데, 쌀이 대표적인 주식이다. 쌀의 품종은 크게 중·단립종(자포니카 타입)과 장립종(인디카 타입)으로 구분된다. 그중 우리나라가 일본과 함께 주로 생산 및 소비하는 쌀은 중·단립종으로, 장립종에 비해 쌀알의 길이가 짧고 찰기가 더 있는 특성을 가진다. 장립종 쌀은 인도, 베트남, 태국 등 우리보다 기후가 따뜻한 아시아 지역에서 주로 생산되는데, 쌀알이 길고 찰기가 적은 특징을 가진다.

그림 6-1 　중·단립종(자포니카 타입)과 장립종(인디카 타입) 쌀의 비교

우리나라 쌀의 수급은 다른 농산물에 비해 안정적인 모습을 가지는데, 이는 1948년부터 도입된 추곡수매제 등 정부가 쌀을 중심으로 하는 양곡의 수급을 집중적으로 관리해 왔기 때문이다.[35] 특히, 1963년 「양곡관리법」 제정 이후 양곡의 수급 및 가격

---

35) 추곡수매제는 정부가 쌀을 직접 구매하여 다시 판매하는 제도로 민간시장의 역할을 정부가 대신하는 제도이다. 특히, 정부는 수매과정에 이중곡가제를 도입하였는데, 쌀 수매가격을 산지 가격보다 높게 책정한 다음, 소비자에 방출하는 쌀 가격은 수매가격보다 낮게 설정하여 쌀 농가의 소득을 지지하고 소비자의 쌀 가격 부담을 줄여주는 정책으로 적극적인 시장개입 정책이다.

안정을 위한 정책을 본격적으로 도입했고, 1990년대까지 쌀 증산정책을 통해 부족한 쌀 생산량을 끌어올렸다.

2000년대 초반부터 우루과이 라운드(UR) 협상 타결 등을 계기로 농산물 수입개방 압박이 심해졌는데, 쌀 또한 예외가 아니었다. 이에 따라, 2004년 발표된 양정개혁에 따라 2005년부터 추곡수매제를 폐지하고 공공비축제를 도입하여 쌀에 대한 시장기능을 활성화하였다. 또한, 기존의 쌀 관련 직불제를 개선하여 쌀 농가들의 소득을 보전하기 위한 노력을 강화하였다.

최근에는 쌀 공급량이 수요량을 초과하여 쌀 재고량이 증가하고 쌀 가격 하락으로 농가소득이 감소하는 문제가 심각해지고 있어, 이에 대한 정책 대응을 고심하고 있다.

그림 6-2 양곡관리 정책의 변천

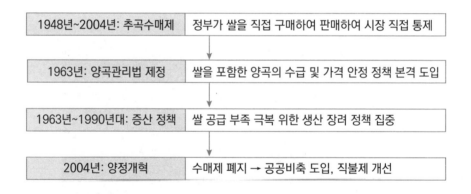

우리나라 쌀 재배면적은 최근 10년(2013년~2023년)의 기간동안 83만 ha에서 71만 ha로 15.0% 감소하였으나, 단위면적당 생산량은 기상 여건과 재배기술 발전 등의 영향으로 508kg/10a에서 523kg/10a로 3.0% 증가하였다. 그 결과 쌀 생산량은 같은 기간 동안 423만 톤에서 370만 톤으로 12.5% 감소하였다.

쌀은 관개수로가 잘 되어 있고 병충해 대비 노하우가 뛰어나 대규모 기상재해가 아니면 단수가 감소하는 경우가 많지 않다. 오히려 지속적인 품종 및 재배기술 개량으로 평균 단수가 증가하고 있어 재배면적이 줄어듦에서 생산량이 크게 감소하지 않는 특성을 보인다.

표 6-1 쌀의 생산 동향

단위: 만 ha, kg/10a, 만 톤, %

구분	2013년산	2023년산	증감률
재배면적	83.3	70.8	- 15.0
단수	508	523	3.0
생산량	423	370	- 12.5

자료: 통계청

쌀의 자급률은 일부 연도를 제외하면 대부분 100%에 육박하거나 100%를 초과하여 쌀 공급량이 수요량보다 많아 쌀의 재고가 거의 매년 발생하고 있다. 이는 벼 재배면적이 지속적으로 감소하고 있으나 재배기술의 발전 등으로 인해 벼의 단수가 증가하여 실질적인 쌀 생산량의 감소폭이 크지 않고, 인구 감소·고령화·식습관 변화 등으로 쌀 소비량이 계속해서 줄어들고 있기 때문이다. 특히, 2022년 1인당 쌀 소비량(55.6kg)이 1인당 고기 소비량(58.4kg)보다 작은 것으로 나타나, 쌀의 공급 과잉 문제가 지속될 것으로 전망된다.

이에 따라 정부는 쌀 가공식품 산업 및 관련 시장 육성, 쌀 해외 수출과 국제 원조 확대 등 신규 수요 창출과 쌀 재배면적 축소 및 휴경·타 작물 재배 촉진 등 쌀 생산 감소를 위한 정책적 노력을 강화해 나가고 있다.

2. 유통구조와 유통단계별 실태

1) 개황

쌀의 유통이나 가격은 다른 농산물에 비해 안정적인데, 정부가 쌀에 대해 직접적인 시장개입 정책을 오랫동안 시행해 왔고 다른 농산물에 비해 유통기간이 길고 생산이 규모화되어 있기 때문이다. 구체적으로 보면, 과거 추곡수매제도가 폐지된 이후 공공비축을 통해 쌀의 수급을 정부가 직접 관리하고 있고, 미곡종합처리장(RPC)을 중심으로 산지 조직화가 잘 되어 있어 규모화된 산지 출하가 가능하다.

우리나라 쌀의 유통경로를 보면 <그림 6-3>과 같다. 산지에서 수확된 쌀의 대부분은 농협 등의 생산자단체 RPC와 민간 도정업자를 통해 유통되어 정부의 공공비축수매 비중은 15% 수준인데, 이는 과거 추곡수매제 폐지 이후 정부의 직접적인 시장개입 정책이 완화된 결과이다. 도매상을 경유하는 쌀의 유통 비중은 17% 정도로 매우 낮아 도매시장 중심으로 유통되는 채소와 과일과 다른 구조를 보인다. 특히, 생산자단체가 대형유통업체로 유통하는 비중이 41%에 달하는 등 도매시장을 경유하지 않는 분산유통체계가 구축되어 있음을 알 수 있다. 쌀의 최종 소비단계에서의 비중을 보면 소비자와 대량수요처 비중이 각각 6:4 정도로 외식업체 등의 대량수요처 비중이 상당한 규모인 것으로 나타나는데, 이는 우리나라 소비자가 집에서 직접 쌀을 조리하여 밥으로 섭취하는 대신 외식하는 비중이 증가하였기 때문이다.

그림 6-3 | **쌀의 유통경로 (2022년 기준)**

단위: %

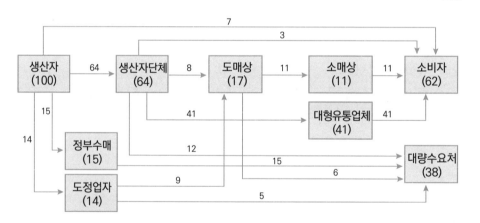

자료: 한국농수산식품유통공사

쌀의 유통마진을 조사한 결과를 보면, 유통경로별로 차이가 있지만 평균적으로 소비자가격의 30.9%로 나타났다. 소비자가격에서 유통마진을 제한 농가수취가격의 비율은 69.1%로 조사되는데, 이는 30%~40% 수준인 채소나 과일의 농가수취율보다 높은 것으로 쌀의 유통마진이 채소나 과일보다 낮음을 의미한다.

유통마진은 유통비용과 유통주체 이윤으로 구분되고, 유통비용은 다시 쌀 유통과정에서 직접적으로 발생하는 직접비(가공비, 포장재비, 물류기기 사용비, 하역비, 운송비 등)와 간접비(점포 운영비, 인건비, 제세공과금 등)로 세분된다. 쌀의 경우, 이윤의 비중은 13.5%, 직접비와 간접비 비중은 각각 10.2%와 7.2%로 조사되었다.

　유통마진을 유통단계별로 구분하면, 출하단계 비중이 14.6%로 가장 높았는데 RPC 등에서 도정 및 포장 등의 유통 서비스가 추가된 이후, 도매와 소매단계에서 추가적인 유통 서비스가 많이 추가되지 않았기 때문이다. 특히, 다른 신선 농산물과 달리 쌀은 상온에서의 유통이 쉽고 유통과정에서 신선도가 품질이 저하되어 폐기하는 경우가 많지 않아, 추가적인 유통비용 또한 적게 발생한다. 다만, 도매단계보다 소매단계에서의 유통비용이 소비자가격에서 차지하는 비중이 더 높게 나타났는데, 이는 소매가 도시지역에서 이루어지는 까닭에 임대료 등의 유통비용이 높고 도매보다 소량 판매됨에 따라 상품 단위 당 이윤이 상대적으로 더 높은 점이 반영된 결과이다.

표 6-2 쌀의 유통마진 (2022년 기준)

단위: %, 원/20kg

구분		전체 평균	유통경로별 유통비용				
			김제 → 서울	당진 → 서울	평택 → 서울	김해 → 부산	상주 → 부산
농가수취율 (A/B)		69.1	67.3	71.4	73.6	69.8	64.2
유통마진율 (C/B)		30.9	32.7	28.6	26.4	30.2	35.8
비용별	직접비	10.2	10.3	10.9	8.7	11.3	10.0
	간접비	7.2	7.7	7.0	7.3	6.2	7.1
	이윤	13.5	14.7	10.7	10.3	12.8	18.7
단계별	출하단계	14.6	15.3	14.2	12.1	19.5	14.8
	도매단계	5.2	4.8	4.7	4.7	0.4	8.4
	소매단계	11.1	12.5	9.7	9.6	10.3	12.6
가격	농가수취 가격 (A)	41,978.0	40,394.0	40,903.0	51,840.3	39,060.4	38,180.0
	소비자 가격 (B)	60,643.0	60,000.0	57,320.0	70,500.0	56,000.0	59,500.0
	유통마진 (C=B-A)	18,656.0	19,606.0	16,417.0	18,659.7	16,939.6	21,320.0

주: 비용별, 단계별 비중은 해당 유통마진이 소비자가격에서 차지하는 비중임.
자료: 한국농수산식품유통공사 재정리

2) 유통단계별 실태

쌀의 산지에서는 수확된 벼(조곡)를 농가로부터 수집한 다음, 이를 도정하여 상품인 쌀(정곡)로 만드는 작업을 한다.[36] 벼의 도정은 RPC 또는 정미소에서 진행되는데, 농업협동조합이나 영농조합법인 등이 보유하는 RPC의 도정 비율이 65%~70% 수준으로 높은 비중을 차지하고 있다. RPC는 농가와의 계약 재배, 수매 및 정부의 조곡 공매를 통해 원료곡을 확보하는 반면, 상대적으로 규모가 작은 민간 정미소는 주로 수확기에 농가의 위탁을 받아 도정을 해주고 수수료를 받거나 농가로부터 구매한 벼를 도정하여 판매하고 있다.

우리나라 RPC의 수는 2022년 기준 186개소인데, 농업협동조합이 124개소, 민간 영농법인이 62개소를 운영 중이다. 이들 RPC의 도정 능력은 약 270만 톤으로 쌀 생산량의 70% 수준에 해당하는 수치이다. 정부는 RPC의 규모화와 현대화를 추진 중인데, 그 결과 소형 RPC가 통폐합되어 대형 RPC로 전환되고 있다. 한편, 민간 정미소는 규모가 작고 효율성이 떨어져 경영난을 겪는 곳이 많아 수가 감소하고 있다.

한편, 쌀 농가가 소형도정기를 설치하여 인터넷 등을 통해 직접 쌀을 도정하여 소비자에 판매하는 경우도 증가하고 있는데, 수시로 도정하여 밥맛이 좋은 쌀을 시중보다 싸게 판매하여 소비자의 호응을 얻고 있다.

| 그림 6-4 | 미곡종합처리장(RPC)의 내부 모습 |

---

36) 일반적으로 벼를 쌀로 만드는 과정에는 정선기 → 현미기 → 분리기(현미분리기, 석발기, 쇄미분리기) → 정미기(연삭식, 마찰식, 습식 연마기) → 색채 선별기 → 포장기 등의 설비가 사용된다.

쌀의 도매유통은 양곡도매시장과 농협중앙회 양곡유통센터 등을 통해서 진행되고 있다. 서울시 양재동에 있는 양곡도매시장은 우리나라 유일의 양곡도매시장으로 서울시농수산식품공사가 1988년부터 운영하고 있다. 양곡도매시장은 쌀을 포함한 찹쌀, 보리, 콩, 팥, 수수, 참깨 등의 양곡들을 유통하고 있는데, 이 중 쌀의 비중이 약 80% 수준이다. 양곡도매시장의 양곡 전체 거래물량은 2021년 32,228톤(쌀 11,588톤)인데, 2010년 47,146톤에 비해 크게 감소한 수치이다. 양곡도매시장의 거래 위축은 대형 수요처가 쌀을 산지에서 직접 구매하여 유통·소비하는 물량이 증가하기 때문으로, 우리나라 양곡 도매거래시장의 얇은 시장(thin market) 현상이 가속화되고 있는 상황이다.

양곡도매시장에서의 상장거래는 2010년(쌀은 2006년) 이후 중단되어, 현재는 모두 비상장거래만 진행되고 있어, 양곡 도매유통 거래제도의 변화를 감지할 수 있다. 양곡도매시장의 유통인으로는 도매시장법인, 중도매인, 매매참가인이 있는데, 도매시장법인은 2000년부터 한 곳이 있다가 2011년부터 유통행위를 중단하였고, 매매참가인도 2010년부터 시장에서의 유통 행위를 중단하였다. 현재 양곡도매시장에는 중도매인 30여 명만이 유통을 담당하고 있다.

농협중앙회는 양곡도매시장 내의 양곡유통센터를 통해 양곡의 도매 유통을 하고 있다. 양곡유통센터는 회원 조합의 미곡종합처리장으로부터 양곡을 수집하여 소매업체로 분산하는 역할을 하고 있는데, 분산 비중이 농협 하나로매장 35%, 대형유통업체 30%, 외식업체 등 대량수요처 20%, 도·소매상 15% 순이다.

그림 6-5   양곡도매시장 전경

양곡의 소매는 전문 소매점, 백화점, 대형소매점, 슈퍼마켓, 재래시장 등에서 다양하게 진행되고 있는데, 최근 대형소매점과 온라인 판매점의 시장 점유율이 증가하고 있다. 대형 소매업체는 양곡도매시장 등을 거치지 않고 직접 산지의 미곡종합처리장 등과의 직거래를 통해 유통단계를 줄이고 있는데, 이는 양곡도매시장의 거래 위축을 야기하고 있다. 일부 백화점 등에서는 도정을 거치지 않은 조곡(벼)을 그대로 가져와서 판매 현장에서 직접 도정하여 판매하여 갓 도정한 쌀의 밥맛을 강조하는 마케팅을 진행하기도 한다.

소매단계에서 판매되고 있는 쌀은 가격에 따라 고가미(高價米), 중가미(中價米), 저가미(低價米)로 구분된다. 일반적으로 고가미는 특수품종(고시히까리, 히또메보레, 오대버 등)과 유기농 벼를 원료곡으로 사용하여 도정된 쌀로 주로 학교급식이나 대형할인점, 백화점, 전문 소매점을 통해 유통되고 있고, 중가미는 지역의 대표품종(신동진, 삼광, 추청 등)을 단일 원료곡으로 사용하여 도정된 쌀로 대형할인점이나 기타 쌀 소매상에서 주로 취급하고 있으며, 저가미는 일반벼 수매곡을 사용하는데 단일 곡종보다는 혼합 원료곡을 사용하여 대형할인점이나 기타 쌀 소매상에서 주로 유통된다.

소매단계에서의 쌀 상품은 오프라인과 온라인에서 판매되는데, 최근 농산물의 온라인 거래 확대 추세에 따라 인터넷을 통한 쌀 판매의 비중이 증가하고 있다. 쌀 판매 단위는 10kg 이하의 소포장 쌀의 판매 비중이 늘어나고 있는데, 특히 가격이 비싼 고가미의 경우에는 1kg~5kg의 매우 작은 양을 포장하여 판매하는 경우가 많다. 이와 같이, 쌀 판매 단위가 작아지는 것은 1인 가구의 증가와 1인당 쌀 소비량 감소 등으로 인해 한 번에 많은 양의 쌀을 구매하여 장기간 소비하기보다는 소량씩 자주 신선한 쌀을 구매하는 소비 트렌드가 확산되고 있기 때문이다.

| 그림 6-6 | 소매점에 판매 중인 쌀 |

1. 개념과 동향

채소와 과일로 구분되는 청과물은 양곡에 비해 가격 변동이 큰 편인데, 이는 청과물 생산의 변동성이 더 크고 정부의 시장개입이 제한적이기 때문이다. 또한, 청과물은 품질이나 규격의 표준화 및 등급화가 어렵고, 유통과정에서 신선도 관리 등의 품질 유지가 쉽지 않은 특성을 가진다. 우리가 주로 접하는 농산물 유통은 청과물 유통에 관한 것인데, 이는 청과물이 유통 구조가 안정화된 양곡이나 농업 비중이 작은 화훼류 등과 달리 국민 식생활에 큰 비중을 차지하면서 유통관리에 어려움이 많기 때문이다. 본 절에서는 청과물의 대표품목인 사과와 배추의 유통에 대해 각각 살펴보기로 한다.

1) 사과

6대 과일(사과, 배, 감귤, 단감, 포도, 복숭아) 중 하나인 사과는 우리나라 전통과일이면서 생산과 소비에서 높은 비중을 차지하고 있다. 사과의 재배면적은 최근 10년(2013년 ~ 2023년)의 기간 동안 3만 ha에서 3만 4천 ha로 13.3% 증가하였으나, 단위면적당 생산량은 기상 여건과 재배기술 발전 등의 영향으로 2,285kg/10a에서 1,598kg/10a으로 30.1% 감소하였다. 그 결과 사과 생산량은 같은 기간 동안 49만 톤에서 39만 톤으로 20.2% 감소하였다.

과일인 사과의 경우 기상조건과 병충해 등에 따른 단수 변화가 양곡보다 심한 편인데, 2023년의 경우 사과의 생육기마다 이상고온 및 냉해, 우박 등의 기상재해가 발생하여 최근 10년의 기간동안 최저 단수를 기록하였다.

표 6-3 사과의 생산 동향

단위: 만 ha, kg/10a, 만 톤, %

구분	2013년	2023년	증감률
재배면적[1]	3.0	3.4	13.3
단수[2]	2,285	1,598	30.1
생산량	49.4	39.4	20.2

주 1) 성목과 유목을 합한 면적임.
  2) 성목 기준의 단수임.
자료: 통계청

2) 배추

농식품부가 중점적으로 수급을 관리하는 채소 품목은 5가지로 배추, 무, 고추, 마늘, 양파인데, 김치 원료로 사용되는 특성을 가진다. 이 중 배추는 김치의 주원료로 우리 국민의 주요 농산물이다. 배추의 재배면적은 최근 10년(2013년 ~ 2023년)의 기간 동안 3만 3천 ha에서 3만 ha로 9.1% 감소하였고, 단위면적당 생산량은 기상 여건과 재배기술 발전 등의 영향으로 7,832kg/10a에서 7,460kg/10a으로 4.7% 감소하였다. 그 결과 배추 생산량은 같은 기간 동안 261만 톤에서 224만 톤으로 14.3% 감소하였다.

배추는 작기별(봄, 여름, 가을, 겨울)로 2개월~3개월 동안 재배하여 수확을 하는데, 시세에 따라 재배면적의 변화가 크고, 가뭄이나 태풍 등 기상재해에 영향을 많이 받아 생산량의 변동성이 크다. 이에 따라 정부는 배추의 계약재배사업과 비축사업 등을 통해 배추 공급 안정성을 높이기 위해 노력하고 있다.

표 6-4 배추의 생산 동향

단위: 만 ha, kg/10a, 만 톤, %

구분	2013년	2023년	증감률
재배면적[1]	3.3	3.0	- 9.1
단수[2]	7,832	7,460	- 4.7
생산량	261.2	223.8	- 14.3

주 1) 작기별 배추(봄배추, 여름(고랭지)배추, 가을배추, 겨울배추) 면적을 합한 값임.
  2) 작기별 배추의 평균 단수인데, 2023년은 추정치임.
자료: 통계청

2. 유통구조와 유통단계별 실태

과일인 사과와 채소인 배추의 유통구조는 서로 다른데, 이는 한번 과수원을 조성하면 오랫동안 생산 면적의 변화가 없고 1년에 한 번 수확되는 사과와 시장 상황에 따라 재배면적이 크게 변하고 재배기간이 짧아 1년에 여러 번 지역을 돌아가면서 수확되는 배추의 특성이 차이나기 때문이다. 여기서는 사과와 배추의 유통구조와 단계별 유통실태를 각각 살펴보도록 하자.

1) 사과

(1) 개황

사과는 품종에 따라 수확시기에 차이가 있는데, 조생종은 6월 하순부터 수확이 되나 만생종은 11월 중순까지 수확이 가능하다. 사과는 수확 후 관리를 거쳐서 상당한 기간 동안 저온저장이 가능하여 시장에 거의 연중출하를 하고 있다. 사과를 포함한 과일은 농산물산지유통센터(APC)에서 수집되어 선별·저장·포장을 거쳐서 시장에 출하되는데, 정부가 거점 APC 중심으로 산지 조직화 및 규모화를 진행하고 있다.

우리나라 사과의 유통경로를 보면 <그림 6-7>과 같다. 산지에서 수확된 사과는 주로 산지공판장과 농협 등의 생산자단체를 통해서 출하되나, 산지유통인과 직거래도 상당 수준 진행되고 있다. 도매상을 경유하는 사과의 유통비중은 47%로 높은데, 쌀과 달리 도매시장 중심의 유통이 진행되고 있음을 확인할 수 있다. 한편, 대형유통업체의 비중이 41%로 도매시장 비중에 육박하는데, 이는 대형소매점 등이 산지에서 직접 사과를 직구매하여 판매하기 때문이다. 사과의 최종 소비단계에서의 비중을 보면 소비자와 대량수요처 비중이 각각 9:1 정도로 대부분의 사과를 소비자가 마트에서 구매하여 소비하고 있음을 알 수 있다.

그림 6-7 ▸ 사과의 유통경로 (2022년 기준)

단위: %

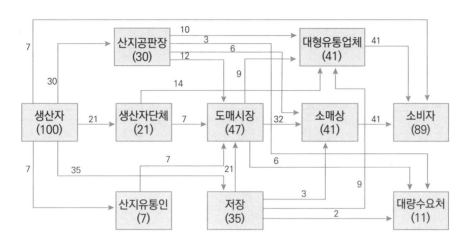

자료: 한국농수산식품유통공사

사과의 유통마진을 조사한 결과를 보면, 유통경로별로 차이가 있지만 평균적으로 소비자가격의 62.6%로 쌀 유통마진율의 2배에 달하는데, 그 결과 농가수취가격의 비율은 37.4%로 쌀의 절반 수준에 불과하다. 이는 사과가 선별 및 포장, 저장 등의 유통과정에서 쌀보다 많은 기술과 비용이 투입되고, 유통단계도 상대적으로 복잡하기 때문이다.

유통마진 중 이윤의 비중은 38.8%로 쌀보다 높은 편이고, 직접비가 간접비보다 높게 조사되었다. 유통단계별로 보면 소매단계 비중이 29.1%로 높은데, 이는 임대료와 인건비 등이 비싼 소매업체의 특성이 반영된 결과이다. 특히, 사과와 같은 과일은 상품 단위당 이윤이 크고 신선도 저하로 인한 감모 또는 매잔품이 발생하여 소매단계 유통마진이 높다.

표 6-5 사과의 유통마진 (2022년 기준)

단위: %, 원/kg

구분		전체 평균	유통경로별 유통비용				
			영주 → 서울	청송 → 서울·부산	안동 → 서울	의성 → 서울	충주 → 서울
농가수취율 (A/B)		37.4	46.6	34.5	35.5	32.1	33.7
유통마진율 (C/B)		62.6	53.4	65.5	64.5	67.9	66.6
비용별	직접비	18.8	17.6	18.4	20.5	18.9	19.0
	간접비	5.0	4.6	4.6	5.3	5.0	6.2
	이윤	38.8	31.2	42.5	38.8	43.9	41.1
단계별	출하단계	17.7	21.2	12.5	18.5	14.6	26.7
	도매단계	15.8	11.8	19.6	13.5	19.9	14.6
	소매단계	29.1	20.5	33.3	32.5	33.3	25.0
가격	농가수취가격 (A)	2,090.6	2,363.1	2,018.5	2,127.6	1,830.6	1,867.7
	소비자가격 (B)	5,668.1	5,225.0	5,850.0	6,000.0	5,700.0	5,539.2
	유통마진 (C=B-A)	3,577.5	2,861.9	3,831.5	3,872.4	3,869.4	3,671.5

주: 비용별, 단계별 비중은 해당 유통마진이 소비자가격에서 차지하는 비중임.

자료: 한국농수산식품유통공사 재정리

(2) 유통단계별 실태

산지에서 수확된 사과는 시장에 출하되는데, 예냉과 저온저장을 통해 수개월간 저장을 하여 공급량을 조절한다. 특히, APC는 산지에서 수집된 사과를 선별·저장·포장하여 판매하는 역할을 담당하고 있는데, 생산자의 사과를 구매한 다음 이를 다음 유통단계로 다시 파는 매취사업과 수수료만 받고 생산자를 대신하여 판매를 해주는 수탁사업을 한다. APC는 사과의 부가가치를 높여서 농가 소득을 증대시키고, 농가 조직화와 산지유통의 거점이 되고 있다.

그림 6-8   APC의 사과 선별장

　사과를 포함한 과일은 농산물도매시장과 도매물류센터 등을 통해 집하 및 분산이 진행되는데, 도매시장에서는 주로 경매를 통해서 사과의 도매가격을 발견하고 소매단계 등으로 분산하고 있다. 사과는 주로 서울 가락시장과 같은 대도시 도매시장을 통해 유통되나 산지의 도매시장도 사과 도매유통의 중요한 역할을 하고 있다. 일례로, 안동 도매시장은 사과에 특화된 도매시장으로 경북지역과 강원·충북 일부 지역에서 생산되는 사과를 수집하여 경매하는데, 안동 도매시장 거래량의 상당 부분을 차지하고 있다.

　한편, 농협중앙회 등은 도매물류센터를 직접 운영하고 있는데, 산지유통센터 등에서 수집된 농산물을 소매단계로 분산시키는 역할을 주로 담당하고 있다. 도매물류센터의 주 거래처는 대형소매유통업체와 급식업체 등 대량 수요처인데, 대량의 농산물을 최소한의 비용으로 유통하기 위해 현대화된 물류나 저장 관련 시설들에 대한 투자를 지속적으로 하고 있다. 그 결과 도매시장에 비해 도매물류센터의 물류 효율성이 상대적으로 높은 특징을 보인다.

그림 6-9   안동 도매시장의 사과 경매장

사과의 소매는 전문 소매상, 대형마트, 백화점, 슈퍼마켓 등에서 이루어지는데, 도매시장 중도매인으로부터 주로 구매하는 일반 소매상과 달리 대형마트나 백화점 등의 대형소매유통업체는 산지 사과를 직접 구매하여 유통단계와 비용을 줄이고 있다. 대형소매업체가 사과의 산지 직구매를 할 수 있는 것은 한 번에 거래하는 물량이 충분히 크기 때문인데, 일반적으로 가락시장의 경락가격을 참고하여 구매 가격을 산지 생산자와 협의한다.

소매업체는 갈수록 치열해지는 시장 경쟁에서 우위를 점하기 위해서는 다양한 소비자의 수요를 조사하여 상품을 개발하는데, 소포장 사과 또는 바로 먹을 수 있는 세척사과가 대표적이다.

그림 6-10   **세척사과의 상품 예**

2) 배추

(1) 개황

배추는 다양한 작기를 가지고 있는데, 4월부터 출하되는 봄배추, 강원도 고랭지 지역 등에서 7월부터 출하되는 여름배추, 11월 김장철부터 출하되는 가을배추, 12월부터 출하되는 겨울배추로 구분된다. 배추는 사과 등의 과일과 달리 저장성이 떨어지기에 1개월~2개월 정도만 저장이 가능하여 공급량 조절이 쉽지 않은 한계를 가지고 있다.

그림 6-11 배추 생산 및 저장시기

	1월		2월		3월		4월		5월		6월		7월		8월		9월		10월		11월		12월	
	상	하	상	하	상	하	상	하	상	하	상	하	상	하	상	하	상	하	상	하	상	하	상	하
봄배추								생산					저장/유통											
고랭지배추													준고랭지 생산		고랭지 생산			준고랭지 생산						
가을배추	저장/유통																				생산			
겨울배추	생산				저장/유통																		생산	

자료: 김성훈 외(2022)

우리나라 배추 중 가장 많이 생산·소비되는 가을배추의 유통경로를 보면 <그림 6-12>와 같다. 산지에서 수확된 배추는 산지유통인을 통해 수집되어 유통되는 비중이 85%로 대부분을 차지하여 쌀이나 사과와 다른 모습을 보인다. 도매상을 경유하는 배추의 유통비중은 71%로 매우 높아 우리나라 배추의 대부분이 도매시장을 경유하고 있음을 알 수 있다. 대형유통업체를 통해서 유통되는 배추의 비중은 8%에 불과하여 쌀이나 사과의 유통경로가 차이가 난다. 배추의 최종 소비단계에서의 비중을 보면 소비자와 대량수요처 비중이 각각 5:5 정도로 비슷한데, 이는 가정에서 직접 배추김치를 담궈먹는 경우와 식당에서 김치를 만들어 제공하는 경우가 비슷하기 때문이다.

그림 6-12 가을배추의 유통경로 (2022년 기준)

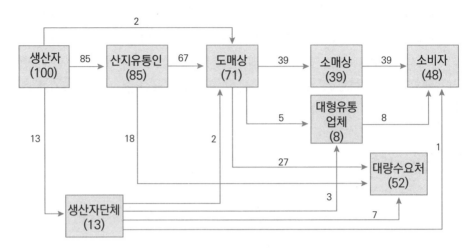

자료: 한국농수산식품유통공사

　　가을배추의 유통마진을 조사한 결과를 보면, 유통경로별로 차이가 있지만 평균적으로 소비자가격의 58.7%로 쌀과 사과 유통마진율의 중간정도이고, 농가수취가격의 비율은 41.3%로 조사되었다.

　　유통마진 중 이윤의 비중은 13.4%로 쌀과 비슷하고, 직접비가 간접비보다 높게 조사되었다. 유통단계별로 보면 소매단계 비중이 22.2%로 높은데, 출하단계 유통마진 또한 20.9%로 높게 나타났다. 이는 출하단계 유통의 대부분을 차지하는 산지유통인의 유통마진이 높은 결과인데, 가격 변동성이 높은 배추의 위험을 산지유통인이 감수하는 대가로 판단된다. 소매단계의 유통마진이 높게 나타난 이유는 다른 농산물의 경우처럼 임대료와 인건비 등이 비싼 소매업체의 특성 때문이다.

표 6-6 가을배추의 유통마진 (2022년 기준)

단위: %, 원/포기

구분		전체 평균	유통경로별 유통비용		
			해남 → 서울	고창 → 서울	아산 → 서울
농가수취율 (A/B)		41.3	40.7	43.7	45.2
유통마진율 (C/B)		58.7	59.3	56.3	54.8
비용별	직접비	36.8	37.0	36.8	35.5
	간접비	8.5	8.5	8.5	8.5
	이윤	13.4	13.9	11.0	10.8
단계별	출하단계	20.9	21.9	15.7	14.3
	도매단계	15.6	15.1	18.4	18.6
	소매단계	22.2	22.2	22.2	21.9
가격	농가수취가격 (A)	1,451.7	1,430.0	1,572.3	1,582.0
	소비자가격 (B)	3,505.8	3,500.0	3,600.0	3,500.0
	유통마진 (C=B-A)	2,054.1	2,070.0	2,027.7	1,918.0

주: 비용별, 단계별 비중은 해당 유통마진이 소비자가격에서 차지하는 비중임.

자료: 한국농수산식품유통공사 재정리

(2) 유통단계별 실태

산지에서 수확된 배추는 대부분 바로 트럭에 실려서 농산물도매시장, 가공공장 또는 외식업체로 운송되는데, 이는 배추가 사과 등 과일에 비해 저장이 어렵고 저장을 통한 부가가치 창출이 쉽지 않기 때문이다. 다만, 정부가 한국농수산식품유통공사(aT)와 농협 등을 통해 배추를 비축·저장하여 수급 안정화를 도모하고, 산지에서 절임배추나 김치로 가공하여 판매하는 등의 노력이 진행되고 있다.

그림 6-13 | 산지에서 수확한 배추의 상차 모습

　　배추의 도매 유통은 주로 도매시장 경매를 통해 진행되는데, 경매의 특성으로 가격의 변동성이 큰 편이다. 특히, 산지 수확량이 줄어들어 시장 반입량이 감소하는 경우에는 경매에서 배추를 확보하려는 중도매인의 경쟁이 심해져서 가격이 급등하고, 반대의 경우에는 급락하는 경우가 자주 발생하여 같은 날 출하한 배추의 경락가격의 격차가 커지는 경우도 있다. 중도매인이 낙찰받은 배추는 중간도매 역할을 하는 중상인을 거치거나 또는 직접 소매상, 대형유통업체, 대량 수요처(가공업체, 대형외식업체, 군납업체 등)에게 분산된다.

　　한편, 농협중앙회는 도매시장 내에서 경매를 하는 농협공판장과는 별도로 도매사업단을 운영하여 지역 농협에서 수집된 배추를 농협 하나로클럽을 포함한 대형 소매업체와 대량수요처에 판매하기도 하는데, 이는 경매를 하는 도매시장에 비해 효율성이 상대적으로 높은 장점이 있다.

그림 6-14 가락시장의 배추 경매장

배추의 소매는 대량 수요처를 제외하고는 대부분 포기 단위로 소량 구매하는 소비자나 중소 외식업체를 대상으로 진행되는데, 다른 청과물과 비슷한 소매 유통의 형태를 보인다. 또한, 다른 농산물과 같이 대형소매유통업체가 산지에서 직접 배추를 구매하여 유통단계 및 비용을 줄이는 시도도 하고 있다.

배추 가격이 급등하는 경우 대형소매업체는 소비자를 끌어들이기 위한 미끼상품(loss leader)으로 원가 이하의 가격으로 한정 판매하는 경우도 있는데, 이는 우리나라 전통음식인 김치의 주재료가 배추인 까닭에 소비가 지속적으로 이루어지기 때문이다.

제**3**절 ○ **화훼류**

1. 개념과 동향

화훼류는 절화, 분화, 초화, 화목(꽃나무), 관상수, 종자, 구근(알뿌리) 등으로 구분되는데, 우리나라에서 주로 유통되는 화훼류는 절화와 분화이고 나머지는 조경용으로 유통된다. 절화의 유통은 도매와 소매를 거치는 일반적인 농산물 유통의 모습을 따라가고 있지만, 입학식·졸업식 등의 특정 기간에 소비가 집중되기에 월별 유통 물량의 편차가 크고, 유사도매시장의 역할이 적지 않으며, 화훼농가 일부는 수출에 중점을 두는 차이점을 가진다.

절화는 유통과정에서 신선도 및 품질 저하가 급격하게 진행되기에, 물이 담긴 습식상자에 절화를 넣어서 운송하거나 온도를 낮추는 등의 추가적인 노력이 진행된다. 우리나라 대표적인 절화로는 장미, 국화, 백합이 꼽히고 있는데, 그중 장미의 재배면적은 최근 10년(2012년~2022년)의 기간 동안 353ha에서 226ha로 36.0% 감소하였고, 생산량은 같은 기간 동안 2억 본에서 1.1억 본으로 44.5% 감소하였다. 장미의 생산 감소는 다른 절화류의 생산 감소 추세를 따라가고 있는 것인데, 내수시장의 전반적인 꽃 소비 감소와 수출 여건 악화가 주요 원인이다.

표 6-7 장미의 생산 동향

단위: ha, 백만 본, %

구분	2012년	2022년	증감률
재배면적	353	226	- 36.0
생산량	200	111	- 44.5

자료: 농식품부 화훼재배 현황

2. 유통구조와 유통단계별 실태

1) 개황

장미는 봄에 정식을 한 다음 3개월 후부터 채화를 하여 출하하는데, 비닐하우스 등 시설재배를 하는 경우 연중 출하를 한다.[37] 장미를 포함한 화훼 농가는 서울과 부산 등 대도시 인근에서 재배를 하는 경우가 많은데, 이는 다른 농산물에 비해 유통기간이 매우 짧은 절화의 특성 때문이다. 다만, 수출전문 농가는 농촌지역에서 대규모 화훼 재배를 하는 경우가 많은데, 이는 산지 또는 중간 거점에서 선별 및 수출포장을 한 다음 바로 부산항 등으로 보내는 물류시스템이 구축되어 있기 때문이다.

우리나라 장미의 유통경로를 보면 <그림 6-15>와 같다. 산지에서 수확된 장미는 주로 산지공판장과 농협 등의 생산자단체를 통해서 출하되는데, 도매시장을 경유하는 비중이 81%로 매우 높다. 특히, 장미를 포함한 절화류는 유사도매시장의 역할이 적지 않은데, 서울 강남터미널 꽃시장 등이 대표적이다. 소매상의 유통 비중은 52%인데, 소비자와 대량수요처(호텔, 예식장 등 행사업체, 꽃꽂이 학원 등)가 도매시장에서 직접 장미를 구매하는 비중이 크기 때문이다. 장미의 수출 비중은 6%인데, 전문화된 생산자단체를 통해서 진행되고 있다.

그림 6-15 **장미의 유통경로 (2021년 기준)**

단위: %

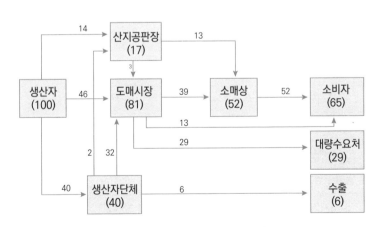

자료: 한국농수산식품유통공사

---

37) 채화는 꽃을 따는 것으로 절화로 판매하기 위해 하는 작업이다.

장미의 유통마진을 조사한 결과를 보면, 유통경로별로 차이가 있지만 평균적으로 소비자가격의 56.1%로 가을배추 유통마진율과 비슷한데, 그 결과 농가수취가격의 비율은 43.9%로 조사된다. 이는 장미가 선별 및 포장, 운송 등의 유통과정에서 많은 기술과 비용이 투입되기 때문인데, 특히 신선도 유지기간이 짧아 습식유통 등 추가적인 유통관리가 필요하다.

유통마진 중 이윤의 비중은 19.2%로 쌀과 가을배추보다 높지만 사과보다 낮은 편이고, 직접비가 간접비보다 높게 조사되었다. 유통단계별로 보면 소매단계 비중이 34.2%로 높은데, 이는 임대료와 인건비 등이 비싼 소매업체의 특성이 반영된 결과이다. 특히, 장미와 같은 절화류는 임대료가 높은 도심지 꽃집에서 절화를 꽃다발 등으로 만들어 판매하는 방식으로 추가적인 부가가치를 높일 수 있으나, 유통기한이 짧아 상품성이 떨어진 꽃은 버려야 하는 어려움을 가지고 있다.

표 6-8 장미의 유통마진 (2021년 기준)

단위: %, 원/단

구분		전체 평균	유통경로별 유통비용	
			고양 → 서울	김해 → 서울
농가수취율 (A/B)		43.9	44.5	41.9
유통마진율 (C/B)		56.1	55.5	58.1
비용별	직접비	25.3	24.8	27.0
	간접비	11.6	11.6	11.5
	이윤	19.2	19.1	19.6
단계별	출하단계	2.2	1.5	4.3
	도매단계	19.7	19.8	19.5
	소매단계	34.2	34.1	34.4
가격	농가수취가격 (A)	5,896	5,971	5,656
	소비자가격 (B)	13,424	13,400	13,500
	유통마진 (C=B-A)	7,528	7,429	7,844

자료: 한국농수산식품유통공사 재정리

2) 유통단계별 실태

장미는 절화 형태로 수확되기에 바로 출하하거나, 겨울철에 1~2주 정도의 단기 저온저장을 거쳐서 시장에 출하된다. 장미와 같은 절화류는 유통기간을 늘리기 위한 수확 후 관리가 특히 중요한데, 꽃의 밑 부분 절단면을 물에 담근 채로 저온으로 유통하는 습식유통이 적용되고 있다. 추가로 수명연장제를 물에 타서 신선도 유지 기간을 늘리고 있으나, 비용 부담이 크다.

산지 중 서울에 인접한 고양지역의 농가는 서울 양재동 화훼공판장이나 강남터미널 꽃시장으로 출하하나, 부산에 인접한 김해지역의 농가는 장거리 운송 부담으로 인근 산지공판장에 출하하는 비중이 높다. 또한, 수출전문 농협이나 수출업체에 장미를 공급하는 비중도 적지 않은데, 다른 농산물처럼 공동선별을 통한 판매 체계가 자리를 잡아가고 있다.

그림 6-16 산지 수확 및 선별장

장미를 포함한 절화의 도매유통은 공판장과 유사도매시장으로 크게 구분될 수 있는데, 전국 공판장의 절화류 거래 비중이 2021년 기준으로 전체의 84.3%에 달한다. 서울 양재동 화훼공판장은 우리나라의 대표적인 공영도매시장인데, 전체 절화류 거래액의 49.2%를 차지하고 있다. 고양시와 파주시 같은 수도권 인근 지역은 물론 경남 김해에서 생산되는 절화류의 도매거래를 담당하는 양재동 화훼공판장은 거래 규모를 지속적으로 확대하여 유사도매시장의 거래물량을 계속해서 가져오고 있다.

강남터미널 꽃시장과 같은 유사도매시장은 우리나라 화훼 도매유통의 중요한 역할을 담당하고 있는데, 신선도 유지를 위한 빠른 운송이 필수적인 절화류를 기차나 트럭이 아닌 고속버스를 이용하여 수송하였던 과거 방식에 따라 고속버스터미널 또는 인근에 도매시장이 형성되었던 것이다. 유사 도매시장의 도매상인은 생산농가의 위탁을 받아 도매 유통을 하고 있는데, 일부는 화훼공판장의 중도매인으로 등록하여 필요한 물량을 경매로 확보하기도 한다. 이들 위탁상인의 도매가격은 양재동 화훼공판장 경락가격을 참고하여 형성되고 있다.

그림 6-17   양재동 화훼공판장의 경매장

　　장미를 포함한 절화류는 꽃가게나 꽃배달 전문업체 등을 통해 소비자에게 판매가 되고 있지만, 대량 수요처도 주요 소비자의 역할을 하고 있다. 주로 꽃바구니, 꽃다발, 화환 등의 형태로 현장 가공되어 판매되는 장미의 소매유통은 꽃나발 등을 만드는 노하우 등에 따라 최종 소비자 가격의 격차가 크게 벌어지는데, 최근에는 온라인 꽃배달 서비스 등을 결합한 다양한 상품이 시장에 출시되고 있다.

　　다만, 우리나라는 꽃을 주고받는 문화가 서양이나 동남아 국가에 비해 활성화 되지 못하여 절화 소비시장이 성장하지 못하는 한계를 가지고 있다. 특히, 코로나 19(COVID-19) 발병으로 인한 사회적 거리두기가 시행된 2020년부터 수년의 기간 동안 각종 외부 대면행사가 금지되어 절화 소비가 급격하게 줄어 상당한 어려움을 겪기도 하였다. 이에 정부는 꽃 소비를 위한 다양한 홍보와 정책 사업을 진행하고, 수출시장 개척 지원을 강대하는 등 절화 소비 확대를 위해 노력하고 있다.

1. 개념과 동향

친환경 농산물은 무농약 또는 유기농 인증을 받은 농산물로 일반 농산물보다 생산 비용이 많이 들고 단위당 수확량이 적은 특성을 가진다.[38] 또한, 친환경 농산물의 생산지역이 소규모로 분산되어 있고 소비자 또한 분산되어 있어 수집 및 분산 기능이 중요하고, 거래량이 많지 않아 도매시장을 경유하는 유통이 거의 없어 일반 농산물과 다른 유통관리가 필요하다.

친환경 농산물(무농약 및 유기농 인증)의 재배면적은 최근 10년(2013년 ~ 2023년)의 기간 동안 11.9만 ha에서 6.9만ha로 42.0% 감소하였고, 생산량은 같은 기간 동안 81만 톤에서 47.4만 톤으로 41.5% 감소하였다. 친환경 농산물의 생산 감소는 노동력 의존도가 높은 친환경 농법과 농가 고령화 등의 영향으로 보여지는데, 특히 무농약 인증 농산물 생산이 위축되고 있는 상황이다. 일각에서는 이러한 우리나라 친환경 농산물의 생산량 변화가 친환경 농업의 긍정적인 구조 개선의 과정으로 보는 시각이 있는데, 과거 저농약 인증이나 무농약 인증 등 유기농 인증으로 전환하기 위한 중간단계 인증 농산물의 생산이 줄어들고 본연의 유기농 인증 농산물 중심으로 생산 구조가 재편되는 것으로 생각하기 때문이다.[39]

---

38) 무농약인증 농산물은 유기합성 농약을 사용하지 않고 화학비료 사용을 권장 시비량의 1/3 이내로 최소화하여 재배한 농산물이고, 유기농산물은 유기합성 농약과 화학비료를 전혀 사용하지 않고 재배한 농산물인데, 이에 대해서는 제7장 제2절에 있는 "3. 식품안전 및 표시인증"에서 보다 자세히 알아보도록 한다.
39) 전 세계적으로 친환경 농산물은 유기농 인증 농산물으로만 보고 있는데, 우리나라는 유기농 인증 농산물의 생산을 단기간에 크게 늘릴 수 없어 중간단계의 전환기 인증(저농약 인증, 무농약 인증 등)을 추가 도입하여 친환경 인증으로 통칭하고 정책적으로 육성하였다.

표 6-9 친환경 농산물의 생산 동향

단위: 만 ha, 만 톤, %

구분	2013년	2023년	증감률
인증면적[1]	11.9	6.9	- 42.0
생산량[1]	81.0	47.4	- 41.5

주 1) 2016년부터 생산이 중단된 저농약인증 농산물을 제외한 수치임.

자료: 농관원 친환경 인증관리 정보시스템

2. 유통구조와 유통단계별 실태

1) 개황

친환경 농산물은 노지 또는 비닐하우스·온실에서 재배되는데, 일반적인 관행재배 방식과 달리 유기합성 농약이나 화학비료 사용을 제한하는 농법을 적용한다. 그 결과, 단위 면적당 생산량이 일반 농산물보다 작고 병충해 등의 피해를 보다 많이 받아 수확량의 변동성이 큰 특성을 가진다.

우리나라 친환경 인증 농산물의 유통경로를 보면 <그림 6-18>과 같다. 산지에서 수확된 친환경 농산물은 친환경 생산자 단체와 지역 농협, 전문 유통업체, 도매시장 등으로 출하하는데, 도매시장으로 공급하는 비중이 20.5%로 쌀을 제외한 일반 농산물과 다른 유통구조를 보인다. 또한, 농가 직거래 비중도 5.2%로 조사되어 다양한 유통경로를 통해서 친환경 농산물이 소비시로 유통되고 있음을 알 수 있다. 소매단계에서의 유통비중을 보면 급식업체의 비중이 31.1%로 가장 높은데, 이는 지자체의 학교급식 사업에서 친환경 쌀을 급식용 식재료로 사용하기 때문이다. 다음으로 대형유통업체와 중소형마트의 비중이 각각 23.1%와 14.6%로 나타났고, 생협의 비중 또한 14.6%로 상당한 역할을 하고 있는 것으로 보인다. 온라인 업체를 통한 유통 비중은 2.1%인데, 최근 농산물 온라인 시장이 성장함에 따라 앞으로 유통 비중이 커질 것으로 전망된다.

그림 6-18 　친환경 인증 농산물의 유통경로 (2022년 기준)

단위: %

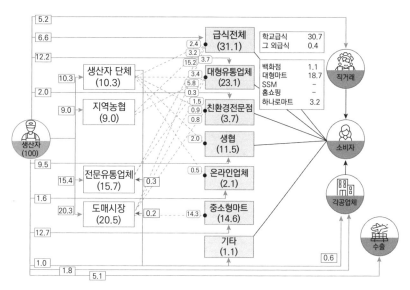

주: 쌀을 포함한 전체 친환경 인증 농산물의 유통경로임.

자료: 한국농수산식품유통공사, 2022년 친환경농산물 유통실태 및 농업소득조사

　친환경 농산물 중 쌀의 유통마진을 조사한 결과를 보면, 최종 소비처별로 차이가 있지만 평균적으로 소비자가격의 64.6%로 일반 쌀의 유통마진율보다 높은데, 그 결과 농가수취가격의 비율은 35.4%로 조사된다. 친환경 농산물의 유통마진율이 높은 편인 것은 친환경 농산물이 일반 농산물보다 소량으로 유통되어 규모의 경제 효과를 얻기 어렵고 산지 수집과 소비지 분산 등에서 많은 시간과 비용이 소요되는 구조적 특성을 가지기 때문이다.

　유통마진 중 이윤의 비중은 31.6%로 일반 쌀의 경우보다 높은데, 유통경로가 달라 직접적인 비교가 어렵다. 유통단계별로 보면 소매단계 비중이 51.7%로 가장 높은데, 일반 농산물의 경우와 같이 임대료와 인건비 등이 비싼 소매업체의 특성이 반영된 결과이다.

표 6-10 친환경 쌀의 유통마진 (2022년 기준)

단위: %, 원/kg

구분		전체 평균	최종 소비처		
			대형마트	농협 하나로마트	로컬푸드 직매장
농가수취율 (A/B)		35.4	43.5	33.8	28.8
유통마진율 (C/B)		64.6	56.5	66.3	71.2
비용별	직접비	10.0	7.1	7.9	15.0
	간접비	23.0	26.9	22.2	20.0
	이윤	31.6	22.5	36.1	36.3
단계별	출하단계	10.0	7.1	7.9	15.0
	도매단계[1]	2.9	3.5	5.2	-
	소매단계	51.7	45.9	53.1	56.3
가격	농가수취가격 (A)	1,536.2	1,547.8	2,025.0	1,035.9
	소비자가격 (B)	4,385.0	3,555.0	6,000.0	3,600.0
	유통마진 (C=B-A)	2,848.8	2,007.2	3,975.0	2,564.1

주 1) 로컬푸드 직매장은 농가가 직접 농산물을 가져와서 판매하기에 도매단계가 없음.

자료: 한국농수산식품유통공사, 2022년 친환경농산물 유통실태 및 농업소득조사 재정리

2) 유통 실태

친환경 농산물의 유통은 기본적으로 일반 농산물과 크게 다르지 않다. 다만, 도매
시장을 경유하는 집중적 유통경로가 아닌 다양한 유통경로를 활용하는 분산적 유통
경로의 구조를 가진다. 특히, 친환경 농업 생산자단체와 생협 등 소비자단체가 유통
을 주도하고 있고, 지방자치단체 또한 로컬푸드 직매장 사업 등을 통해 지역에서 생
산되는 친환경 농산물의 유통 활성화를 위해 노력하고 있다.

한편, 대형소매점 등 민간유통업체도 친환경 농산물 유통을 늘려가고 있는데, 친
환경 농산물에 대한 인식과 선호가 확산됨에 따라 상대적으로 가격이 높은 프리미엄
농산물인 친환경 농산물 시장이 성장하기 때문이다. 민간유통업체는 백화점, 대형마

트에 전용 판매코너를 설치하거나, 친환경 농산물 전문점을 개설하여 상대적으로 소득이 높은 소비자를 대상으로 친환경 농산물 마케팅을 확대하고 있다.

그림 6-19   친환경 전문점

1. 개념과 동향

축산물은 농산물과 달리 가축을 사육하여 도축 등의 과정을 거쳐서 유통되는 식품인데, 쇠고기, 돼지고기, 닭고기 등의 육류와 계란, 우유 등 낙농품으로 구분된다. 축산물 유통은 농산물 유통과 유사하게 산지·도매·소매의 유통단계를 거치지만, 축종별로 유통구조와 규모가 다른 특성을 가진다. 그중에서 돼지고기와 닭고기를 생산하는 양돈산업과 육계산업은 높은 수준의 계열화가 진행되어 하나의 거대 산업으로 성장하였다. 또한, 가축을 도축한 고기를 유통하기에 위생과 식품안전 관리의 중요성이 높고, 광우병 등 수입 축산물의 안전성 이슈가 제기되어 식품위해요소중점관리 (HACCP: hazard analysis and critical control point) 시스템과 이력추적관리(traceability) 시스템이 도입되는 등 농산물에 비해 안전관리 수준이 높다.[40]

주요 축산물의 생산 동향을 보면, 한우의 사육두수는 최근 10년(2013년~2023년)의 기간 동안 292만 마리에서 365만 마리로 25.0% 증가하였고, 돼지도 같은 기간 동안 1,009만 마리에서 1,120만 마리로 11.0% 증가하였다. 닭고기를 생산하는 육계와 계란도 같은 기간 동안 각각 9.4%와 21.3% 증가하여 우리나라 축산업이 지속적으로 성장하고 있음을 알 수 있다. 이와 같은 축산업의 성장은 우리나라 축산식품 소비의 증가에 따른 결과인데, 2022년 1인당 고기 소비량(58.4kg)이 1인당 쌀 소비량(55.6kg)는 넘어설 정도로 우리나라의 축산물 소비시장이 확대되고 있다.

---

40) 식품위해요소중점관리(HACCP) 시스템과 이력추적관리(traceability) 시스템에 대해서는 제7장 제2절에 있는 "3. 식품안전 및 표시·인증 2) 표시·인증 제도"에서 보다 자세히 알아보도록 한다.

표 6-11 주요 축산물의 생산 동향

단위: 만 마리, 만 톤, %

구분	2013년	2023년	증감률
한(육)우	292	365	25.0
돼지	1,009	1,120	11.0
닭(육계)	734	803	9.4
계란	61	74	21.3

자료: 통계청

2. 유통구조와 유통단계별 실태

1) 개황

축산물의 유통경로는 축종별로 다른데, 쇠고기와 돼지고기는 농장에서 사육된 가축을 도축한 다음 유통이 진행된다. 그중 쇠고기의 유통경로를 보면 <그림 6-20>과 같다. 농장에서 사육된 소는 도축장으로 가서 도축 후 지육으로 가공하여 등급판정을 받은 다음, 경매에 상장되게 된다.[41] 식품포장처리업체는 경매를 통해서 구매한 지육을 정육 또는 부분육으로 가공된 후, 소매단계로 분산된다. 한우 소매업체는 대형마트 등 소매점, 정육점, 외식업체 등으로 구성되는데, 쇠고기의 경우 정육점의 비중이 24.5%로 가장 높고, 일반음식점과 대형마트의 비중이 각각 19.1%와 19.0%로 조사되었다. 한편, 온라인 소매점을 통한 유통비중은 6.1%인데, 온라인 거래가 활성화됨에 따라 온라인 유통의 비중이 앞으로 높아질 것으로 전망된다.

---

41) 가축을 도축한 고기를 지육(도체)이라고 하는데, 지육은 머리와 가죽, 내장, 발목, 꼬리 등을 제거하고 이를 척추 중앙을 따라 좌우로 이분할한 것으로 뼈와 먹을 수 없는 지방 등이 포함된 고기이다. 지육을 부위별로 정형하여 구분한 것을 부분육이라고 하고, 지육에서 뼈와 불가식 지방 등을 제거한 고기 덩어리를 정육이라고 한다.

그림 6-20 | 한우의 유통경로 (2022년 기준)

단위: %

자료: 축평원, 2022년 축산물유통정보조사 보고서

한편, 닭고기는 도계장을 거쳐서 도매단계 유통이 진행되는데, <그림 6-21>에 제시된 것과 같이 도계된 닭고기의 대부분이 육계 계열업체를 통해 가공 후 유통되는 구조를 가지고 있어 쇠고기와 돼지고기와 다른 모습을 보인다. 이는 한우나 양돈산업에 비해 육계산업은 계열화 수준이 높아서 양계농가의 96.5%가 육계 계열업체와의 계약을 통해 위탁사육을 하고 있다. 육계 계열업체는 도계 후 가공된 닭고기를 직접 소매업체로 판매하거나 대리점을 통해 유통하는데 유통 비중이 각각 46.2%와 44.0%로 비슷하다. 도매단계 유통 물량의 나머지 9.8%는 식육포장처리업체가 유통하고 있는데, 양계농가의 닭을 도계하여 처리한다. 닭고기 소매업체는 대형마트 등 소매점, 정육점, 외식업체 등으로 구성되는데, 프랜차이즈 치킨업체를 통해 유통되는 비중이 31.0%로 가장 높은 특성을 가진다. 다음으로 단체급식소와 일반음식점의 비중이 각각 11.8%와 10.8%로 닭고기는 생닭고기를 소비자가 마트에서 직접 구매하여 조리하기보다는 외식업체를 통해 소비하는 비중이 높은 것을 알 수 있다.

그림 6-21 닭고기의 유통경로 (2022년 기준)

단위: %

자료: 축평원, 2022년 축산물유통정보조사 보고서

주요 축산물의 유통마진을 조사한 결과를 보면, 쇠고기, 돼지고기, 닭고기의 유통마진율이 45%~58% 수준으로 비슷하여 생산자수취율 또한 41%~55%의 비중인 것으로 조사된다. 쇠고기, 돼지고기, 닭고기의 유통비용중 직접비용보다 간접비용의 비중이 더 큰 것으로 나타났는데, 직접비용이 더 큰 일반 농산물과 다른 모습이다.

유통단계별 유통마진 비율은 축종별로 차이가 있다. 쇠고기와 돼지고기는 소매단계 유통마진 비중이 가장 높아 일반 농산물과 유사한 구조를 가지나, 닭고기는 출하단계 유통마진이 없고 도매단계 유통마진의 비중이 가장 높은 차이점을 보인다. 이는 닭고기의 유통구조는 쇠고기나 돼지고기의 경우와 달리 육계 계열업체 중심의 계열화가 상당부분 진행되어 닭고기 유통이 육계 계열업체를 중심으로 움직이고 있기 때문이다.

표 6-12 주요 축산물의 유통마진 (2022년 기준)

단위: %, 원/두, 원/수

구분		축종		
		쇠고기	돼지고기	닭고기
농가수취율 (A/B)		47.0	54.8	41.3
유통마진율 (C/B)		53.0	45.2	58.7
비용별	직접비	9.0	13.4	13.2
	간접비	21.4	29.1	34.9
	이윤	22.6	2.7	10.6
단계별	출하단계	1.6	1.0	0.0
	도매단계[1]	13.4	10.0	34.3
	소매단계	38.0	34.2	24.4
가격	농가수취가격 (A)	9,552,582	470,308	2,640
	소비자가격 (B)	20,305,151	858,517	6,393
	유통마진 (C=B-A)	10,752,569	388,209	3,753

주: 축산물의 가격은 부분육의 가격을 조사한 다음, 이를 정육률을 적용하여 1두 가격으로 환산하여 제시함.

자료: 축평원, 2022년 축산물유통정보조사 보고서 재정리

2) 유통 실태

축산물의 유통은 축종별로 차이가 있는데, 쇠고기의 경우 과거 전통적인 방식으로 농가가 소를 사육하여 도축장에 보내면, 지육의 등급판정을 거친 후 경매 등을 통해 식육포장처리업체가 구매하여 정육 등으로 가공한 다음 소매업체로 분산하는 구조를 가진다. 반면에, 닭고기는 육계 계열업체가 닭 사육 농가로 후방수직결합을 진행하여 계열화가 완성된 구조를 가지기에, 닭고기 유통을 육계 계열업체가 주도하고 있다. 특히, 육계 계열업체와 계약을 체결한 축산농가는 육계 계열업체가 공급하는 병아리를 받아서 육계 계열업체가 규정한 사육 방식으로 닭을 키워서 공급하고 있어, 닭 사육과정에서 독립적인 의사결정을 할 여지가 거의 없다는 지적도 받고 있다. 돼지고기는 쇠고기와 닭고기 유통의 중간형태로 양돈 농가가 독립적으로 돼지를 사육

하여 도축장에 보내는 유통구조와 식육포장처리업체가 육계 계열업체처럼 농가를 대상으로 후방수직결합을 통한 계열화 유통구조가 혼재되어 있다.

　축산물 소매유통도 축종별로 다른 모습을 보이는데, 쇠고기와 돼지고기의 경우 정육점 등의 정육을 판매하는 비중과 외식업체를 통해 소비되는 비중이 각각 일정부분을 차지하는 반면, 닭고기는 프랜차이즈 치킨점과 식당 등 외식업체를 통해 소비되는 비중이 높은 특성을 보인다. 이는 우리나라 소비자가 닭고기를 직접 구매하여 집에서 조리하기 보다는 치킨 등 외식상품으로 소비하는 경우가 많기 때문이다.

그림 6-22 　정육점에 판매 중인 고기 상품

01 우리가 주식으로 소비하고 있는 쌀, 보리, 밀, 옥수수, 콩 등이 포함되는 양곡 중 쌀의 유통이나 가격은 다른 농산물에 비해 체계적이며 안정적이라고 할 수 있는데, 이는 우리나라의 대표 농산물인 쌀에 대해 정부의 시장개입과 유통관련 정책이 가장 집중적으로 시행되어왔기 때문이다.

02 채소와 과일로 구분되는 청과물은 양곡에 비해 가격 변동이 큰 편인데, 이는 청과물의 생산량 변동성이 상대적으로 더 크고 정부의 시장 개입이 제한적이기 때문이다.

03 우리가 흔히 논의하는 농산물의 유통은 상당부분 청과물 유통에 관한 것인데, 이는 수확 후 관리나 유통 시스템이 대체로 안정화된 양곡이나 우리나라 농산업에서 차지하는 비중이 상대적으로 작은 화훼류와는 달리 청과물의 저장성이 낮아 신선도 유지가 쉽지 않고 유통 과정 또한 복잡하다는 특성 때문이다.

04 장미, 국화, 백합으로 대표되는 화훼류는 다른 농산물에 비해 내수 시장이 취약하여 수출 시장의 여건 변화에 따른 영향을 직접적으로 받고 있다.

05 친환경 농산물은 무농약 인증 또는 유기인증을 받은 농산물로 일반 농산물에 비해 수집과 분산 기능이 중요하고, 도매시장을 경유하지 않는 유통 비중이 높다.

06 쇠고기, 돼지고기, 닭고기 등의 축산물 유통은 농가가 사육한 가축을 도축하여 유통되기에 농산물과 다른 유통구조를 가지고 있다.

- 양곡유통
- 친환경 농산물 유통
- 유통마진

- 청과물 유통
- 축산물 유통
- 유통경로

- 화훼류 유통
- 유통경로

학습문제

01 양곡의 정의와 양곡 유통의 특성을 각각 설명하라.

02 청과물 유통의 특성과 채소와 과일 유통의 차이점을 비교하라.

03 화훼류 유통 구조와 내수 시장 침체 요인을 각각 기술하라.

04 친환경 농산물의 정의와 유통구조를 각각 설명하라.

05 주요 축산물의 유통경로와 유통마진을 서로 비교하여 기술하라.

Chapter

07

유통정책 및 제도

개요

이 장에서는 우리나라 정부의 농산물 유통정책과 제도에 대해 설명하도록 한다. 먼저 유통정책의 개념과 변천과정에 대해 살펴보고, 농산물 유통과 관련한 주요 정책과 제도를 부문별로 각각 설명한다. 농산물 유통정책의 실행 여건과 유통시장이 끊임없이 변화하는 상황에서 이 장에서 다루고 있는 내용을 자세하게 이해할 필요가 있다.

주요 학습사항

• 유통정책은 무엇이고, 그 필요성은 어디에 있는가?
• 우리나라 정부의 농산물 유통정책은 어떻게 변화하여 왔는가?
• 농산물 유통과 관계된 정책과 제도는 무엇이 있는가?

▶ 읽을거리 ◀

식품의 인증표시 '홍수'…관리 필요하다

마트에 가면 참으로 많은 식품의 인증표시가 상품 포장에 붙어 있는 것을 보게 된다. 농산물의 경우 유기농이나 무농약 등의 친환경 농산물 인증표시는 이제 꽤 익숙하지만 우수농산물관리 인증(GAP), 유전자변형 농산물표시(GMO), 저탄소 인증은 어디선가 들어는 봤으나 정확히는 잘 모르는 경우가 많다. 축산물 또한 유기축산이나 무항생제 등의 친환경 축산물 인증표시 외에 동물복지 인증이 가끔 눈에 띄고 수산물은 유기수산이나 무항생제 등의 친환경 수산물인증, 수산물 HACCP 인증, 우수 천일염 인증 등의 표시가 있다. 가공식품도 예외가 아닌데 유기가공식품 인증과 HACPP 인증은 어느 정도 익숙하지만 전통식품 인증, 식품명인 인증, 술품질 인증, 어린이 기호식품 품질인증 등은 낯설다. 식당에 가도 인증표시를 접하는데 대표적인 것이 음식 원료에 대한 원산지 표시다.

한 가지 재미있는 것은 이러한 식품의 인증표시가 대부분 정부가 도입해 운용하는 제도라는 점이다. 농축수산식품부, 해양수산부, 식품의약품안전처 등 우리나라 먹거리 기관들이 담당식품에 대해 다양한 인증표시제도를 운용하고 지자체도 관내에서 생산된 식품의 품질을 보증한다는 취지로 자체 인증표시를 운용한다. 처음에는 나름의 필요성과 타당성으로 인증표시가 도입됐으나 이러한 인증표시가 하나씩 늘어나다 보니 오늘과 같은 인증표시의 홍수시대에 이른 것이다.

'너무 많은 것은 없는 것과 같다'는 말이 있다. 학창 시절 가까운 친구들의 이름은 아직까지 기억해도 전교생의 이름은 모르는 것처럼 너무 많은 인증표시에 둘러싸인 소비자는 자신의 먹거리를 고를 때 몇몇 인증표시를 빼고는 크게 개의치 않게 된다. 그런데도 인증표시 관리기관들은 자신이 도입한 인증표시의 인지도와 활용도를 높이기 위해 매년 상당한 규모의 예산과 인력을 투입하는데 일각에선 정책자원의 낭비라고 지적한다.

정부의 식품 인증표시는 당초 취지와 달리 상품의 또 다른 브랜드의 하나로 소비자에게 인식돼 인증표시에 대한 인지와 활용수준이 높지 않은 다수의 소비자에겐 귀찮거나 잘 모르는 상징에 불과하다. 둘의 차이점은 소비자의 외면을 받는 브랜드는 얼마 가지 않아 시장에서 퇴출당하지만 국가예산이 투입되는 인증표시는 소비자의 호응도가 떨어져도 명맥을 유지한 채 시장 주변을 맴돈다는 점이다.

그렇지 않아도 시장에 너무 많은 상품정보가 쏟아지는 상황에서 소비자의 호응을 받지 못하는 인증표시는 민간브랜드처럼 자연스럽게 정리되도록 할 필요가 있다. 문제는 어떻게 하는지인데 국가예산으로 자리잡은 제도는 쉽게 폐지되지 않는 속성이 있기 때문이다. 전문위원회 등을 설치하고 인증표시를 주기적으로 평가해 필수조건을 충족하지 못하는 경우 관련예산을 줄이거나 아예 폐지하는 방법과 기존 공공 주도 인증표시 외에 민간이 주도하는 인증표시를 도입해서로 통합 또는 경쟁하도록 하는 방안 등이 가능할 것이다. 중요한 것은 국가가 만든 식품인증표시도 스스로 그 가치와 역할을 증명해나가야 한다는 점이다.

그동안 만드는데 초점을 둔 식품인증표시제도를 이제는 본격적으로 솎아내야 하는 시점이다.

<자료: 머니투데이, 2023. 11. 7. 기고문>

1. 개념과 필요성

유통정책이란 정부가 농산물 유통의 효율성과 효과성을 제고시키기 위해 시행하는 각종 정책으로 농산물 유통시장에서 발생하는 시장실패(market failure)[42]를 보완하기 위해 정부가 직접 혹은 간접적으로 시장에 영향을 주는 정치적 행위이다. 일반적으로 19세기의 초기 자본주의 시장체제에서는 "보이지 않는 손"에 의해 시장 시스템이 자동적으로 모든 문제를 스스로 해결해나가기에, 정부는 시장을 일체 간섭을 하지 않고 치안이나 국방 등의 기능만 다하면 되는 "야경국가론(夜警國家論)"[43]이 주류를 이루었다. 그러나, 이러한 논리는 완전경쟁시장(perfect competitive market)[44]을 전제한 것으로 불완전경쟁시장(imperfect competitive market)인 현실에서는 시장이 제 기능을 다하지 못하는 시장실패 문제가 발생한다.

농산물 시장은 시장실패가 다른 시장보다 더 많이 발생할 가능성이 있는데, 농산물 시장의 불완전한 경쟁구조, 식량안보(food safety) 및 환경보전과 같은 농업의 공공재(public good)적 성격 등으로 인해 시장실패가 자주 발생한다. 보다 구체적으로 보면, 농산물 시장은 생산규모가 작고 다수인 농민이 규모가 큰 거래 상대자(유통 및 가공업체 등)에 비해 거래교섭력이 약하고 시장정보에 대한 접근성도 낮아 거래에서 불이익을 받는 불완전한 경쟁시장구조로 되어 있다. 따라서, 상대적인 약자인 농가를 위한 정부의 역할이 필요하다.

---

42) 시장실패(market failure)는 시장기구가 그 기능을 제대로 발휘하지 못하여 자원이 효율적으로 배분되지 못하는 상태를 말하는데, 주로 공공재, 정보 비대칭 현상, 불완전 경쟁, 본인－대리인 문제, 외부효과 등으로 인해 발생한다.

43) 야경국가론(夜警國家論)이란 국가는 시장에 간섭을 하지 않고 오로지 외적의 침입이나 밤의 도둑 등을 막아내는 경비나 치안 업무에만 충실하면 된다는 주장으로, 국가의 기능을 최소한으로 하고 자본주의 시장의 기능을 최대한 자유롭게 하기를 원하는 것이다.

44) 완전경쟁시장(perfect competitive market)이란 시장참가자의 수가 많고 시장참여가 자유로우며, 각자가 완전한 시장정보와 상품지식을 가지며, 개개인의 시장참가자가 시장 전체에 미치는 영향력이 미미한 상태에서 매매되는 재화가 동질일 경우 완전한 경쟁에 의해 가격이 형성되는 시장을 의미한다.

다음으로, 농산물은 일반적인 공산품과 달리 식량 자체가 하나의 외교적 무기가될 수 있어 식량안보 문제가 제기된다. 식량안보란 우리나라가 식량의 대부분을 해외로부터 수입할 경우, 식량 수출국가가 우리나라에 대한 수출을 금지하면 우리나라는굶주림으로 인해 식량 수출국가의 요구를 따를 수밖에 없게 되므로 국가 안보를 위해서는 일정 수준 이상의 식량 자급률을 유지하여야한다는 것이다. 또한, 농업은 공공재적 성격도 가지고 있다. 예를 들어, 작물을 재배하는 농업과 농촌의 자연 환경은도시민들에게 정신적 건강을 제공할 뿐만 아니라 환경보전 및 각종 공해를 정화하는등의 공공 기능을 하고 있지만, 이에 대한 가치가 시장 거래를 통해 충분히 지불되지못하는 문제가 발생한다. 즉, 농장에서 생산되는 농산물의 가격에 공공재적인 기능에대한 가치가 추가되지 않고 단순히 해당 농산물의 수요와 공급에 따라 가격이 결정될경우, 농장 주인은 농업을 지속하지 못하게 되고 궁극적으로는 도시민이 무상으로 누리던 공공기능은 사라지게 된다. 따라서, 이상과 같은 문제해결을 위해 정부의 개입이 요청되는 것이다.

그림 7-1　　**농산물 유통정책의 필요성**

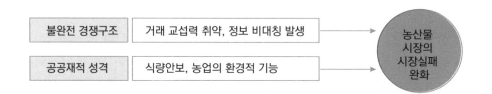

농산물 유통정책의 목적은 크게 보면 우리나라 농산물 유통의 효율성과 효과성을제고시키는 것이지만, 보다 구체적으로 보면 농산물 유통의 근간인 상류와 물류의 효율성과 효과성을 높이고, 유통조성기능이 제대로 작동할 수 있게 하는 기준과 체계를마련하는 것이다. 여기서 상류에 해당되는 정책으로는 농산물의 수급조절을 통한 가격 안정, 농산물 거래 수준의 개선 등이며, 물류에 해당되는 정책은 농산물 유통시설의 현대화, 물류 방식의 개선 등이고, 유통조성기능과 관련된 것으로는 합리적인 유통행정 및 유통정보체계의 마련, 농식품의 표준화와 등급화를 위한 적절한 기준 수립등이라 할 수 있다.

다음으로 정부의 시장 개입을 위해 어떤 수단을 사용할 지에 대한 논의도 꾸준하게 진행된다. 정부가 시장개입을 위하여 쓰는 수단으로는 제한, 허용, 촉진 등이 있는데, 적절한 수단을 사용하지 못하면 충분한 성과를 내지 못하거나 오히려 역효과를 발생시킬 수 있다. 예를 들어, 산지 농가가 대형유통업체와의 거래에서 납품가격 인하 등의 불공정 행위를 당하고 있는 것을 인지한 정부가 대형 유통업체의 관련 행위 근절을 위한 단속 정책을 펴는 것은 일정 성과를 기대할 수 있다. 그러나, 일부 농가는 그러한 불공정 행위를 감수하더라도 도매시장에 농산물을 출하하는 것보다 대형 유통업체와의 공급 계약을 체결하는 것이 더 유리하게 생각할 수도 있으므로, 거래가 위축될지도 모른다는 우려 때문에 정부의 대형 유통업체의 거래행위 규제에 반대할 수 있다. 따라서, 정부는 단기적으로는 대형 유통업체의 불공정 거래행위를 규제하는 한편, 농가의 조직화를 촉진하여 농가의 거래교섭력을 강화하여 정부의 개입 없이 문제가 원천적으로 해결될 수 있도록 노력해야 한다.

한편, 정부가 농산물 유통 발전을 위해 도입한 정책이 역효과를 내는 정부실패(government failure)가 발생할 수 있어, 정부의 정책적 개입은 신중해야 한다. 일례로, 2010년 배추 가격이 급등하여 소비자들의 불만이 크게 제기되어 있을 때 정부가 중국산 배추를 긴급 수입하여 시장에 공급한 사례가 있었다. 당시 정부는 치솟는 배추의 소비자 가격을 안정시키기 위해 해당 정책을 실시했고, 이를 통해 배추의 높은 소비자 가격에 대한 국민의 불만을 어느 정도 잠재우게 되었다. 하지만, 중국산 배추의 수입에 소요되는 기간을 충분히 고려하지 못해 배추가격의 안정을 위한 정책효과가 반감되었을 뿐만 아니라, 수입물량이 다음 작기의 배추 출하물량과 합쳐져 이후 배추 가격이 지나치게 낮아져 농민이 손해를 보게 되었다. 또한, 중국산 배추의 수입은 그동안 수입산 배추에 대해 가지고 있던 소비자의 식품 안전성과 관련한 심리적 거부감을 줄여 국산 농산물의 잠재적인 경쟁력을 저하시키는 결과도 야기했다.

2. 우리나라 유통정책의 변화과정

우리나라 농산물 유통정책을 주요 시기별 사건을 기준으로 구분해 정리하면 <그림 7-2>와 같다. 먼저, 1945년 광복 이전 시기를 보면 조선시대부터 발달하기 시작한 농산물 유통은 5일장 등 시장을 중심으로 성장하였는데, 객주(客主)위 뒤를 이은 위탁상이 농산물 유통을 주도하였다. 한편, 1935년 부산에 최초의 중앙도매시장인 부산 중앙도매시장이 개설되었고, 이어서 1939년 서울에 경성 중앙도매시장이 개설되는 등 제도화된 중앙도매시장 유통구조가 구축되기 시작하였다.

광복 이후인 1951년 「중앙도매시장법」이 제정되어 우리나라 정부의 독자적인 도매시장관리 체계가 마련되었다. 1961년 농협이 부산에 처음으로 농협공판장을 개설하여 본격적인 도매유통에 참여하였고, 1967년 농어촌개발공사가 설립되어 농수산물의 저장 및 가공업무를 담당하게 하였다. 또한, 1970년부터 농산물 비축사업을 고추, 마늘, 참깨, 사과 등을 대상으로 시작하였다.

1973년 「중앙도매시장법」을 폐기하고, 이를 대체하는 「농수산물도매시장법」을 제정하였다. 이후 1976년 「농수산물도매시장법」과 「농수산물가격안정기금법」을 통합하여 「농수산물 유통 및 가격안정에 관한 법률(농안법)」을 제정하여 지금까지 도매시장을 포함한 농수산물 유통에 대한 주요 법적 근거를 제공하고 있다. 한편, 1985년 우리나라 최초의 농수산물 공영도매시장인 서울 가락동 농수산물도매시장이 개장하였는데, 1990년대에는 대구, 대전, 청주, 울산, 부산, 광주, 인천, 수원, 전주 등의 주요 도시에 공영도매시장이 순차적으로 개장하였다. 또한, 1988년 서울 양재동에 양곡도매시장을 개장하여 쌀을 포함한 양곡 도매유통을 담당하도록 하였다.

1994년은 우리나라 농산물 도매유통의 큰 혼란이 발생한 해인데, 농안법 파동이 그것이다. 1992년 국회의원 발의로 농안법이 개정되어 1994년 5월부터 적용되었는데, 개정된 내용 중 중도매인의 도매행위를 금지하는 조항이 있었다. 이는 도매시장 중도매인이 직접 농산물을 매수하여 판매하는 도매행위를 금지하고 소매상 등 구매의뢰자의 농산물을 대신 경매로 확보하여 넘겨주는 중매행위만 가능하게 한 것인데, 당시 도입된 도매시장 경매의 활성화를 위한 것으로 기존 위탁상과 같이 도매시장 중도매인이 경매 참여보다는 산지 농산물을 직접 가져와서 파는 관행을 바꾸려는 의도였다. 그러나, 당시 도매시장의 거래는 도매 위주로 진행되어 중개 거래는 거의 없었기에 중도매인의 큰 반발을 가져왔고 결국 중도매인이 경매 불참으로 도매시장 거래 자체가 마비되었다. 이로 인해 산지 농산물은 도매시장으로 출하되지 못해 폐기되고, 소비지는 농산물이 없어 사회적 문제로 발전하였다. 그 결과, 농안법 개정안 적용 이후 수개월 후인 1994년 11월에 농안법을 재개정하여 중매인으로 규정한 도매시장 상인을 중도매인으로 변경하여 농산물의 중개 업무와 도매업무를 모두 허용하고, 농수산물 유통개혁 대책을 발표하였다. 또한, 산지 쌀 유통의 혁신을 위해 RPC를 거점으로 하는 산지 조직화를 강화하였다.

2004년부터 10여 년의 기간에는 농산물 유통의 개선을 다방면으로 진행하였는데, APC와 RPC를 산지유통 혁신 거점으로 육성하고, 공동마케팅 조직과 농산물 브랜드를 육성하며, 산지에 수확 후 관리기술 및 시설을 보급하는 등 산지 유통개선에 상당한 정책을 투입하였다. 또한, 2004년 「농수산물 품질관리법」을 개정하여 농산물 우수관리 인증(GAP)을 도입하는 등 새로운 시도를 진행하였다.[45] 도매시장 거래제도에도 큰 변화가 생겼는데, 2004년 서울 강서시장에 시장도매인이 도입되어 기존 도매시장법인 및 중도매인의 경매거래와 다른 도매시장 거래제도가 구축되어 상호 경쟁을 통한 도매시장 유통 발전이 가속화되었다.

2013년에는 농산물 유통구조 개선 대책이 발표되었는데, 2010년 태풍 곤파스로 인해 고랭지 배추 생산에 차질이 생겨 배추 가격이 포기당 15,000원까지 급등하는 등 농산물 수급 관리에 문제가 발생하였기 때문이다. 농산물 유통구조 개선 대책의 주요 내용으로는 도매시장 제도 개선, 직거래 확대, 비축 및 계약재배 확대 등으로 농산물 가격의 변동성 완화와 유통비용 절감에 초점을 두었다. 또한, 농산물 수급관리 수준을 높이기 위해 수급조절 매뉴얼을 마련하고, 수급조절위원회를 설립하여 민·관이 협의하여 농산물 수급을 관리하는 체계를 마련하였다.

2023년 1월 농식품부는 농산물 유통구조 선진화 방안을 발표하여 농산물 유통의 여건 변화에 대응하기 위한 기본적인 정책 방향을 정립하였는데, 농산물 온라인 도매거래 활성화, 도매시장의 거래 디지털화 및 물류체계 고도화, 지역별 도매시장 기능 재정립 등에 초점을 두었다. 특히, 그동안의 농산물도매시장 정책이 서울 가락동 농수산물도매시장과 공영도매시장 시설 현대화 사업에 집중하였다는 지적에 따라, 전국 32개 공영도매시장의 기능과 역량을 각각 진단하여 도매시장별 발전 전략을 수립하는 등 도매시장 정책의 범위를 확대하였다. 또한, 4차 산업화와 온라인 유통의 확산 등 우리나라 농산물의 유통 여건에 대응하여, 2023년 11월 농산물 온라인도매시장을 개장하여 세계 최초로 공영 농산물도매시장의 온라인 거래 플랫폼을 도입하였다. 농산물 온라인도매시장은 농산물 도매거래를 온라인 기반으로 진행하여 기존 오프라인 도매시장의 한계를 넘어서고 유통주체간 무한경쟁을 촉발하여 농산물 유통

---

45) 농산물 우수관리 인증(GAP)에 대해서는 제7장 제2절에 있는 "3. 식품안전 및 표시·인증 2) 표시·인증 제도"에서 보다 자세히 알아보도록 한다.

효율성 극대화를 통한 유통마진 절감 등을 목표로 하고 있다.

그림 7-2 농산물 유통정책의 시기별 주요 이슈

1945년 이전	최초의 중앙도매시장 개장, 조선시대 객주를 이은 위탁상 성장
1945년~1972년	중앙도매시장법 제정, 농협공판장·농어촌개발공사 도입, 비축사업 시작
1973년~1993년	농수산물도배시장법 제정, 농안법 제정, 가락시장·양곡도매시장 개장
1994년~2003년	농안법 파동, 농수산물 유통개혁 대책 발표, RPC 육성
2004년~2012년	APC·공동 마케팅·브랜드 육성, GAP 도입, 시장도매인 도입
2013년~2022년	농산물 유통구조 개선대책 발표, 직거래 활성화, 수급조절위원회 설치
2023년~	농산물 유통구조 선진화 방안 발표, 농산물 온라인도매시장 개장

제2절 ○ 부문별 정책사업 및 제도

1. 채소 수급관리

　　우리나라 농산물 유통정책 중 사회적 관심을 가장 많이 받는 정책사업은 수급관리사업인데, 이는 농산물의 수급 안정이 생산자의 농가 수취가격과 소비자 지불가격의 변동성을 줄이는 기본 요건이기 때문이다. 즉, 농산물 수급이 불안해지면 가격의 급등 또는 급락이 발생하여 소비자의 농산물 구매 부담이 증가하거나 생산자의 판매소득이 감소하게 되기에, 수급을 안정적으로 유지하기 위한 정책사업이 도입되고 있다. 농림축산식품부의 농산물 수급관리사업은 주로 채소에 집중되어 있는데, 쌀이나 과일에 비해 채소의 수급 변동성이 크기 때문이다. 특히, 우리나라 국민 식품인 김치의 주 원료인 배추, 무, 고추, 마늘, 양파를 대상으로 수급안정을 위한 정책사업을 시행하고 있는데, 해당 품목이 재배면적의 변화와 기상재해의 영향이 크기 때문이다.

　　우리나라 채소 수급관리사업의 변천과정이 <그림 7-3>와 같이 정리될 수 있는데, 시대별 여건과 정책 수요에 따라 다양한 정책사업이 도입되거나 폐지되었다. 본격적인 채소 수급관리사업은 1978년 수매·비축사업부터 시작되었는데, 정부가 5대 주요 채소(배추, 무, 고추, 마늘, 양파)를 포함한 다양한 품목을 수매 및 비축하여 수급을 직접 관리하는 사업으로 현재까지 이어지고 있는 대표 정책사업 중 하나이다.

　　1980년대는 기존의 수매·비축사업 중심으로 수급관리가 진행되다가, 1990년대부터 다양한 정책사업이 도입되었다. 1995년부터 시작된 노지 채소 수급안정사업은 가격 등락폭이 큰 노지 생산 채소에 대해 계약재배를 진행하여 생산 및 출하 규모를 조절하고 농가소득 안정에 기여하기 위해 도입되었는데, 1997년 채소가격 안정사업, 2016년 채소가격 안정제 사업으로 발전하였다. 이 사업은 채소 생산자의 계약을 통해 농가 소득을 안정화하고 재배면적을 관리하여 채소의 공급 불안정성을 최소화하는 목적을 가지고 있다.

　　1999년부터 시작된 농업관측사업은 채소 등의 농산물의 수급과 가격을 전망하여 사전적인 대응을 위한 사업으로 국책연구기관인 한국농촌경제연구원(KREI)에 농업관측센터를 설립하여 진행하고 있다. 이 사업은 생산자의 재배의향면적, 주요 생육시기별 작황 등을 조사하고 이를 경제모형을 통해 분석하여 농산물의 공급량과 시장 가격을 미리 예측하여 수급 대응을 하기 위한 정보를 제공하는 목적을 가지는데, 우리나라 수급 관리의 수준을 한 단계 끌어올린 사업으로 평가받고 있다.

2000년에 시작된 농작물 생육조사사업은 농촌진흥청에서 담당하는데, 주요 작목을 대상으로 산지 생육 및 병해충 발생 상황 등을 모니터링하여 수급 관리를 위한 정보를 제공하여 농업관측의 정확성을 높이는데 기여하고 있다. 이 사업은 관련 기술의 발달에 따라 생성 및 제공하는 정보의 수준이 높아지고 있는데, 최근 드론과 인공지능(AI)을 이용하여 보다 정확하고 신속한 생육 정보가 만들어지고 있다.

2000년에 도입된 유통협약 및 유통명령 사업은 산지 생산자의 자율적인 수급 조절을 유도하는 정책으로 농산물 생산량이 과다한 경우 자체적인 협약을 맺거나 농식품부 장관의 행정명령을 통한 단속을 진행하여 품질이 낮은 농산물의 산지 출하를 금지하여 가격이 폭락하는 것을 막는 목적을 가지고 있다. 이 사업의 대표적인 사례가 제주도 감귤농가를 대상으로 시행되었던 유통명령으로 감귤 생산량이 급증한 경우 농식품부 장관의 행정명령을 발동하여 등급 외 감귤의 시장 유통을 단속하고 위반 농가에 과태료를 부과하는 등의 사업을 진행하였다.

2001년부터 시작된 농업 기상정보 시스템사업은 농촌진흥청이 산지의 농업 기상정보(기온, 강수량, 풍량, 일조량 등)를 측정하여 자료를 수집하고, 전망 결과를 제공하는 사업으로 채소의 생육상황을 조사하는 단계에서 사전 예측을 위한 단계로 발전된 사업이다. 이 사업은 최근 기상 이변의 발생빈도가 높아지고 있는 상황에서 중요성이 높아지고 있다.

2010년 이후에는 채소의 수급관리를 정부 주도에서 민간 거버넌스 중심으로 전환하는 모습을 보였다. 2013년에 도입된 수급조절위원회는 채소의 수급문제가 예상되거나 발생한 경우 생산자, 유통인, 소비자, 학계 전문가, 정부 관계자 등이 참여하는 위원회에서 대응책을 같이 논의하여 정책적 의사결정을 건의하는 기구로 기존의 정부가 주도하는 수급관리정책의 패러다임을 바꾸었다는 평가를 받고 있다. 이 사업을 통해 상호 이해상충이 발생하는 수급 관련자와 전문가가 협의하여 수급 안정화를 위해 노력하게 되어, 과거에 비해 수급 안정화를 위한 정책의 효과를 높이고 있다.

한편, 같은 해 도입된 수급조절 매뉴얼(수급관리 가이드라인)은 수급조절위원회의 의사결정의 기준이 되는 매뉴얼로 도매시장가격의 상승 또는 하락에 따라 수급 상황을 주의, 경계, 심각으로 구분하고 해당 단계별 수급 대응을 매뉴얼로 규정하여 객관적이고 체계적인 수급 대응을 하도록 유도하고 있다.

　2017년에 도입된 의무자조금 사업은 품목별 자조금 조직을 강화하는 사업으로 전국 단위의 품목별 생산자 조직을 육성하는 목적을 가지고 있다. 이 사업은 생산자가 자조금을 의무적으로 거출하여 자금을 형성하면 정부가 그에 상응하는 재원을 지원하여 자조금을 조성한 다음, 해당 자조금을 생산성 제고, 공급 관리, 판매 홍보 등의 사업을 진행하도록 하는 사업이다. 의무자조금 조직은 지역 구분 없이 대상 품목을 기준으로 조직을 구축하는 사업으로 지역 단위의 생산자 조직인 농업협동조합과 차이점을 가진다.

　2018년부터 본격화된 주산지 협의체 사업은 주요 품목별 주산지의 생산자를 조직화하여 주요 산지의 자율적인 재배면적 조절, 공급 과잉 시 물량 비축 등의 사업을 추진하는 목적을 가지고 있다. 농식품부는 주산지 협의체를 품목별로 육성하여 주산지끼리 연계하면, 최종적으로는 자조금 조직으로 확대되어 의무자조금 조직을 활성화할 수 있을 것으로 기대하고 있다.

그림 7-3　채소 수급관리사업의 변천 과정

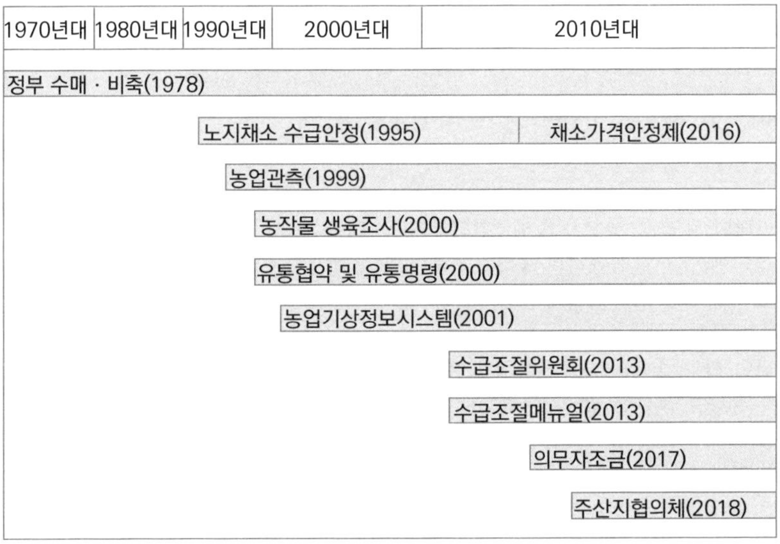

1970년대	1980년대	1990년대	2000년대	2010년대
정부 수매 · 비축(1978)				
		노지채소 수급안정(1995)		채소가격안정제(2016)
		농업관측(1999)		
			농작물 생육조사(2000)	
			유통협약 및 유통명령(2000)	
			농업기상정보시스템(2001)	
				수급조절위원회(2013)
				수급조절메뉴얼(2013)
				의무자조금(2017)
				주산지협의체(2018)

한편, 그동안 채소 수급관리를 위해 도입되었다가 중단된 사업도 다수 있는데, 1970년대의 생산자 출하조절사업(1977년)과 민간 수매지원사업(1979년), 1980년대의 유통예고제사업(1984년), 가격안정대사업(1986년), 양념채소 수급조정제도(1987년), 1990년대의 정부 출하조절사업(1990년)과 채소출하 약정 사업(1991년) 등이다. 이상의 사업들은 우리나라 채소 수급관리를 위해 시도되었던 사업으로, 다양한 정책적 노력에 고심했던 정부의 모습을 볼 수 있다.[46][47][48]

2. 생산자 조직화

우리나라의 생산자 조직화는 크게 지역단위 조직화와 품목단위 조직화로 구분된다. 지역단위 조직화는 특정 지역의 생산자를 조직화하는 사업으로 농업협동조합사업이 대표적이다. 지역 단위 조직화는 물리적으로 같은 지역에 있는 생산자를 모아서 유통 규모화 등을 진행하는 사업으로 과거 교통과 통신 인프라가 열악한 상황에서 유일한 조직화 방법이었다. 보통은 마을 단위 작목반에서 시작한 조직화는 읍·면 단위 지역 농협을 통한 조직화로 확대되는데, 지역 농협끼리 연합하여 유통사업을 추진하는 조합공동사업법인 사업이나 통합 마케팅 사업 등이 있다. 농식품부는 지역 단위 조직 육성을 위해 APC와 RPC 등의 거점 산지유통시설 지원사업을 진행하고 있는데, 이들 시설의 광역화 및 규모화에 초점을 두고 있다. 다만, 지역단위 조직화는 해당 지

---

46) 1970년대의 사업 중 생산자 출하조절사업은 무·배추 등 채소의 수확기 홍수 출하를 방지하고 적정 가격기에 출하를 독려하여 농가소득 증대와 수급안정을 도모하는 사업이었고, 민간 수매지원사업은 저장 또는 가공업체에 수매자금을 지원하여 단경기 수급 및 가격안정과 가공수요 확대를 유도하는 사업이었다.

47) 1980년대 사업 중 유통예고제사업은 파종기 전 농가 재배 의향을 조사하고, 생육기간 중 재배면적과 작황을 조사한 관측결과를 농업관측협의회에서 분석하여 유통예고 내용을 홍보하여 적정 생산을 유도하는 사업이었고, 가격안정대사업은 품목별로 상한 및 하한가격을 설정하고 도매가격이 이를 이탈할 경우 비축 또는 방출 시행하는 사업이었으며, 양념채소 수급조정제도사업은 파종 이전에 재배계획을 신고하도록 하여 면적을 조절하고 농협과 출하약정을 체결하고 이행 농가의 농산물을 수매하여 가격 지지하는 목적을 가진 사업이었다.

48) 1990년대 사업 중 정부출하조절사업은 무·배추를 대상으로 포전수매를 진행하여 일정 물량을 사전 확보한 후 출하량과 출하시기를 조절하는 사업이었고, 채소출하약정사업은 주산단지 내 농가와 생산자단체가 생산 및 출하약정을 체결하여 적정 면적 생산과 출하 조정을 통한 수급 안정을 도모하는 사업이었다.

역 내 다양한 품목의 생산자가 혼재되어 있어 특정 품목의 수급관리에는 한계가 있다.

품목 단위 조직화는 지역과 관계없이 동일한 품목을 생산자를 하나의 조직으로 묶어서 산지 유통을 주도하도록 하는 것으로 2010년대부터 자조금 조직을 대상으로 본격적으로 육성되기 시작하였다. 여기서 자조금이란 특정 사업을 추진하기 위해 자조금 회원들이 스스로 돈을 거출하여 모은 자금인데, 초기에는 회원들이 자율적으로 자조금을 납부하는 임의자조금 조직으로 시작하였다가, 이후 모든 회원이 의무적으로 자조금을 납부하고 정부가 일정 자금을 지원하여 자조금의 규모를 늘려서 사업을 시행하는 의무자조금 조직으로 성장하게 된다. 자조금 조직은 처음부터 동일 품목 생산자를 대상으로 전국 조직을 설립하기에 처음 조직 구성에 어려움이 있으나, 일단 조직이 제 기능을 하게 되면 일사분란한 수급조절이 가능한 장점이 있다.

그림 7-4　　**농협과 자조금의 특성**

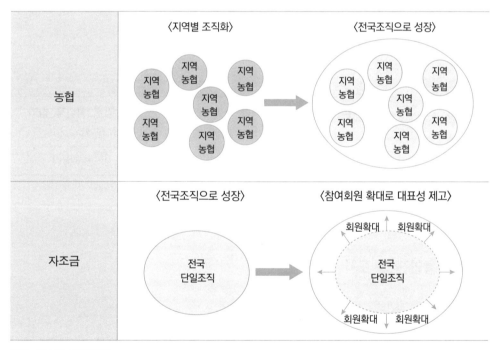

자료: 김성훈 외(2022)

우리나라 자조금 조직은 축산업부터 시작되었는데, 육계, 한돈, 낙농, 한우, 계란, 양봉, 오리 등의 축종별 자조금이 조직되어 축산물 홍보, 자율적 수급 안정, 생산자 교육 및 정보 제공 등의 사업을 매년 진행하고 있다. 특히, 한돈, 한우 등의 주요 자조금 조직은 높은 수준으로 성장하여 매년 사업에 투입되는 자조금 규모가 300억 원이 넘고 있다.

한편, 농산업 자조금은 축산업 자조금에 비해 조직 역사가 길지 않지만 농식품부의 집중적인 육성사업을 통해 빠른 속도로 성장하고 있다. 2024년 기준 18개 의무자조금 조직과 9개 임의 자조금 조직이 운영되고 있는데, 주요 자조금 조직으로는 파프리카, 인삼, 사과, 감귤, 마늘, 양파, 친환경농산물 자조금 조직 등이 있다. 농산 자조금 조직 또한 거출된 자조금을 가지고 다양한 사업을 매년 진행하고 있는데, 농산물 소비 촉진 홍보, 자율적 수급 안정, 생산자 교육 및 정보 제공 등의 사업이 대표적이다. 특히, 농식품부는 농산 자조금 조직이 산지 수급 관리를 자율적으로 주도하여 우리나라 농산물의 수급 안정에 기여할 수 있도록 육성해나가고 있다.

표 7-1 농산 자조금 현황

구분	대상 품목
의무자조금 (18)	친환경 농산물, 인삼, 백합, 키위, 배, 파프리카, 사과, 감귤, 콩나물, 참외, 절화, 포도, 마늘, 양파, 떫은 감, 복숭아, 차, 자생란
임의자조금 (9)	단감, 무·배추, 고추, 가지, 오이, 풋고추, 딸기, 밤, 블루베리

자료: 자조금통합지원센터(http://xn--jj0b479bhta.kr/)

3. 식품안전 및 표시·인증

1) 안전성 관리

최근 농산물 유통에서 농산물울 포함한 식품의 안전성 관리정책의 중요성이 높아지고 있는데, 이는 과거와 달리 농산물 공급이 수요에 근접하거나 초과함에 따라 보다 우수한 농산물을 소비하고자 하는 국민의 요구 수준이 높아졌기 때문이다. 즉, 과거에는 물량 자체가 부족하여 "풍족하게 먹는 것"을 우선하던 소비자가 "양보다 질"

을 우선하기 시작하였음을 의미한다.

기본적으로 농산물의 안전성을 관리하는 제도는 농가의 생산지에서 재배되고 있거나 저장 창고에 보관되는 것을 대상으로 시장 출하 전에 조사하고, 조사 결과 안전성에 부적합한 문제를 가진 농산물이 시장에 출하되지 않도록 폐기, 용도 전환, 출하연기 등의 조치로 생산자와 소비자를 동시에 보호하기 위한 제도이다. 나아가 농산물 안전문제가 발생한 경우 이를 역추적하여 원인을 규명하고 재발을 방지하기 위한 노력도 하고 있다.

농산물 안전관리 정책사업의 대표 사업인 농산물 안전성조사는 생산 및 유통 단계의 농산물의 각종 식품안전 유해 물질이 잔류허용기준을 넘지 않는지를 조사하는 제도로 농산물품질관리원에서 시행하고 있다.[49] 구체적인 조사 대상 농산물은 쌀, 배추, 사과 등 1일 섭취량이 많거나 상추, 들깻잎과 같이 조리하지 않고 날로 먹는 농산물 등인데, 특히 부적합 비율이 높거나 소비자의 관심이 큰 신선 채소류는 기본관리품목으로 지정하여 집중조사하고 있다. 조사 대상 유해물질은 식품의약품안전처에서 잔류허용기준이 설정된 농약·중금속·곰팡이독소 등으로 농산물에 대한 시료 채취, 위해물질 분석, 부적합 농산물에 대한 조치 이행 등의 단계를 거치고 있다. 안전성 조사결과 잔류허용기준을 초과한 생산단계 부적합 농산물은 시장에 출하되지 않도록 폐기·용도전환·출하연기 등의 조치를 취하고, 유통단계 부적합 농산물은 관계기관 통보·생산단계 재조사 등의 조치를 통하여 생산자와 소비자를 동시에 보호하고 있다. 농산물품질관리원은 2006년부터 농산물 안전안심 서비스(SafeQ system)를 운영하고 있는데, 기존의 안전성 조사를 보다 체계화하여 종합적인 농산물의 유해 물질 관리를 하고 있다.

농산물품질관리원은 농산물의 잔류 농약 관리를 보다 강화하기 위해 2019년부터 농약 허용물질 목록관리제도(PLS: positive list system)를 도입하였다. PLS 제도는 국산 농식품 또는 수입식품에 사용되는 농약 성분을 사전에 등록하고 잔류허용기준을 설정하여, 등록된 농약 이외에는 잔류농약 허용기준을 일률기준(0.01mg/kg)으로 관리하는 제도로 실질적으로는 등록된 농약 이외의 농약의 사용을 금지하는 목적을 가진다. 과거에는 NLS(negative list system)을 적용하였는데, 이는 등록된 목록의 농약 성분만 잔류

---

49) 잔류 허용기준이란 농산물(식품)에 남아있는 농약성분 등을 사람이 일생 동안 매일 먹어도 인체에 아무런 영향이 없는 수준을 법으로 정한 기준량으로, 독성과 식품별 섭취량 등에 대한 과학적인 시험 결과를 토대로 식품의약품안전처에서 설정 고시하고 있다.

허용기준 충족 여부만 조사하고 나머지 성분은 관리하지 않는 맹점이 있었다. PLS 제도 도입을 통해 모든 농약 성분에 대한 안전성 관리가 가능해짐에 따라 우리나라 농산물의 안전성 수준이 높아지게 되었다.

그림 7-5   주요 농산물 안전성 관리 제도

안전성 조사	생산·유통·판매 단계에서 농약 등 유해물질의 안전성을 조사하여 관리
PLS	등록된 농약 이외에는 잔류농약 허용기준을 일률기준(0.01mg/kg)으로 관리

2) 표시·인증 제도

농산물의 표시제도는 농산물 특성을 직접 포장 등에 표시하여 관련 정보를 소비자에게 제공하는 제도이고, 인증제도는 농산물의 차별적인 특성을 인증하여 해당 표시 내용의 신뢰성을 높이는 제도이다. 다양한 농산물이 시장에 출시되는 상황에서 소비자는 더 우수하고 필요한 농산물을 선택하여 구매하려고 하는데, 표시와 인증제도는 믿을 수 있는 정보를 제공하여 소비자 선택에 도움을 준다. 또한, 생산자는 생산한 농산물의 차별적인 장점을 표시와 인증을 통해 알릴 수 있어 보다 높은 가격에 수월하게 판매할 수 있게 된다.

농축산물 및 가공식품에 대한 표시 인증은 크게 식품 안전성 관련 표시 인증과 상품의 차별적 특성 관련 인증으로 구분할 수 있는데, 주요 표시 인증은 <표 7-2>와 같이 정리된다. 그중 농산물의 경우 식품 안전성을 확인하는 인증으로는 친환경 농산물 인증, 농산물 우수관리(GAP) 인증, 이력추적관리, 유전자변형 농산물표시(GMO) 등이 있고, 상품의 차별적 특성을 보여주는 인증으로는 저탄소 농축산물 인증, 지자체 인증, 원산지 표시, 지리적 표시 등이 있다. 축산물의 경우에는 식품 안전성 관련 인증으로 친환경 축산물 인증, 이력추적관리 등이 있고, 차별적 특성 관련 인증으로는 동물복지 인증, 지자체 인증, 원산지 표시 등이 있다. 가공식품의 식품 안전성 관련 인증으로는 가공식품 표준 KS 인증, 유기가공식품 인증, 식품위해요소중점관리(HACCP) 인증, 건강기능식품 GMP 인증 등이 있고, 차별적 특성 인증으로는 전통식품인증, 식품명인인증, 술 품질인증, 어린이 기호식품 품질인증, 원산지 표기 등이 있다.

농축산물 및 가공식품의 표시 인증 현황

구분	인증
농산물	• 식품 안전성 관련 인증 　- 친환경 농산물 인증, GAP 인증, 이력추적관리, GMO 인증 등 • 상품의 차별적 특성 관련 인증 　- 저탄소 농축산물 인증, 지자체 인증, 원산지 표시, 지리적 표시 등
축산물	• 식품 안전성 관련 인증 　- 친환경 축산물 인증, 이력추적관리 등 • 상품의 차별적 특성 관련 인증 　- 동물복지 인증, 지자체 인증, 원산지 표시 등
가공식품	• 식품 안전성 관련 인증 　- 가공식품 표준 KS 인증, 유기가공식품 인증, HACCP 인증, 건강기능식품 　　GMP 인증 등 • 상품의 차별적 특성 관련 인증 　- 전통식품 인증, 식품명인 인증, 술 품질 인증, 어린이 기호식품 품질 인증, 　　원산지 표시 등

자료: 농식품부, 해수부, 식약처 등

　친환경 인증은 농축산물의 생산과정에 대한 인증으로 우리나라 소비자들이 가장 많이 접하고 있는 표시 인증 중의 하나이다. 친환경 농산물 인증은 합성농약, 화학비료 및 항생·항균제 등 화학자재를 사용하지 않거나 사용을 최소화하고 농업생태계와 환경을 보전하면서 생산된 농산물에 부여하는 인증으로, 무농약 농산물 인증과 유기 농산물 인증으로 구분된다. 그중 무농약 농산물 인증은 유기합성농약을 사용하지 않고 화학비료를 권장 시비량의 1/3 이하로 사용하여 재배한 농산물에 부여하는 인증이고, 유기농산물 인증은 유기합성농약과 화학비료를 사용하지 않고 재배한 농산물에 부여하는 인증이다.[50]

　친환경 축산물 인증은 항생제, 합성항균제, 호르몬제 등 화학자재를 전혀 사용하

---

[50] 우리나라에 친환경 농산물 인증을 처음 도입하였을 때는 친환경 농업으로 농사를 지을 의향이 있는 농가 중에 무농약 또는 유기농 단계까지 도달하지 못한 농가에 인증 혜택을 주기 위해, 유기농, 전환기 유기농, 무농약, 저농약의 4가지 인증을 도입하였으나, 소비자 혼란을 줄이고 친환경 농산물 인증의 본래 취지를 살리기 위해 전환기 유기농 인증과 저농약 인증을 폐지하였다. 최근에는 유기농 인증만을 적용하는 국제 기준에 맞춰서 무농약 인증 또한 폐지하여야한다는 주장이 제기되고 있다.

지 않거나 최소량만을 사용하여 생산한 축산물에 부여하는 인증으로 무항생제 축산물 인증과 유기축산물 인증으로 구분된다. 무항생제 축산물 인증은 항생제·합성항균제·호르몬제가 포함되지 않은 무항생제 사료를 급여하여 사육한 축산물에 부여하는 인증이고, 유기축산물 인증은 유기인증 기준에 맞게 재배·생산된 유기 사료를 급여하고 인증기준을 지켜 생산한 축산물에 부여하는 인증이다.

한편, 유기가공식품 인증은 유기농 인증을 받은 농축수산물을 원료로 하여 가공된 식품에 부여하는 인증으로 일반 재배 농산물을 사용하여 가공된 가공식품과 차별화된 특성을 표시할 수 있게 하는 제도이다. 유기가공식품 인증은 1차 생산물인 농축산물에 대한 인증이 아닌 가공식품에 대한 인증으로, 유기농 원료를 사용한 가공식품에 추가적인 인증 가치를 부여하여 유기 농축수산물의 부가가치를 증대시키는 역할도 하고 있다.

그림 7-6 친환경 농축산물 인증 표시와 유기가공식품 인증 표시

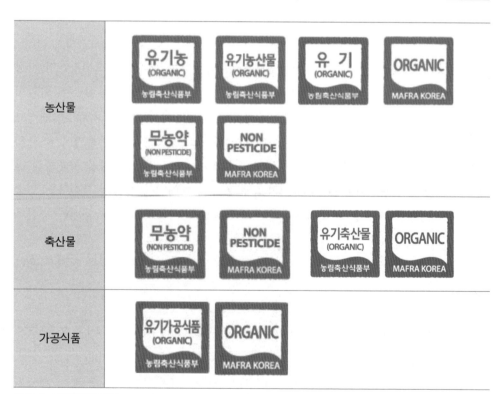

자료: 농산물품질관리원

농산물 우수관리 인증(GAP: good agricultural practices)은 농산물의 생산단계부터 수확 후 유통단계까지 토양, 수질 등의 농업환경과 농산물에 잔류할 수 있는 농약, 중금속, 유해 미생물 등의 위해요소를 안전하게 관리한 농산물이 부여하는 인증이다. GAP 인증은 농산물의 농약·중금속·유해생물 등의 유해 요소를 농장에서 식탁까지(farm to table) 생산 및 유통 전 과정에 걸쳐서 일정 기준 내에서 관리하여 농산물 재배단계에서 농약과 화학비료 등의 사용 여부만 관리하는 친환경농산물인증보다 범위가 더 넓은 것으로 볼 수 있다. GAP는 생산자 및 관리자가 지켜야 하는 위해요소의 차단을 위한 규범인데, 친환경농산물에 대한 저농약 인증이 폐지되고, 수출 대상국의 GAP 요구가 증가함에 따라 GAP 인증 확대를 위해 노력을 하고 있다.

이력추적관리(traceability)는 농축산물 등의 생산 및 유통 관련 내용을 관리하여 식품 안전성 등의 문제가 발생할 경우 이를 추적하여 대응하도록 하는 제도인데, 이러한 관리 시스템의 적용을 받는 농축산물 등에 부여하는 인증이다. 이력추적관리는 식품 안전사고에 대한 신속한 원인 규명과 시의적절한 제품 회수를 통해 안전사고 발생에 신속하게 대응할 수 있고, 표시의 신뢰성 확보에 의한 공정한 거래나 위험관리에 기여하며, 품질관리·안전관리·재고관리의 효율화를 높이는 역할을 한다.

농산물 이력추적관리는 GAP의 전제 조건이 되어, GAP 인증을 받기 위한 농산물은 농산물이력추적관리 시스템을 가지고 있어야만 한다. 한편, 한우 등 축산물 이력추적관리의 경우 생산 및 유통 기록 등을 관리함에 따라 수입산 축산물의 국산 둔갑을 방지하는 효과를 얻고 있기도 하다.

| 그림 7-7 | GAP 인증 표시와 이력추적 인증 표시 |

GAP 인증	
이력추적 인증	

자료: 농산물품질관리원

유전자변형 농산물표시(GMO)는 유전자를 변형시킨 농산물 등을 원료로 가공한 식품에 해당 내용을 표시하도록 하는 제도인데, 소비자가 식품을 구매할 때 원료의 유전자 변형 여부에 대한 정보를 제공하여 구매 결정에 도움을 주기 위한 목적을 가지고 있다. 유전자변형(GMO)이란 생물체 유전자 중에 유용한 것을 취하여 그 유전자가 없는 다른 생물체에게 삽입하고 유용하게 변형한 것으로 아직 식품 안전성에 대한 정확한 검증이 완전히 끝나지 않은 상황으로, 소비자에게 이를 인지하고 식품을 구매하도록 할 필요성이 있다. 한편, 식품가공업체 중 일부는 유전자 변형 원료를 사용하지 않고 생산한 가공식품을 판매하고 있는데, 이에 대한 인증으로 비유전자변형식품(Non-GMO) 표시를 할 수 있도록 하고 있다.

| 그림 7-8 | GMO 인증 표시 예 |

원산지 표시제는 농축수산물과 가공품 원료 등에 대한 원산지를 표시하도록 하여 소비자의 알권리를 보장하고 공정한 거래를 유도하는 제도로, 수입산 농축수산물의 국산 둔갑을 단속하기 위한 목적을 가지고 있다. 일례로 농산물 원산지 표시는 국산 농산물과 수입 농산물, 반입 농산물로 구분되는데, 국산 농산물은 '국산'이나 '국내산' 또는 그 농산물을 생산·채취·사육한 지역을 표시하고, 수입 농산물은 통관 시의 원산지를 표시하도록 하며, 반입 농산물은 반입 시의 원산지를 표시하도록 한다. 한편, 정부는 농축수산물 상당 부분이 소비되고 있는 음식점에서의 원산지 표시도 의무화하고 있는데, 음식점의 메뉴에 원료 원산지를 표시하도록 하여 소비자가 주요 식재료의 원산지를 확인할 수 있도록 하고 있다.

한편, 지리적 표시는 농축수산물 또는 가공품의 명성·품질, 그 밖의 특징이 본질적으로 특정 지역의 특성에 기인하는 경우 해당 상품이 그 특정 지역에서 생산·제조 및 가공되었음을 표시하는 제도로 특정 지역에서 생산된 식품을 소비자가 선호하는 경우 다른 지역과 차별성을 부각하기 위한 목적을 가지고 있다.

그림 7-9   원산지 표시 및 지리적 표시 인증 표시 예

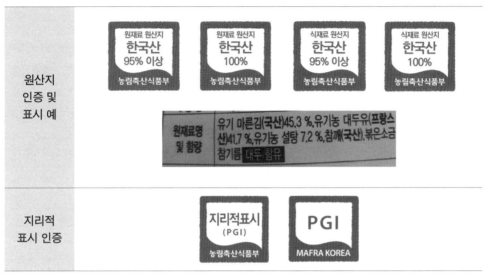

원산지 인증 및 표시 예	원재료 원산지 **한국산** 95% 이상 농림축산식품부	원재료 원산지 **한국산** 100% 농림축산식품부	식재료 원산지 **한국산** 95% 이상 농림축산식품부	식재료 원산지 **한국산** 100% 농림축산식품부
	원재료명 및 함량	유기 마른김(국산)45.3 %,유기농 대두유(프랑스 산)41.7 %,유기농 설탕 7.2 %,참깨(국산),볶은소금 참기름 대두 함유		
지리적 표시 인증		지리적표시 (PGI) 농림축산식품부	PGI MAFRA KOREA	

자료: 농산물품질관리원

　저탄소 농축산물 인증은 GAP 인증 농산물과 친환경 농산물 등을 대상으로 저탄소 농업기술을 적용하여 생산한 농축산물에 부여하는 인증으로, 최근 이슈가 되고 있는 탄소 절감에 농업이 기여하도록 유도하기 위한 목적을 가진다. 녹색산업인 농업도 농기계와 에너지 사용 비중이 늘어나고 있어 일반 공업처럼 온실가스의 배출 절감을 위한 생산 방식 변화를 요구받고 있는데, 이를 활성화하고 소비자 호응을 얻을 수 있도록 하는 제도이다.

　동물복지 인증은 동물에게 불필요한 고통을 주지 않고 쾌적한 환경에서 동물의 본래 습성대로 키우는 등 높은 수준의 동물복지 기준에 따라 동명을 사육하는 농장에 대해 부여하는 인증으로, 대규모 사육시설에서 효율성에만 초점을 둔 축산업의 변화를 꾀하는 목적을 가지고 있다. 산란계(계란) 농장을 대상으로 처음 시작된 동물복지 인증은 이후 육계, 한우 및 육우, 젖소, 염소, 오리 등으로 인증 대상을 확대해 나가고 있는데, 소비자는 자신이 구매하는 축산물의 가축이 적절한 환경에서 사육되었는지의 여부를 쉽게 확인할 수 있게 되었다.

그림 7-10　　저탄소 농산물 인증 및 동물복지 인증 표시

저탄소 농산물 인증	
동물복지 인증	

자료: 농산물품질관리원, 농림축산검역본부

　　다음으로 가공식품에 대한 인증 중 식품 안전성 관련 인증으로는 가공식품 표준 KS 인증, 유기가공식품 인증, HACCP 인증, 건강기능식품 GMP 인증, 어린이 기호식품 품질 인증 등이 있고, 차별적 특성에 관한 인증으로는 전통식품 인증, 식품명인 인증, 술 품질 인증 등이 있다. 먼저 가공식품 표준 KS 인증은 가공식품이 한국 표준(KS: Korea standard)을 준수하여 생산된 경우 부여하는 인증이고, 유기가공식품 인증은 앞에서 설명하였듯이 유기농 원료를 사용하여 가공한 식품에 부여하는 인증이다.

　　HACCP 인증은 식품의 원재료부터 제조, 가공, 보존, 유통, 조리단계를 거쳐 최종 소비자가 섭취하기 전까지의 각 단계에서 발생할 우려가 있는 위해요소를 규명하고, 이를 중점적으로 관리한 경우 부여하는 인증으로, 우리나라 대부분의 식품가공업체가 의무적으로 취득하도록 하고 있다.

　　건강기능식품 GMP 인증은 건강기능식품, 의약품 등의 의료제품, 화장품을 대상으로 시행하는 우수 제품제조 및 품질관리 기준으로, 작업장의 구조와 설비를 비롯하여 원료의 구입부터 생산·포장·출하에 이르기까지의 전 공정에 걸쳐 생산과 품질의 관리에 필요한 기준에 부합하는 건강기능식품업체에 부여하고 있다.

　　어린이 기호식품 품질 인증은 어린이 기호식품 중 안전하고 영양을 고루 갖춘 제품에 부여하는 인증으로, HACCP에 적합한 식품이고 고열량·저영양 및 고카페인 식품이 아니면서 영양소를 강화하는 식품을 대상으로 한다.

전통식품 인증은 국내산 농수산물을 주원료로 하여 제조·가공·조리되어 우리 고유의 맛·향·색을 내는 우수한 전통식품에 부여하는 인증으로, 우리나라 전통식품의 품질을 보증하여 소비자의 소비를 촉진하는 목적을 가진다.

식품명인 인증은 전통식품 산업의 활성화와 계승·발전을 위해 식품의 제조·가공·조리 분야에서 우수한 기능을 보유한 식품명인에 부여하는 인증으로, 우리나라 전통식품의 수준을 높이고 산업 활성화를 위한 목적으로 도입되었다.

술 품질 인증은 우리나라에서 생산되는 술의 품질향상과 고품질 술의 생산 장려 및 소비자를 보호하기 위한 인증으로, 탁주(막걸리), 약주, 청주, 과실주에 대해 처음 시행된 이후 증류식소주, 리큐르, 기타 주류로 대상을 확대하였다.

| 그림 7-11 | 가공식품 인증 표시 |

자료: 농산물품질관리원, 식품의약품안전처

마지막으로 중앙기관이 아닌 지자체도 자체 인증제도를 도입하고 있는데, 지자체에서 생산되는 식품 중 일정 기준에 부합하는 상품에 대하여 도지사 또는 도에서 품질을 보증하는 의미로 인증을 부여하는 제도이다. 지자체 인증은 여건 및 특성에 따

라 인증 대상 품목과 지정 기준이 다른데, 지자체에서 생산되는 식품의 소비 촉진을
목적으로 운영되고 있다.

그림 7-12   **지자체 인증 표시 예**

자료: 경기도농수산진흥원, 충청남도청, 강원특별자치도청

01 　농산물 유통정책이란 정부가 농산물 유통의 효율성과 효과성을 제고시키기 위해 시행하는 각종 정책으로 농산물 유통시장에서 발생하는 시장실패를 보완하기 위해 정부가 직접 혹은 간접적으로 시장에 영향을 주는 정치적 행위이다.

02 　농산물 유통정책의 목적은 크게 보면 우리나라 농산물 유통의 효율성과 효과성을 제고시키는 것이지만, 보다 구체적으로 보면 농산물 유통의 근간인 상류와 물류의 효율성과 효과성 제고와 유통조성기능이 제대로 작동할 수 있게 하는 기준과 체계를 마련하는 것이다.

03 　농산물 유통정책은 시대별로 변화해왔는데, 도매시장 개장, RPC와 APC 육성, 직거래 활성화, 온라인도매시장 개장 등이 포함된다.

04 　농산물 유통정책을 부문별로 보면, 채소 수급관리 정책, 생산자 조직화 정책, 식품안전 및 표시·인증 정책 등이 있다.

- 유통정책
- 도매시장
- 채소 수급관리

- 효율성
- RPC와 APC
- 생산자 조직화

- 효과성
- 직거래
- 식품안전 및 표시·인증

01 농산물 유통정책의 정의와 목적에 대해 설명하라.

02 우리나라 농산물 유통정책의 변천 과정을 단계별로 제시하라.

03 채소 수급관리 정책을 시기별로 설명하라.

04 생산자 조직화 정책 중 지역단위 조직화와 품목단위 조직화 정책을 각각 기술하라.

05 식품안전 및 표시·인증 정책을 구체적으로 제시하라.

Chapter

08

식품산업과 유통

개요

이 장에서는 최근 이슈로 부각되고 있는 식품산업에 대해 설명하도록 한다. 먼저, 식품산업의 개념과 여건에 대해 살펴보고, 식품산업의 큰 축을 차지하고 있는 식품가공산업, 외식산업, 식재료산업의 현황을 각각 구체적으로 설명한다. 이 장에서 다루는 식품산업은 전통적인 농산물 유통에서는 크게 다루어지지 않았던 분야이지만, 최근 농업인 1차 산업과 제조 및 서비스업인 2·3차 산업의 융합이 확산되는 추세와 함께 중요성이 높아지고 있어 농식품 유통 전반을 공부하는 데 필수적이다.

주요 학습사항

• 식품산업이란 무엇이며 여건을 어떻게 형성되어 있는가?
• 식품가공산업은 무엇인가?
• 외식산업은 무엇인가?
• 식재료산업은 무엇인가?

위스키와 우리 술

전 세계를 휩쓴 코로나19 팬데믹은 우리나라의 술 소비 트렌드에도 큰 영향을 줬다. 사회적 거리두기로 식당에 모여 술 한잔하는 문화가 집에서 혼술하는 문화로 바뀌면서 위스키 등의 고도주 소비가 크게 늘었다. 관세청 통계를 보면 우리나라의 위스키 수입량이 2019년 약 7,000톤에서 2022년 1만 3,000톤으로 2배 가까이 증가한 것으로 나타났는데, 최근 국제 물류대란으로 국가간 교역이 어려웠던 상황을 감안하면 우리나라 소비자들의 위스키 사랑이 얼마나 커졌는지를 알 수 있다.

위스키의 소비성향도 다양해졌다. 편의점이나 할인점의 수만 원대 저가 위스키부터 수백만 원을 호가하는 고급 위스키까지 상품의 스펙트럼이 넓어진 것은 물론이고 소량의 위스키를 얼음과 탄산수 등에 타서 마시는 하이볼을 만들어 가볍게 즐기는 소비층도 늘고 있다. 특히 고깃집이나 일식집 등에서는 아예 하이볼을 주류메뉴의 하나로 소주와 맥주 등과 함께 판매하는데 젊은 여성층에게 인기가 높다.

위스키나 와인 등 외래주 시장이 이른바 폭풍 성장하는 것을 보는 우리 술 생산자들의 마음은 착잡하다. 2010년 무렵 막걸리 열풍이 불어 우리 술에 대한 전국민적 관심을 받았고 일본 수출도 크게 늘었는데 지금은 과거의 영광이 돼버렸다. 물론 아직도 도심 번화가에 가면 막걸리 등의 우리 술 전문점이 간간이 보이지만 산 아래 두붓집이나 전집에서 막걸리를 마시는 사람이 붐비던 과거로 돌아간 듯하다.

다른 식품도 그렇지만 술은 소비 트렌드가 매우 빠르게 변화하는 상품이다. 특히, 개인의 취향을 중시하고 때로는 자신의 행복을 위해 다소 과한 소비도 마다하지 않는 요즘 젊은 소비자들에게 술은 취하도록 마시는 '알코올'이기에 앞서 자신이 소장하고 남에게 자랑하고픈 '먹는 액세서리'로 소비된다. 대기업은 이러한 술 소비 트렌드의 변화를 이용하거나 주도하는데 알코올에 물을 희석한 소주에 과일향이나 탄산을 첨가하고 깨끗하게 걸러내거나 산소를 추가하는 등 다양한 상품성을 부여해왔다. 나아가 희석식 소주의 도수를 1924년 35도에서 1965년 30도로 낮춘 이후 1970년대부터 한동안 25도를 유지하다 최근에는 15도 미만 소주를 출시하고 급기야 5도의 탄산소주까지 시장에 내놓는 등 진화를 거듭하고 있다.

막걸리를 포함한 우리 술도 쉼 없는 변화를 꾀하고 있기는 하다. 밤막걸리, 땅콩막걸리 등 지역 특산물을 막걸리와 결합하는 시도는 꽤 오래됐고 청주부터 증류식 소주까지 다양한 도수의 전통주가 변신을 위한 노력을 지속한다. 최근에는 유명 연예인의 이름이 들어간 전통소주가 소비자의 이목을 끌기도 하지만 위스키만큼의 소비를 창출하지는 못하고 있다.

사실 마케팅 관점에서 보면 우리 술의 시장 잠재력은 작지 않다. 대기업의 희석식 소주나 맥주는 말할 것도 없고 해외에서 수입하는 와인이나 위스키에 못지않은 역사와 스토리, 맛을 지녔다. 그럼에도 매장이나 식당 진열대에서 한쪽 구석으로 밀려나 있는 모습을 보면 분명 중요한 무엇인가를 놓치고 있다. 위스키의 소비폭발을 마냥 부러운 눈으로만 보고 있기에는 우리 술의 사정이 그렇게 한가하지 않다.

<자료: 머니투데이, 2023. 6. 12. 기고문>

제1절 ♀ **식품산업의 개념과 여건**

1. 식품산업의 개념

식품은 우리가 섭취하는 음식물을 뜻하는데, 이를 다루는 산업이 바로 식품산업이다. 식품산업의 정의는 다양하지만 관련 법령인 "농업·농촌 및 식품산업 기본법"에 의하면 식품산업이 "식품을 생산·가공·제조·조리·포장·보관·수송 또는 판매하는 산업"으로 규정되고 있다.[51] 다시 말해 식품산업은 우리가 먹거나 마시는 상품을 다루는 산업으로 넓은 범위를 가지고 있지만, 일반적으로 2차 제조업인 식품가공산업과 3차 서비스업인 외식산업과 식품유통업 등을 주로 지칭한다.

그중에서 식품가공산업 또는 외식산업은 1차 산업인 농림축수산업에서 생산되는 상품을 원료로 소비하여 새로운 상품을 생산하는 산업인데, 농림축수산업의 생산물을 구매하여줄 뿐만 아니라, 농림축수산물의 부가가치를 창출하여 새로운 상품을 소비자에게 공급하는 역할을 하고 있다. 따라서, 정부는 식품산업을 통해 농림축수산업의 성장을 촉진하는 상호 발전 정책을 지속하고 있다.

그림 8-1 **식품가공·외식산업의 역할**

---

51) 보다 구체적인 내용은 다음과 같다.
농업·농촌 및 식품산업 기본법 제 1장 제 3조
7. "식품"이란 다음 각 목의 어느 하나에 해당하는 것을 말한다.
가. 사람이 직접 먹거나 마실 수 있는 농산물
나. 농산물을 원료로 하는 모든 음식물
8. "식품산업"이란 식품을 생산·가공·제조·조리·포장·보관·수송 또는 판매하는 산업으로서 대통령령으로 정하는 것을 말한다.

식품산업에 대한 학문적 논의는 2008년 농림부가 농림수산식품부로 개편된 것을 계기로 활성화되었다. 즉, 과거 농림부는 농축산업에 초점을 두고 정책을 시행하였었지만, 농림수산식품부(현재는 농림축산식품부)가 식품산업을 주요 정책 대상으로 새로 설정하고 관련 정책을 추진함에 따라 학문적 연구가 활성화되었던 것이다.

우리나라 식품산업은 지속적인 성장을 하고 있는데, 주요 식품산업인 식품가공산업과 외식업의 총 매출액이 2022년 기준 307조 원에 달하고, 종사자수도 약 229만 명일 정도로 성장하는 산업이다. 구체적으로 살펴보면, 식품가공산업의 매출액은 2000년 34조 원에서 2022년 130조 원으로 3.8배 가까이 성장하였고, 외식산업도 매출액이 2000년 35조 원에서 2022년 177조 원으로 5.1배나 증가하였다. 종사자수 또한 크게 증가하였는데, 식품가공산업과 외식산업의 종사자수가 2000년 16만 명과 143만 명에서 2022년 25만 명과 204만 명으로 각각 증가하였다.

표 8-1 식품산업의 매출액 및 종사자 변화 추이

단위: 십억 원, 천 명

		2000	2005	2010	2015	2020	2021	2022
매출액	전체	69,544	97,369	131,291	191,950	242,136	263,896	306,888
	식품가공산업	34,072	43,668	63,725	83,937	102,247	113,133	129,766
	외식산업	35,472	53,701	67,566	108,013	139,890	150,763	177,123
종사자수	전체	1,589	1,603	1,780	2,150	2,156	2,183	2,293
	식품가공산업	158	185	171	205	237	245	252
	외식산업	1,430	1,445	1,609	1,945	1,920	1,938	2,041

주: 음식료품제조업은 종사자 10인 이상 사업체 대상.

자료: 통계청(kosis.kr)

2. 식품산업의 여건

식품산업의 발전은 여건 변화의 영향을 받게 되는데, 먼저 대내적인 여건을 살펴보도록 하자. <그림 8-2>는 우리나라 국민의 가구당 식품 소비지출 추이를 보여주는데, 가구별로 식료품 구입에 매월 지출되는 금액은 2000년 43만 9천 원에서 2022년 79만 3천 원으로 1.8배 증가하였으나, 지출 비용이 전체 식품 소비 지출액에서 차지하는 비중의 변화는 차이를 보인다. 먼저, 신선식품의 소비 지출 비중은 1990년 47.9%에서 2022년 23.0%로 크게 감소한 반면, 가공식품의 소비 지출 비중은 소폭 증가를 보였고, 외식 지출 비중은 1990년 22.7%에서 2022년 48.9%로 2배 이상의 큰 증가를 보였다.

이러한 차이는 도시화와 산업화로 인한 여성의 사회진출의 증가 및 핵가족화의 진행 등에 따른 결과로, 과거에 비해 집에서 음식을 만들어 먹지 않고 간편한 가공식품을 소비하거나 아예 밖에 나가 식사를 하는 비중이 상대적으로 늘어났음을 반영한다. 그 결과 가공식품이나 외식상품을 공급하는 식품산업의 국내 시장이 확대되었고, 이는 해당 산업의 성장을 유발하게 되었다.

그림 8-2 **소비자 가구당 식품 소비지출 추이**

단위: 천 원, %

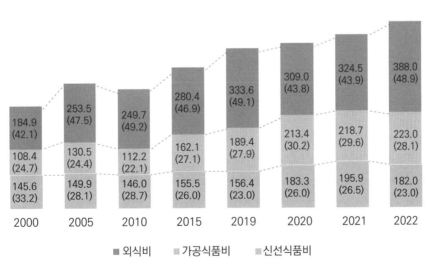

자료: 농경연, 2023년 식품산업 정보분석 전문기관 사업 보고서

대외적 여건은 우리나라 식품산업에 기회와 위협 요인으로 다가오고 있다. 먼저, 전 세계 식품시장의 확대가 지속되고 있는데, 이는 우리나라 가공식품 및 외식 서비스의 해외 진출을 촉진하는 요인이 되고 있다. 관련 자료에 의하면 세계 식품 시장 규모는 2015년 6.1조 달러에서 2021년 7.4조 달러로 확대되고 있는데, 앞으로도 지속적인 성장이 예상된다.

지역별로는 2015년 이후 유럽의 비중이 지속적으로 감소하고 있는 모습을 보이고 있다. 이에 반해 아시아−태평양 지역은 성장률을 보이고 있어 주요 식품 시장으로 부상하고 있는 상황이다. 특히, 아시아 시장은 서울 기점 반경 2,000km 이내 지역에 15억 인구의 식품시장이 인접해 있고, 우리 농식품의 주요 수출시장인 일본·미국·중국·러시아 4개국이 위치하고 있어 그 중요성이 더욱 부각되고 있다.

표 8-2 세계 식품시장 규모

단위 : 십억 달러, %

구분	2015	2016	2017	2018	2019	2020	2021
전체	6,097.8 (100.0)	6,128.4 (100.0)	6,351.5 (100.0)	6,669.1 (100.0)	6,907.8 (100.0)	7,149.9 (100.0)	7,382.1 (100.0)
유럽	1,972.7 (32.4)	1,950.2 (31.8)	2,016.1 (31.7)	2,125.4 (31.9)	2,171.4 (31.4)	2,215.4 (31.0)	2,249.7 (30.5)
아시아 태평양	2,112.2 (34.6)	2,166.3 (35.3)	2,248.4 (35.4)	2,380.0 (35.7)	2,504.4 (36.3)	2,637.4 (36.9)	2,768.4 (37.5)
북미	1,266.7 (20.8)	1,297.3 (21.2)	1,328.8 (20.9)	1,368.3 (20.5)	1,406.2 (20.4)	1,442.0 (20.2)	1,478.4 (20.0)
중남미	580.2 (9.5)	551.8 (9.0)	597.7 (9.4)	624.9 (9.4)	646.9 (9.3)	667.9 (9.3)	690.3 (9.4)
중동 아프리카	166.0 (2.7)	162.8 (2.7)	160.5 (2.5)	170.5 (2.6)	178.8 (2.6)	187.2 (2.6)	195.2 (2.6)

자료: '16 GlobalData(http://consumer.globaldata.com,영국 리서치&컨설팅 기관).
Food, Alcoholic beverages, Non-alcoholic beverages, Tobacco 및 식품무역액의 합계. 2017~ 2021년은 추정치.

반면에, 수입 가공식품과 해외 외식 프랜차이즈 등이 국내 시장에 지속적으로 진입하고 있어 우리 식품산업의 위협 요인이 되고 있다. 구체적으로 보면, 전체 식품 수입액이 2000년 약 40억 달러에서 2022년 약 381억 달러로 9.4배 증가한 것으로 나타났다. 농·임산물과 가공식품의 수입현황을 비교해보면 수입 건수와 금액에 있어 가공식품의 증가율이 더 큰 것으로 나타났는데, 이는 가공식품이 농·임산물에 비해 부가가치가 더 크고 유통기한도 긴 것에 따른 결과로 해석된다.

또한, 2000년과 2022년의 가공식품의 수입물량과 수입금액의 변화율을 비교해보면 수입물량은 해당 기간 동안 2.5배 증가한 것에 비해 수입금액은 6.0배 증가하여, 물량보다 금액의 증가폭이 더 큰 것으로 나타났다. 이는 수입되는 가공식품 품목이 점차적으로 부가가치가 더 큰 쪽으로 전환되고 있음을 보여주는 사례이다.

표 8-3 식품의 품목별 수입 추이

단위 : 천 건, 천 톤, 백만 달러

구 분		2000	2005	2010	2015	2020	2021	2022
총계	건수	134	215	442	598	751	815	802
	물량	10,351	11,261	14,826	17,064	18,333	18,937	19,477
	금액	4,036	7,586	15,904	23,295	27,262	32,578	38,110
가공식품	건수	70	126	158	229	286	318	321
	물량	2,640	3,554	4,710	5,406	6,140	6,425	6,493
	금액	1,787	3,664	4,364	5,955	7,384	9,033	10,642
식품첨가물	건수	22	28	34	35	40	42	40
	물량	110	167	238	315	417	437	443
	금액	302	475	654	819	1,043	1,178	1,422
기구·용기포장	건수	20	21	57	91	138	156	147
	물량	161	178	227	347	189	456	475
	금액	404	529	906	1,889	2,107	2,665	2,847
농·임산물	건수	21	33	39	61	70	73	69
	물량	7,439	7,349	7,724	8,666	8,813	8,851	8,993
	금액	1,544	2,337	3,936	5,329	5,145	6,098	7,120

자료: 식품의약품안전청, 식약청통계연보 각 연도

제2절 o 식품가공산업

1. 개념 및 동향

식품가공산업은 농림축수산물을 가공하여 생산한 가공식품을 공급하는 산업으로 정의할 수 있다.[52] 식품가공산업은 농림축수산업 생산물의 수요자로서 추가적인 구매시장을 형성하고, 농림축수산물의 형태를 변화시켜 부가가치를 높이는 역할을 하기에, 농식품부는 식품가공산업을 농림축산업과 함께 육성하고 있다.

식품가공산업은 지속적인 발전을 유지하고 있는데, 매출액이 2000년 34조 원에서 2022년 130조 원으로 3배 이상 증가한 것을 통해서 알 수 있다. 한편, 사업체 수는 같은 기간 동안 3천여 개에서 6천여 개로 1.9배 늘었고, 종사자 수도 16만 명에서 25만 명으로 1.5배 이상 증가하였다. 여기서 식품가공산업의 매출액과 사업체수의 증가율을 상호 비교해보면, 사업체 수 증가율보다 매출액 증가율이 높음을 알 수있어 개별 업체의 매출액 증가를 통한 규모화가 진행되었음을 보여준다. 또한, 사업체 수 증가율에 비해 종사자 수 증가율이 상대적으로 낮은 것으로 나타났는데, 업체당 종사자 수를 계산한 결과 2000년 46.1명에서 2022년 38.1명으로 17.6% 감소하였음을 알 수 있다. 이를 통해 우리나라 식품가공산업이 노동집약적 산업에서 자본집약적 산업으로 변화되고 있는 것으로 보인다.

---

52) 식품가공산업에서 공급하는 가공식품의 정의는 식품의약품안전청의 식품공전에서 규정한 내용을 참고할 수 있는데, "식품원료(농, 임, 축, 수산물 등)에 식품 또는 식품첨가물을 가하거나, 그 원형을 알아볼 수 없을 정도로 변형(분쇄, 절단 등)시키거나 이와 같이 변형시킨 것을 서로 혼합 또는 이 혼합물에 식품 또는 식품첨가물을 사용하여 제조·가공·포장한 식품을 말한다. 다만, 식품첨가물이나 다른 원료를 사용하지 아니하고 원형을 알아볼 수 있는 정도로 농·임·축·수산물을 단순히 자르거나 껍질을 벗기거나 소금에 절이거나 숙성하거나 가열(살균의 목적 또는 성분의 현격한 변화를 유발하는 경우를 제외한다) 등의 처리과정 중 위생상 위해 발생의 우려가 없고 식품의 상태를 관능으로 확인할 수 있도록 단순 처리한 것은 제외함."으로 되어 있다.
또한, 가공식품은 가공과정에 따라 다시 분류될 수 있는데, 1차 가공식품은 원료식품을 직접 가공 처리한 가공식품 (백미·정맥·밀가루·원당·된장·간장·분유·버터·치즈·술 등)이고, 2차 가공식품은 1차 가공에 의해 제조된 업무용(業務用) 제품으로서 1차 가공식품을 1가지 이상 사용하여 가공한 식품 (빵·백설탕·국수·마가린·마요네즈·쇼트닝 등)이며, 3차 가공식품은 둘 이상의 1차 또는 2차 가공식품을 함께 이용하여 가공한 식품 (조리 또는 반조리 식품·케이크·과자·오렌지주스 등)으로 구분된다.

표 8-4 식품가공산업의 발전 추이

단위 : 억 원, 개소, 명

년도	매출(출하)액	사업체수	종사자수
2000	340,716	3,431	158,325
2005	436,682	3,932	157,686
2010	637,250	4,261	171,119
2015	839,372	5,124	205,018
2020	1,022,468	5,976	236,769
2021	1,131,327	6,462	244,799
2022	1,297,657	6,634	252,398

주: 음식료품제조업은 종사자 10인 이상 사업체 대상.

자료: 통계청(kosis.kr)

식품가공산업의 세부 부문별 산업을 보면 크게 식료품산업과 음료품산업으로 구분되는데, 식료품산업은 다시 육가공산업, 수산가공산업, 과채가공산업 등으로 세분되고 음료품산업은 알콜음료산업과 비알콜음료산업으로 세분된다. 식료품산업의 세부 산업별 매출액 비중을 2022년 기준으로 비교하면, 기타 식료품을 제외하고 육가공산업(도축 포함)의 매출액이 24조 원으로 전체 식료품산업의 20.9%로 가장 큰 것으로 나타나 우리나라 소비자의 높은 육가공품 소비성향을 보여준다. 이어서, 동물용사료 및 조제산업(16조 원), 유가공산업(9조 원)과 수산물가공(8조 원)이 높은 매출액을 보여주었다. 한편, 식료품산업의 전체 매출액 변화를 보면 2012년 64조 원에서 2022년 116조 원으로 1.8배 증가하여 우리나라 식품산업의 성장이 지속됨을 반영한다.

음료품산업의 세부 산업별 매출액 비중은 2022년 기준으로 알콜음료산업과 비알콜음료산업이 각각 42.2%와 57.8%로 비알콜음료산업이 상대적으로 큰 비중을 차지하였다. 음료품산업의 전체 매출액 변화를 보면 2012년 9.6조 원에서 2022년 14조 원으로 1.5배의 증가세를 보였다. 한편, 알콜음료와 비알콜음료의 매출액 증가율은 서로 차이를 보였는데, 알콜음료의 매출액이 2012년 4.7조 원에서 2022년 6.0조 원으로 26.7% 증가한 반면, 비알콜음료의 매출액은 같은 기간 동안 4.8조 원에서 8.2조 원으로 69.6% 증가하여 상대적으로 높은 성장세를 보였다. 이러한 세부 음료품산업의 매출 변화는 우리나라 음료 소비가 건강에 좋은 비알콜 음료상품에 집중됨에 따라 다양한 비알콜 음료상품이 시장에 출시되어 성공을 거둔 결과이다.

표 8-5 식품가공산업의 부문별 업체 매출액 추이

단위: 십억 원, 개소, 명

산업별	2012			2022		
	매출액	사업체 수	종사자 수	매출액	사업체 수	종사자 수
제조업	1,507,834	63,907	2,753,684	2,040,332	73,260	2,981,764
식료품산업	65,588	4,173	165,694	115,578	6,352	236,169
육가공(도축 포함)	10,820	702	31,662	24,174	1,257	46,808
수산가공	4,651	815	25,827	8,276	1,020	29,131
과채가공	2,412	436	14,222	4,516	683	19,635
식용유지	2,343	57	1,763	4,750	90	2,838
유가공	7,403	107	9,777	8,807	127	10,343
곡물가공 ,전분, 사료	5,999	261	7,806	7,512	366	10,413
기타식료품	21,221	1,555	66,396	41,875	2,512	106,964
동물용 사료 및 조제	10,739	240	8,241	15,667	297	10,037
음료품산업	9,562	250	13,145	14,188	282	16,229
알콜음료	4,728	95	6,196	5,990	106	6,595
비알콜음료	4,834	155	6,949	8,198	176	9,634

주: 종사자 10인 이상 사업체 대상.

자료: 통계청(kosis.kr) 일부 수정

2. 산업 구조

우리나라의 식품가공산업은 다른 제조업에 비해 업체 규모가 작은 편에 속한다. 종사자 규모별 사업체 수와 매출액을 분석하면, 2022년 기준으로 10인~19인의 종사자를 고용한 업체의 비중이 전체 업체수의 49.7%를 차지하고 있지만, 매출액은 11%

에 불과함을 알 수 있다. 반면에 100인~199인의 종사자를 고용한 업체가 전체 업체 수에서 차지하는 비중은 4.1%에 불과하지만, 매출액 비중은 18.5%로 가장 높게 나타났다. 이를 통해, 우리나라 식품가공산업은 소규모 업체가 다수를 차지하고 있으나, 이들의 매출 규모가 작아 산업을 주도하지 못함을 알 수 있다.

추가적으로 시간별 변화 추이를 보면 종사자 수가 큰 업체들이 차지하는 비중이 늘어나고 있어 식품가공산업이 규모화 과정을 거치고 있는 것으로 보인다.

표 8-6 종사자 규모별 사업체수 및 매출액

단위 : 개소, 십억 원

종사자 규모		10~19	20~49	50~99	100~199	200~299	300~499	500명 이상	계
2000	사업체 수	1,544	1,184	406	180	61	33	23	3,431
	매출액	2,222	4,610	6,349	7,081	5,758	3,442	4,324	34,072
2005	사업체 수	1,940	1,285	417	185	61	28	16	3,932
	매출액	4,020	7,035	8,946	9,817	5,758	4,120	3,570	43,668
2010	사업체 수	2,017	1,442	470	229	63	28	12	4,261
	매출액	6,306	11,775	13,507	14,911	7,060	6,989	2,813	63,725
2015	사업체 수	2,395	1,884	604	260	75	36	20	5,274
	매출액	8,096	16,728	18,381	18,649	9,785	9,119	5,223	86,611
2020	사업체 수	36,657	24,068	6,196	2,648	735	407	325	71,036
	매출액	120,678	212,742	157,559	173,145	94,740	95,208	661,419	1,515,989
2021	사업체 수	38,666	23,845	6,208	2,585	724	436	325	72,789
	매출액	139,627	237,257	176,431	189,483	112,413	119,430	802,576	1,777,824
2022	사업체 수	3,298	2,250	660	271	81	51	23	6,634
	매출액	14,148	29,285	23,719	23,970	17,177	12,578	8,231	129,766

자료: 통계청 (www.kosis.kr)

한 국가의 특정 산업구조를 분석하는 방법론 중 시장집중도를 적용하는 것을 앞의 제2장 제2절에서 배웠다. 이를 우리나라 식품가공산업에 적용해 보도록 한다. 식품의약품안전처는 매년 '식품 등의 생산실적 통계'를 발표하고 있는데, 우리나라 식품가공산업을 24개 품목군(첨가물, 기구 및 용기포장, 옹기류, 식품조사처리 제외)으로 구분하여 매출액 등의 통계가 포함된다. 이를 활용하여 세부산업별 CR3와 CR10을 각각 산출하여 비교하도록 한다.

먼저, 2022년 기준으로 세부 산업별 CR3와 CR10을 계측한 결과가 다음과 같은데, CR3가 75%를 넘는 산업은 알가공품류(93.6%), 특수의료용도식품(93.0%), 옹기류(78.2%) 순이었고, CR3 값이 50% 이상~75% 미만인 산업은 면류(63.4%), 코코아가공품류 또는 초콜릿류(62.7%), 당류(60.4%) 등의 순이었으며, 25% 이상~50% 미만인 산업은 벌꿀 및 화분가공품류(49.3%), 잼류(48.8%) 등의 순, 25% 미만인 산업은 농산가공식품류(22.4%), 식육가공품 및 포장육(22.2%), 과자류, 빵류 또는 떡류(21.8%) 등의 순이었다.

다음으로 CR10이 75% 이상인 산업은 알가공품류(100.0%), 특수의료용도식품(99.0%), 옹기류(95.4%), 당류(88.1%) 등의 순이었으며, 50% 이상~75% 미만인 산업은 식용유지류(73.2%), 특수영양식품(72.8%), 동물성가공식품류(66.2%) 등의 순이었다. CR10의 값이 25% 이상~50% 미만인 산업은 과자류, 빵류 또는 떡류(44.2%), 농산가공식품류(42.6%), 식육가공품 및 포장육(40.6%) 등의 순이었고, 25% 미만인 산업이 절임류 또는 조림류(22.8%), 수산가공식품류(20.6%), 기타식품류(19.5%) 순이었다.

한 국가의 특정 산업구조를 분석하는 방법론 중 시장집중도를 적용하는 것을 앞의 제2장 제2절에서 배웠다. 이를 우리나라 식품가공산업에 적용하여 보도록 한다. 식품의약품안전처는 매년 '식품 등의 생산실적 통계'를 발표하고 있는데, 우리나라 식품가공산업을 24개 품목군(첨가물, 기구 및 용기포장, 옹기류, 식품조사처리 제외)으로 구분하여 매출액 등의 통계가 포함된다. 이를 활용하여 세부산업별 CR3와 CR10을 각각 산출하여 비교하도록 한다.

먼저, 2022년 기준으로 세부 산업별 CR3와 CR10을 계측한 결과가 다음과 같은데, CR3가 75%를 넘는 산업은 알가공품류(93.6%), 특수의료용도식품(93.0%), 옹기류(78.2%) 순이었고, CR3 값이 50% 이상~75% 미만인 산업은 면류(63.4%), 코코아가공품류 또는 초콜릿류(62.7%), 당류(60.4%) 등의 순이었으며, 25% 이상~50% 미만인 산업은 벌꿀 및 화분가공품류(49.3%), 잼류(48.8%) 등의 순, 25% 미만인 산업은 농산가공식품류(22.4%), 식육가공품 및 포장육(22.2%), 과자류, 빵류 또는 떡류(21.8%) 등의 순이었다.

다음으로 CR10이 75% 이상인 산업은 알가공품류(100.0%), 특수의료용도시품(99.0%), 옹기류(95.4%), 당류(88.1%) 등의 순이었으며, 50% 이상~75% 미만인 산업은 식용유지류(73.2%), 특수영양식품(72.8%), 동물성가공식품류(66.2%) 등의 순이었다. CR10의 값이 25% 이상~50% 미만인 산업은 과자류, 빵류 또는 떡류(44.2%), 농산가공식품류(42.6%), 식육가공품 및 포장육(40.6%) 등의 순이었고, 25% 미만인 산업이 절임류 또는 조림류(22.8%), 수산가공식품류(20.6%), 기타식품류(19.5%) 순이었다.

표 8-7 식품가공산업의 CR3와 CR10 산출 결과: 2022년 기준

구분	CR3	CR10
75% 이상	알가공품류(93.6%), 특수의료용도식품(93.0%), 옹기류(78.2%)	알가공품류(100.0%), 특수의료용도식품(99.0%), 옹기류(95.4%), 당류(88.1%), 벌꿀 및 화분가공품류(86.9%), 유가공품류(85.5%), 잼류(81.7%), 면류(80.6%), 빙과류(80.0%), 코코아가공품류 또는 초콜릿류(78.7%)
50% 이상 ~ 75% 미만	면류(63.4%), 코코아가공품류 또는 초콜릿류(62.7%), 당류(60.4%), 빙과류(56.9%)	식용유지류(73.2%), 특수영양식품(72.8%), 동물성가공식품류(66.2%), 장류(65.2%), 첨가물(59.2%), 음료류(54.5%)
25% 이상 ~ 50% 미만	벌꿀 및 화분가공품류(49.3%), 잼류(48.8%), 동물성가공식품류(48.8%), 유가공품류(48.5%), 장류(48.%), 식용유지류(44.0%), 음료류(40.2%), 특수영양식품(39.9%), 첨가물(37.3%), 즉석식품류(27.0%)	과자류, 빵류 또는 떡류(44.2%), 농산가공식품류(42.6%), 식육가공품 및 포장육(40.6%), 두부류 또는 묵류(39.2%), 즉석식품류(38.5%), 조미식품(28.6%), 기구 및 용기포장(27.4%)
25% 미만	농산가공식품류(22.4%), 식육가공품 및 포장육(22.2%), 과자류, 빵류 또는 떡류(21.8%), 조미식품(19.2%), 두부류 또는 묵류(18.8%), 절임류 또는 조림류(13.1%), 수산가공식품류(12.6%), 기구 및 용기포장(10.6%), 기타식품류(10.3%)	절임류 또는 조림류(22.8%), 수산가공식품류(20.6%), 기타식품류(19.5%)

자료: 식품 등의 생산실적 통계 재정리.

한편, 시장지배적 사업자의 기준으로는 1개 사업자의 시장점유율이 50% 이상이거나, 3개 이하 사업자의 시장점유율 합계가 75% 이상인 경우 시장지배적 사업자로 추정(공정거래법 제6조)되는데, 연간 매출액 또는 구매액이 40억 원 미만인 사업자는 제외한다. (추가로 시장지배적 사업자의 판단은 시장점유율 기준 이외에도 진입장벽의 존재 및 정도, 경쟁사업자의 상대적 규모 등을 종합적으로 고려하여 결정한다) 이상의 조건에 부합하는 업체는 다음과 같은데 특수용도식품, 알가공품, 옹기류에서 조건에 부합하는 업체가 존재한다.

표 8-8 시장지배적 사업자: 2022년 기준

단위: 억 원, %

품목	업체 및 매출액	사업자 매출총액	시장 점유율
특수용도 식품	매일유업(주) (464), 남양유업주식회사(339), ㈜베베쿡(272)	1,074	93.0
알가공품[1]	상미식품주식회사(54), ㈜팜스코(4), ㈜처가식품(2)	60	93.6
알가공품	상미식품주식회사(54)	54	83.6
옹기류	㈜네오세라믹(75), 혜성도기(27), ㈜오성세라믹스(11)	113	78.2

주 1) ㈜팜스코, ㈜처가식품의 매출액은 각각 4억 원, 2억 원으로 매출액 기준(40억 원 이상)에 부합하지 않아, 시장지배적 사업자로 지정되지 않음.

우리나라 식품가공산업의 CR3와 CR10의 변화 추이를 살펴보면 다음 그림과 같다. 먼저 CR3를 기준으로 증가하여 시장 집중도가 높아진 산업은 식육가공품(58.2%), 알가공품류(28.6%), 동물성가공식품류(19.5%), 빙과류(16.3%), 옹기류(13.4%), 즉석식품류(12.4%) 등이 있다.

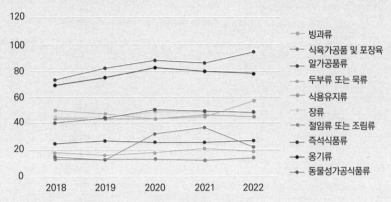

그림 8-3 CR3 증가 산업: 2018~2022

주 1) 유가공품은 2021년에 새로 생긴 품목이기 때문에 분석에서 제외함.
   2) 특수의료용도식품은 2022년에 새로 생긴 품목이기 때문에 분석에서 제외함.

한편, 같은 기간동안 CR3가 감소하여 시장 집중도가 낮아진 산업은 벌꿀 및 화분가공품류(−32.6%), 기구 및 용기포장(−29.7%), 특수용도식품(−20.3%), 과자류, 빵류 또는 떡류(−15.7%), 조미식품(−15.2%), 농산가공식품류(−15.1%) 등이 있다.

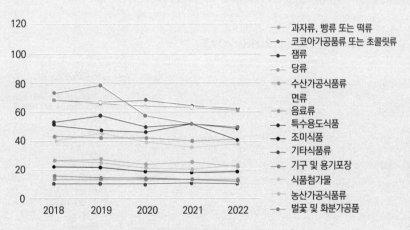

그림 8-4 CR3 감소 산업: 2018~2022

주 1) 유가공품은 2021년에 새로 생긴 품목이기 때문에 분석에서 제외함.
   2) 특수의료용도식품은 2022년에 새로 생긴 품목이기 때문에 분석에서 제외함.

다음으로, CR10을 기준으로 증가하여 시장 집중도가 높아진 산업은 식육가공품 및 포장육 (17.2%), 두부류 또는 묵류(16.8%), 동물성가공식품류(16.5%), 장류(4.4%), 알가공품류 (3.7%), 빙과류(3.6%) 등이 있다.

그림 8-5 **CR10 증가 산업: 2018~2022**

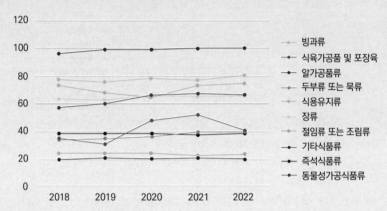

주 1) 유가공품은 2021년에 새로 생긴 품목이기 때문에 분석에서 제외함.
   2) 특수의료용도식품은 2022년에 새로 생긴 품목이기 때문에 분석에서 제외함.

한편, 같은 기간동안 CR10이 감소하여 시장 집중도가 낮아진 산업은 과자류, 빵류 또는 떡류 (−12.2%), 조미식품(−11.0%), 기구 및 용기포장(−8.0%), 수산가공식품류(−6.0%), 벌꿀 및 화분가공품(−5.3%), 농산가공식품류(−5.2%) 등이 있다.

그림 8-6 **CR10 감소 산업: 2018~2022**

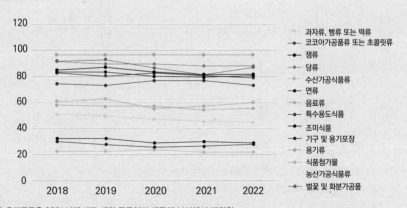

주 1) 유가공품은 2021년에 새로 생긴 품목이기 때문에 분석에서 제외함.
   2) 특수의료용도식품은 2022년에 새로 생긴 품목이기 때문에 분석에서 제외함.

1. 개념 및 동향

외식산업은 "1차 산업인 농림축수산업에서 생산된 농림축수산물을 조리하여 상품을 공급하는 산업"으로 정의된다.[53] 외식산업은 식품산업 중 3차 서비스업에 포함되어 농림축수산물을 재료로 활용하여 외식 상품을 판매하는 산업으로 농림축수산업의 생산물을 구매하고 농림축수산물의 부가가치를 창출하여 새로운 상품을 소비자에 공급하는 역할을 하는 점에서 식품가공산업과 동일하다.

농식품가공산업과 마찬가지로 외식산업도 성장하고 있다. 우리나라 외식산업의 매출액이 2000년 35조 원에서 2022년 177조 원으로 5배 커졌고, 사업체 수와 종사자수 또한 같은 기간 동안 각각 1.4배 증가하였다. 외식산업의 매출액과 사업체 수의 증가율을 서로 비교하면, 사업체 수 증가율보다 매출액 증가율이 높아 개별 외식업체의 매출액 규모가 늘어나는 규모화가 진행되고 있음을 알 수 있다.

또한, 사업체 수 증가율에 비해 종사자 수 증가율이 상대적으로 높은데, 구체적으로 외식산업의 업체당 종사자 수로 계산하여 분석하면 2000년 2.5명에서 2022년 2.6명으로 2.3% 증가하였음을 알 수 있다. 이는 우리나라 외식산업이 규모화됨에 따라 더 많은 종사자를 고용함을 반영하는 것으로 노동집약적 산업에서 자본집약적 산업으로 이행하는 식품가공산업과 다른 모습이다.

---

[53] 외식산업진흥법에서는 "외식상품의 기획·개발·생산·유통·소비·수출·수입·가맹사업 및 이에 관련된 서비스를 행하는 산업"으로 정의하고 있다. 또한, 외식산업진흥법에서는 외식을 "가정에서 취사(炊事)를 통하여 음식을 마련하지 아니하고 음식점 등에서 음식을 사서 이루어지는 식사 형태"로 정의하고, 외식상품을 "외식을 위하여 판매가 가능하도록 생산한 제품 및 외식과 관련된 서비스, 교육훈련, 운영체계, 상표·서비스표 등"으로 정의하고 있다.

표 8-9 외식산업의 발전 추이

단위 : 억 원, 개소, 명

년도	매출액	사업체수	종사자수
2000	354,722	570,576	1,430,476
2005	462,525	531,929	1,444,827
2010	675,658	586,297	1,609,103
2016	118,853	675,065	1,988,472
2020	1,398,896	804,173	1,919,667
2021	1,507,632	800,648	1,937,768
2022	1,771,226	795,488	2,040,770

자료: 통계청(kosis.kr)

외식산업을 세부 산업별로 보면, 음식점업과 주점업 및 비알콜음료점업으로 구분되어 식료품산업과 음료품산업으로 구분되는 식품가공산업과 유사한 구조임을 알게 된다. 음식점업은 다시 음식점업, 기관 구내식당업, 출장 및 이동 음식업, 기타 음식점업으로 분류되고, 주점업 및 비알콜음료점업은 주점업과 비알콜 음료점업으로 구분된다.

세부 산업별로 살펴보면, 2022년 기준 음식점업의 경우 음식점업, 그중에서도 한식 음식점업의 비중이 가장 큰 것을 알 수 있는데, 사업체 수, 종사자 수, 매출액이 음식점업에서 차지하는 비중이 50% 이상의 수준이다. 이는 우리나라 소비자 대부분이 외식 메뉴로 한식을 주로 선택하는 것과 외식산업에 뛰어드는 개인 창업자 대부분이 익숙하고 자금이 상대적으로 적게 드는 한식당을 개업하는 추세가 반영된 것이다. 반면, 주점업 및 비알콜 음료업의 경우, 비알콜 음료점업의 사업체 수, 종사자 수, 매출액 비중이 대부분을 차지하고 있어 최근 주점보다 프렌차이즈 디저트, 커피숍 등이 증가하는 산업 트렌드 변화를 보여준다.

다음으로, 세부 산업별 변화의 추이를 보면, 2012년에서 2022년에 걸친 기간 동안 한식 음식점업의 사업체수 비중은 2012년 88.2%에서 2022년 57.8%로 감소하였으나, 업체당 매출액은 같은 기간 동안 1억 2천만 원에서 2억 4천만 원으로 늘어나 규모화가 진행되는 것으로 보인다. 또한, 주점업과 비알콜 음료점업을 비교해보면 주점업의 사업체수 비중이 2012년 75.5%에서 2022년 47.7%로 줄어든 반면 비알콜 음료점업은 같은 기간 동안 24.5%에서 52.3%로 2.1배 증가하여 산업구조가 달라지고 있는 것으로 분석된다.

표 8-10 외식산업의 부문별 업체 추이

단위: 십억 원, 개소, 명

산업별	2012			2022		
	매출액	사업체 수	종사자수	매출액	사업체 수	종사자수
음식점 및 주점업	63,120	451,338	1,347,209	177,123	795,488	2,040,770
음식점업	44,164	334,917	992,697	148,339	569,760	1,555,574
한식음식점업	35,178	295,348	813,743	77,780	329,419	833,453
중식음식점업	3,011	21,680	75,417	9,279	30,875	98,959
일식음식점업	2,170	7,211	32,952	6,432	19,233	63,814
서양식음식점업	3,447	9,175	63,067	5,918	18,303	69,097
기타 외국식 음식점업	358	1,503	7,518	1,506	6,391	19,466
기관구내식당업	4,700	6,955	42,342	11,458	11,438	66,826
기관구내식당업	4,700	496	2,388	11,458	11,438	66,826
출장 및 이동음식업	127	496	2,388	226,191	1,019	2,659
출장음식 서비스업	127	496	2,388	207,099	646	2,174
이동 음식점업	-	-	-	19,092	373	485
기타 음식점업	14,129	108,970	309,782	35,740	153,082	401,300
제과점업	3,970	14,799	60,352	7,570	28,070	89,064
피자 햄버거 유사 음식점업	3,424	13,711	73,708	9,086	27,015	108,109
치킨 전문점	2,659	31,139	67,868	9,041	41,436	84,838
분식 및 김밥 전문점	3,007	45,070	96,113	7,684	46,639	98,870
그 외 기타 음식점업	1,069	4,251	11,741	2,359	9,922	20,419
주점 및 비알콜음료 점업	14,166	173,493	405,598	28,784	225,728	485,196
주점업	10,888	131,035	291,133	11,767	107,651	179,886
일반유흥 주점업	3,249	29,703	88,387	2,241	25,828	39,258
무도유흥 주점업	428	1,606	9,355	166	1,125	2,399
기타주점업	7,212	99,726	193,391	7,821	80,698	138,229
비알콜 음료점업	3,278	42,458	114,465	17,017	118,077	305,310

자료: 통계청(kosis.kr) 일부 수정

2. 산업 구조

　우리나라 외식산업은 영세한 구조를 가진 대표적인 산업으로 2022년 기준으로 1인~4인 종사자를 고용하고 있는 업체수가 전체의 87.7%를 차지하는 반면, 50인 이상을 고용하는 대규모 외식업체는 전체의 0.05%에 불과하다. 그러나, 1인~4인 종사자를 고용하는 업체들의 매출액 비중은 전체의 56.1%에 그치고 있어 영세업체들이 외식산업을 크게 주도하지 못하고 있는 것으로 보인다.

　한편, 시간별 변화 추이를 보면 대규모 외식업체의 비중이 늘어나고 있어 규모화 추세를 반영하고 있다. 2000년에서 2022의 기간 동안 1인~4인 종사자를 고용하고 있는 외식업체수는 28.2% 증가하였지만, 20인 이상을 고용하는 대형 외식업체수는 151.9%나 증가하였다. 매출액 증가 추세도 비슷한 모습을 보이는데, 같은 기간 동안 1인~4인 종사자를 고용하고 있는 외식업체의 매출액은 262.0% 증가에 그친 반면, 20인 이상을 고용하는 외식업체의 매출액은 520.3% 증가하여 약 2배 이상의 큰 성장세를 보인다.

　이러한 외식업체의 규모화는 외식산업의 프랜차이즈 사업 확대에 기인한 것으로 볼 수 있다. 우리나라 외식의 프랜차이즈 업체별 현황을 살펴보면 한식 프랜차이즈와 치킨 프랜차이즈업에서는 국내 업체들이 시장을 주도하고 있으나, 그 외의 프랜차이즈들은 대부분 외국 프랜차이즈 업체가 직접 국내로 진입하거나 국내 업체와 제휴하여 사업을 진행하고 있다.

표 8-11 종사자 규모별 사업체수 및 매출액

단위 : 십 개소, 십억 원

종사자 규모		1~4	5~9	10~19	20~49	50명 이상	계
2000	사업체 수	54,396	2,206	341	115	-	57,058
	매출액	27,463	4,846	1,504	1,659	-	35,472
2006	사업체 수	52,097	4,547	791	34	33	57,697
	매출액	33,549	10,470	4,748	1,485	1,499	53,701
2011	사업체 수	54,943	4,415	1,048	266	47	60,718
	매출액	42,032	15,316	8,708	5,202	2,249	73,507
2016	사업체 수	58,339	7,375	1,396	311	86	67,506
	매출액	59,160	31,682	14,872	8,456	4,683	118,853
2020	사업체 수	72,149	6,631	1,334	264	40	80,417
	매출액	80,782	32,684	14,749	7,897	3,777	139,890
2021	사업체 수	71,627	6,799	1,348	257	34	80,065
	매출액	87,191	35,331	16,460	8,983	2,797	150,763
2022	사업체 수	69,734	7,894	1,594	290	37	79,549
	매출액	99,414	43,547	20,402	10,291	3,468	177,123

주 1) 2000년 50명 이상의 사업체수, 매출액 데이터를 확인할 수 없음.

자료: 통계청 (www.kosis.kr)

1. 개념 및 동향

식재료산업은 식품가공산업 또는 외식산업에 비해 학문적 논의가 상대적으로 늦게 시작된 산업으로 아직 용어나 정의가 완전히 정립되지는 못하였다. 흔히 외식산업에서 음식 조리를 위한 원료를 지칭하는 말로 "식재료(食材料)", "식자재(食資材)", "식재(食材)" 등이 혼용되고 있는데, 농림축산식품부나 학계에서는 "외식산업의 투입재로 사용되는 농림축수산물과 가공식품 등의 원료상품"을 식재료로 지칭하고, 여기에 "주방기구 및 관련 설비 등을 포함한 외식산업의 모든 투입재"를 식자재로 규정하고 있다. 환언하면, 외식산업에서 사용하는 투입재 중 먹을 수 있는 상품을 식재료로 정의하고, 식재료와 그 외 투입재를 포함한 모든 상품을 식자재로 이해하면 될 것이다. 한편, 식재라는 용어는 일본에서 넘어온 말(食材: しょくざい)로 우리나라에서는 사용하지 않는 추세이다.

식재료는 다시 가공 정도에 따라 원료 농림축수산물, 신선편의 식품(fresh-cut), 가공식품으로 크게 나눌 수 있는데, 구체적인 내용은 다음 표와 같다. 이 중 신선편의식품과 신선편이 농산물은 개념이 혼용되고 있는데, 먼저 신선편의식품은 식품의약품안전청에서 관리하는 대상으로 "농·임산물을 세척, 박피, 절단 또는 세절 등의 가공공정을 거치거나 이에 단순히 식품 또는 식품첨가물을 가한 것으로서 그대로 섭취할 수 있는 (ready to eat) 샐러드, 새싹채소 등의 식품"을 지칭한다.[54] 한편, 한국신선편이협회에서는 신선편이 농산물을 별도로 정의하여 사용하고 있는데, 구체적으로 "과일, 채소가 박피 또는 절단, 세척, 포장되어 신선한 상태를 유지하며, 편이성을 제공하기 위하여 포장된 농산물로 포장재만 개봉하면 바로 먹을 수 있거나 요리에 이용 가능하며 (ready to eat or ready to cook), 위생적인 제조과정을 거쳐 안전하게 포장이 되어 있어 어디서든지 편리하게 이용할 수 있는 농산물"로 정의하여 차이를 보이고 있다. 이에 따라 현재 생산 및 유통되는 식재료가 신선편의식품인지 신선편이 농산물인지에 따라 관리 감독 기관이 달라지는 혼선이 일어나는데, 즉 바로 섭취가 가능한(ready to eat) 신선

---

54) 보다 구체적인 내용은 식품의약품안전청의 식품공전을 참조하길 바란다.

편의식품은 식품위생법 적용 대상이 되므로 제조업체는 식약처 등의 관리를 받게 되나 바로 조리가 가능한 경우(ready to cook)의 가공 농산물은 식약처의 관리 대상에서 제외되어 혼선이 있다.

표 8-12 식재료의 분류

구분	가공 정도	품목 예
원료 농림축수산물	가공이 전혀 안됨	일반 농림축수산물
신선편의식품 (신선편이 농산물)	세척 · 박피 · 절단 · 세절 등의 단순 가공	세척 또는 절단 채소
가공식품	원형을 알 수 없을 정도로 가공	밀가루, 간장, 라면 등

자료: 김성훈, 김영수(2011)

식재료산업은 2차 제조업과 3차 서비스업이 같이 있어 앞서 논의한 식품가공산업이나 외식산업보다 더 복잡한 형태를 가지고 있는데, 일례로 신선편이 가공업체는 농산물을 가공하여 상품화된 식재료를 공급하지만, 농산물 도매시장에서 농산물을 구매하여 외식업체에 배달하는 벤더상의 경우 유통 서비스만 제공하고 있다. 그럼에도 식재료 산업은 농업과 식품산업의 중간 산업으로 농업과 식품산업의 연계 발전에 직접적인 역할을 한다는 평가를 받고 있다.

우리나라의 식재료 시장은 크게 업무용 식재료 시장과 가정용 식재료 시장으로 구분할 수 있다. 업무용 식재료 시장은 최종 소비자가 외식업체 등의 산업체로 다른 산업의 상품 생산을 위한 원료로서의 식재료가 거래되는 시장이고, 가정용 식재료 시장은 최종 소비자가 민간 소비자로 가정에서 조리하기 위한 식재료가 거래되는 시장이다. 우리나라의 경우 업무용 식재료 시장이나 가정용 식재료 시장 모두 시장 규모 등의 공식적인 통계가 없는 상황이다. 다만, 관련 협회인 한국식자재유통협회에서는 우리나라 식자재 유통시장이 2020년 55조 원을 넘어섰고, 이후 계속 성장하여 2025년 64조 원에 달할 것으로 전망하고 있다. 업무용 식재료 시장은 다시 일반 외식용과 급식용으로 구분될 수 있는데, 외식용 시장의 비중이 전체의 80% 이상을 차지하는 것으로 보고 있다. 가정용 식재료 시장은 업무용 식재료에 비해 시장이 늦게 형성되었으나, 2020년에 시작된 코로나19 팬데믹 이후 가정식 대체식 (HMR) 또는 밀 키트 (meal kit) 상품 소비가 급증함에 따라 매우 빠른 성장세를 보이고 있다.

2. 업무용 식재료산업의 구조 및 유통 현황

업무용 식재료산업의 경우 대부분의 업체가 영세하나 대기업의 시장 확대가 가속화되고 있는데, 대표적인 식재료 유통기업으로 CJ 프레시웨이, 현대그린푸드, 신세계푸드, 대상, 아워홈, 동원홈푸드, 웰스토리 등이 있다. 일부 대기업은 자사 브랜드(PB: Private Brand)를 사용한 식재료 상품을 유통시켜서 입지를 확대하고 있는데, 대표적으로 CJ 프레시웨이의 이츠웰, 아워홈의 손수, 삼성에버랜드의 후레시스 등이 있다.

한편, 전체 식재료 시장의 약 90%(업무용 식재료 시장의 경우 약 80%) 이상을 차지하고 있는 중소업체는 전국적으로 10,000여 개 업체(2,000여 개 개인 사업자 포함)가 영업을 하고 있는 것으로 추정되나, 식재료 공급 과정에서의 식품 안전성 보장 미흡, 영세 규모로 인한 운영의 비효율성 발생, 무자료 거래, 식품 원산지 보장 취약 등의 이슈가 제기되고 있다. 이들 중소업체는 그동안의 관행적 거래에서 크게 벗어나고 있지 못하여 여러 문제가 발생하는 회색시장(grey market)을 고착화하고 있다는 지적을 받고 있다.[55] 특히, 무자료 거래의 경우 식재료 소비처인 외식업체가 관행적으로 세금 절감 등의 목적으로 거래금액 조정 또는 무자료 거래를 유지하여 왔는데, 구조적으로 무자료 거래를 할 수 없는 대기업과 달리 중소업체는 상당수가 무자료 거래에 응하고 있는 것으로 추정된다.

식재료 유통 구조는 소비업체의 특성에 따라 다양한 모습을 보이는데, 크게 일반형(생계형) 외식업체, 체인형(프랜차이즈형) 외식업체, 급식 업체 등으로 나눠서 볼 수 있다. 여기서 일반형 또는 생계형 외식업체는 흔히 보이는 음식점을 지칭하는 것으로 주인이 창업하여 식당을 소규모로 운영하는 업체이다. 이에 반해 체인형 또는 프랜차이즈형 외식업체는 체인이나 프랜차이즈 본사가 직영점 또는 가맹점을 운영하는 업체이고, 급식 업체는 단체 급식을 제공하는 업체이다.

일반형(생계형) 외식업체는 다른 외식업체에 비해 소규모로 운영되고 있기에, 상대적으로 작은 단위의 식재료를 수시로 구매한다. 이들 업체에 공급되는 농산물의 식재료 유통은 다른 업체에 비해 복잡한 모습을 보이고 있는데, 주로 시장이나 식자재 전문납품업자(벤더상) 등을 경유하고 있다. 한편, 농협과 민간 대형소매점이 식재료 대량

---

55) 회색시장(Grey market)은 합법적인 정규시장(white market)과 불법적인 암시장(black market)의 중간 성격을 지닌 시장으로 합법과 불법이 공존하는 시장이다.

구매 고객을 위한 전문 매장을 운영하고, 대규모 급식업체나 프랜차이즈 업체 등을 대상으로 식재료를 공급하는 식재료 전문 유통업체도 일반형 외식업체에 식재료를 공급하는 등 변화가 진행되고 있다.

축산물이나 수산물의 경우도 전문납품업자를 경유하거나 전문시장에서 구매하는 경우가 대부분이나, 한우 등 국산 축산물의 경우 산지 농협 등과 연계하여 전문 음식점을 운영하는 경우가 생겨나고 있고, 횟집이나 수산물 전문 음식점은 산지 도매시장이나 수협 공판장 등에서 주기적으로 구매하여 사용하는 경우가 많다.

그림 8-7 일반형 외식업체용 식재료의 유통경로 (농산물의 경우)

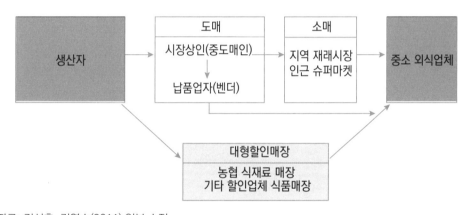

자료: 김성훈, 김영수(2011) 일부 수정

체인형(프랜차이즈형) 외식업체의 경우, 식재료 구매 단위가 크므로 산지나 도매 단계에서 식재료를 본사에서 직접 구매하거나 식재료 전문 유통업체와 계약 구매를 하는 등의 형태를 보인다. 일부 업체의 경우 주요 식재료만 본사에서 직구매하여 배송하고, 나머지는 매장별로 도소매 단계의 상인 등에게 구매하기도 한다. 한편, 프랜차이즈 업체가 산지와 생산 계약을 체결하여 자사 소비를 위한 식재료를 구매하는 단계를 넘어 PB 상품을 개발하여 외식업체나 일반 소비자에 판매하는 등의 수직결합(vertical integration) 사례가 발생하여 주목된다.

축산물과 수산물은 원산지에 따라 유통경로가 차이가 나는데, 수입산의 경우 전문수입업체를 통해 식재료를 조달하는 경우가 많았다. 반면, 국산 식재료는 도매시장 구매나 산지 직거래가 대부분이다.

그림 8-9 프랜차이즈 외식업체용 식재료의 유통경로 (농산물의 경우)

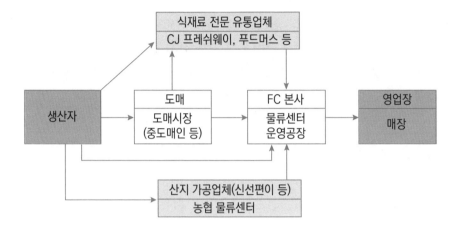

자료: 김성훈, 김영수(2011)

요약 및 복습

01 식품산업이란 식품을 생산·가공·제조·조리·포장·보관·수송 또는 판매하는 산업으로, 농축수산물의 주요 소비산업의 기능과 농축수산물의 부가가치를 증대하는 기능을 하고 있다.

02 식품가공산업은 1차 산업인 농림축수산업에서 생산된 농림축수산물을 가공하여 상품을 공급하는 산업인데, 규모화와 자본 집약화를 통해 성장하고 있다.

03 식품가공산업은 대부분 영세하나, 일부 세부 산업에서는 시장 집중도가 높아 과점화가 일어나고 있다.

04 외식산업은 외식상품의 기획·개발·생산·유통·소비·수출·수입·가맹사업 및 이에 관련된 서비스를 행하는 산업으로 규모화를 통한 성장이 진행되고 있다.

05 식재료산업은 식품가공 및 외식산업의 원료인 식재료를 다루는 산업으로, 농축수산업과 식품가공·외식산업의 중간 다리 역할을 하고 있다.

주요 용어

- 유통정책
- 식품산업
- 식재료산업
- 효율성
- 식품가공산업
- 산업 구조
- 효과성
- 외식산업

학습문제

01 식품산업의 정의와 중요성에 대해 설명하라.

02 식품산업의 대내외 여건에 대해 각각 구체적으로 기술하라.

03 식품가공산업과 외식산업의 정의를 설명하라.

04 식품가공산업의 구조적 특성에 대해 설명하라.

05 외식산업의 구조적 특성에 대해 설명하라.

06 식재료산업의 개념과 산업 구조에 대해 설명하라.

07 식재료 산업의 유통 구조에 대해 설명하라.

주요국의 농산물 유통

 개요

이 장에서는 우리나라 농식품 유통 발전을 위해 벤치마킹이 가능한 미국, 일본, EU의 농식품 유통 구조 및 관련 제도에 대해 살펴보도록 한다. 이들 국가는 서로 다른 환경 속에서 각자의 유통 시스템을 발전시켜 왔는데, 미국의 경우 대규모 유통주체가 대량의 농식품을 유통하는 반면, 일본은 소규모 생산의 단점을 조직화와 상호 연계 등을 통해 보완하는 유통으로 발전시켰다. 한편 유럽 국가 연합체인 EU의 경우 국가별로 상이한 유통 여건과 구조를 가졌지만, 공동의 유통정책을 협의하여 운영하고 있다. 농식품 유통 선진국인 미국, 일본, EU의 유통 실태와 관련 제도는 우리나라의 농식품 유통 발전을 위한 다양한 시사점을 제공하고 있다.

 주요 학습사항

• 미국의 농산물 유통 시스템은 어떻게 운영되고 있고, 관련 제도로는 무엇이 있는가?
• 일본의 농산물 유통 시스템은 어떻게 운영되고 있고, 관련 제도는 무엇인가?
• EU의 농산물 유통 시스템은 어떻게 운영되고 있고, 관련 제도는 어떻게 운용되는가?

읽을거리

일본 농산물도매시장의 현황과 시사점

일본의 농산물 도매유통 여건은 우리나라와 유사하게 변화되고 있는데, 산지 생산자의 고령화 및 규모화 진행, 도매시장의 법적 규제 완화 및 사업 다각화, 소비지의 저출산·고령화에 따른 소비 구조 변화와 농산물에 대한 시장 수요 및 유통채널의 다양화 등이 주요 이슈로 부각되고 있다. 이에 따라 도매시장 거래 규모가 정체 내지는 축소되는 위기를 겪고 있는 상황에서, 일본 농산물도매시장들은 도매시장 간 경쟁에서 도매시장 내 경쟁으로 전환되어, 기존 도매시장법 인과 중도매인 등의 상인 간 역할 관계가 무너지고 무한경쟁의 장으로 진입하였다.

일본 정부는 2018년 「도매시장법」에 대한 개정을 진행하였는데, 유통환경 변화에 따른 도매 시장의 자율성 강화에 초점을 두었다. 이에 따라 중앙정부의 권한과 역할이 축소되고 개설자 의 자율성이 강화되었으며, 도매시장 주체 간 역할 규정을 개설자의 자율로 전환하는 등의 변 화를 보였다. 특히, 일본 정부는 「도매시장법」 개정을 통해 도매시장의 농산물 수출 촉진, 산지 직송, 시장 간 거래 확대 등이 활성화되어 도매시장의 역할이 강화되기를 기대하고 있다.

기본적으로 일본의 농산물도매시장 정책은 중앙정부가 기본방침을 수립하고, 개설자가 시장 경영전략을 마련하여 추진하도록 하는 이원적 구조를 가지고 있다. 일본의 농산물도매시장, 특 히 지방도매시장들은 소멸 위기를 벗어나기 위해 경쟁력 제고를 목표로 하는 개혁을 추진하고 있는데, 본래의 도매시장 기능 이외에 다양한 영역으로 비즈니스 범위를 확대하고, 산지에 위 치하는 이점을 살려 생산자 대리인으로의 기능을 강화하며, 도매시장법인이 중도매인 기능을 활용하여 일체적 시장기능을 발휘하려고 노력하고 있다. 중장기적으로는 농산물도매시장의 사 회 공헌도 향상에 초점을 두고 있는데, 생산자와 소매업자 등을 위한 지원 기능을 강화하고, 사회적 유통비용의 절감 등을 위해 노력하고 있다.

이상과 같은 일본 농산물 지방도매시장의 변화 방향을 감안할 때, 우리나라 지방도매시장들 도 지역적 여건 및 특성과 사회적 수요를 고려한 다양한 기능을 도입할 필요가 있다. 특히, 앞 으로의 우리나라 농산물도매시장은 다양성과 차별성이 결합된 특화된 시장으로 육성되어야 할 것으로 보인다.

<자료: 김성훈 외. "공영도매시장 기능 및 역할 재진단 연구" 일부 재정리, 2022. 1.>

1. 유통 현황

1) 농업 및 유통 개황

농식품 생산 및 소비에서 세계 최상위권에 위치하는 미국은 농업이 전체 산업에서 차지하는 비중은 1% 수준으로 매우 작지만, 농지 면적이 국토의 17% 수준으로 세계적인 농업국가에 속한다. 미국은 다양한 농산물을 생산하고 있는데, 옥수수, 대두, 밀, 면화, 감자 등의 농산물과 소와 닭 등의 축산물의 생산 비중이 높다. 이 중 옥수수는 세계에서 가장 큰 생산국으로 꼽히고, 대두, 밀, 면화, 쇠고기, 돼지고기 등은 주요 수출품이다.

미국 농산물 유통의 특성은 대규모 농가에서 생산된 농산물을 규모화된 유통조직이 대량으로 거래하기에 유통경로가 우리나라보다 단순하고, 고도로 발달한 물류 시스템과 유통정보 인프라를 활용하여 효율성을 극대화하는 점이다. 미국의 농산물은 산지의 포장·출하센터(팩킹하우스: packing house) — 대형 도매업체 — 대형 소매업체를 통해 유통되고 있는데, 상품의 등급화·표준화가 정착되어 통명거래가 활성화되고, 물류 규격화를 통해 유통비용이 절감되며, 저온유통 시스템을 통해 농산물의 신선도 및 상품성 유지 수준이 매우 뛰어나다.[56]

다양한 인종이 살고 있는 국가인 미국의 유통업체는 철저하게 소비자 지향적인 유통 시스템을 구축하고 소비 시장 변화에 즉각적으로 대응하고 있는데, 특히 소매유통에서 이러한 경향이 높다. 또한, 유통업체의 거래교섭력이 공급업체보다 우월하여 다양한 마케팅 전략을 적용하고 있으며, 소매업체가 도매시장을 경유하지 않고 직접 산지에서 농식품을 가져오는 비중이 높다.

---

[56] 통명거래란 상품 견본 등을 직접 보지 않고, 상품의 이름 등으로만 거래가 이루어지는 것이다. 이러한 통명거래가 가능하기 위해서는 거래 상품의 등급화 및 표준화가 높은 수준으로 정착되어 실물을 직접 확인하지 않고 거래해도 분쟁이 거의 발생하지 않아야 한다.

2) 산지 유통

미국의 산지 유통은 협동조합과 민간업체(packer, shipper)가 주도하고 있는데, 협동조합의 산지 유통 점유율은 30% 수준이다. 청과물의 산지 수집은 주로 포장센터(packing house)를 가지고 있는 산지 출하자(packer, shipper)가 담당하고 있는데, 산지 출하자로는 산지 중개상(broker), 대형 유통업체, 농협 등이 있다. 미국 대농은 농산물을 직접 출하하는 경우도 많은데, 이는 자체 생산되는 농산물이 단일 거래를 위한 규모를 충분히 넘어서기 때문이다.

미국의 산지 조직화는 일본이나 EU국가보다는 활발하지 않은데, 이는 개별 생산자의 규모가 상대적으로 커서 조직화의 필요성이 상대적으로 적기 때문이다. 그럼에도 자조금(check-off) 사업이나 품목단위 협동조합 등 산지 생산자의 노력은 역사가 매우 길고 효과적으로 운영되고 있다. 먼저, 미국의 자조금 제도를 살펴보면, 1954년 양모 자조금이 처음 도입된 이후, 거의 전 품목에 걸쳐 자조금이 운영되고 있다. 자조금은 말 그대로 자조금 조성에 참여하는 생산자들이 자발적으로 내는 자금인데, 주로 생산자들이 생산량이나 재배면적을 기준으로 일정 금액을 내서 자조금운영위원회에 제공한다. 자조금운영위원회는 조성된 자조금을 가지고 생산물의 판매 확대를 위한 홍보 및 광고, 마케팅 및 시장 개척, 생산 기술 개발 및 교육 등의 사업들을 수행하는데, 정부는 추가로 보조금을 제공하거나 자조금 징수 의무화 등의 법적·제도적 지원을 하고 있다.

한편, 미국 생산자 협동조합 또한 EU나 일본 못지않게 긴 역사를 가지고 있는데, 그 중 대표적인 협동조합이 선키스트(Sunkist)라는 브랜드로 유명한 오렌지 협동조합(Sunkist Growers Inc.)이다.[57] 이 조합은 캘리포니아와 애리조나의 오렌지 생산자 6천여 명이 100% 소유하고 있는 비영리 유통 조합으로 대형 유통업체에 대한 거래교섭력 열세를 극복하기 위해 1907년에 '선키스트'라는 브랜드를 만들고 다양한 유통 사업을 하고 있다. 오렌지 협동조합은 오렌지류의 브랜드 마케팅·시장 개척·R&D 사업뿐만 아니라, 과일 주스, 과일 주스 드링크, 탄산음료, 과일 과자, 농축 음료, 비타민, 냉동 과일 사탕, 냉장 과일 젤리와 과일 음료 파우더 등의 가공식품 사업도 병행하여 글로벌 업체의 입지를 확고히 하고 있다.

---

57) 선키스트는 태양(sun)이 자신들의 오렌지에 입맞춤을 했다(kissed)는 말의 발음을 따서 만든 브랜드로 태양 빛을 많이 받고 자라서, 당도가 높고 품질이 우수한 오렌지라는 의미를 가지고 있다.

그림 9-1　미국 선키스트 브랜드

자료: 선키스트 웹사이트 (www.sunkist.com)

3) 도매 유통

미국의 도매 유통은 크게 대형 도매업체를 통한 유통과 도매시장(terminal market)을 경유하는 유통으로 구분되는데, 대형 도매업체가 도매 유통을 주도하여 도매시장을 경유하는 청과물의 비중이 35% 수준에 불과하다. 대형 도매업체는 미국 전역에 물류센터를 운영하면서 산지 출하자로부터 구매한 농산물을 소매업체에 공급하거나, 직접 보유한 소매 매장을 통해 소비자에게 판매하기도 한다. 중소 도매상은 도매시장 내에서 도매 유통기능을 담당하고 있는데, 대형 도매업체에 밀려 약 30% 정도의 비중만 차지하고 있다.

미국의 도매시장은 대도시에 위치하여 원거리의 산지에서 수송된 농산물을 소매단계로 넘기는 역할을 하고 있는데, 전국적으로 44개 도매시장이 연방정부·주정부·민간유통업자·생산자조직 등에 의해 설립되어 운영되고 있다. 도매시장의 거래는 우리나라와는 달리 경매가 거의 없고, 대부분 상대거래를 통한 사전 협상에 의해 결정된 가격으로 진행된다.

미국의 대표 농식품 도매시장으로는 뉴욕시에 위치한 헌츠 포인트 도매시장 (Hunts Point produce market)이 있다. 헌츠 포인트 도매시장은 세계에서 큰 농수산물도매시장 중의 하나로 약 50만m²의 부지에서 청과, 수산, 육류 등의 도매 거래가 이루어지는데, 거래 규모가 연간 약 30억 달러에 달하고 150여 개의 도매상이 도매 유통을 담당하고 있다.

헌츠 포인트 도매시장의 거래는 경매가 아닌 상대매매를 통해 이루어지고 있는데, 이는 농산물 거래 관련 정보의 생성과 분산이 매우 높은 수준에서 진행되고, 정부의 시장 모니터링이 매우 엄격하여 도매상들의 불공정 행위가 거의 없기 때문에 가능한 것이다. 특히, 미 농무성(USDA AMS: agricultural marketing service)은 시장 조사요원을 모든 도매시장에 상주시켜서 시장 내 거래 가격과 출하량 등의 유통 관련 정보를 매일 조사하여 공표하는 등의 업무를 실시하고 있다.

| 그림 9-2 | 헌츠 포인트 도매시장 전경 |

자료: 헌츠포인트 도매시장 웹사이트(www.huntspointproducemkt.com).

4) 소매 유통

미국의 농식품 소매 유통은 대부분 대형 마트와 같은 종합식품점(grocery store)이 담당하고 있는데, 그 비중이 90%를 넘는 것으로 알려지고 있다. 종합식품점은 크게 슈퍼마켓, 편의점, 동네 식품점 등으로 구분될 수 있는데, 이 중 슈퍼마켓의 비중이 전체 종합식품점의 70%를 넘고 있다. 슈퍼마켓은 대형 소매업체가 체인 형태로 운영하고 있는데, 각 매장에서 취급하는 상품 수가 4만 개(공산품 포함)가 넘을 정도로 다양한 상품 구색을 갖추고 있다.

슈퍼마켓 시장은 소수 대규모 체인이 전체 시장을 주도하고 있는데, 대표적인 대형 슈퍼체인으로는 월마트(Walmart), 코스트코(Costco), 크로거(Kroger), 타겟(Target) 등이 있다. 월마트는 세계에서 가장 큰 소매업체 중의 하나로 미국 시장 매출액이 3,500억 달러에 달하고, 코스트코는 회원제 소매점으로 대용량 상품을 싸게 공급하는 전략을 가지고 있다. 한편, 최근 온라인 유통의 성장에 따라 아마존(Amazon)의 농식품 소매시장 점유율이 높아지고 있는데, 2022년 기준 미국 식품시장 점유율이 13% 수준이지만 공격적인 마케팅을 통해 가공식품 등에 대한 시장 잠식 속도가 빨라지고 있다.

그림 9-3 | **월마트 매장 전경**

자료: 셔터스톡(shutterstock)

2. 관련 제도

1) 신선 농산물법(PACA)

미국의 「신선 농산물법(PACA: perishable agricultural commodities act)」은 도매시장을 포함한 청과물 도매 유통 관련 상인을 대상으로 하는 법으로 1930년에 제정되었다. 「신선 농산물법」은 청과물의 공정 거래를 위해 매매 당사자들의 계약 준수와 거래상 분쟁 해결을 위한 절차와 책임 등을 명시하고 있는데, 세부 구성 내용으로는 불공정 행위, 유통 참여자 면허의 발급·유지·정지·취소, 고소·신고·조사, 변상 책임, 배상 명령, 거래 분쟁, 상품 검사, 신탁 제도 등을 다루고 있다.

「신선 농산물법」은 농산물 도매 유통 참가자가 면허를 취득하고 회계기록을 유지하도록 의무화하고 있으며, 불공정 행위와 징계 대상 행위를 규정하여 위반 시 벌금 부과, 면허 정지나 취소 등 엄격한 벌칙을 규정하고 있다.

표 9-1 신선 농산물법에 규정된 불공정 행위 및 기타 징계 대상 행위

구분	세부 내용
불공정 행위	• 구매 또는 위탁 판매 계약 농산물의 수취 거부 • 농산물 거래 대금의 지불 유예 • 수탁 농산물의 정당한 이유 없는 폐기, 방치, 파손 • 농산물의 등급, 품질, 양, 중량, 상태, 원산지 등의 조작
기타 징계 대상 행위	• 가짜 상표 부착 • 조사나 검사를 위한 기록 제시 거부 • 고용 금지자의 고용

자료: 미 농무성 웹사이트(www.ams.usda.gov)

한편, 「신선 농산물법」은 농산물 유통 업자의 파산 등으로 인한 출하자의 거래 대금 회수 문제를 해결하기 위해 1984년부터 신탁제도를 도입하여 운영함으로써 산지 생산자들의 피해를 최소화하는 노력도 하고 있다. 보다 구체적으로 보면, 「신선 농산물법」은 농산물 판매 대금의 보장을 위해 구매자(유통업자)의 상품과 관련된 자산으로 구성된 법적 신탁 자산을 만들고, 유통업자가 도산한 경우 출하자에 대한 미지급금 해결에 신탁 자산을 우선 사용하도록 강제하고 있다.

2) 유통명령제도

우리나라도 시행하고 있는 유통명령제도(marketing order)는 농산물의 생산 과잉 등으로 인한 농가소득의 불안정 문제를 완화하기 위한 제도로 1937년 농산물 유통협약법(agricultural marketing agreement act) 도입을 통해 실시되었다. 미국의 유통명령제도는 다양한 농축산물들을 대상으로 실시되고 있는데, 대표적으로 우유와 청과물에 대한 유통명령제도가 있다.

유통명령제는 주로 생산 과잉에 따른 가격 급락을 방지하기 위해 시장 공급량을

줄이는 방식으로 진행되는데, 양적 규제와 질적 규제로 구분된다. 양적 규제로는 생산자 할당, 시장 배분, 판매 유보, 취급업자 할당, 출하금지일 지정 등의 방법이 사용되는데, 생산자 할당은 생산자별로 시장 공급 한도를 할당하는 방법이고, 시장 배분은 시장별로 판매 한도를 설정하는 방법이다. 판매 유보는 설정된 물량을 초과하는 부분을 일정 기간 동안 판매하지 못하도록 묶어 두는 방법이고, 취급업자 할당은 일정 기간 동안 취급업자별로 출하량 한도를 정하는 방법이며, 출하금지일은 지정된 날짜에는 출하를 금지하는 방법이다.

한편, 질적 규제는 품질이 일정 수준 이상인 상품들만 시장 유통을 허가하는 방법인데, 공급량 조절과 품질 제고 효과를 동시에 얻을 수 있어 양적 규제에서 질적 규제를 통한 유통명령제 시행 비중이 점진적으로 높아지고 있다.

표 9-2 유통명령제의 세부 방법

구분	세부 방법
양적 규제	• 생산자 할당 • 시장 배분 • 판매 유보 • 취급업자 할당 • 출하금지일 지정
질적 규제	• 일정 품질 이상의 상품만 시장 유통 허가

자료: 미 농무성 웹사이트(www.ams.usda.gov).

성공적인 유통명령제도의 운영을 위해서는 몇 가지 전제 조건이 필요하다. 대상 품목의 산지 조직화가 효과적으로 정착되어 유통명령제도 시행 시 이를 어기고 개인적인 이득을 취하는 무임승차자(free-rider) 문제가 최소화되어야 하고, 사전에 판매 협약(marketing agreement)이 체결되어야 한다. 특히, 무임승차자 문제는 유통명령제의 성패를 좌우할 정도로 중요한 조건인데, 모든 생산자가 수확한 농산물의 일정 비중을 시장에 공급하지 않도록 결정한 상황에서 자기만 이를 어기고 수확물의 모두 또는 일부를 시장에 판매하여 추가적인 이득을 취하려는 사람이 늘어나면 유통명령제 실시를 통한 시장 공급량 조절이 실패하기 때문이다.

유통명령제도는 시장의 공급 물량 조절을 통한 시장 가격 지지가 가능하여 그동안 생산자의 소득을 보장해주는 주요 정책 프로그램 중의 하나였으나, 기본적으로 공급자는 독과점적인 지위를 누려왔던 것이 사실이다. 이에 따라 연방 상업위원회나 법무성 등으로부터 독점 금지 정책에 위배된다는 비판과 함께 농식품 가격의 하락을 방해하여 소비자들의 부담을 지속적으로 높이고 있다는 비난을 받고 있다.

1. 유통 현황

1) 농업 및 유통 개황

일본은 우리나라와 유사한 농산물 생산 여건으로 인해 유통 구조도 미국보다 우리와 비슷한 모습이 많다. 일본은 미국처럼 농업이 전체 산업에서 차지하는 비중이 1% 수준으로 매우 작으나, 농지 면적이 전체 국토에서 차지하는 비중은 12% 수준으로 미국(약 17%)보다는 우리나라(약 15%)와 유사한 모습이다. 농가 규모 또한 미국보다는 우리나라처럼 중소규모가 많은 구조를 가진다. 일본의 주요 농산물은 우리나라처럼 쌀, 채소와 과일인데, 녹차와 소·돼지 생산 비중도 적지 않다.

일본의 농산물은 기본적으로 산지-도매-소매 등의 단계를 통해 유통되고 있는데, 산지에서는 농협 등의 산지 조직을 통해 수집 작업이 진행되고, 도매 단계에서는 도매시장과 도매센터가 중개 기능을 담당하고 있다. 소매 단계에서는 다양한 소매 업체가 분산 기능을 수행하고 있는데, 1인 가구가 많은 대도시에는 편의점의 소매 기능이 중요하게 부각된다.

일본의 농식품 유통은 규모화 및 효율성 극대화를 목표로 하는 미국과 달리 조직화와 시스템적 종합 운영에 초점을 두고 있다. 또한, 산지 생산자와 타 산업 주체들이 서로 연계하여 다양한 유통 활동을 진행하고 있는 것도 주목할 만한 점 중 하나인데, 우리나라 박근혜 정부에서 주요 농정으로 추진되었던 6차 산업화가 대표적이다. 1990년 중반에 활성화된 6차 산업화는 농업이 1차 산업(농축산물의 생산)에 머무르지 않고, 2차 산업(농축산물의 가공 및 식품제조업) 및 3차 산업(도·소매업, 음식업, 정보서비스업, 관광 등)까지 영역을 확대하고, 농업 경영체의 다각화와 농업의 종합산업화(1차 + 2차 + 3차 = 6차)를 통해 농촌에 새로운 가치와 취업 기회를 만드는 산업화이다.

2) 산지 유통

일본의 생산자는 대부분 산지 조직을 통해 농산물을 출하하는데, 채소류나 과일류의 산지 조직 경유 출하 비율이 60%~70%에 달하고 있다. 일본의 대표적인 산지 조직은 전농(全農, JA)으로 우리나라의 농업협동조합과 유사한 조직이다. 1972년에 설립된 전농은 농축산물 판매 및 생산 자재 공급 등의 경제 사업과 신용사업, 공제사업, 후생 사업 등을 담당하고 있는데, 전국 단위의 산지 유통을 포함한 다양한 농식품 유통 사업을 진행하고 있다.

일본의 전농은 우리나라의 지역 농협에 해당하는 총합(종합)농협을 지역별로 구성한 다음 사업별로 연합회 체제로 운영되어 오고 있는데, 대부분 현(縣) 단위로 유통 사업이 진행되고 있다.[58] 전농의 산지 유통은 주로 도매시장 출하를 위한 산지 수집 기능에 초점을 두고 있으나, 최근 대형유통업체와의 거래를 늘려가고 있다. 그럼에도 불구하고, 전농을 통한 계통 출하가 일본 소비의 다양화를 따라가지 못한다는 생산자들의 불만이 지속적으로 증가하고 있어 전업농들을 중심으로 전농에 의한 산지 공동 판매에서 벗어나 독자적인 산지 유통 조직을 구축하거나 개별적으로 산지 수집업체 또는 도소매 업체들과 접촉하는 비중이 증가하고 있다.

| 그림 9-4 | 일본 전농의 로고 |

자료: 일본 전농 웹사이트(https://life.ja-group.jp/)

---

58) 일본은 1도(都), 1도(道), 2부(府), 43현(縣) 체제를 운영하고 있는데, 여기서 현은 우리나라의 광역자치단체인 도에 해당한다.

3) 도매 유통

일본의 도매유통은 우리나라처럼 도매시장을 중심으로 진행되는데, 일본의 도매
시장 제도는 1923년 중앙도매시장법 도입과 함께 시작되었다. 일본의 도매시장은 중
앙도매시장, 지방도매시장, 기타 시장으로 구분되어 운영되고 있는데, 이 중 중앙도
매시장은 가장 규모가 큰 도매시장으로 도도부현(都, 道, 府, 県), 인구 20만 명 이상의
시, 또는 이들이 가입한 일부 사무조합이나 광역연합이 농림수산성의 허가를 받아 개
설된다.

일본의 농산물도매시장 거래는 오랫동안 경매를 원칙으로 하였으나, 최근 상대매
매 등의 거래 비중이 크게 증가하여 경매거래의 비중이 10% 미만으로 줄어들었다.
다만, 미국 및 유럽국가의 상대매매는 도매상에 의해 수행되어 수집과 분산기능이 동
시에 진행되는 반면, 일본의 상대매매는 도매업자(우리의 도매시장법인)에 의해 수행되므로
수집기능(도매업자)과 중도매업자(우리의 중도매인)에 의한 분산기능이 여전히 분리되어 있
어 유통단계의 축소가 이루어지지 않고 있다.

일본의 대표적인 중앙 도매시장으로는 동경의 오타(大田) 도매시장이 있는데, 동경
남동쪽대규모 유통단지 내에 40만m²의 부지에 위치하여 청과물, 수산물, 화훼 등을
거래하고 있다. 오타 도매시장은 우리나라 대부분의 도매시장과 달리 큰 건물 안에서
모든 유통활동이 진행되고 있어 기상의 영향을 거의 받지 않고 유통 환경을 깨끗하게
유지하는 모습을 보인다.

그림 9-5 **오타 농수산물 도매시장의 내부 모습**

일본의 도매 유통은 도매시장 외에 도매센터를 통해서도 진행이 되고 있는데, 대표적인 사례로 전농 청과센터가 있다. 전농 청과센터는 원예 도매사업의 하나로 일본의 주요 소비지인 동경과 오사카 등지에 건립되었는데, 청과물의 수집과 분산은 물론 포장·가공 등의 부가 사업도 병행하고 있다. 특히, 전농 청과센터는 예약상대거래를 통해 유통 효율성 제고에 성공하였고, 소포장 시설 및 저온 유통 시설 등 다양한 유통 시설을 도입하여 농산물의 선도 유지 및 부가가치 창출에도 크게 기여하고 있다. 전농 청과센터는 주로 슈퍼마켓, 생협, 농협 연쇄점, 백화점, 외식업체, 식재로 가공업체 등에 상품을 공급하고 있는데 전문 소매점 운영을 통한 현장 판매사업도 병행하고 있다.

4) 소매 유통

일본의 소매유통은 전통적인 소매시장에서부터 슈퍼마켓, 몰, 백화점에 이르기까지 거의 모든 소매 업태가 서로 경쟁하면서 성장하고 있다. 특히, 대도시에는 비싼 임대료와 1인 가구 거주 비율 증가 등으로 인해 한정된 매장에서 다양한 식품과 관련 제품을 판매하는 편의점 형태의 소매업체가 급속도로 발전하고 있다.

일본은 세계적인 편의점 체인이 다수 있는데, 세븐일레븐(seven-eleven), 로손(lawson), 패밀리 마트(family mart), 미니스톱(ministop) 등이 대표적이다. 이 중 세븐일레븐은 우리나라에도 잘 알려진 업체로 일본에서 가장 큰 편의점 체인이다. 1973년에 설립된 세븐일레븐은 일본에서만 2만 개가 넘는 매장을 보유하고 있으며, 우리나라를 포함한 중국, 미국 등 전 세계에서 매장을 운영하는 거대 글로벌 소매 유통기업이다.

그림 9-6 일본 편의점의 모습

2. 관련 제도

1) 도매시장법

일본은 미국의 신선 농산물법이나 우리나라의 농안법과 달리 「도매시장법」을 제정하여 도매시장에 국한된 법을 가지고 있다. 1971년에 제정된 일본의 「도매시장법」은 도매시장의 목적, 유형, 도매시장 정비, 시장 개설, 도매업자, 매매거래, 도매 업무 등에 대한 내용을 규정하고 있다. 특히, 도매시장 거래제도로 경매 또는 입찰 외에 상대거래(수의매매)제도를 도입하고 있다.

일본 「도매시장법」은 중앙정부가 도매시장 관리를 위한 기본 방침을 설정하고 시장 개설자가 자체적인 경영전략을 마련하여 추진하도록 하고 있고, 도매시장에서의 집하(수집) 기능과 분산 기능을 각각 도매업자와 중도매업자가 전담하도록 분리한 점이 특징이다. 또한, 일본 「도매시장법」에서는 중앙도매시장의 도매업자의 재무상태 등을 중앙정부 차원에서 관리하고 있는데, 이는 도매업자(우리의 도매시장법인)의 사업 부실로 야기될 수 있는 문제를 사전에 방지하기 위한 것이다.

일본은 변화하는 농산물 유통 변화에 대응하여 2018년 「도매시장법」을 대대적으로 개정하였는데, 특히 소멸 위기를 맞고 있는 지방도매시장의 경쟁력 제고에 초점을 두고 있다. 구체적으로 보면, 고유의 도매시장 기능 이외에 도매업자(우리나라의 도매시장법인)의 수출 등 다양한 영역으로 사업 범위를 확대하고, 산지에 위치한 이점을 살려 생산자 대리인으로의 기능(산지 직송 등)을 강화하며, 도매시장법인이 중도매인 기능을 활용하여 일체적 시장기능을 발휘하도록 하고 있다.[59] 또한, 도매시장법인의 경영전략에 근거한 시장 용지와 시설을 다각적으로 활용하고, 도매시장 관리 운영의 민간 위탁제도를 활용하여 관리 운영 업무를 강화하고 있다.

2) 채소가격 안정제

일본은 우리나라처럼 채소 생산을 많이 하고 있는데, 소농 구조와 기상이변 등으로 채소 가격의 등락이 심하여 채소 농가의 소득 안정화를 위협받고 있다. 이에 일본 정부는 1996년 제정된 「채소생산출하안정법」에 근거하여 채소가격 안정제도를 운용하고 있다.

채소가격 안정제도의 목적은 채소가격이 폭락하더라도 보증기준가격을 보장하여 채소 농가의 손실을 줄여주고 향후에도 채소에 대한 생산을 지속하도록 하는 것으로, 지정채소 가격안정 대책사업, 계약채소 안정공급사업, 특정 채소 등 공급산지 육성 가격차 보급사업 등을 포함하고 있다.

지정채소 가격안정 대책사업은 사전에 지정된 14품목(양배추, 시금치, 파, 양파, 오이, 가지, 토마토, 피망, 양상추, 무, 배추, 당근, 토란, 감자)을 대상으로 평균 판매가격이 평균가격의 90%(보증기준액)에 미치지 못하였을 경우 보증기준액과 평균 판매가격 간의 차액을 보전하는 사업인데, 장관이 지정하는 산지에서 생산하고 사전에 등록된 출하단체 또는 등록 생산자로 발송하는 등의 조건을 충족하여야 한다.

계약채소 안정공급사업은 식품제조업자, 외식업자, 유통업자 등의 실수요자와 출하처의 계약거래에 대해 가격보전 및 안정적인 공급체계를 구축하는 목적을 가지고 있는데, 중앙정부, 지자체(도 · 부 · 현), 출하자 단체가 분담하여 조성된 자금(교부금)을 계약이행이 어려운 경우 발생하는 손실을 보전하는 사업이다. 구체적으로는 첫째, 기상 여건 등으로 생산량이 줄어 생산자가 계약 수량을 확보하지 못하고 시장 가격이 평균

---

59) 일본 도매시장의 산지 직송은 대금 결제(거래)는 산지 → 도매시장 → 소매점으로 진행되나 농산물 상품은 산지에서 소매점으로 직송되도록 하여 상물분리를 통한 유통 효율성을 높이도록 하고 있다.

가격 이상인 경우 시장 출하 물량을 계약물량으로 이전하고 그 과정에서 발생하는 손실 일부를 보전하는 사업, 둘째, 시장 가격에 연동하여 계약가격을 체결한 생산자를 대상으로 시장 가격의 하락이 발생하여 입은 손실의 일부를 보전하는 사업, 셋째, 공급계약을 체결한 생산자가 시장 가격 하락으로 산지 폐기 등의 출하조정을 하는 경우 이에 대한 손실 일부를 보전하는 사업 등이다.

특정 채소 등 공급산지 육성 가격차 보급사업은 사전에 정해진 35개 측정 채소의 안정적인 공급을 위해 대상 채소의 평균 판매가격이 보장기준액 보다 낮을 경우 그 차액의 80%를 생산자에게 교부금으로 지원하는 사업이다. 교부금은 지정채소 가격안정 대책사업처럼 중앙정부, 지자체(도·부·현), 출하자 단체가 분담하여 조성하여 사용한다.

표 9-3 일본 채소가격 안정제 개요

사업명	주요 내용
지정채소 가격안정 대책사업	지정된 채소의 평균 판매가격이 평균가격의 90%(보증기준액)에 미치지 못하였을 경우 보증기준액과 평균 판매가격 간의 차액 보전
계약채소 안정공급사업	출하자와 수요자의 계약거래 안정화를 위해 계약 이행이 어려운 경우 (수량 부족, 가격 변동 등) 손실 일부 보전
특정 채소 등 공급산지 육성 가격차 보급사업	대상 채소의 평균 판매가격이 보장기준액 보다 낮을 경우 그 차액의 80%를 생산자에게 교부금으로 지원

자료: 김성훈(2019)

제3절 ○ 유럽연합(EU)의 농산물 유통

1. 유통 현황

1) 농업 및 유통 개황

세계 최대 농산물 수출국이자 수입국 중의 하나인 EU는 국가별로 농업 여건의 편차가 큰데, EU 회원국 중 5개국(프랑스, 독일, 스페인, 폴란드, 루마니아)이 유럽 총 경지 면적의 절반을 차지하고 있다. 이들 국가의 농가는 미국처럼 큰 규모는 아니지만 우리나라나 일본에 비해 큰 규모를 가지고 있으며 전문적이고 체계적인 농업을 하고 있다. EU 국가의 주요 농산물은 밀, 보리, 옥수수, 감자, 사과, 포도 등이고, 쇠고기 등 육류와 낙농품도 많이 생산되고 있다.

EU의 농산물 유통은 다른 국가와 유사하게 산지−도매−소매 등의 단계를 통해 유통되고 있는데, 산지 단계에서는 산지 유통업체와 규모화된 산지 생산자 조직이 산지 수집 역할을 담당하고 있고, 도매 단계에서는 도매시장과 민간 물류센터가 중계 기능을 담당하며, 소매단계에서는 다양한 소매업체가 분산 기능을 담당하고 있다. EU 주요 국가들의 유통주체는 오랜 역사를 통해 축적된 경험에 규모화·조직화를 더하여 효율적인 유통 시스템을 운영하고 있다.

한편 EU 국가는 유통경로 단축을 통한 유통 마진 절감에 노력을 집중하고 있다. 단축된 유통경로(SSC: Short supply chain)라는 개념을 도입하여 생산자와 소비자 간의 직거래(direct sales) 육성, 중간 유통단계를 배제한 유통경로의 단축, 로컬 푸드(local food) 확산을 통한 지리적 유통 범위 축소 등을 위해 다각적인 사업을 진행하고 있다.

2) 산지 유통

EU 농업 선진국의 산지는 생산자와 생산자 조직, 유통업체 등이 산지 유통기능을 담당하고 있어 외견상 우리나라와 크게 차이가 없어 보인다. 그러나 보다 세부적으로 살펴보면 우리가 참고해야 할 부분이 적지 않은데, 대표적으로 산지 조직화이다. 미국에 비해 영농 규모가 작은 유럽의 생산자는 생산한 농산물 대부분을 산지조합을 통해 출하하는 의무를 지고 있는데, 이를 통해 생산자의 거래교섭력과 유통 효율성을 높이고 있다.

수십 년에 걸쳐 진행된 산지 조직화는 농가의 조직화는 물론 개별 조합간의 인수·합병 등을 통해 조직 운영이나 효율성 증대 측면에서 상당한 발전을 이루어 왔다. EU의 대표적인 산지유통조직으로 프랑스의 브레따뉴(Bretagne)지역의 채소협동조합연합체인 세라펠(Cefafel), 네덜란드의 청과물 생산·마케팅 조직인 그리너리(The Greenery), 덴마크의 양돈 조합인 데니쉬 크라운(Danish Crown) 등이 있는데, 이 중 프랑스의 사례를 살펴보기로 하자.

프랑스 브레따뉴 지방은 약 4천 여 농가가 다양한 채소를 생산하고 있는데, 각각의 지역 조합에 각각 참여하고 있다. 이들 산지조합의 연합체는 브레따뉴 원예농산물 경제위원회인 세라펠인데, 세라펠은 1950년대 후반부터 소규모 조직화를 시작하면서부터 오늘의 거대 조합으로 성장하였다. 1967년에는 브레따뉴 북부지역의 모든 농가와 생산자 조직이 공동 브랜드인 "브레따뉴의 왕자(Prince de Bretagne)"를 사용하고 있는 조직에 참여하게 되었다.

세라펠의 유통 시스템은 농가가 재배한 150여 종의 농산물이 산지유통센터(APC)로 수집되면, 검품 및 선별 등의 과정을 거친 후 산지 출하 경매장에서 판매되고, 해당 농산물을 구매한 산지 유통회사가 대형유통업체, 도매시장, 소매점포, 수출 대상국 구매업체 등에 공급하는 형태로 되어 있다.

그림 9-7 세라펠의 유통 시스템

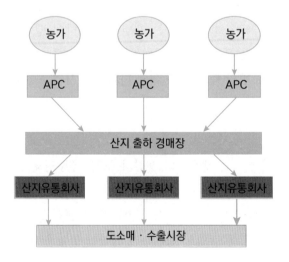

자료: 브레따뉴 채소협동연합조합 웹사이트 (www.princedebretagne.com)

3) 도매 유통

EU의 농산물 도매유통은 도매시장과 도매업체가 서로 경쟁하는 구조인데, 산지 생산자 조직과 대형 소매업체의 성장과 직거래의 확산 등으로 인해 도매시장의 거래 비중이 감소하고 있다. 도매시장 거래 제도는 경매나 수의매매 등 특정 제도를 규정 하지 않고 유연하게 운영되고 있는데, 이는 도매시장 유통의 효율성 제고를 위함이 다. 대부분 도매업자(도매상)는 조직화된 산지 조합과의 수의거래 형식을 선호하고 있 는데, 이는 거래의 신속성과 효율성이 가장 높기 때문이다.

EU의 대표적인 공영도매시장인 프랑스 헌지스(Rungis) 시장은 프랑스 최대 농수산 물 도매시장으로 파리 인근에 위치하고 있다. 1962년 개장한 헌지스 도매시장 내에 는 청과시장, 수산시장, 낙농제품시장, 화훼시장, 축산시장 등이 운영되고 있으며, 시 장 내에 농림, 보건, 공정거래국, 세관, 경찰, 소방 등의 정부기관, 은행, 철도, 운송회 사, 사업자단체 등이 종합적으로 입주해 있는 등 독립된 자치도시와 같은 모습을 갖 추고 있다.

헌지스 도매시장의 연간 취급물량은 농축수산물 약 150만 톤인데, 청과물은 100 만 톤 수준이다. 도매시장에 도매상, 소매업자, 생산자판매회사, 기타 서비스회사 등 약 1,400여 업체가 상주하고 있고, 시장을 이용하는 구매업자로는 소매상, 수출입 업 자, 레스토랑, 식품업자 등 약 2만여 업체로 이 중 85%는 국내 구매자이며 15% 정도 는 해외구매자이다.

헌지스 시장의 거래체계는 도매상(우리의 시장도매인)이 중심으로 운영되는데 출하자 와 가격을 교섭하는 수의매매 형태이다. 한편, 출하자의 요청에 의해 20% 정도 위탁 판매를 하고 있으며, 생산자단체나 출하회사의 경우에도 판매전문가들이 있어 이들 이 도매상과의 거래협상을 통해 가격과 운송비 등을 함께 결정하기도 한다.

그림 9-8 | 프랑스 헌지스 도매시장 전경

자료: 헌지스 도매시장 웹사이트(www.rungismarket.com)

4) 소매 유통

EU의 소매 유통은 다양한 대형 소매업체가 담당하고 있는데, 슈퍼마켓, 하이퍼마켓, 디스카운트스토어, 체인점 등이 포함된다. 기본적인 소매 매장 구조나 운영 방식은 우리나라와 큰 차이가 없으나, 보다 효율적인 매장 운영을 위한 노력이 돋보인다. 특히, 유통되는 농식품에 대한 안전성 관리 등을 위해 농산물우수관리 인증(EurepGAP)이 정착되어 있는데, 국립농산물품질관리원 등의 정부 기관이 주도하고 있는 우리나라와 달리 민간 유통업체가 GAP 제도를 스스로 도입하여 규범으로 정착시킨 점이 주목된다.

또한, 합리적인 소비를 중시하는 EU 소비자들의 취향을 반영하여 저렴한 농식품을 공급하는 소매업체도 많은데, 독일의 대형할인점인 알디(Aldi)가 대표적이다. 1913년 설립된 알디는 독일에서 소매업을 시작한 이후, 전 세계 15개국 1만여 개 매장을 가진 거대 식품 소매업체이다. 다른 소매업체와 달리 알디는 철저하게 저가 정책을 고수하고 있는데, 지역에서 생산된 값싼 농산물과 이름이 알려지지 않은 중소 업체의 가공식품 등을 주로 판매하여 상품 구매가격을 최대한으로 낮추고, 창고형 매장 구성이나 최소한의 계산대 운영 등 고객 서비스 품질 제고보다는 비용 절감에 초점을 둔 운영을 하고 있다. 주로 중하위 소득층과 합리적인 소비를 원하는 소비자층을 집중

공략하는 알디의 전략은 소비자들의 호응을 얻고 있어, 농식품 소매시장의 세분화 및 집중화의 성공 사례로 평가된다.

그림 9-9　알디의 창고형 매장 구성

자료: 알디 웹사이트(www.aldi.com)

2. 관련 제도

1) 공동농업정책(CAP)

공동농업정책(CAP: Common agricultural policy)은 EU 국가 농식품 유통정책의 근간이 되고 있는데, 회원 국가는 공동농업정책을 기본으로 하고 추가적인 정책 사업을 국가별로 시행하고 있다. 1968년 도입된 공동농업정책은 농식품 시장을 규제하고 농식품 가격을 지지하기 위한 목적을 가지고 있는데, 국가 간 이해관계와 시장여건의 변화에 따라 지속적인 개선이 이루어지고 있다.

공동농업정책 중 농식품 유통과 직접적인 관련 제도로는 청과물 생산자조직 지원 프로그램이 있다. 농식품 소매시장을 장악하고 있는 대형유통업체로부터 생산자를 보호하기 위한 이 프로그램은 1972년부터 운영되고 있는데, 생산자 조직의 규모화를 통한 시장 거래교섭력 제고에 정책 목표를 두고 있다. 보다 구체적으로는 생산자 조직 주도의 상품화 및 판매 활성화, 공정경쟁의 확대, 유통 효율화 증진 등을 위해 자금 지원, 관련 전문가 지원, 판매 장려 사업 등을 진행하고 있으나, 일반적인 생산지나 간접비 지원, 보험, 개발 상품의 브랜드 또는 지리적 표시 홍보 등에 대한 지원은 제한되고 있다.

표 9-4 공동농업정책의 청과물 생산자 지원 사업 내용

구분	세부 지원 내용
생산성 제고	생산 기술 및 검역 지도, 관개시설 지원, 유리온실 및 예냉 장치 등 관련 설비 지원, 생산 교육 지원 등
품질 관리	관련 장비 및 인력 지원, 잔류 물질 분석 및 검역 지원
마케팅 강화	청과물 판매 장려 지원

자료: 김동환, 류상모(2012) 일부 수정

2) 생산자 조직(PO)

EU 국가에는 생산자 조직(PO: producteurs' organisation)이 자생적으로 생겨났는데, 유통업체에 대한 생산자의 거래 교섭력을 높이기 위한 목적으로 육성되었다. 특히, EU 국가는 1990년대부터 생산자 조직 중심의 정책을 시행하였는데, EU 회원국은 과일, 채소, 우유 및 유가공품, 올리브 및 가공품, 누에, 호프 품목은 의무적으로 생산자 조직을 승인하도록 하고, 그 외 품목은 회원국 정부가 EU의 재정지원 없이 자율적으로 정하여 육성하도록 하였다.

기본적으로 EU 국가의 생산자 조직은 품목별 조직으로 미국의 자조금 조직과 유사한 역할을 하고 있다. 또한, 개발 생산자조직은 생산자조직협회(APO: association of producteurs' organisation)에 소속되어 공동사업을 수행하도록 하고 있고, 생산·유통·가공 연합회(IBO: interbranch organisations)와 연계하여 농산물 공급체인의 안정화 및 생산·유통 협약 체결 등을 하고 있다.

EU 국가에서 활동하고 있는 생산자 조직은 3천 개 이상인데, 과일 또는 채소 생산자 조직이 전체의 절반을 넘고 있다. 생산자 조직의 주요 사업은 생산 계획, 품질 개선, 마케팅 역량 강화, 연구 및 시험 생산, 교육 및 컨설팅, 위기 예방 및 관리, 환경 친화 활동 등인데, 특히 생산자 조직의 속한 생산자는 자신의 생산 계획을 생산자

조직에 보고하고 자신이 생산한 농산물을 소속된 생산자 조직을 통해서 출하하도록 하여 체계적인 생산 물량 등의 관리가 이행되고 있다.

표 9-5 생산자 조직(PO)의 주요 사업

주요 사업	세부 내용
생산 계획	영농장비, 유리온실 및 시설하우스, 농업용수관리, 산지유통시설 및 장비, 생산계획수립 활동 등
품질 개선	전지장비, 저온유통체계, 묘목 및 육묘, 정보화장비 및 프로그램, 품질 인증, 자체품질관리규정 및 운영, 냉해관리 등
마케팅 역량 강화	저장고임대, IT강화, 홍보마케팅, 시장분석, 신제품 홍보 등
연구 및 시험 생산	연구개발 및 시범생산 관련 사업
교육 및 컨설팅	회원농가교육, 전문직원교육, 전문컨설팅, 시장정보자료 관리 등
위기 예방 및 관리	수확재해보험, 시장격리(폐기, 무료분배) 보상, 조기수확 보상, 수확포기 보상, 홍보판촉, 위기예방 교육, 상호기금조성 비용 등
환경 친화 활동	유기농인증, 농약비료 사용감축을 위한 장비, 토양관리, 폐기물 최소화, 경관보호, 종다양성 유지, 에너지절약, 친환경포장재 등

자료: 제101차 신유통토론회 자료

01   미국은 규모화된 유통조직 간의 대량 거래 및 유통경로의 단순화, 고도로 발달한 유통 관련 정보와 물류 시스템을 통한 유통 효율성 극대화에 주력하고 있는데, 도매시장 거래제도는 주로 상대매매의 형식을 가지고 있다.

02   미국의 농산물 유통관련 주요 제도로는 신선농산물법(PACA)과 유통명령제도가 대표적이다.

03   일본은 우리나라와 비슷한 농식품 유통 환경을 가지고 있는데, 조직화와 시스템적 종합 운영에 초점을 두고 있고, 도매시장 거래 제도는 경매를 원칙으로 하였으나 최근에는 그 비중이 10% 미만으로 줄었다.

04   일본의 농산물 유통관련 주요 제도로는 도매시장법과 채소가격 안정제가 있다.

05   EU의 농식품 유통 선진국들은 다양한 유통 시스템을 운영하고 있지만, 유통경로 단축 등을 통한 유통 효율성 제고를 위해 다양한 노력을 하고 있다.

06   EU 국가의 농산물 유통관련 주요 제도로는 공동농업정책(CAP)과 생산자 조직(PO)가 있다.

07   미국, 일본, EU의 농식품 유통 관련 정책들은 국가별 상황에 따라 다양한 모습을 보이고 있어, 우리나라 농식품 유통정책 발전에 시사점을 주고 있다.

주요 용어

- 미국
- 신선농산물법(PACA)
- 채소가격 안정제

- 일본
- 유통명령제도
- 공동농업정책(CAP)

- EU
- 도매시장법
- 생산자 조직(PO)

01 미국의 농식품 유통의 전반적인 형태와 주요 제도를 각각 설명하라.

02 일본의 농식품 유통의 전반적인 형태와 주요 제도를 각각 설명하라.

03 EU의 농식품 유통의 전반적인 형태와 주요 제도를 각각 설명하라.

04 미국, 일본, EU의 유통 단계별 특성이 우리나라 농식품 유통에 주는 시사점을 기술하라.

05 미국, 일본, EU의 농식품 유통 관련 정책 중에서 우리나라 농식품 유통정책 개선에 기여할 수 있는 것을 기술하라.

참고문헌

김동환, 류상모(2012), EU의 농산물 유통정책, 세계농업 제144호, 한국농촌경제연구원, p. 33–82.

김성훈(2019), 채소 수급안정정책 개편방안 연구, 한국농수산식품유통공사.

김성훈, 김영수(2011), 식재료 산업 발전을 위한 연구, 한식재단.

김성훈, 김가을, 박선민(2022), 김치업체 하절기 배추 수급안정 방안, (사)대한민국김치협회.

김성훈, 노순웅, 권재현, 김가을, 조수민(2022), 식품자조금 운영관리 방안 연구, 농림축산식품부.

김성훈, 노순웅, 송정환(2024), 공영도매시장 중장기 발전계획 수립 연구, 한국농수산식품유통공사.

김성훈, 노순웅, 양동선(2023), 공영도매시장 기능 및 역할 재진단 연구, 한국농수산식품유통공사.

김연중, 박기환, 서대석, 한혜성(2010), 주요 농산물의 가치사슬 분석과 성과제고 방안, 한국농촌경제연구원.

김성훈, 장도환(2008), 한·미 FTA가 유가공품 시장에 미치는 영향 분석: 치즈 및 버터 시장을 중심으로, 농촌경제 제31권 4호.

김성훈, 조성호, 박선민, 오광식(2023), (가칭)소비자 지향적 식품 표시인증세 활성화 방안 연구, 대통령소속 농어업·농어촌특별위원회.

농림축산식품부, 농수산물 도매시장 통계연보, 각 연도.

박성재, 박준기, 신기엽(2011), 농업발전을 위한 농업협동조합 운영, 한국농촌경제연구원.

식품의약품안전처, 식약청통계연보, 각 연도.

식품의약품안전처, 식품 및 식품첨가물 생산 실적, 각 연도.

이용선, 송성환, 이형용, 박지원(2015), 채소 계약재배 활성화 방안, 한국농촌경제연구원.

정호근(2012), EU 공동농업정책과 농정개혁, 세계농업 제138호, 한국농촌경제연구원.

최지현, 김철민, 김성훈(2007), 식품산업과 농업의 연계성 제고방안, 한국농촌경제연구원.

축산물품질평가원(2023), 2022년 축산물 유통정보조사 보고서

최지현, 이계임, 김경필, 국승용, 조소현, 김병무, 이명헌, 김성용(2009), 농어업 부가가치의 새로운 창출을 위한 식품산업의 중장기 발전 전략(1/5차연도), 한국농촌경제연구원.

최지현, 전창곤, 이용선, 이계임, 국승용, 한재환, 김동훈, 조소현, 이선령(2010), 농어업 부가가치의 새로운 창출을 위한 식품산업의 중장기 발전 전력(2/5차연도), 한국농촌경제연구원.

한국농수산식품유통공사(2022), 2022년 친환경농산물 유통실태 및 농업소득조사

한국농수산식품유통공사(2023), 농안법을 알면 농산물유통이 보인다.

한국농촌경제연구원(2024), 농업전망 2024.

Balagtas, Joseph V. and Sounghun Kim(2007). "Measuring the Effects of Generic Dairy Advertising in a Multi-market Equilibrium." American Journal of Agricultural Economics 89(4).

저자약력

◑ **김성훈**

서울대학교 농경제학과 졸업(학사)
동 대학원 농경제학과 졸업(석사)
미국 퍼듀대학교 농업경제학과 졸업(박사)
한국농촌경제연구원 부연구위원
한국농업경제학회 감사
농림수산식품부 식품포럼 위원
농림수산식품부 외식산업포럼 위원
농림축산식품부 농산물유통포럼 위원
농림축산식품부 국민공감농정위원회 위원
농림축산식품부 농산물수급조절위원회 위원
농림축산식품부 식품산업진흥심의회 위원
농촌진흥청 강소농 경영혁신지원단 위원
한국농수산식품유통공사 자문위원
서울시농수산물공사 자문위원
국무조정실 정부업무평가 위원
기획재정부 보조사업평가단 위원
기획재정부 기금운용평가단 위원
농어업·농어촌특별대책위원회 전문연구위원

현) 농림축산식품부 규제심사위원회 위원
    농협중앙회 경제사업 평가위원
    국무조정실 식품안전정책위원회 위원
    한국농업경제학회 이사
    한국농식품정책학회 이사

한국공정거래학회 이사
한국외식산업정책학회 이사
충남대학교 농업경제학과 교수
충남대학교 농업과학연구소 농산물자조금 연구센터장

저서

농·식품 경제원론(공저, 박영사, 2024)

한국식품연감 2018－2024(공저, HNCOM, 2018)

김치산업론(공저, 세계김치연구소, 2016)

한국 농업 경제학 50년의 회고와 전망(공저, 한국농업경제학회, 2008)

농식품유통론(공저, 박영사, 2016)

농식품유통론

초판발행　　2024년 8월 30일

지은이　　　김성훈
펴낸이　　　안종만·안상준

편 집　　　조영은
기획/마케팅　정연환
표지디자인　BEN STORY
제 작　　　고철민·조영환

펴낸곳　　　(주)**박영사**
　　　　　서울특별시 금천구 가산디지털2로 53, 210호(가산동, 한라시그마밸리)
　　　　　등록 1959.3.11. 제300-1959-1호(倫)

전 화　　　02)733-6771
f a x　　　02)736-4818
e-mail　　　pys@pybook.co.kr
homepage　www.pybook.co.kr
ISBN　　　979-11-303-2060-1　　93320

정 가　26,000원